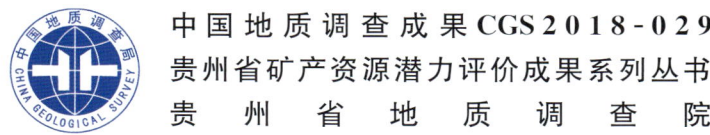

中国地质调查成果 CGS 2018-029
贵州省矿产资源潜力评价成果系列丛书
贵 州 省 地 质 调 查 院

贵州省矿产资源潜力评价
遥感资料应用研究

GUIZHOU SHENG KUANGCHAN ZIYUAN QIANLI PINGJIA YAOGAN ZILIAO YINGYONG YANJIU

况 忠 黄欣欣 岳 龙 吴寿江 等著

内容摘要

本书是在"贵州省矿产资源潜力评价遥感专题研究"的基础上,结合以往的其他遥感资料编写而成。

本书以 Landsat-7 TM/ETM 遥感数据为主要研究对象,依据技术要求进行了"色、块、线、带、环"的解译和弱矿化蚀变遥感异常提取,并在综合研究成矿区(带)地质背景、物探和化探资料的基础上,根据不同类型矿产资源的分布特征,建立了遥感找矿模式,圈定了找矿靶区。

本书共九章。第一章主要介绍了任务的来源、项目完成情况;第二章介绍了贵州的自然地理、区域地质矿产遥感概况和以往遥感工作情况;第三章介绍了资料收集、数据处理、遥感解译和解释、数据库建设等相关规定和研究内容;第四章以可解译程度为基础,对全省分布的不同的岩石(地层)影像单元以剖面(路线)的形式进行了研究,并对习水良村等地区作了遥感沉积相研究;第五章分别以大型节理、地表断裂、隐伏断裂(或构造弱化带)为研究对象,对贵州地质构造进行了研究,同时对贵州境内分布的断层进行了密度分析,推测了区内的隐伏断裂(构造弱化带),较清晰地、由小到大地阐述了这些构造存在的可能性;第六章为弱矿化蚀变遥感信息的分布特征,首次利用 Landsat-7 TM/ETM 多光谱数据对贵州全省进行了弱矿化蚀变遥感异常提取,在部分地区结合化探资料、高分辨率遥感影像和矿床资料进行了对比研究;第七章从沉积型、复合内生型和岩浆岩型矿产的形成特征着手研究,分别建立了相应的遥感找矿模式,并以部分典型矿床应用为例子阐述了相应的遥感找矿模式;第八章以成矿区(带)为基础,分别就该区(带)的地层、构造、弱矿化蚀变与矿的产出进行了分析,圈定了找矿靶区,为贵州矿产资源潜力评价提供了重要的遥感信息;第九章为结论部分,对研究成果进行了概略性总结的同时,也对存在的问题进行了探讨。

本书资料详实,有较好的可读性,可供从事地质矿产调查研究的人员参考,也可供相关院校师生参考,同时也可以作为馆配及相关地质单位配书。

图书在版编目(CIP)数据

贵州省矿产资源潜力评价遥感资料应用研究/况忠等著. —武汉:中国地质大学出版社,2019.10
(贵州省矿产资源潜力评价成果系列丛书)
ISBN 978-7-5625-4651-1

Ⅰ.①贵⋯
Ⅱ.①况⋯
Ⅲ.①遥感技术-应用-矿产资源-资源评价-贵州
Ⅳ.①F426.1

中国版本图书馆 CIP 数据核字(2019)第 224318 号

贵州省矿产资源潜力评价遥感资料应用研究	况 忠 黄欣欣 岳 龙 吴寿江 等著
责任编辑:张旻玥　　选题策划:毕克成　唐然坤　马严　刘桂涛	责任校对:张咏梅

出版发行:中国地质大学出版社(武汉市洪山区鲁磨路388号)	邮　编:430074
电　　话:(027)67883511　　　传　真:(027)67883580	E-mail:cbb@cug.edu.cn
经　　销:全国新华书店	http://cugp.cug.edu.cn

开本:880 毫米×1 230 毫米　1/16	字数:420 千字	印张:13.25
版次:2019 年 10 月第 1 版		印次:2019 年 10 月第 1 次印刷
印刷:湖北新华印务有限公司		
ISBN 978-7-5625-4651-1		定价:228.00 元

如有印装质量问题请与印刷厂联系调换

《贵州省矿产资源潜力评价成果系列丛书》
编委会

主　　任：戴传固　张　慧
副 主 任：陶　平　曾昭光
主　　编：陶　平
编　　委：(按姓氏笔画排列)
　　　　　王常微　朱大友　陈启飞　况　忠　胡从亮
　　　　　张　慧　陶　平　曾昭光　莫春虎

《贵州省矿产资源潜力评价遥感资料应用研究》

著　　者：况　忠　黄欣欣　岳　龙　吴寿江　王常微
　　　　　韩宝智　朱顺才　龚　梅　卢定彪　李思发
　　　　　赵伟立　芦正艳　陈玲玲

总 序

中国地质调查局组织开展的中国矿情调查项目"全国矿产资源潜力评价（2006—2013年）"，是一次对全国25种重要矿产的成矿地质条件、地球物理、地球化学、遥感、自然重砂勘查成果全面系统的汇集和分析，并在我国自主创立的矿床成矿系列理论指导下，对25种重要矿产的地质与区域成矿规律进行了较系统、较深入的研究。在此基础上，应用我国自主研发的矿床模型综合信息矿产预测方法对25种矿产进行了潜力评价，达到定量及半定量预测的程度，并建立了潜力评价项目的数据库。研究成果为全国及各省（区、市）矿产资源规划、矿产勘查部署与实施提供了重要的科学依据，对促进地质矿产科学及成矿预测理论与方法的发展走出了重要的一步，同时培养了一大批矿产资源潜力评价相关领域的人才。全国及各省（区、市）地质勘查部门和工作团队均为完成此项任务做出了努力与贡献，工作成果已陆续以不同形式提供给社会使用。《贵州省矿产资源潜力评价成果系列丛书》即为出版成果之一。

贵州省矿产资源潜力评价项目，作为"全国矿产资源潜力评价"项目的子项目，由全国矿产资源潜力评价项目办公室、贵州省国土资源厅、贵州省地质调查院实施项目三级管理，由贵州省地质调查院承担，贵州省地质矿产勘查开发局、贵州省煤田地质局、贵州省有色金属和核工业地质勘查局、中化地质矿山总局等12个地勘单位参与，参加人数近200人，经过8年辛勤工作终于完成。该子项目全面总结了贵州省基础地质、矿产地质成果和资料，充分应用现代矿产资源预测评价理论技术，开展了全省煤、铁、铜、铝、铅、锌、银、锰、镍、钼、钨、锡、金、锑、钒、汞、稀土、磷、硫、萤石、重晶石、冶镁白云岩共22个矿种的资源潜力预测评价，研究和预测矿产资源及其空间分布，为研究制订国家矿产资源战略和国民经济与社会发展中长期规划提供了科学依据。

贵州省矿产资源潜力评价的研究成果主要包括：贵州省各矿种（组）的潜力评价成果报告各1份，共计15份；贵州省成矿地质背景、区域重力、区域磁测、区域化探、区域遥感、自然重砂、综合信息集成、区域成矿规律、矿产预测等专题成果报告各1份，共计9份；项目汇总成果报告1份；编制各类图件2 627张，建立各类数据库2 009个，提交各类说明书1 905份。这些成果及时成功应用于全省5个国家级整装勘查项目、22个省级整装勘查项目、7个非整装勘查项目的论证和实施，并取得重大找矿突破。同时，已应用于国家宏观决策规划部署、具体矿产勘查部署、相关专业勘查及研究等方面，并取得较大成效。

《贵州省矿产资源潜力评价成果系列丛书》(共 7 册),是为全社会共享研究成果、更广泛发挥其应用价值、遵循资料保密制度、选择性修改缩编而成,具体包括《贵州省矿产资源潜力评价重要矿种区域成矿规律与矿产预测》《贵州省矿产资源潜力评价成矿地质背景研究》《贵州省矿产资源潜力评价重磁场特征及应用研究》《贵州省矿产资源潜力评价化探资料应用研究》《贵州省矿产资源潜力评价自然重砂资料应用研究》《贵州省矿产资源潜力评价遥感资料应用研究》《贵州省矿产资源潜力评价综合信息集成》7 部专题研究成果。

相信本系列丛书的出版,对全国同仁具有一定的参考、应用价值。借此出版之际,向作者们致以祝贺。同时,期望在此基础上进一步研究总结全省矿产地质勘查及科研成果,圆满完成《中国矿产地质志·贵州卷》的研编任务,使贵州省在区域矿产总结、成矿规律研究、矿产预测以及相关基础地质研究等方面再上一个新台阶。

2018 年 8 月 18 日

前　言

为贯彻执行《国务院关于加强地质工作的决定(国发〔2006〕4号)》中提出"积极开展矿产资源远景调查和综合研究,科学评估区域矿产资源潜力,为科学部署矿产资源勘查提供依据"的精神要求,2007年,国土资源部在全国部署开展了矿产资源潜力评价工作。"贵州省矿产资源潜力评价遥感专题"是"贵州省矿产资源潜力评价项目"的一部分,该专题主要任务是在系统收集、整理已有地质资料的基础上,根据《技术要求》进行遥感解译和信息挖掘,为地质背景、成矿规律和成矿预测提供遥感技术支持。"贵州省矿产资源潜力评价遥感资料应用研究"是在"遥感专题"的基础上,结合其他资料提炼而成的。

遥感地质又称地质遥感,是以各种地质体对电磁辐射的反应作为基本依据,结合其他各种地质资料,通过对遥感图像的解译和查证,从而获取反映地质体的客观资料,进行综合分析,研究区域地质构造,并揭示探矿因素和成矿规律的一种方法。由于它真实、客观和宏观地反映了地质体、地质构造,且获取速度快,被广泛应用于地质矿产领域研究。

在贵州省,遥感技术在地质调查找矿中的应用源于20世纪50年代末运用航片在黎平一带进行的地貌填图。随着卫星技术和计算机的发展,遥感技术应用在20世纪70年代末开始得到了蓬勃发展。特别是最近十多年来,遥感触及的领域几乎无所不在,在地质上的应用更是焕发出了新的活力。一是数据的多源性,不仅有以TM/ETM、ASTER和中巴卫星等为代表的中等分辨率的数据,还有SPOT、GEOEYE和高分一号(GF1)等高分辨率、高光谱数据,而且获取方便,为不同尺度的遥感地质解译提供了支持。二是信息提取方法多样,有波段比值法、特征主分量法和光谱角法等,为增强多、高光谱弱矿化蚀变遥感信息提取的种类和精度提供了技术支持。三是以"线、环"要素解译向"线、环、色、块、带"要素解译发展,为快速开展矿产勘查和找矿预测提供了信息支持。贵州省矿产资源潜力评价遥感资料应用研究正是在这样的背景下开展的。

在全国项目办及西南项目办的统一部署和指导下,遥感专题以遥感地质理论为基础,以TM/ETM、ASTER、SPOT和航片等多种数据为信息源,结合其他地质要素,开展了铝、铁、金、铅锌(银)、铜钨锡、磷(稀土)、煤、锑、锰、汞、镍钼钒、重晶石、萤石、硫铁矿、冶镁白云岩等22个矿种的遥感资料应用研究,全面系统地编制了1∶25万分幅遥感影像图、遥感矿产地质特征解译图、遥感羟基异常分布图和遥感铁染异常分布图;1∶50万贵州省TM遥感影像图、遥感构造解译图和遥感异常组合图;预测工作区(典型矿床)遥感影像图、遥感矿产地质特征与近矿找矿标志解译图、遥感羟基异常分布图和遥感铁染异常分布图等图件共计323张,并建立了数据库,编制了配套说明书,为区域地质背景、成矿规律和成矿预测提供了重要的遥感依据。

本书以贵州省矿产资源潜力评价遥感专题资料应用研究为基础,并综合参考和利用了本单位以往的研究资料,丰富和完善了相关章节内容。书中系统地介绍了遥感专题采用的主要技术路线、技术方法,分章节叙述了取得的遥感地质研究成果。在遥感地质研究领域建立了贵州特色的岩石(地层)影像单元、线性构造(大型节理、断层和隐伏构造)、环形影像(环形构造)等要素的解译标志,从遥感角度阐述了一些大型节理以及隐伏构造的存在;在沉积相、地层剖面方面的研究更是独树一帜。首次基于Landsat-7 TM/ETM遥感数据对全省进行了弱矿化蚀变遥感信息(羟基异常和铁染异常)提取,并对这些蚀变信息进行加权处理,形成等值线分布图,且结合已知矿床(化)点进行了分析。多层次、多目标地参与了矿产资源潜力评价,并取得了较好的成果。

本书由况忠负责撰写、出版等总体工作。前言由况忠编写;第一章由黄欣欣、况忠执笔;第二章第一、二节由岳龙、况忠执笔,第三、四节由况忠、韩宝智执笔;第三章由黄欣欣、况忠执笔;第四章由朱顺才、况忠、岳龙执笔;第五章第一节由韩宝智、况忠执笔,第二至第四节由况忠、王常微、韩宝智执笔;第六章由况忠、黄欣欣执笔;第七章第一、二节由吴寿江、卢定彪、况忠执笔,第三节由况忠、韩宝智、龚梅执笔;第八章第一、二节由况忠、李思发、龚梅执笔,第三节由王常微、况忠、韩宝智执笔,第四节由况忠、韩宝智执笔;第九章由况忠执笔。全书由况忠统稿,黄欣欣校对。赵伟立、芦正艳、陈玲玲等参加了图件制作。

本书集成了多个遥感项目的研究成果,是集体智慧的结晶。自2007年以来,得到了项目各级领导的关心和支持,得到了全国矿产资源潜力评价项目办、中国国土资源部航空物探遥感中心唐文周教授级高级工程师和于学政博士的学术指导和技术帮助,得到了成都地质调查中心张建龙教授级高级工程师和刘小霞高级工程师的技术帮助,还得到了贵州省地质矿产勘查开发局王砚耕教授级高级工程师、贵州省西能集团况顺达研究员、贵州省地质矿产勘查开发局区域地质调查研究院秦守荣高级工程师以及贵州大学刘沛教授的悉心指导,在此表示衷心的感谢。

此外,由于笔者水平有限,书中部分观点可能存在争论或不当,敬请各位读者批评指正。

著 者

2018年11月

目 录

第一章 绪 言 ··(1)
  第一节 目的任务 ··(1)
  第二节 工作过程及主要工作量 ···(2)
第二章 自然地理及区域地质矿产遥感概况 ···(7)
  第一节 区域自然地理概况 ··(7)
    一、地理位置和交通 ···(7)
    二、地形地貌特点 ··(7)
    三、气候 ···(8)
  第二节 区域地质矿产概况 ··(9)
    一、区域地质特征 ··(9)
    二、区域矿产特征 ··(15)
  第三节 区域遥感特征 ···(20)
    一、区域地表覆盖类型及遥感特征 ··(20)
    二、区域遥感图像地质可解译程度分区 ··(21)
    三、不同岩石类型的区域分布及其遥感特征 ···(23)
    四、区域地质构造特点及其遥感特征 ···(23)
  第四节 以往遥感工作程度 ··(29)
第三章 遥感资料应用的工作内容与方法 ··(31)
  第一节 资料收集 ···(32)
    一、遥感数据收集 ··(32)
    二、前人研究资料收集 ··(34)
  第二节 遥感影像制图 ···(34)
    一、比例尺和坐标系的选择 ··(34)
    二、规范的选择 ··(34)
    三、遥感数据处理 ··(34)
  第三节 遥感地质解译与编图 ···(36)

一、遥感地质解译基本原则 ………………………………………………………………………（36）

   二、遥感地质解译图的内容 ………………………………………………………………………（36）

   三、遥感地质矿产解译编图方法 …………………………………………………………………（37）

  第四节 遥感异常提取 …………………………………………………………………………………（39）

   一、基于 TM/ETM 数据弱矿化蚀变遥感异常提取 ……………………………………………（39）

   二、基于 ASTER 数据弱矿化蚀变遥感异常提取 ………………………………………………（42）

  第五节 遥感数据库建立 ………………………………………………………………………………（43）

   一、数据库建设内容 ………………………………………………………………………………（43）

   二、数据库建设方法 ………………………………………………………………………………（44）

 第四章 岩石地层单元的遥感解译研究 ……………………………………………………………………（47）

  第一节 遥感解译标志建立 ……………………………………………………………………………（47）

   一、沉积岩 …………………………………………………………………………………………（47）

   二、变质岩 …………………………………………………………………………………………（54）

   三、侵入岩 …………………………………………………………………………………………（55）

   四、喷出岩 …………………………………………………………………………………………（55）

  第二节 典型应用研究 …………………………………………………………………………………（57）

   一、遥感地质剖面解译和研究 ……………………………………………………………………（57）

   二、沉积相遥感解译和研究 ………………………………………………………………………（64）

   三、岩石地层在遥感影像上的反映 ………………………………………………………………（66）

 第五章 贵州遥感地质构造 …………………………………………………………………………………（68）

  第一节 大型节理 ………………………………………………………………………………………（68）

   一、大型节理的遥感特征 …………………………………………………………………………（69）

   二、实例简析 ………………………………………………………………………………………（72）

   三、大型节理研究的意义 …………………………………………………………………………（76）

  第二节 地表断裂 ………………………………………………………………………………………（77）

   一、发育情况 ………………………………………………………………………………………（77）

   二、主要断裂带 ……………………………………………………………………………………（79）

   三、断裂组及特征 …………………………………………………………………………………（80）

  第三节 隐伏断裂（或构造弱化带） ……………………………………………………………………（94）

   一、北东向隐伏断裂 ………………………………………………………………………………（95）

   二、南北向隐伏断裂 ………………………………………………………………………………（96）

   三、东西向隐伏断裂 ………………………………………………………………………………（98）

   四、北西向隐伏断裂 ………………………………………………………………………………（99）

  第四节 环形影像和环形构造 …………………………………………………………………………（99）

 第六章 弱矿化蚀变遥感信息的分布特征 ………………………………………………………………（101）

第一节　基于TM/ETM数据提取的遥感异常 …………………………………………………………… (101)
　　一、遥感异常的分布特征 ……………………………………………………………………………… (101)
　　二、对比分析与验证 …………………………………………………………………………………… (103)
第二节　基于ASTER数据提取的遥感异常 ……………………………………………………………… (106)
　　一、三都地区 …………………………………………………………………………………………… (106)
　　二、孟溪地区 …………………………………………………………………………………………… (110)

第七章　遥感综合找矿模式建立及典型应用分析 ……………………………………………………… (112)

第一节　在沉积型矿产资源中的找矿模式及典型矿床分析 …………………………………………… (112)
　　一、含矿沉积建造及含矿地层 ………………………………………………………………………… (113)
　　二、含矿岩系的遥感影像特征 ………………………………………………………………………… (113)
　　三、沉积矿产的遥感找矿初步模式 …………………………………………………………………… (115)
　　四、应用实例 …………………………………………………………………………………………… (117)
第二节　在复合内生型矿产资源中的找矿模式及典型矿床分析 ……………………………………… (122)
　　一、复合内生型矿产的遥感构造特征 ………………………………………………………………… (122)
　　二、遥感找矿模式 ……………………………………………………………………………………… (123)
　　三、应用实例 …………………………………………………………………………………………… (123)
第三节　在岩浆岩型矿产资源中的找矿模式及典型矿床分析 ………………………………………… (132)
　　一、威宁玄武岩型铜矿 ………………………………………………………………………………… (133)
　　二、从江铜、钨、锡、多金属矿 ……………………………………………………………………… (133)

第八章　成矿区带遥感特征及找矿预测 ………………………………………………………………… (137)

第一节　四川盆地成矿区(Ⅲ-74)贵州部分遥感特征 …………………………………………………… (138)
　　一、地势地貌特征 ……………………………………………………………………………………… (138)
　　二、遥感地质特征 ……………………………………………………………………………………… (139)
　　三、遥感矿产地质特征 ………………………………………………………………………………… (139)
　　四、弱矿化蚀变遥感信息异常 ………………………………………………………………………… (139)
　　五、遥感对找矿的指导意义 …………………………………………………………………………… (140)
第二节　上扬子中东部(台褶带)(Ⅲ-77)成矿带遥感特征 ……………………………………………… (140)
　　一、地势地貌特征 ……………………………………………………………………………………… (140)
　　二、遥感地质矿产特征 ………………………………………………………………………………… (141)
　　三、遥感信息提取新认识 ……………………………………………………………………………… (158)
　　四、对找矿的指导意义 ………………………………………………………………………………… (159)
　　五、找矿预测 …………………………………………………………………………………………… (159)
第三节　江南隆起(Ⅲ-78)西段成矿带遥感特征 ………………………………………………………… (170)
　　一、地势地貌 …………………………………………………………………………………………… (170)
　　二、遥感地质特征 ……………………………………………………………………………………… (171)

三、遥感矿产地质特征 …………………………………………………………………………（173）

四、弱矿化蚀变遥感信息异常 ……………………………………………………………（174）

五、色异常特征 ……………………………………………………………………………（176）

六、遥感地质解译及信息提取认识 ………………………………………………………（177）

七、对找矿的指导意义 ……………………………………………………………………（177）

八、找矿预测 ………………………………………………………………………………（177）

第四节　桂西-黔西南（Ⅲ-88）成矿区遥感特征 ……………………………………………（179）

一、地势地貌特征 …………………………………………………………………………（179）

二、遥感地质特征 …………………………………………………………………………（179）

三、遥感矿产地质特征 ……………………………………………………………………（182）

四、弱矿化蚀变遥感信息异常 ……………………………………………………………（185）

五、遥感地质解译及信息提取新认识 ……………………………………………………（188）

六、遥感对找矿的指导意义 ………………………………………………………………（188）

七、找矿预测 ………………………………………………………………………………（188）

第九章　结　论 …………………………………………………………………………………（195）

一、取得主要成果 …………………………………………………………………………（195）

二、存在问题 ………………………………………………………………………………（197）

主要参考文献 ……………………………………………………………………………………（198）

第一章 绪 言

"贵州省矿产资源潜力预测评价"是国土资源部部署的"全国矿产资源潜力预测评价"的一部分,也是贵州省国土资源厅的重要工作安排,是一项重要国情调查工作。成矿预测及成矿远景区划是促进基础地质工作转入矿产勘查工作的极其重要环节,它将基础地质调查、物探、化探、遥感、自然重砂、科研工作等成果与地质找矿工作紧密结合,弥补了传统的就矿找矿、经验找矿等方法的缺陷,使找矿工作部署更具科学性、战略性和超前性以及定量化,使理论找矿、多信息多方法综合找矿能够得到较好实现。尤其是在露头矿越来越少的情况下,只有依靠"攻深找盲"的勘查,才能促使勘查靶区的优化和地勘费投向与确定更客观、科学、有效。

十多年来,贵州省固体矿产勘查工作取得了一系列重大成果,包括基础地质调查、矿产勘查勘探及矿产资源远景调查、地质成矿理论、大陆动力学和成矿系列理论(成矿规律学说),以及各种数据库及新技术的广泛应用等。但要强化矿产勘查工作部署目的性,实现找矿突破,在目前研究水平上,全面开展矿产资源潜力评价成为了迫切需要。

第一节 目的任务

为贯彻落实《国务院关于加强地质工作的决定(国发〔2006〕4 号)》中提出的"积极开展矿产远景调查和综合研究,科学评估区域矿产资源潜力,为科学部署矿产资源勘查提供依据"的精神和要求,国土资源部部署了全国矿产资源潜力预测评价工作,由中国地质调查局组织实施"全国矿产资源潜力评价"计划项目。"贵州省矿产资源潜力评价(项目编号:1212010813023)"是该计划项目的 47 个工作项目之一,在现有工作程度的基础上全面开展本省重要矿产资源潜力预测评价,基本摸清贵州省重要矿产资源"家底",为矿产资源保障能力和勘查部署决策提供依据。按照全国矿产资源潜力评价工作要求,以及贵州省矿产资源潜力评价领导小组的部署,贵州省地质调查院承担了贵州省矿产资源潜力评价工作,开展了铝、铁、金、铅锌(银)、铜钨锡、磷(稀土)、煤、锑、锰、汞、镍钼钒、重晶石、萤石、硫铁矿、冶镁白云岩等 22 个矿种的矿产资源潜力评价,开展了遥感专题研究。

贵州省矿产资源潜力评价遥感专题是通过遥感影像数据研究,提取线、环、色、带和块五要素,以及羟基和铁染等弱矿化蚀变遥感异常信息,编制成果图件,建立矿产资源潜力评价遥感数据库,为矿产资源潜力评价提供遥感信息,主要包括以下几个方面内容。

(1)利用 TM/ETM 遥感影像数据,并辅以其他遥感数据,依据相关规范和要求进行处理,进行线、环、色、带和块五要素解译,编制 1:25 万国际标准分幅遥感地质特征解译图、1:50 万遥感地质构造解译图以及预测工作区和典型矿床遥感矿产地质特征与近矿找矿标志解译图等图件。

(2)利用 TM/ETM 遥感影像数据和 ASTER 数据,采用数字图像处理方法,按"景"为单位提取铁染、羟基和蚀变矿物的遥感异常(即弱矿化蚀变遥感信息),并进行筛选,编制遥感羟基异常、铁染异常、蚀变矿物异常分布图,以及异常组合图等相关图件。

(3)利用遥感地质构造解译信息和提取的遥感异常,结合背景、矿产、物探和化探等已有资料进行综合研究,找寻与该矿种成矿预测有关的遥感信息依据,判别矿致异常,推断成矿有利部位,预测成矿远景区,划分预测区级别,圈定找矿靶区,对区域矿产资源潜力进行遥感评估。

(4)按照一图一库一说明原则,建立遥感专题数据库。

第二节 工作过程及主要工作量

贵州省矿产资源潜力评价自2007年启动以来,贵州省地质调查院抽调技术骨干组成遥感专题组,积极参加全国专业技术培训,学习掌握了"全国重要矿产资源潜力评价"之"遥感资料应用技术要求",在广泛收集资料的基础上,展开了遥感专题研究,并大致经历了下列3个阶段。

第一阶段(2007—2009年),完成了基础资料收集和研究,完成了务-正-道铝土矿资源潜力评价典型示范区遥感资料应用研究、数据库建设和报告编写。

基础资料研究包括:10幅1:25万标准图幅遥感影像图、地质特征解译图、遥感羟基异常分布图、遥感铁染异常分布图的编制,图件说明书编写和数据库建设;1:50万省级遥感影像图、构造解译图、遥感异常组合分布图的编制,图件说明书编写和数据库建设。

第二阶段(2009年—2012年6月)完成了铁、铝土矿、煤、金、铜、钨、锡、铅、锌(银)、锑、磷(稀土)、汞、锰、镍、钼、钒、重晶石、萤石、硫铁矿、冶镁白云岩单矿种及矿种组61个预测工作区的遥感影像图、遥感矿产地质特征与近矿找矿标志解译图、遥感羟基异常分布图、遥感铁染异常分布图的编制,图件说明书编写和数据库建设(其中冶镁白云岩和部分硫铁矿未作异常分布图);完成了11个典型矿床的遥感影像图、遥感矿产地质特征与近矿找矿标志解译图、遥感羟基异常分布图、遥感铁染异常分布图的编制,图件说明书编写和数据库建设;就提取的遥感信息,结合其他资料,参与了矿产资源潜力评价,圈定了找矿靶区;编写了阶段性遥感专题报告。

第三阶段(2012年7月—2013年)修改完善、汇交了遥感数据库;依据技术要求,再认识了贵州境内的大型节理、地表断裂、隐伏构造(或构造弱化带)、弱矿化蚀变遥感信息以及各成矿带的遥感特征,编写了贵州省矿产资源潜力评价遥感专题报告。编制了1套预测工作区(部分)和典型矿床(部分)遥感资料应用电子图册。

贵州省矿产资源潜力评价遥感专题完成了编图工作量323张,数据库建设323个,元数据编写323份,图幅说明书323份,具体见表1-1~表1-5。

表1-1 遥感专题完成工作量汇总表

工作内容	编图数量（张）	数据库（个）	元数据编写（份）	说明书（份）
1:50万贵州省TM遥感影像图	1	1(无属性库)	1	1
1:50万贵州省遥感构造解译图	1	1	1	1
1:50万贵州省遥感异常组合图	1	1	1	1
1:25万分幅遥感影像图	10	10(无属性库)	10	10
1:25万分幅遥感矿产地质特征解译图	10	10	10	10
1:25万分幅遥感羟基异常分布图	10	10	10	10
1:25万分幅遥感铁染异常分布图	10	10	10	10
预测工作区遥感影像图	61	61(无属性库)	61	61
预测工作区遥感矿产地质特征与近矿找矿标志解译图	61	61	61	61
预测工作区遥感羟基异常分布图	57	57	57	57

续表 1-1

工作内容	编图数量（张）	数据库（个）	元数据编写（份）	说明书（份）
预测工作区遥感铁染异常分布图	57	57	57	57
典型矿床遥感影像图	11	11（无属性库）	11	11
典型矿床遥感矿产地质特征与近矿找矿标志解译图	11	11	11	11
典型矿床遥感羟基异常分布图	11	11	11	11
典型矿床遥感铁染异常分布图	11	11	11	11
合计	323	323	323	323

表 1-2　1:50万省级图件汇总表

序号	名　称	说明书(份)	TM遥感影像图(张)	遥感构造解译图(张)	异常组合图(张)
1	1:50万省级图件	3	1	1	1
	合计	3	1	1	1

表 1-3　1:25万标准分幅完成工作量一览表

序号	图幅名称	图幅编号	遥感影像图（张）	遥感地质特征解译图（张）	遥感羟基异常分布图（张）	遥感铁染异常分布图（张）	说明书（份）
1	毕节市幅	G48C001003	1	1	1	1	4
2	遵义市幅	G48C001004	1	1	1	1	4
3	六盘水市幅	G48C002002	1	1	1	1	4
4	安顺市幅	G48C002003	1	1	1	1	4
5	贵阳市幅	G48C002004	1	1	1	1	4
6	安龙县幅	G48C003003	1	1	1	1	4
7	独山县幅	G48C003004	1	1	1	1	4
8	铜仁市幅	G49C001001	1	1	1	1	4
9	锦屏县幅	G49C002001	1	1	1	1	4
10	正安县幅	H48C004004	1	1	1	1	4
	合计		10	10	10	10	40

表 1-4 预测工作区完成工作量一览表

序号	预测工作区名称	说明书（份）	影像图（张）	地质特征及近矿找矿标志解译图（张）	羟基异常图（张）	铁染异常图（张）
1	贵州省黔中铝土矿预测工作区	4	1	1	1	1
2	贵州省遵义-开阳铝土矿预测工作区	4	1	1	1	1
3	贵州省务-正-道矿预测工作区	4	1	1	1	1
4	贵州省凯里铝土矿预测工作区	4	1	1	1	1
5	贵州省赫章-水城铁矿预测工作区	4	1	1	1	1
6	贵州省赫章-威宁铁矿预测工作区	4	1	1	1	1
7	贵州省独山铁矿预测工作区	4	1	1	1	1
8	贵州省凯里铁矿预测工作区	4	1	1	1	1
9	贵州省册享-望谟金矿预测工作区	4	1	1	1	1
10	贵州省普安-贞丰金矿预测工作区	4	1	1	1	1
11	贵州省天柱-黎平金矿预测工作区	4	1	1	1	1
12	贵州省三都-丹寨金矿预测工作区	4	1	1	1	1
13	贵州省威宁铜矿预测工作区	4	1	1	1	1
14	贵州省从江铜多金属矿预测工作区	4	1	1	1	1
15	贵州省从江钨锡矿预测工作区	4	1	1	1	1
16	贵州省织金磷矿预测工作区	4	1	1	1	1
17	贵州省开阳磷矿预测工作区	4	1	1	1	1
18	贵州省瓮福磷矿预测工作区	4	1	1	1	1
19	贵州省金沙-遵义磷矿预测工作区	4	1	1	1	1
20	贵州省丹寨磷矿预测工作区	4	1	1	1	1
21	贵州省铜仁磷矿预测工作区	4	1	1	1	1
22	贵州省威宁西部铅锌矿预测工作区	4	1	1	1	1
23	贵州省赫章-水城铅锌矿预测工作区	4	1	1	1	1
24	贵州省普安铅锌矿预测工作区	4	1	1	1	1
25	贵州省织金铅锌矿预测工作区	4	1	1	1	1
26	贵州省毕节铅锌矿预测工作区	4	1	1	1	1
27	贵州省仁怀铅锌矿预测工作区	4	1	1	1	1
28	贵州省习水铅锌矿预测工作区	4	1	1	1	1
29	贵州省福泉铅锌矿预测工作区	4	1	1	1	1
30	贵州省镇远-三都铅锌矿预测工作区	4	1	1	1	1
31	贵州省松桃-玉屏铅锌矿预测工作区	4	1	1	1	1
32	贵州省沿河铅锌矿预测工作区	4	1	1	1	1
33	贵州省睛隆锑矿预测工作区	4	1	1	1	1

续表 1-4

序号	预测工作区名称	说明书（份）	影像图（张）	地质特征及近矿找矿标志解译图（张）	羟基异常图（张）	铁染异常图（张）
34	贵州省独山锑矿预测工作区	4	1	1	1	1
35	贵州省榕江锑矿预测工作区	4	1	1	1	1
36	贵州省晴隆大厂萤石矿预测工作区	4	1	1	1	1
37	贵州省务川-沿河萤石矿预测工作区	4	1	1	1	1
38	贵州省织金-纳雍镍钼钒矿预测工作区	4	1	1	1	1
39	贵州省遵义镍钼钒矿预测工作区	4	1	1	1	1
40	贵州省余庆-瓮安镍钼钒矿预测工作区	4	1	1	1	1
41	贵州省松桃-铜仁镍钼钒矿预测工作区	4	1	1	1	1
42	贵州省镇远-玉屏镍钼钒矿预测工作区	4	1	1	1	1
43	贵州省丹寨汞矿预测工作区	4	1	1	1	1
44	贵州省万山汞矿预测工作区	4	1	1	1	1
45	贵州省务川汞矿预测工作区	4	1	1	1	1
46	贵州省从江锰矿预测工作区	4	1	1	1	1
47	贵州省松桃锰矿预测工作区	4	1	1	1	1
48	贵州省遵义锰矿预测工作区	4	1	1	1	1
49	贵州省水城-纳雍锰矿预测工作区	4	1	1	1	1
50	贵州省乐纪重晶石预测工作区	4	1	1	1	1
51	贵州省大河边重晶石预测工作区	4	1	1	1	1
52	贵州省务川-沿河重晶石预测工作区	4	1	1	1	1
53	贵州省施秉顶罐坡重晶石预测工作区	4	1	1	1	1
54	贵州省石阡柿坪重晶石预测工作区	4	1	1	1	1
55	贵州省黔北硫铁矿预测工作区	2	1	1		
56	贵州省黔西北硫铁矿预测工作区	2	1	1		
57	贵州省清镇-贵阳硫铁矿预测工作区	4	1	1	1	1
58	贵州省三都-丹寨硫铁矿预测工作区	4	1	1	1	1
59	贵州省兴仁硫铁矿预测工作区	4	1	1	1	1
60	贵州省安顺-贵阳冶镁白云岩预测工作区	2	1	1		
61	贵州省遵义-凯里冶镁白云岩预测工作区	2	1	1		
合计		236	61	61	57	57

表 1-5　典型矿床完成工作量一览表

序号	典型矿床名称	说明书（份）	影像图（张）	矿产地质特征及近矿找矿标志解译图(张)	羟基异常分布图(张)	铁染异常分布图(张)
1	贵州省水银洞金矿典型矿床	4	1	1	1	1
2	贵州省乌牙典型矿床	4	1	1	1	1
3	贵州省洋水典型矿床	4	1	1	1	1
4	贵州省牛角塘典型矿床	4	1	1	1	1
5	贵州省八檬典型矿床	4	1	1	1	1
6	贵州省丰水岭萤石矿典型矿床	4	1	1	1	1
7	贵州省遵义市汇川区陈家湾、杨家湾镍钼多金属矿典型矿床	4	1	1	1	1
8	贵州省万山特区杉木董汞矿典型矿床	4	1	1	1	1
9	贵州省松桃大塘坡锰矿典型矿床	4	1	1	1	1
10	贵州省镇宁县乐纪重晶石矿典型矿床	4	1	1	1	1
11	贵州省三都硫铁矿典型矿床	4	1	1	1	1
	合计	44	11	11	11	11

第二章 自然地理及区域地质矿产遥感概况

第一节 区域自然地理概况

一、地理位置和交通

贵州省处于云贵高原东部,东毗湖南省,南邻广西壮族自治区,西连云南省,北接四川省和重庆市,介于东经103°36′~109°35′、北纬24°37′~29°13′之间,全省东西长约595km,南北相距约509km,面积176 167km²,占全国国土面积的1.8%。常住人口3 580万人(2017年底统计),有汉、苗、布依、侗、土家、彝、仡佬、水、白、回、壮、瑶、畲、蒙古、毛南、仫佬、满、羌等民族,少数民族人口占全省总人口的36.11%,是一个多民族聚居的内陆山区省份。

全省辖6个地级市、3个自治州(共9地级)、15个市辖区、7个县级市、54个县、11个自治县、1个特区(共88个县级)。主要城市有贵阳、遵义、六盘水、安顺、都匀、毕节、兴义、凯里、铜仁等。省会为贵阳市。

贵州省交通较为便利,有上海至昆明、广州至成都、重庆至湛江等8条国道通过(图2-1)。公路通车里程17.91万km,公路密度为101.69km/100km²(2014年底),基本实现了县县通高速、乡乡通柏油路、村村通水泥路的目标。铁路运营里程4 006 km(2017年底),有黔桂、湘黔、川黔、贵昆、南昆等铁路干线。民航以贵阳为枢纽,以茅台、兴义、凤凰、荔波等9个机场为支线,航线通北京、上海、广州、成都等大城市。

二、地形地貌特点

贵州为云贵高原向东延伸的主体部分,隆起在四川盆地、广西丘陵盆地和湘西丘陵之间,属中国地势第二阶梯东部边缘的一部分(图2-2)。地形以高原山地为主,约占89%。地势西高东低,自中部向北、东、南三面倾斜,全省按地貌形态可分为黔西高原山地、黔西南山原丘陵、黔中山原丘陵、黔南山地、黔北山地和黔东低山丘陵6个地形区,以高原山地为主要特征。地表岩溶地貌广布,极度崎岖破碎,有"地无三里平"之说。西部是山地高原,海拔1 200~2 200m,乌蒙山区的韭菜坪,海拔2 900.6m,是全省最高峰;黔东南苗族侗族自治州的黎平县地坪乡水口河出省界处,海拔147.8m,为境内最低点。中南部是岩溶地貌广布、岭谷崎岖的山地高原,海拔1 100~1 500m的苗岭是长江水系与珠江水系的分水岭。

北部大娄山、武陵山等构成黔北山地,武陵山主峰梵净山海拔2 572m,与此相连的地区称为梵净山地区,已被联合国列入"人与生物圈自然保护区"名单。省境中南部错落分布有河谷平坝,较大的有都匀、凯里、贵阳、安顺等。岩溶(出露)面积109 084 km²,占全省总面积的61.9%。岩溶峰林、峰丛、槽谷、漏斗、伏流、洞穴广布各地,为我国典型喀斯特(岩溶)地貌分布区。

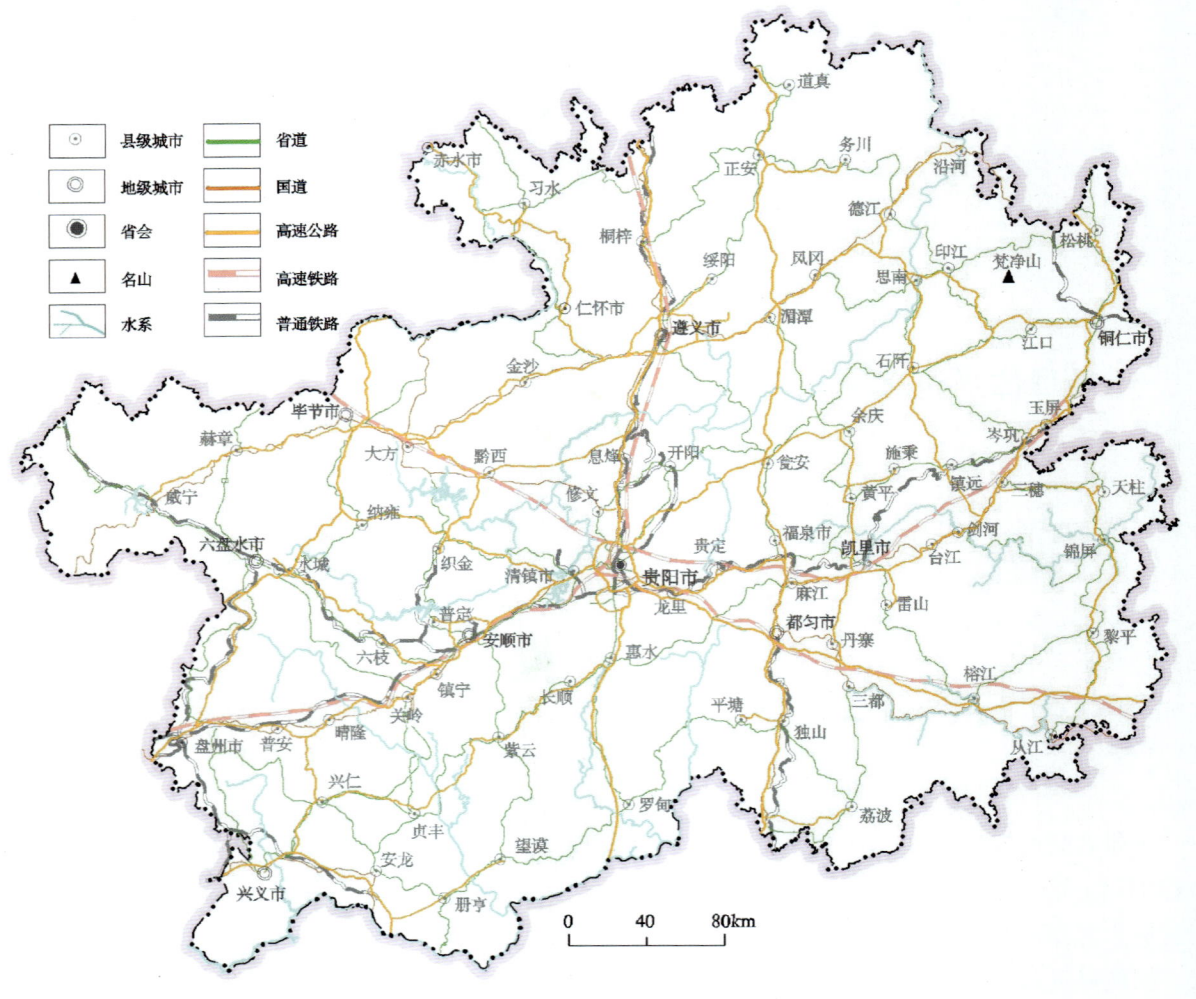

图2-1 贵州省交通位置略图

三、气候

贵州全省属中亚热带湿润季风气候,冬无严寒、夏无酷暑,气候宜人,但气候的多样性明显。因海拔高,纬度低,地处亚热带东亚大陆,是比较著名的季风区。又因地处庞大的青藏高原东侧,云贵高原东部斜坡地带,海拔高差大,造成气候的复杂多样,中部气候温和,南北冷暖各异,山地与河谷气温悬殊,降雨情况也有较大不同,有"一山分四季,十里不同天"之说。全省通常最冷月(1月)平均气温多在3~6℃,比同纬度其他地区高;最热月(7月)平均气温一般为22~25℃,无霜期240~300d。年平均降水量1 100~1 400mm,阴雨天多,日照少,常年相对湿度在70%以上,有"天无三日晴"之说。

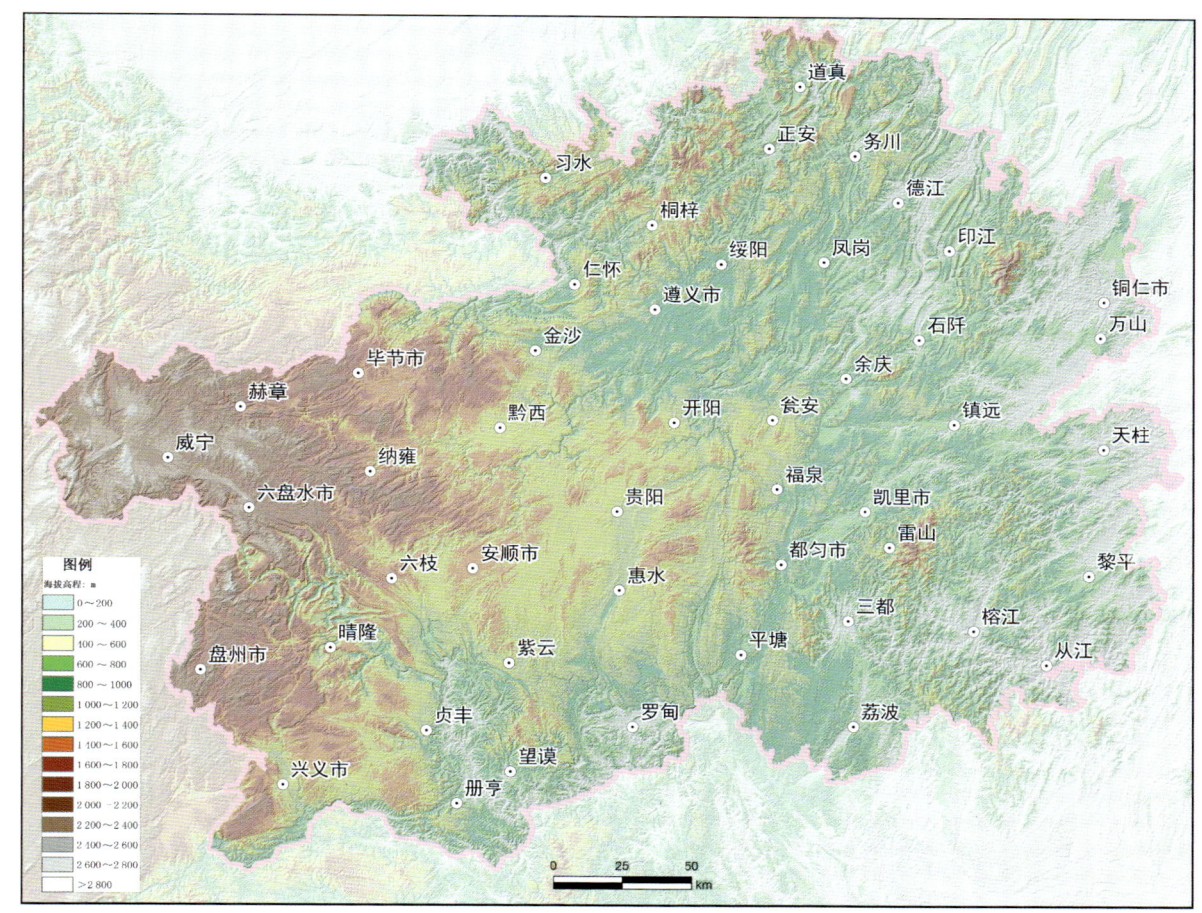

图 2-2 贵州地势地貌分布图

第二节 区域地质矿产概况

一、区域地质特征

贵州以沉积岩为主,地层齐全,自新元古界至新近系均有不同程度出露。除中—晚二叠世峨眉山玄武岩在黔西北有较广分布外,其他类别的岩浆岩出露面积小,数量也不多。保持原沉积岩特征的低绿片相变质岩主要分布在黔东南。第四系分布零星,面积小。基岩出露广(表2-1)。

褶皱运动有四堡运动、广西运动、燕山运动和翁哨运动。四堡运动造成中、新元古界角度不整合。广西运动在玉屏—凯里—三都—荔波一线之东南造成早、晚古生代地层间的角度不整合;该线西北则为平行不整合,仅在古断裂旁因拖曳作用,局部见有角度不整合。除习水县西北一隅属喜马拉雅山期(亦称"喜山期")日耳曼式褶皱外,几乎遍及全省的燕山运动造成晚白垩世地层与下伏地层角度不整合,此时贵州的构造形迹基本定型,后经发生在古近纪和新近纪之交的翁哨运动最终成型为侏罗山式褶皱。

表 2-1 贵州省地层序列总表

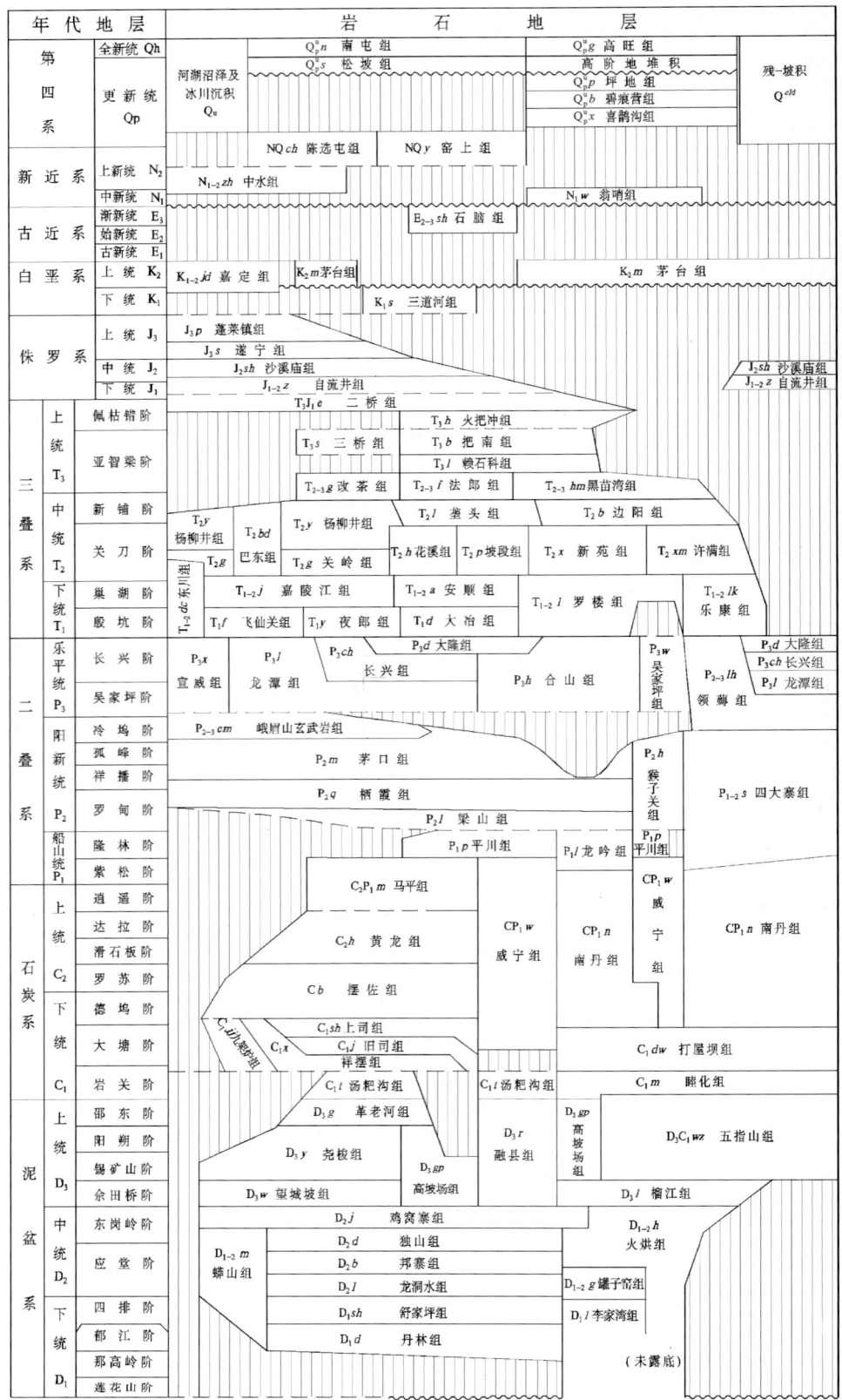

续表 2-1

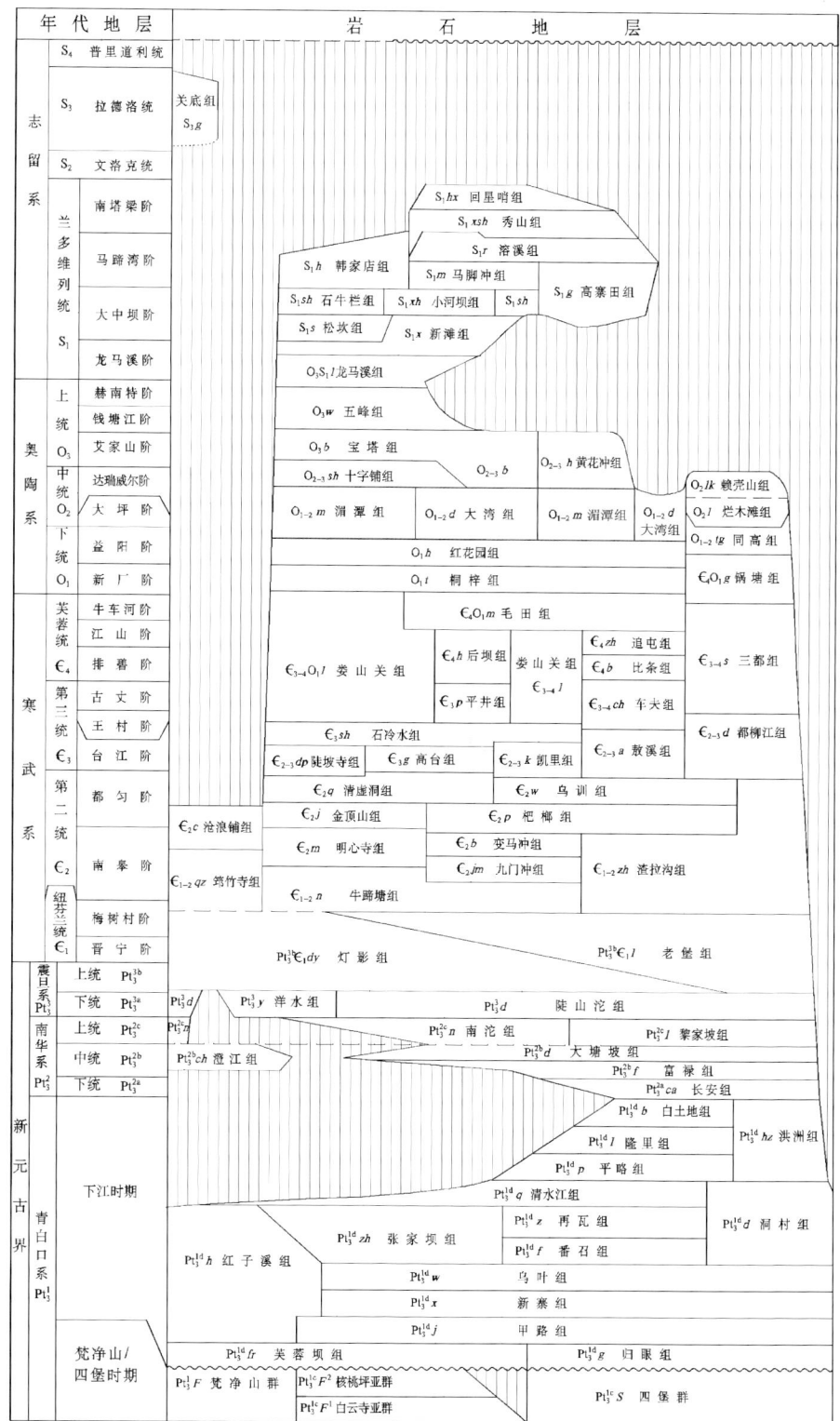

此外还有若干造陆性质的升降运动。其中以发生在青白口纪与南华纪之交的雪峰运动及发生在晚三叠世早、晚期之间的安源运动最重要。前者结束了本省被动陆缘类复理石槽盆沉积历史,转入较稳定的地台型沉积;后者结束了本省长期海相沉积,步入陆相沉积环境。

省内变质作用主要为深埋区域变质,形成梵净山群/四堡群、青白口系、南华系低绿片岩相岩石。

广布全省的褶皱、断裂主要由燕山运动造成。褶皱形变不甚强烈,多为短轴褶曲或穹隆、构造盆地;近似阿尔卑斯式较为紧闭狭窄的褶皱所占面积不大,并多沿块垒地(小地块)边缘分布,明显具有断块构造色彩。断裂数量虽多,但深度都不大,这也反映出了地台型构造特征。

构造线具有各种方向,构造复合现象普遍;不少断裂具有多期活动性质。隐伏断裂比较多,对地表构造形迹控制作用明显。

从多变的沉积建造形成力学性质各异的岩石和广为存在的古断裂、隐伏断裂角度来看,贵州地块在三维空间是不均一的。这种不均一的早期地壳结构对燕山期和喜马拉雅期形成的构造样式和构造线方向具明显的控制作用。

(一)地层概况

1. 青白口系梵净山群/四堡群

出露在梵净山地区的称为梵净山群,出露于黔桂毗邻地区的称为四堡群,都是浅变质的海相砂泥岩夹火山岩。梵净山群总厚大于 9 400m,下部白云寺亚群为变质细碧—石英角斑岩、层状基性—超基性岩与沉积变质岩互层,上部核桃坪亚群为变质沉积岩。地质年代为 870~820Ma。

2. 青白口系下江群

青白口系下江群主要分布在黔东地区,以浅变质海相砂泥岩为主,夹远源火山碎屑岩,浊流沉积发育,与下伏梵净山群/四堡群角度不整合,厚 2 100~11 000m。自北西向南东,地层保存不全→齐全,砂岩及火山碎屑岩减少。黎平—从江一带长期处于相对深水位区,并且有少量基性火山岩夹层。地质年代为 820~750Ma。

3. 南华系

南华系主要分布在黔中和黔东地区,以东部最为发育。与下伏下江群呈平行不整合,局部微角度不整合,在黎平—从江一带为整合。岩石地层分为 6 个组:长安组、黎家坡组、南沱组以大量冰成杂砾质岩为主,分别代表两个大的冰期沉积,长安组和黎家坡组是冰海相,南沱组是大陆冰川相,富禄组、大塘坡组及澄江组代表间冰期沉积,富禄组以滨浅海相砂泥岩为主,大塘坡组是贵州主要的锰矿产出层位。澄江组是紫红色河湖相砂泥岩。自南东向北西,长安组、富禄组、澄江组、南沱组超覆于下江群不同层位之上,沉积以海相为主变为以陆相为主,厚度由大变小。在黎平—从江一带总厚可达 4 000~5 000m,瓮安杂丁附近不足 20m。南华系为浅变质岩,变质程度由南东的低绿片岩相向北西变质程度减弱为极低级变质岩。

4. 震旦系

震旦系在黔东、黔中和黔北零星分布,自下而上分为洋水组、陡山沱组、灯影组、老堡组。洋水组见于黔中开阳、息烽、瓮安、福泉一带,为滩、丘相磷块岩及白云岩组合,厚度最大可达 50m,是重要的磷矿含矿层位,与下伏南沱组、澄江组或下江群清水江组平行不整合。陡山沱组为滨岸—陆棚相沉积,主要为泥(粘土)岩、白云岩互层,时夹磷块岩层或结核,最厚约 320m,大多与下伏南沱组整合,清镇铁厂一带与澄江组平行不整合。灯影组为白云岩,老堡组为硅质岩,各自都有部分跨及寒武系。灯影组白云岩自北西向南东相变为老堡组硅质岩。灯影组厚 450~480m,老堡组最厚约 200m。织金新华、五指山等地,灯影组上部夹磷块岩也构成工业矿床。天柱大河边一带，老堡组顶部夹重晶石层，构成大型矿床。

5. 寒武系

寒武系分布广泛，与下伏震旦系多为连续过渡，因后期剥蚀而使中西部地区有不同程度缺失。除下统下部主要为海相陆源碎屑岩外，其余则以碳酸盐岩占优势。具有滨岸—陆棚—斜坡相砂泥岩及碳酸盐岩建造，是汞、铅锌、磷、重晶石及镍、钼、钒等矿产产出的重要层位。最厚达3 000m。自下而上由砂泥岩为主→碳酸盐岩为主，自北西向南东具有由滨岸→陆棚或碳酸盐台地→斜坡→盆地的明显分带性。松桃—玉屏—丹寨一线西北，长期处于相对浅水区，以沉积滨浅海相砂泥岩或台地相碳酸盐岩为主，该线东南为斜坡—盆地相，以常夹砾屑灰岩的碳酸盐岩及粘土岩组合为特征。

6. 奥陶系

奥陶系分布广泛，与下伏寒武系整合过渡，黔北发育良好，黔中及黔南有不同程度缺失。继承寒武纪构造地理基本格局，主要为台地相碳酸盐岩和滨浅海砂泥岩建造，仅三都地区为斜坡—陆棚盆地相碳酸盐岩（发育砾屑灰岩）、泥（粘土）岩和少量硅质岩。下统及上统主要是碳酸盐岩，中统主要是砂泥岩。沉积总厚一般为300～600m，最大可逾1 000m。

7. 志留系

志留系主要分布在黔北，次为黔南，黔西偶见，黔中及黔东南大片地区缺失。已见露头区域大多仅有志留系下部，即兰多维列统（第1统），唯西部赫章狗飞寨局部见有拉德洛统（第3统）。上与泥盆系、石炭系或二叠系平行不整合，与下伏奥陶系自北而南由整合至平行不整合。岩性以滨浅海相砂泥岩为主，夹少量碳酸盐岩。最大厚度达1 500m。

8. 泥盆系

泥盆系分布于赫章郎家冲—织金杜家桥—施秉—榕江一线西南地区，东北缺失。沉积相带有滨岸、台地及斜坡—盆地。斜坡—盆地区主要在威宁—紫云—望谟、罗甸一带，总体呈北西走向，中心地带未见底，厚度大于2 362m。滨岸、台地区下、中统主要为滨岸相砂泥岩组合，中统上部及上统主要是厚层块状碳酸盐岩，与下伏寒武系—志留系不同层位呈平行不整合或角度不整合，沉积厚度最大2 340m。斜坡—盆地相区下、中统以黑色泥（粘土）岩为主，或有砾屑灰岩及礁灰岩，上统为薄硅质岩及泥质条带灰岩等。

9. 石炭系

石炭系主要分布在毕节—修文—凯里—天柱一线以南的地区，该线以北遵义—余庆—三穗以南地区及正安、道真等地零星可见，与下伏泥盆系整合，或与泥盆系—青白口系不同地层平行不整合及角度不整合接触，下统有部分沉积缺失，上被二叠系整合覆盖，因后期剥蚀而缺中上部甚至全部。继承泥盆纪的构造地理格局，六盘水—紫云—望谟、罗甸一带为斜坡—盆地相区（俗称"黑区"），以深灰、灰黑色含硅质岩团块的灰岩为主，或夹砾屑灰岩，下部有深灰—黑色泥（粘土）岩，夹薄层硅质岩或泥质岩，总厚度2 010m。其余地区为滨岸、台地区（俗称"白区"），以浅灰、灰色碳酸盐岩（石灰岩及白云岩）为主，下统早期有滨岸相含煤碎屑岩建造及铁铝岩建造，由南向北上超退积相带明显。总厚最大约1 980m。

10. 二叠系

二叠系在梵净山—镇远—榕江以西地区广泛分布，在其东部的天柱、黎平、从江等地零星见及，总厚度最大约2 880m。下统仅见于赫章—平坝—都匀—黎平以南（该线以北缺失），二叠系上、中、下统之间大多为平行不整合，中统可以超覆到石炭系—青白口系下江群不同层位之上。继承石炭系沉积格局，普安龙吟—关岭—望谟、罗甸一带长期为斜坡—盆地相区,该区下—中统之间或为整合接触,主要岩性为深灰、灰黑色含硅质岩团块的灰岩、泥(粘土)岩、夹砾屑灰岩、硅质岩及泥灰岩,镇宁巴窝及罗甸红水河等地有阳新世偏碱性玄武岩及潜火山岩相辉绿岩。其余广大地区,下统为台地相浅灰、灰色石灰岩;中统底部有滨岸相含煤碎屑岩及铁铝岩建造,主体为台地相碳酸盐岩建造,遵义、黔西等地有锰质岩建造;贵州的西部及中部息烽、瓮安等地,有时代跨中上统的大陆溢流拉斑玄武岩及潜火山岩相辉绿岩;上统自北西向南东由陆相含煤碎屑岩建造为主→滨岸海陆交互含煤建造为主→台地相碳酸盐岩建造为主,且有海水向上变深海盆退积扩展趋势,二叠系是贵州煤、锰、铝、硫铁矿等矿产的重要产出层位。

11. 三叠系

三叠系除黔东锦屏新化和黎平想钱山残存少量下统之外,其余广大地区均有分布。最大沉积厚度5 522m(贞丰龙场)。下—上统中下部,以福泉马场坪—贵阳青岩—安顺龙宫—贞丰连环寨—安龙坡脚—兴义泥凼一线呈"S"形为界,其北主要为浅水沉积区,其南主要为深水沉积区。"浅水沉积区"有陆相红色砂泥岩沉积,滨岸、潮坪砂泥岩及碳酸盐岩沉积,台地碳酸盐(石灰岩及白云岩)岩沉积等,以台地(开阔的或局限的)相为主。"深水沉积区"为斜坡—盆地相,主要为陆源碎屑浊流沉积的砂泥岩沉积,尚有泥晶灰岩及砾屑灰岩等,黔西南的微细粒型金矿主要产于本区。罗甸板庚地区有被深水沉积区围限的孤立台地("大贵州滩"),同"浅水沉积区"贵阳、安顺一带的沉积特征相同。两类地区相变急剧,遥感影像或实地景观十分醒目。上统上部(火把冲组及二桥组)为大型内陆盆地河湖相砂泥岩沉积,或夹煤层,与下伏中—上统不同层位平行不整合。

12. 侏罗系

侏罗系在道真—贵阳—贞丰以西地区星散分布,东部仅天柱附近见及,唯赤水—习水一带,上、中、下统保存齐全,厚度大于3 000m。主要为大型内陆盆地河湖相砂泥岩沉积,少量湖相碳酸盐岩(灰岩及泥灰岩),砂泥岩主要为红色。岩石地层单位划分为二桥组、自流井组、沙溪庙组、遂宁组和蓬莱镇组。二桥组主体属上三叠统的跨时单位,自流井组与二桥组之间为平行不整合,自流井组底部有时夹有铁矿及透镜体煤层。

13. 白垩系

白垩系在全省星散分布,仅赤水—习水地区与四川盆地毗连成片,是大型内陆盆地河湖相红色砂泥岩沉积,称为嘉定组,时代属早白垩世晚期至晚白垩世,与下伏上侏罗统平行不整合,残厚520～1 300m。省内大多数地区的白垩系茅台组是山间盆地河湖相(主要为洪冲积)红色砾岩—含砾砂岩—泥岩旋回组合,时代属晚白垩世,与下伏侏罗系—青白口系下江群不同地层角度不整合,残厚最大1 440m。威宁三道河地区三道河组也是山间盆地相红色砾岩及砂岩旋回层,与下伏上三叠统二桥组平行不整合,未获确切时代依据,暂定为早白垩世,残厚最大150m。

14. 古近系

古近系仅见于盘县石脑,称为石脑组,是小型山间盆地河湖相(主要为洪冲积)杂色(红为主)砾岩、含砾砂岩、泥岩旋回组合,局部夹褐煤煤线或透镜体。与下伏中三叠统角度不整合,残厚约220m。

15. 新近系

新近系仅在威宁、施秉等地见及,均为小型山间盆地河湖及沼泽沉积,施秉下翁哨的翁哨组主要为弱固结的灰、灰绿色含砾泥(粘土)岩和褐煤,最大厚220m;威宁中水附近的中水组由弱固结的灰色砾岩、含砾砂岩及泥(粘土)岩组成,厚60m;威宁草海附近的窑上组和陈选屯组为未固结的砂、粘土及粗砂—角砾层,厚30～80m。

16. 第四系

第四系分布广泛而零散，连片掩覆范围及厚度都很小，基本特征可称为内陆山地多成因松散堆积组合。主要的成因类型为冲—洪积、湖沼积、冰碛、残—坡积，尚有洞穴堆积、钙华堆积等。

（二）岩浆岩

贵州岩浆岩的分布面积不大，但岩类较多，属性较全，超基性、基性、中酸性岩石均可见及。岩浆活动以新元古代最为强烈。岩浆岩的成因复杂，可分为幔源基性岩浆和壳源酸性岩浆两类。按照构造-岩浆活动的特征分为武陵、雪峰—加里东、海西—燕山和喜马拉雅4个构造岩浆旋回期。

武陵构造岩浆旋回期（新元古代青白口纪梵净山期）在梵净山地区发育弧后盆地背景下的幔源型拉斑玄武质系列，超基性—基性火山岩（包含细碧岩—角斑岩—石英角斑岩）组合。在梵净山地区、从江摩天岭地区发育后碰撞—后造山（大陆板块内部）背景下的壳源型超酸性过铝质A2型浅色白云母花岗岩、花岗伟晶岩和超酸性过铝质S型花岗岩（碱长花岗岩、正长花岗岩、二长花岗岩）、酸性脉岩（石英钠长斑岩）。

雪峰—加里东构造岩浆旋回期（新元古代青白口纪下江期—早古生代）在从江地区发育裂陷背景下的幔源型拉斑玄武质系列基性火山岩及超基性—基性侵入岩和壳源型过铝质花岗岩系列花岗斑岩。在施秉—镇远一带及麻江隆昌发育造山期后幔源型钾镁煌斑岩系列的钾镁煌斑岩、超镁铁煌斑岩。

海西—燕山构造岩浆旋回期（晚古生代—早白垩世）在镇宁巴窝及望谟—罗甸一带发育陆内裂谷背景下的幔源型橄榄拉斑玄武质系列偏碱性玄武岩及层状辉绿岩，而在贵州西部地区发育大陆板块内部幔源型石英拉斑玄武质系列大陆溢流玄武岩及以层状为主的辉绿岩。

喜马拉雅（新）构造岩浆旋回期（晚白垩世—第四纪）在镇宁、贞丰、望谟三县交界地区以及雷山、台江等县境内，发育大陆板块内部幔源型钙碱性煌斑岩系列之云煌岩、云斜煌斑岩。

（三）变质岩

区内青白口系及南华系岩石均已变质，不仅经历了复杂的构造运动和构造变形，而且也经历了区域变质作用、热接触变质作用和动力变质作用。其中以区域变质作用为主，属绿片岩相—低绿片岩相；热接触变质作用则沿着侵入岩体与围岩接触带发生，形成接触变质岩；动力变质作用主要发生在断裂带和剪切带中，形成动力变质岩。此外，在某些侵入岩之接触带附近尚有气液变质作用，形成相应的变质岩或蚀变岩。

二、区域矿产特征

贵州省矿产资源丰富，至2007年底，共发现矿种123种，已经查明有资源储量的有76种，共计矿产地2 729处。已探明的大中型矿床735处，其中大型矿床49处，中型矿床163处，小型矿床523处。贵州是著名的汞省，长期居我国之首；铝土矿仅次于山西省，在我国排名第二；锑、锰资源量居全国第三位；煤矿素有"西南煤海"之称，列全国第五，居西南之首；同时富磷、重晶石也集中在贵州。现就主要矿种分述如下。

1. 煤矿

贵州煤炭资源十分丰富，探明储量和保有储量位居全国前列，居长江以南各省（区、市）之首，是我国南方的重要煤炭基地,主要分布在贵州省西部的六盘水市和北部的毕节市、遵义市。

贵州具有多时代聚煤特点,有早石炭世祥摆组沉积时期、中二叠世梁山组沉积时期、晚二叠世龙潭—长兴组沉积时期、晚三叠世火把冲组沉积时期、中新世翁哨组沉积时期及第四纪等。其中以晚二叠世为主要聚煤时代,形成的煤分布广,储量大,煤种牌号齐全,煤质较好。

2. 铁矿

贵州的铁矿分布较广,类型较多,但总体规模小,以赫章的铁矿山地区(铁矿山、菜园子两个矿床及蟒洞、天桥等矿点)、水城县的观音山地区(包括水槽子矿点、观音山矿段)及普安县的罐子窑地区(包括青山、红岩两矿段及小山坡矿点)最重要。贵州铁矿类型可划分为热液型和沉积型两类。热液型铁矿主要分布在西北部,以水城观音山为代表。沉积型矿床分布较广,含矿地层较多,主要有泥盆系独山组,主要分布在独山一带,典型矿床有独山平黄山铁矿;石炭系九架炉组,主要分布在清镇—开阳—凯里地区,典型矿床有织金马桑林铁矿、凯里苦李井铁矿;晚二叠系龙潭组底部的铁矿,主要分布在黔北、黔西北地区,典型矿床有桐梓楚米铺铁矿。

3. 锰矿

贵州的锰矿以沉积型锰矿、风化型锰矿为主。沉积型锰矿主要产于南华系中统大塘坡组下部及中二叠统茅口组白泥塘层;产于大塘坡组的锰矿,主要分布于松桃、从江-黎平地区,称为大塘坡式锰矿,典型矿床有大塘坡锰矿;产于中二叠统茅口组白泥塘层的锰矿主要分布在遵义一带,典型矿床有遵义铜锣井锰矿;风化型锰矿主要分布在水城-纳雍地区,锰矿由中二叠统茅口组中含锰岩系风化淋滤后形成,典型矿床有纳雍营盘锰矿。

4. 汞矿

汞矿是贵州省特色矿种,主要分布在黔北、黔东地区,次为黔西南、黔中地区。按所处位置和控矿因素不同可划分为丹寨—三都汞成矿带、铜仁汞成矿带、凤岗汞成矿带、贵阳汞成矿带、普安汞成矿带、望谟汞成矿带、贵定汞成矿带。

贵州省汞矿类型,按矿体产状可分为层状整合型(以务川木油厂为代表)、断裂脉型(以三都交梨矿床为代表)及复合型(以丹寨宏发厂矿床为代表);按矿种共生组合可分为单汞型、汞硒型、汞铊型和汞钼铀型。以容矿岩石建造划分为3类,即主要以白云岩容矿的万山式低温热液型矿床、以石灰岩容矿的丹寨式低温热液型汞矿以及主要产于含煤建造中的滥木厂式低温热液型汞矿。

1)以白云岩容矿的万山式低温热液型矿床

该类矿床分布于上扬子地块的轴缘带北段和务川-福泉褶皱断裂带,包括黔东北的松桃、江口、石阡,黔中的开阳和黔北的务川等地。赋矿地层为跨震旦系—寒武系的灯影组至下奥陶统桐梓组,主要为中下寒武统白云岩容矿。可细分为单汞矿床(松桃水银洞汞矿田和务川汞矿田)、多矿种组合矿床(石阡县龙潭沟汞硒矿床、开洋白马洞汞钼矿床)。典型矿床如万山杉木董汞矿床。其他矿床如黔东北的客寨、张家湾、梅小溪、大硐喇、乱岩塘,黔北的木油厂、板场,开阳的白马硐(汞钼型)等。

2)以石灰岩容矿的丹寨式低温热液型汞矿

该类矿床分布于上扬子地块东南的轴缘断裂带南段的丹寨和三都一带。容矿岩石为晚寒武世(主)及早奥陶世斜坡相—深水相沉积的石灰岩。典型矿床为丹寨宏发厂汞矿床。其他矿床如丹寨水银厂、三都交梨等。

3)含煤建造中的滥木厂式低温热液型汞矿

在黔西南的滥木厂是主要产于含煤建造中的低温热液型汞矿,也是省内唯一的汞铊型矿床。主要呈似层状、透镜状及扁豆状矿体赋存于上二叠系龙潭组及长兴组中,容矿地层由多层砂岩、粉砂岩、砂质页岩、泥(粘土)岩及含生物碎屑和燧石核的灰岩所组成,典型矿床为贞丰滥木厂汞矿。

5. 铝土矿

贵州的铝土矿名列全国前茅,主要分布在黔中、黔北、黔东地区,其他地区零星分布。铝土矿的矿床类型主要是古风化壳型铝土矿。主要有修文式、遵义式、大竹园式3种类型。

(1)修文式:为碳酸盐岩古风化壳异地堆积铝土矿,其成因与碳酸盐岩岩溶红土化古风化壳有关。在贵州,石炭系铝土矿及其含矿岩系超覆在寒武系碳酸盐岩岩溶侵蚀面上,为异地堆积产物。在铝土矿之下往往有清镇式铁矿。矿石主要由一水硬铝石组成。典型矿床有贵州修文小山坝铝土矿。

(2)遵义式:为铝硅酸盐岩石古风化壳原地堆积铝土矿,主要分布于贵州遵义、瓮安、凯里等地,其下伏基岩是碳酸盐岩,铝土矿与下伏、上覆地层之间有侵蚀间断面。典型矿床有贵州遵义荀江铝土矿床。该早石炭世的铝土矿层与下伏的下奥陶统第二段的粘土(泥)页岩和粉砂岩之间有一过渡层,矿石由一水硬铝石组成。

(3)大竹园式:分布在正安、道真、务川一带,其下伏基岩是碳酸盐岩或细碎屑岩,铝土矿与下伏、上覆地层之间有侵蚀间断面。典型矿床有中二叠统大竹园铝土矿床。

6. 磷矿(稀土)

贵州省是全国富磷矿产出最多的省(区、市),也是我国最重要的三大磷矿产区之一。贵州磷矿主要集中分布于黔中地区的瓮安、开阳、织金三地,其他地区则零星分布且勘查程度亦低。贵州磷矿以品位富、质量优著称,其平均含量为22.2%,居全国第一,大于30%的富矿保有储量列各省(区、市)之首。织金新华磷矿储量巨大,并伴生有稀土。

贵州磷矿为沉积磷块岩矿床,按形成时代不同可分为开阳式、新华式(稀土)。开阳式主要分布在开阳—瓮安—福泉一带,产于陡山沱组中(俗称"下磷矿"),其典型矿床为开阳洋水磷矿;新华式主要分布在织金—金沙一带,产于灯影组中(俗称"上磷矿"),磷矿中普遍含稀土,稀土也已经构成大型矿床,典型矿床为新华磷矿。

7. 金矿

贵州省金矿主要分布在黔东南、黔西南地区。金矿类型主要有复合内生型金矿,其次为蚀变岩型金矿、红土型金矿、砂矿。

复合内生型金矿又可分为微细浸染型(卡林型)金矿、变质碎屑岩中的脉型金矿。

1)微细浸染型金矿

微细浸染型金矿为贵州省主要金矿类型,资源储量集中分布在黔西南贞丰、兴仁、安龙、册亨、晴隆、普安、盘县等地,其次分布于黔东南的三都、丹寨两县。

关于贵州省微细浸染型金矿以容矿岩石及共生(伴生)矿产组合为主要因素进行划分,相对比以赋矿构造或矿体产状为主要因素进行划分要好一些,但也难于进行很完美的划分,因为有的矿床(点)容矿岩石比较单一,而有的矿床(点)容矿岩石则可能有多类。微细浸染型金矿大致划分为以下几种。

(1)以陆源硅质碎屑岩为主要容矿岩石的烂泥沟式微细浸染型金矿床:主要分布于兴义市南部、册亨县大部、贞丰县南部及望谟县。已发现的矿床(点)主要包括板其、丫他、烂泥沟、百地、豆芽井、陇纳、洛帆等多个。

(2)以不纯碳酸盐岩为主要容矿岩石的紫木凼式微细浸染型金矿床:主要分布于贞丰、兴仁、安龙、兴义、赖子山、板年、洛东等地。已发现的矿床(点)主要有紫木凼、太平洞、岩上、大丫口、戈塘、洛东、板年、雄武等。

(3)以火山凝灰岩为主要容矿岩石的泥堡式微细浸染型金矿床:主要分布于峨眉山玄武岩组东南缘的凝灰质岩石分布区,即晴隆—普安—兴仁—兴义一线,另在盘县境内也有分布。主要矿床(点)有泥堡、黑山箐、五指山、陇英大地、张家湾等。

(4)以不纯碳酸盐岩为主要容矿岩石的苗龙式金矿床:主要分布于为黔东南三都—丹寨附近,普遍伴生有汞、锑、砷等多金属矿。已发现有苗龙、摆正、四相厂、交梨等锑金矿床(点)。

2)变质碎屑岩中的脉型金矿

(1)铜鼓式变质碎屑岩中的脉型金矿:变质碎屑岩中的脉型金矿也是我省重要金矿类型,多分布于黔东南的天柱县、锦屏县和黎平县境内,已发现有铜鼓、金井、八克、磨山、主山冲、平秋、辣子坪等数十处金矿床(点)。

(2)金厂式变质碎屑岩中的脉型金矿:在梵净山地区有少量分布,主要产于梵净山西部梵净山群与下江群角度不整合面附近的变质碎屑岩及辉绿岩中,见有金盏坪、猴子洞、金厂、罗家湾等近十个金矿床点。

(3)翁浪式变质碎屑岩中的蚀变岩型金矿:在从江县南部下江群甲路组沉积变质岩建造中有金(银)矿床(点)产出,包括翁浪金(银)矿床、地虎金(铜、银)矿床、九星金矿点、摆容金化点等。

3)红土型金矿

红土型金矿主要产于黔西南二叠系碳酸盐岩地区的岩溶洼地中,是微细浸染型金矿风化堆积的次生金矿床。已发现的矿床(点)有老万场、砂锅厂、芹菜坪、豹子洞等。

4)砂金矿

砂金矿主要分布在黔东南浅变质碎屑岩地区,是原生金矿经风化剥蚀的次生矿床。零星分布于天柱—锦屏—黎平地区及梵净山地区的河流阶地上。

8. 锑矿

贵州省是全国锑资源丰富的省区之一。主要分布于黔西南、黔南、黔东南等地区。资源储量集中于晴隆大厂与独山半坡,其次在榕江八蒙等地。

贵州省锑矿矿床类型划分为火山岩中的热液型锑矿、碎屑岩中的热液型锑多金属矿、浅变质岩中的热液型锑矿、碳酸盐岩中的热液型锑矿等。按工业类型划分两种类型:一是层状锑矿,资源储量占全省总量的25.63%;二是脉状锑矿,资源储量占全省62.39%。

1)火山岩中的热液型锑矿

该类矿床主要分布在晴隆大厂带。锑矿产于上、中二叠统间的火山凝灰质、硅质蚀变岩层(俗称"大厂层")中,主要是顺层充填交代型锑矿。矿床分布于晴隆大厂、西舍、水井湾、固路、后坡南、后坡北、支尕、嘎木—黑山箐、下山—上马场、沙家坪、张家湾、三望坪等地。典型矿床有晴隆大厂式似层状、脉状、囊状热液型锑矿。

2)碎屑岩中的热液型锑多金属矿

该类矿床主要分布在独山一带,矿床集中分布在北北东(近南北)向王司箱状背斜(或称独山背斜)轴部,产于泥盆纪碎屑岩中,以断裂充填型交错脉状锑矿体为主。以独山半坡为典型矿床。

3)浅变质岩中的热液型锑矿

该类矿床产于下江群浅变质岩系中,为裂隙充填石英脉型锑矿。典型矿床有八蒙式脉状透镜状囊状热液型锑矿。

该类矿床分布于黔东南地区北北东向雷公山复式背斜核部及其次级背斜核部,锑矿体沿北北东向和北东向脆韧性剪切带中的陡劈理密集带及与之相关的脆性断层产出。可初步划分为兴华锑矿田(八蒙矿床、摆吉矿床、小脑矿床、巫秀矿床、控抗矿床、新寨矿床、忙常矿床、滚度矿床、的牛寨矿床、沙坪沟矿床、大浪矿床)、火烧寨锑矿田(五坳坡矿床、登沟矿床、姑城矿床、排盖矿床、西音矿床、党光矿床)、韦家寨锑矿田(滚豆矿床、水造矿床、水泡矿床)、冷竹山锑矿田(大槽矿床、开屯矿床、党相矿床、乔洛矿床、布留矿床、冷竹山矿床、提庆矿床、交腊矿床、乔歪矿床、肖家寨矿床、怎东矿床、永乐矿床、踏石矿床)、复兴锑矿田(复兴矿床、送竹矿床、南留矿床、双尧矿床、乌早矿床)等。

4）碳酸盐岩中的热液型锑矿

该类矿床以不纯碳酸盐岩为主要容矿岩石，为锑金（砷）型矿床，主要分布于为黔东南三都—丹寨矿带中段东部的苗龙锑金矿田中。已发现有苗龙、摆正等锑金矿床（点）。

9. 铅锌（银）

贵州的铅锌（银）矿矿床主要有碳酸盐岩型和细碎屑岩型两种类型，另有极少量风化残积型，银矿主要是铅锌的伴生元素。

1）碳酸盐岩型铅锌矿

赋矿岩石为海相碳酸盐岩，尤其有利成矿的是富含有机质、泥质的生物泥晶灰岩和白云岩。构造上受同生古断裂和背斜、层间错动控制。

2）变质细碎屑岩型铅锌矿

赋矿地层为一套浅海相碎屑—粘土—碳酸盐相浅变质岩系，主要是碳质板岩、碳质千枚岩、灰岩、石英岩和黑云石英片岩等组成的互层带，其中有时夹变质火山岩。矿体主要赋存于碳质板岩和变质砂岩中，呈似层状和透镜状，具有多层性，沿走向常有分支复合、尖灭再现现象。主要分布在贵州东部。

3）风化残积型

风化残积型分布在赫章一带，矿体赋存于第四系残坡积中，矿体呈似层状、不规则状，为土状氧化矿，目前发现的有榨子厂矿床、猫猫厂矿床。

10. 铜矿

铜矿主要产于黔东梵净山地区、从江地区花岗岩和黔西北地区的玄武岩及三叠系砂岩中等。含矿岩石有花岗岩、砂岩、玄武岩三种。总体工作程度较低，仅威宁铜厂河铜矿、地虎铜矿、丹寨脚皋铜矿、赫章德卓铜矿、大方上坝铜矿、织金铜厂坡有评价。2003年以来，在从黔西北的黑山坡、曾家硐、大明槽、麦塘湾、炉山、摆布卡、发财冲、黄见坑、马家沟等地亦有铜矿点发现。

11. 重晶石

贵州省重晶石主要为沉积型重晶石矿，有大河边式重晶石矿、乐纪式重晶石矿。大河边式重晶石矿主要分布于天柱—三穗地区，含矿地层为震旦系—寒武系老堡组硅质岩；乐纪式重晶石矿分布于镇宁—紫云地区，含矿地层为泥盆系留江组硅质岩。次为热液型重晶石矿，有顶罐坡式重晶石矿，零星分布于黔北、黔东北、织金、三都等地。

12. 硫铁矿

主要为沉积型硫铁矿，有叙永式含煤地层沉积硫铁矿和猫场式硫铁矿两种，分别分布于黔西北、黔北、黔南地区和黔中地区。次为热液型硫铁矿和火山岩型硫铁矿两种矿床类型，有排带式硫铁矿和猫场式硫铁矿，分别分布于福泉—独山地区和黔西北地区。

13. 萤石

贵州已发现的萤石矿有两种矿床类型，即沉积改造型和热液充填型萤石矿。沉积改造型萤石矿主要分布于晴隆—贞丰一带，有晴隆式层状萤石矿。热液充填型萤石矿分布于正安—沿河、贞丰地区，有丰水岭式萤石矿。

14. 镍钼钒矿

贵州的镍钼钒矿有沉积型镍钼钒矿和热液型钼矿两种矿床类型。以沉积型镍钼钒矿为主，含矿地层为寒武系牛蹄塘组,主要分布于织金—遵义—铜仁地区,在遵义以西地区是以镍钼矿为主,即松林式镍钼矿床,典型矿床为遵义松林新土沟镍钼矿床;而遵义以东是以钒矿为主,典型矿床为镇远马度平钒矿床。热液型钼矿主分布于兴义—水城一带,矿体受断层及旁侧地层控制,典型矿床有大际山钼矿床。

15. 钨锡矿

钨锡矿主要分布在梵净山、从江地区,是与花岗岩有关的岩浆期后热液脉状钨锡矿床。矿体赋存在花岗岩内、外接触带浅变质岩中,矿体呈大脉状、细脉带、网脉浸染状。矿床规模较小。

梵净山地区典型矿床有标水岩钨锡矿床,从江地区典型矿床有乌牙钨锡矿床。

16. 镁矿

贵州的镁矿主要是沉积型含镁白云岩,从震旦纪晚期至侏罗纪,各时代均有产出,除黔东南地区以外,其余地区均有分布。主要产出层位有灯影组、高台组、石冷水组、娄山关组、尧梭组、高坡场组、大埔组、安顺组、杨柳井组、关岭组。

目前探明的炼镁白云岩均为小型矿床,主要是针对娄山关组、安顺组、杨柳井组等地层做工作。

第三节　区域遥感特征

一、区域地表覆盖类型及遥感特征

植被发育程度的好与坏,对岩石地层和构造解译有一定的影响。这种影响可以从两个方面认识,一是有利的方面,天然植被的分布和发育呈选择性带状分布特征,基本反映了地层和土壤的性质。如贵阳的环城林带多沿上二叠统合山组呈带状分布;三都九阡幅的泥盆系望城坡组主要发育茅草为主的植被;在凯里和遵义地区柏树在寒武系白云岩地层中生长较为旺盛;又如四周均无植被,即植被呈星点状分布,可以判断其所处位置是一个岩溶洼地或岩溶漏斗。从图2-3可以看出,在威宁银厂坡地区,中部梁山组碎屑岩植被呈带状发育,其上、下地层均为碳酸盐岩,植被以低矮灌木草丛为主,绿色多呈星点状。二是不利的方面,森林植被大面积覆盖常常会造成遥感地质解译困难。此外,植被发育程度对遥感异常的提取也是一个重要的干扰因素。

图2-3　贵州威宁银厂坡一带植被发育情况

因此,根据遥感图像分析,并结合岩性分布以及植被发育情况等,将贵州省遥感地表覆盖类型分为黔东南和梵净山植被深覆盖区(A)、习水—四面山植被深覆盖区(B)、兴义—贵阳—道真植被浅覆盖区(C)3个区(图2-4)。

1)黔东南和梵净山植被深覆盖区(A)

该区位于三都—凯里—施秉—余庆—石阡—印江一线以东,出露的地层主要为新元古界及寒武系,除镇远—万山一带的寒武系白云岩分布区外,多以变质碎屑岩为主,裸露的基岩较少,第四系覆盖相对较厚,以杉树、松树等针叶林为主。

2)习水—四面山植被深覆盖区(B)

该区位于习水县城以北的区域,出露的地层主要为侏罗系和白垩系,岩性多为碎屑岩,裸露的基岩较少,以丝栗栲、甜槠栲、樟科的桢楠、薄叶润楠等原始常绿阔叶林和乔木林为主,在沟谷地带产有苏铁、桫椤等。

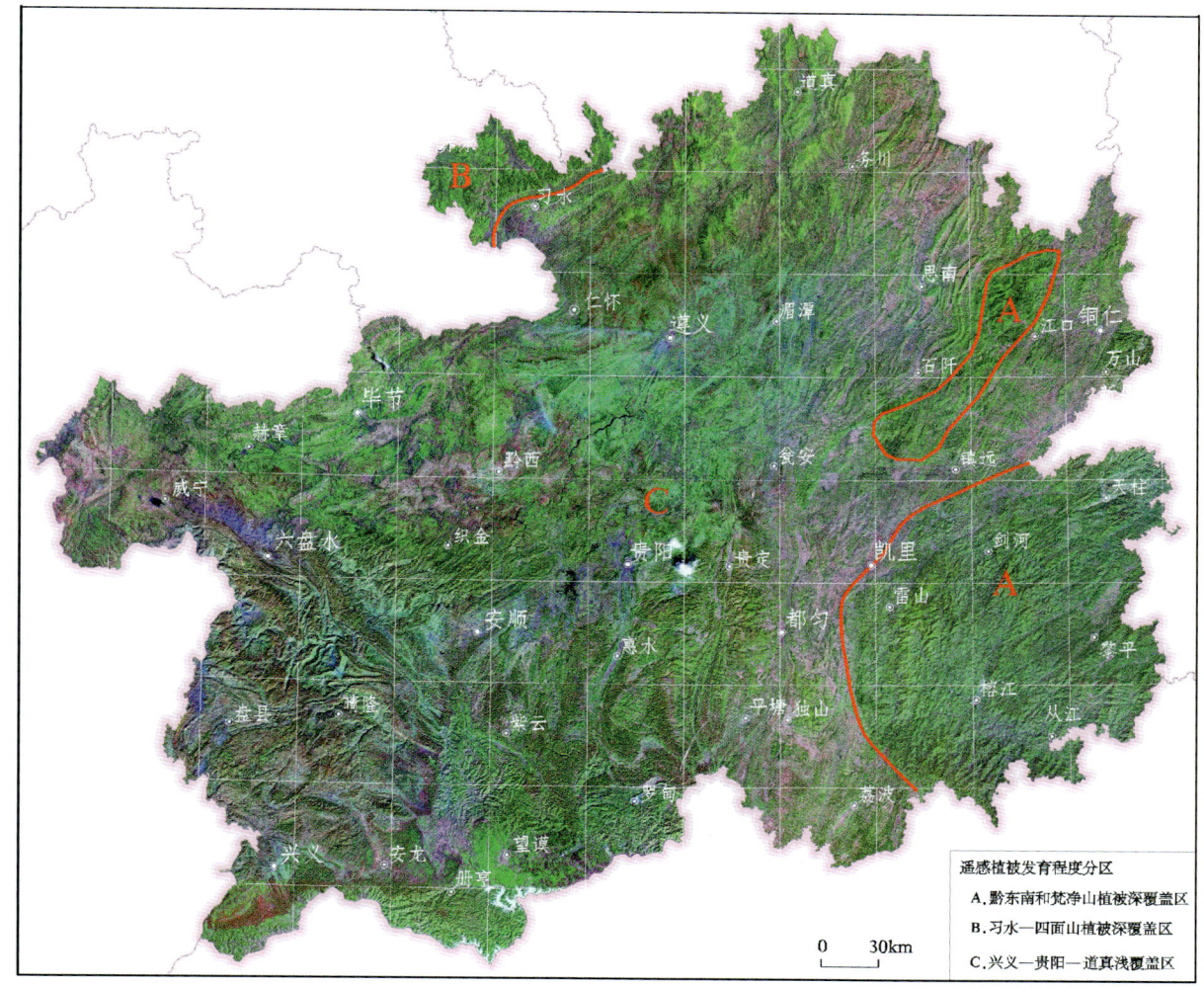

图 2-4　贵州省植被发育情况遥感影像图(R5G4B3,TM)

3)兴义—贵阳—道真植被浅覆盖区(C)

该区分布于兴义—安顺—贵阳—道真一带的大部分区域,该区出露古生代及其以上地层,基岩裸露较多。该区主要为乔木林、针叶林和阔叶林混生区,以阔叶林为主。

二、区域遥感图像地质可解译程度分区

根据 TM/ETM 遥感影像特征,并结合贵州省以往在部分 1∶20 万及近年来 1∶5 万区域地质调查中应用遥感手段积累的资料分析,影响遥感图像可解译程度的因素主要有以下几个:一是岩石地层单元的影像差异大小,二是地形的切割程度,三是植被的发育情况,四是地质构造的复杂程度。

对贵州而言,岩性差异是影响遥感图像地质解译程度好坏的主要因素,中等厚度、不同岩性互层的解译效果最好;岩性单一,且厚度较大时解译效果较差。就地质构造而言,断层和构造裂隙比褶皱构造易判读,解译效果好。就不同图像而言,航空立体像对的全色航片比卫星像片(TM)的地质解译效果好。据此,对贵州省遥感影像的可解译程度进行了划分。

贵州省遥感图像可解译程度的好坏可分为以下三类(图2-5)。

1)可解译程度良好区(Ⅰ)

该区包括贵州中部和西部的大部分地区。位于兴仁—安顺—贵阳—道真一带,习水县城之东南,三穗—凯里—丹寨—三都一线之北西。

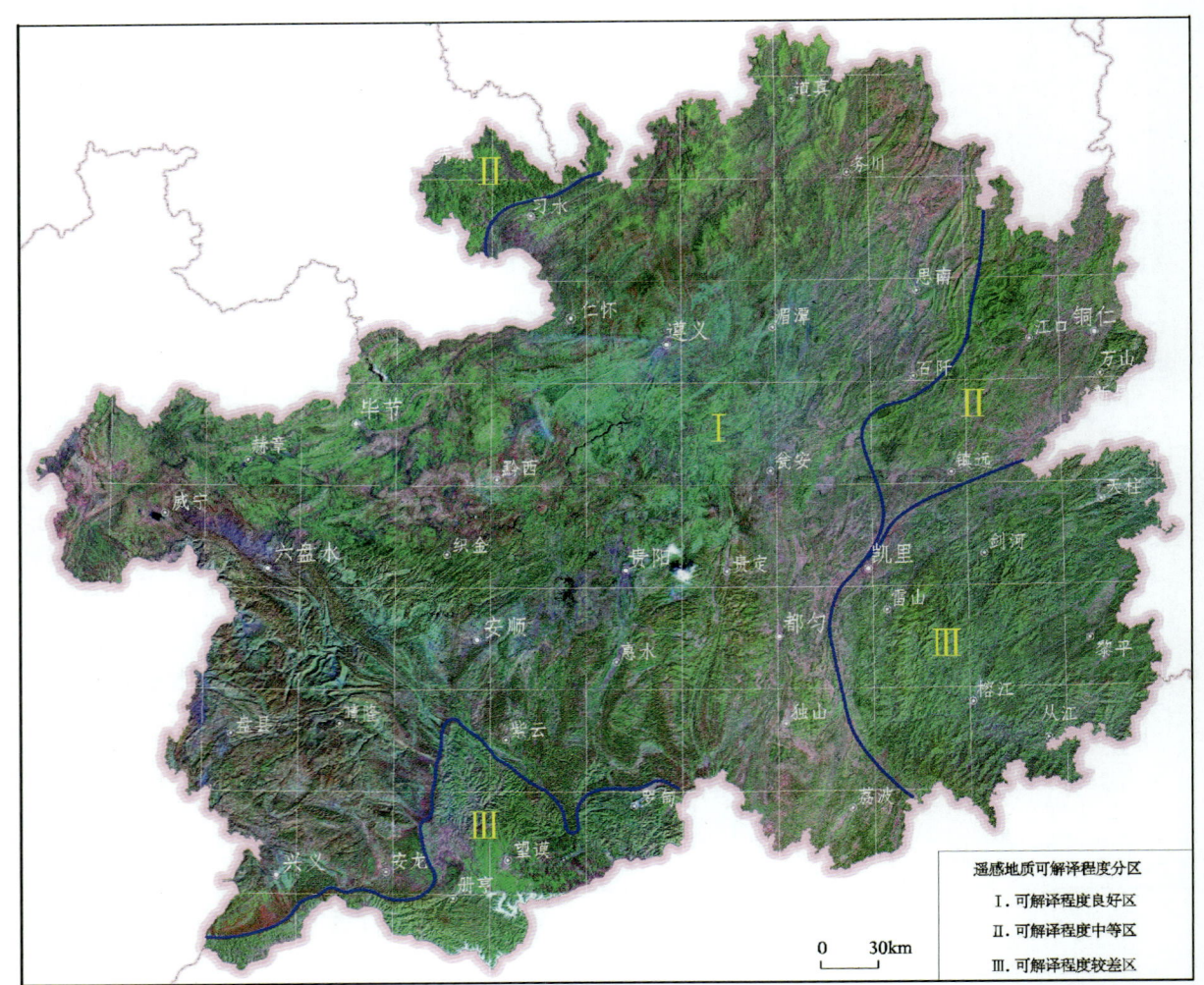

图2-5　贵州省遥感影像可解译程度分区图(R5G4B3,TM)

(据韩宝智,1989,有改动)

该区主要为古生界及其以上地层大面积出露区,中等厚度的碳酸盐岩与碎屑岩相间产出,地质构造相对简单。根据地形地貌差异和构造的复杂程度,可以石阡—凤岗—遵义—黔西—织金—关岭—晴隆—普定为界进一步划分为两部分,即黔中地区和黔西北地区。

黔西北地区山高谷深,地形切割深度较大。仁怀以东相对高差300～500m;以西除威宁、赫章附近高原面保存比较完整,相对高差小于200m外,一般相对高差在400～700m之间。可解译程度高。

黔中地区因地势起伏小,第四系覆盖较厚,地质构造相对较为复杂,其可解译效果稍差。

2)可解译程度中等区(Ⅱ)

该区分布于习水县城以北以及施秉—铜仁一带的黔东北地区。

习水以北地区主要为侏罗系和白垩系砂岩分布区,地层平缓,岩性较单调;黔东北地区出露的地层为寒武系和新元古界,地层岩性差异不甚明显。

3）可解译程度差区（Ⅲ）

该区分布于黔西南册享—望谟、黔东南榕江—天柱两片地区。

黔西南为巨厚三叠系复理石碎屑岩分布区，黔东南为浅变质的新元古界巨厚复理石碎屑物岩广布区，岩性都较单调，地层组、段间影像几乎无明显差异，岩石地层单元解译困难，进而对褶皱的判读亦比较困难，仅能判读一些断裂构造。

以上的分区只是概略性的，在每个分区中由于露头情况、地形的切割强度以及地质构造复杂程度等因素的影响，可解译程度仍有差别，可以进一步划分。即在可解译程度差的地区内也有可解译程度良好的区域，在可解译程度良好的区域内亦有极差的地段。

另外，不同的数据源和不同分辨率的遥感影像其可解译程度也有差异。

三、不同岩石类型的区域分布及其遥感特征

贵州自新元古界至新近系均有不同程度出露，以沉积岩为主。保持原沉积岩特征的低绿片相变质岩主要分布在黔东南。除中—晚二叠世峨眉山玄武岩在黔西北有较广分布外，其他类别的岩浆岩出露面积小，数量也不多。基岩出露广，第四系分布零星、面积小。

新元古界变质岩的岩性以变质砂、板岩为主，在遥感影像上地形切割较深，山坡较连续，呈深绿色、绿色、浅绿色等浅色调，植被发育。主要分布在黔东南和梵净山，在开阳、清镇等地区零星出露。

古生界寒武系—中生代三叠系主要分布在除习水北西和黔东南以外的区域，岩性以泥岩、砂岩、碳酸盐岩为主，多以两三种岩性互层或夹层为特色。沉积类型以浅海碳酸盐岩沉积为主，在二叠系晚期为海陆交互式含煤沉积。该区域褶皱构造发育，沿构造方向呈层纹状、条纹状影纹，以浅绿色、绿色、黄绿色、粉红色等浅色调相间为特征，山坡因岩性差异，常常有陡坎、槽谷等起伏的微地貌变化，水系呈树枝状、平行枝状等。

上三叠统—白垩系为陆相河湖相沉积，岩性以砂岩、泥岩或两者互层（或夹层）为主。植被发育，影像上以绿色、黄绿色为主，沟谷多以粉色、紫色等斑杂状影纹为特征，树枝状、"丰"状水系。

中—晚二叠世峨眉山玄武岩分布区植被发育，影纹呈蠕虫状，树枝状水系。其他侵入体多呈脉状或点状，出露面积和厚度较小，在中等分辨率的遥感影像上无法与其他岩性段分开。

四、区域地质构造特点及其遥感特征

贵州的区域地质构造特征在遥感影像上尤为清晰，主要表现为褶皱、断裂两大类。构造线有 NE、NNE、NW、NNW、SN、近 SN、EW、近 EW 等几个方向，构造复合现象普遍；不少断裂具有多期活动性质。褶皱、断裂构造主要由燕山运动造成；褶皱多为短轴褶曲或穹隆、构造盆地，形变不甚强烈；近似阿尔卑斯式褶皱较为紧闭狭窄，多沿块垒地（小地块）边缘分布，明显具有断块构造色彩。断裂数量虽多，但深度都不大，正好反映出了地台型构造特征。隐伏断裂比较多，对地表构造形迹控制作用明显。环形影像在黔东南地区多以性质不明为主，其他地区则以构造穹隆和构造盆地为特色。

在综合构造型式、构造组合及构造线方向基础上将贵州省划分为 3 个构造区、7 个构造亚区，并对部分亚区进行了小区划分（图 2-6，表 2-2）。

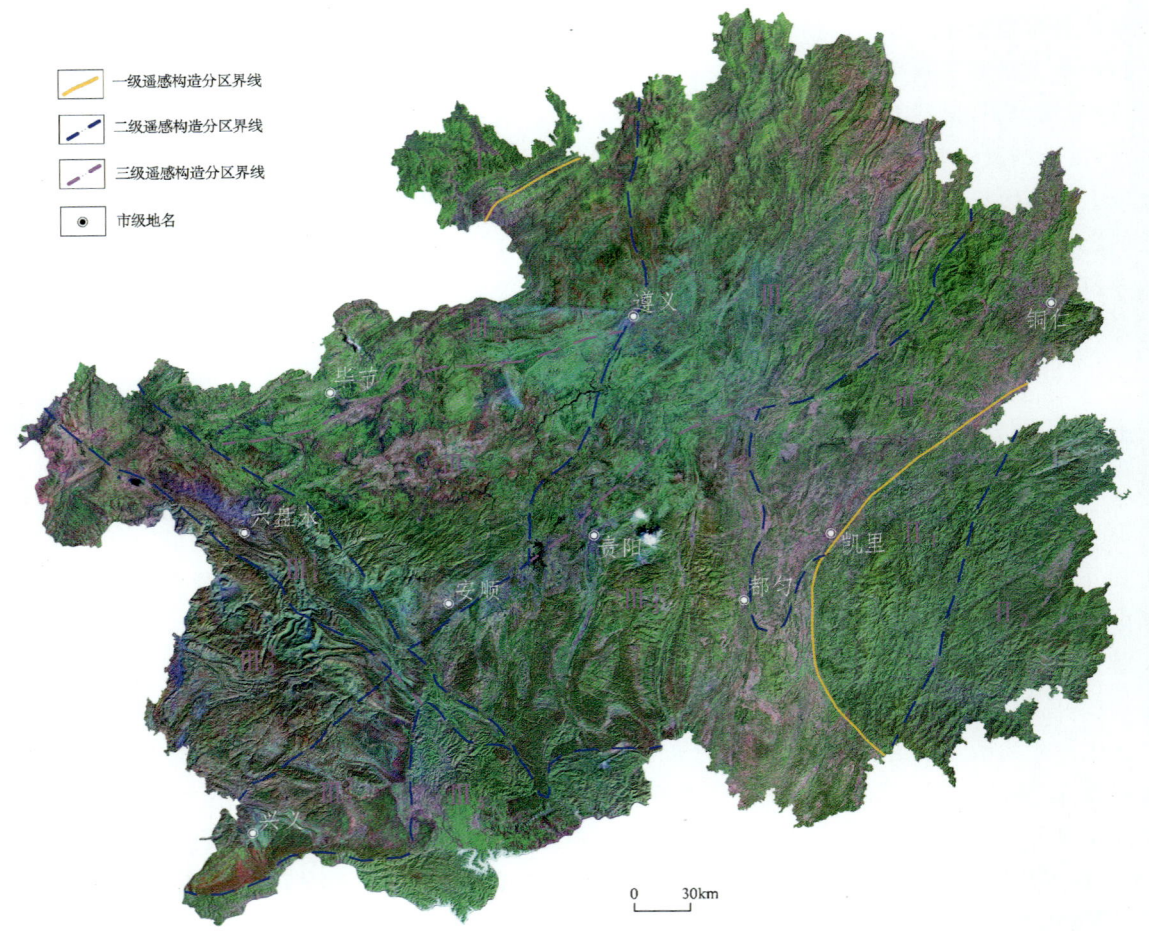

图 2-6 贵州省遥感构造分区图（R5G4B3，TM）

表 2-2 贵州省遥感构造分区表

遥感构造一级分区	遥感构造二级分区	遥感构造三级分区
赤水平缓褶皱区（Ⅰ）		
黔东南线、环构造区（Ⅱ）	雷山弧形构造亚区（Ⅱ$_1$）	
	黎平北东向、北北东向构造叠加亚区（Ⅱ$_2$）	
兴义-道真叠加褶皱构造亚区（Ⅲ）	水城-安龙北西向构造亚区（Ⅲ$_1$）	六枝北西向构造小区（Ⅲ$_1^1$）
		贞丰北西向构造小区（Ⅲ$_1^2$）
	盘县-桐梓北东向构造亚区（Ⅲ$_2$）	毕节北东向构造小区（Ⅲ$_2^1$）
		织金宽缓褶皱构造小区（Ⅲ$_2^2$）
		晴隆宽缓褶皱构造小区（Ⅲ$_2^3$）
	正安-独山南北向构造亚区（Ⅲ$_3$）	都匀隔槽式褶皱构造小区（Ⅲ$_3^1$）
		凤岗北东向断裂与南北向类隔槽式褶皱叠加小区（Ⅲ$_3^2$）
	松桃-黄平北东向宽缓褶皱亚区（Ⅲ$_4$）	
	册亨-罗甸近东西向构造亚区（Ⅲ$_5$）	

(一)赤水平缓褶皱区(Ⅰ)

侏罗系—白垩系河湖相泥岩、砂岩遍布全区。岩层平缓,地层倾角10°以下。以东西向褶皱为主,断裂少且短。为一刚性较强的块垒地(小地块),表层构造形成于喜马拉雅运动。

(二)黔东南线、环构造区(Ⅱ)

青白口系大范围出露;南华系、震旦系出露面积小;显生宙地层主要分布在西南端,其余地区仅零星分布;南端黔桂交界附近有小面积四堡群出露,并有加里东期花岗岩侵入。

四堡运动、广西运动、燕山运动及喜马拉雅运动均波及本区。四堡运动形成的构造形迹因受花岗岩侵入而轴迹不清,广西运动形成北东向褶皱,燕山运动形成的褶皱为北北东向,喜马拉雅运动继承先期构造形成一些北北东向和北东东向断裂及平缓褶皱。

以榕江南北一线为界可分为东西2个构造亚区。

1. 雷山弧形构造亚区(Ⅱ$_1$)

构造线方向以北北东(NE20°)为主,次为北东东向(NE60°)。断裂构造以北东向玉屏-凯里断层及三穗雪洞-剑河(革东)-雷山断层最为显著,长100km以上,南部转成近南北向,总体略向北西凸。区内北东东向与北北东向断裂发育,并互相切割。

2. 黎平北东向、北北东向构造叠加亚区(Ⅱ$_2$)

区内北北东向燕山期褶皱与北东向加里东期褶皱小角度叠加。以北北东向及北东东向断裂最为醒目。前者数量不及后者,一般长50km以上;后者数量多,并以5～10km等间距发育,单条断层延伸多近百千米,普遍有左行扭动迹象(个别为右行,是断裂多期活动所致)。断裂带常呈笔直的沟谷,局部切割晚白垩世地层,具多期活动性质。

(三)兴义-道真叠加褶皱构造区(Ⅲ)

1. 水城-安龙北西向构造亚区(Ⅲ$_1$)

该亚区出露地层为上古生界—中生界。构造线呈北西向延展。北东边缘一带为一系列北西向较紧闭狭窄的褶皱及纵断层,其余地区以短轴褶皱、穹隆、构造盆地为主。

区内存在一条著名的中三叠世沉积相变线。该相变线是一条弧形同沉积断层,在贞丰附近为南北向,往南在册亨以西转成东西向。同沉积断层西北侧以台地相碳酸盐岩为主夹碎屑岩;东南侧主要为一套巨厚的复理石碎屑岩建造。

受岩石力学性质影响,以碳酸盐岩为主的地区主要形成的是一些短轴褶皱、穹隆、构造盆地,断层数量不多,除北西向纵断层外,主要为一些短小的横断层。巨厚的复理石碎屑岩分布区则以紧闭线状褶皱为主,断裂不甚发育。

全区构造线以北西向为主,只是受同沉积断层控制,靠近同沉积断层处构造线与之平行而呈南北向和东西向延展。

1)六枝北西向构造小区(Ⅲ$_1^1$)

该小区即著名的紫云-水城褶断带分布区。初期为一北西向断陷槽,控制泥盆纪、石炭纪及二叠纪沉积相和厚度变化。

燕山期形成一系列北西向较紧闭狭窄的褶皱和纵断层。长 340km，宽 10～35km，斜贯全省。

本小区东北侧外的一些北东向褶皱在临近本小区时，多转成向南东延伸，形成一系列略向西凸的排列，此外本小区内的部分褶皱具有左列左行等现象，由此可以推出北西向紫云-水城褶断带具有左行扭动性质。

亚区内北西向断裂具多期活动特征，近代仍有地震沿该带分布。

2）贞丰北西向构造小区（$Ⅲ_1^2$）

以贞丰-安龙弧形同沉积断层（北段南北向，南端转成东西向）为界，西北部为碳酸盐岩建造区，东南部为巨厚的中三叠统复理石碎屑岩建造区。

本小区为西北部为碳酸盐岩建造区，由北西向短轴宽缓褶皱和穹隆、构造盆地组成。宽缓短轴褶曲边缘翼部地层变陡并伴生纵断层。

2. 盘县-桐梓北东向构造亚区（$Ⅲ_2$）

该亚区位于省境西北。西部被六枝北西向构造小区（$Ⅲ_1^1$）分割。

除遵义市西有小面积震旦系出露外，古生代—中生代地层广布全区。

构造线总体为北东向。北部习水—毕节一带及南部纳雍—安顺一带为类隔槽式褶皱，纵断层发育，尤以南部最为密集。中部遵义县、金沙、赫章兴发、纳雍、黔西县一带主要是一些北东向短轴褶曲或穹隆、构造盆地。

1）毕节北东向构造小区（$Ⅲ_2^1$）

该小区为一系列延伸多在 100km 左右、互相平行、气势磅礴的北东向伴有纵断层的向斜窄、背斜宽的侏罗山式褶皱区。东缘受南北向隐伏断裂影响，局部地段构造线呈弧形弯曲。

2）织金宽缓褶皱构造小区（$Ⅲ_2^2$）

该小区总体构造线为北东向。以纳雍东西一线为界，可分为南北两部分。

（1）北部：为短轴褶曲和穹隆、构造盆地分布区，断裂少且短。北北东向与北东向两组褶皱构造互相叠加。

从地层分布来看，占据该小区主要是一个自金沙—大方—纳雍昆寨的北东向宽缓大背斜及东南侧同级别的北东向宽缓大向斜。北东向大背斜上叠加的次级短轴背斜及穹隆长轴为北北东向，并呈右列右行雁行状。

（2）南部：断裂数量多。褶皱为北东向短轴褶曲。宽缓背斜之间的向斜较狭窄。背斜上纵断层发育，长度较大。

几个背斜的高点核部出露震旦系及寒武系，高点连线在纳雍到平坝一线呈北西向。看来上述北东向褶皱是叠加在一个更高级别的北西向大背斜上的产物。

据区域地质调查资料，在织金县五指山附近见下石炭统九架炉组与下伏震旦系灯影组、下寒武统呈角度不整合接触。纳雍-织金-平坝北西向宽缓大背斜应是广西运动形成的，大片燕山期北东向褶皱是后叠加的。

该北西向加里东期宽缓大背斜西临六枝北西向构造小区与著名的北西向水城-紫云褶断带应有成生联系。

3）晴隆宽缓褶皱构造小区（$Ⅲ_2^3$）

该小区岩层平缓的穹隆、构造盆地众多，围绕穹、盆为狭窄褶皱。断裂以北东向为主，数量多，延伸长。具块垒构造特征。

构造线方向复杂，但仍以北东向为主。其他方向的构造是受隐伏断层影响所致。

3. 正安-独山南北向构造亚区（Ⅲ₃）

除有小面积青白口系—震旦系零星出露外，大片分布的是古生代—中生代地层。

南部（贵阳以南）为典型南北向隔槽式褶皱。较长的纵断层多分布在狭窄向斜内。

北部（贵阳以北）为北北东向类隔槽式褶皱。向斜比南部的向斜稍宽；纵断层也多在向斜中，但不及南部发育。

最醒目的是北部有一组北东向斜断层极为发育，数量多，断续延伸长度大，斜穿全区。该组北东向断裂都具左行走滑性质，有悖该区近南北向褶皱运动学方式，不是配套的共轭断裂，应是后期叠加的断裂。可能正是这组北东向断层才使得原本为南北向的隔槽式褶皱变成了北北东向。

区内共轭的北东、北西向断裂和东西向横断裂数量虽多，但长度均不大，且多分布在箱状背斜上。横断层南部多，北部少。

1) 都匀隔槽式褶皱构造小区（Ⅲ₃¹）

南北向宽缓箱状背斜和狭窄紧闭向斜组成隔槽式褶皱占遍全小区。褶皱一般长 200km 左右，背斜宽 30～50km，向斜宽 10km 左右。向斜地势低，背斜地势高，呈顺地形。长顺以西，构造线虽仍为南北向，但受北东向安顺隐伏断裂和北西向水城隐伏断裂阻隔，长度变短，背、向斜宽度也几相近。

南北向龙里箱状背斜上的龙里-惠水抵季有几个北东向次级褶皱呈"多"字形纵列，排列轴为南北向，具左列左行性质。

南北向褶皱北端受北东向安顺隐伏断裂和东西向开阳隐伏断裂共同影响，几乎均转成北东向。南端受近东西向贞丰隐伏断裂影响，褶皱几乎齐头倾伏或昂起。

2) 凤岗北东向断裂与南北向类隔槽式褶皱叠加小区（Ⅲ₃²）

北北东向类隔槽式褶皱广布，并贯穿小区。宽缓箱状背斜宽 30km 左右，狭窄向斜宽 10 余千米。常呈现向斜地势高、背斜地势低的逆地形景观。

狭窄向斜中的次级褶皱呈左列左行纵排"多"字形，排列轴北北东向。宽缓箱状背斜上的次级褶皱呈右列右行横排"多"字形，排列轴为北东向。

纵断层多在狭窄向斜里，数量多，长度亦大。

小区内最醒目的数条断裂为北东向，断续成带延伸达 100km 以上，间隔 20～30km 等距分布。

从一些近于直立的褶曲轴面的轴迹被北东向断层错移的方向（图 2-7）和北东向断层两盘狭窄向斜被拖曳弯曲形态（图 2-8）以及两条北东向断层夹持的北北东向宽背斜上横排右列右行雁行次级褶曲分布态势（图 2-9）来看，均表明小区内的北东向高级别断裂组具有左行扭动性质。

 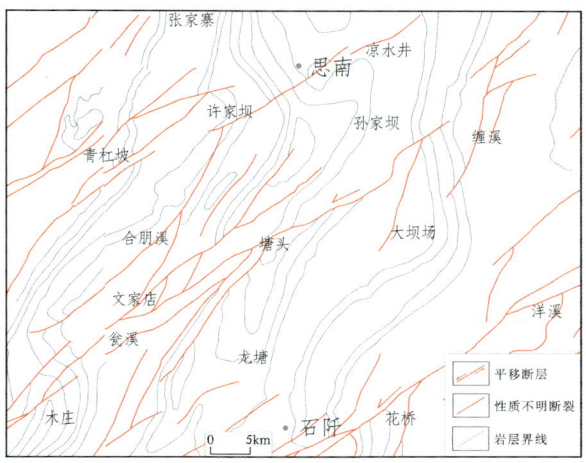

图 2-7　北东向石阡断层及塘头断层错移直立褶曲影像图及解译地质图

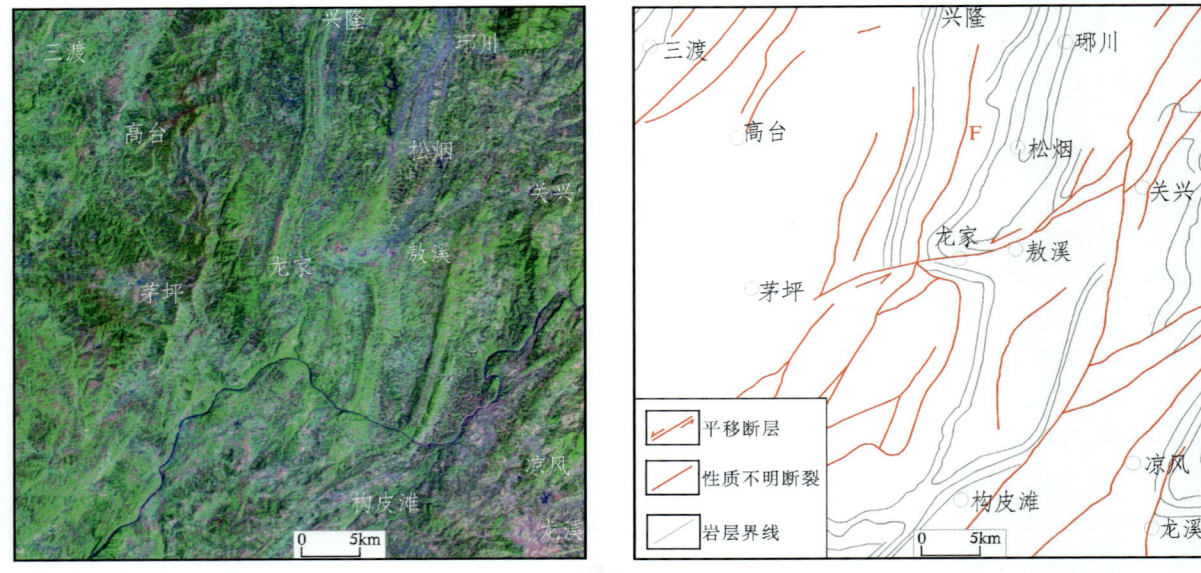

图 2-8 北东向敖溪-龙家断层及木庄断层拖曳褶曲影像及解译地质图

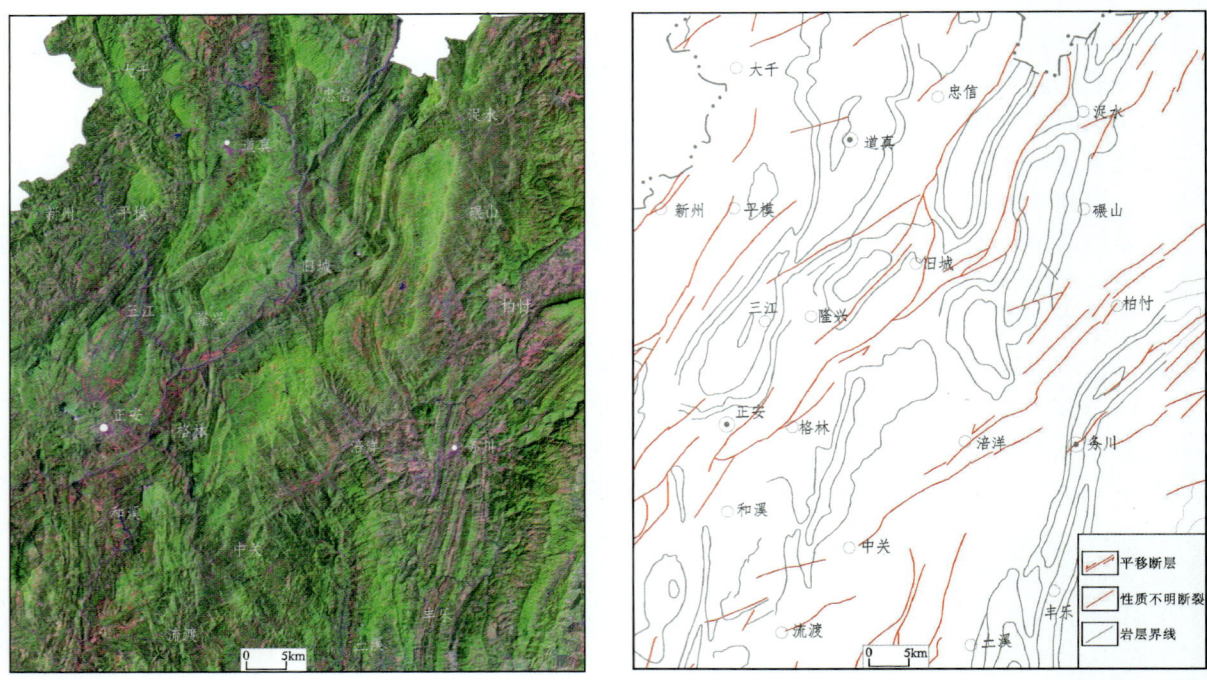

图 2-9 浞水-和溪次级雁列褶皱影像及解译地质图

一些北北东向狭窄向斜中的纵断层被北东向断层切割拖曳与向斜同步弯曲(图2-8),表明北北东向断层形成时间早于北东向断层。

以上事实表明北东向断层成生时期晚于隔槽式褶皱,也正是由于这组北东向具左行扭动性质的断裂活动才使得原本为南北向的隔槽式褶皱被改造成了北北东向。

个别北东向断层切割晚白垩世地层,沿线有温泉、地震分布,具多期活动性质。

这套北东向左行断裂向西南进入盘县-桐梓北东向构造亚区的Ⅲ$_2^1$、Ⅲ$_2^2$小区仍有表现,只是变成了大片以北东向褶皱为主而已。

4. 松桃-黄平北东向宽缓褶皱亚区（Ⅲ₄）

该亚区出露地层有新元古界梵净山群，新元古界青白口系、南华系、震旦系及古生界。其中以寒武系分布面积最广。

构造线方向为北东向及北北东向，褶皱宽缓，多为短轴褶曲。断裂构造以北东向最为密集发育。

5. 册亨-罗甸近东西向构造亚区（Ⅲ₅）

该亚区出露地层有泥盆系、石炭系、二叠系和三叠系，以三叠系碎屑岩大面积分布为主。在册亨以北，构造线方向以北西向、北北西向为主，泥盆系——二叠系构成的褶皱宽缓，多为短轴背斜和穹隆，但因上、下岩石力学性质不同，三叠系则构成紧闭褶皱，形成了上、下褶皱样式不同的双层式不协调现象；在册亨以南的区域内，构造线呈近东西向展布。

第四节 以往遥感工作程度

贵州的遥感地质工作始于20世纪50年代末在黎平一带利用航空相片进行地貌填图，此后在1:20万、1:25万、1:5万区域地质调查（简称"区调"）中，均利用省内已有航、卫片进行了遥感地质解译（图2-10）。其他与找矿相关的专项研究主要涉及以下几个方面。

(1) 1981年，贵州省地质图（1:50万）定稿前用1:4万左右的航片及MSS卫片对全省地层、构造进行了解译，1985年及中后期，贵州省地质矿产勘查开发局108地质大队多次利用不同比例尺的航片、MSS和TM卫片对贵州全省（1:50万）地层、线-环构造进行了遥感解译，并在1987年编制了《贵州省遥感影像选集》。

(2) 1979年，贵州石油勘探指挥部为寻找油气在黔西南用MSS作过（1:50万）卫星像片遥感地质解译，并与人工地震资料相结合进行了探讨。

(3) 中国科学院地球化学研究所（杨柏林等，1987）利用中低分辨遥感数据（MSS、TM）在目视解译的基础上，定量分析了黔西南及广西部分地区线性体与金矿的关系，提取了与金矿有关的蚀变信息，利用熵等方法对成矿构造有利部位进行了圈定，圈出7个遥感找矿靶区。

(4) 在1979—1995年间，贵州有色地质勘查局地质六队、地质研究所等对黔东南的锦屏县三板溪、稳江、剑河县南加以及黔东南锦屏—黎平地区进行了1:5万航片、卫星TM图像矿产地质解译及金成矿预测研究；对黔西南地区进行了卫星图像地质解译及金矿找矿研究等工作。

(5) 2002年，贵州省地质调查院况顺达等以TM/ETM为主要数据源对黔东南铜金矿进行了遥感研究和找矿预测，并结合"线、环、色"等要素划出多个重点找矿区。

此外，邻省的有色地质勘查局、勘查院以及广西地质矿产局遥感地质站等相关单位也在贵州省内局部开展过少量遥感调查及航空摄影测量等工作。

以往遥感地质解译成果主要集中在两个方面，一是在基础地质调查中的线-环构造解译和地层解译，二是在部分重点区域的找矿预测中尝试性地提取了矿化蚀变遥感异常信息。前者以传统的目视解译为主，而后者仅涉及特定的、较小的区域。

省内有关矿产方面的遥感资料较为零散，且多具有探索性、开创性，如杨柏林等（1987，1991）基于TM数据对黔桂地区用熵的方法进行了半定量预测，并圈定了预测靶区；又如况顺达（2002）在黔东南地区以遥感技术为主要手段，结合物化探资料，建立了研究区金矿的遥感找矿模式。由于条件限制，当时图像处理手段相对较为简单，虽然部分区域做了矿化蚀变信息提取，但缺乏系统性。

本次矿产资源潜力评价项目遥感专题研究是在综合研究前人资料的基础上，以目视解译和人机交互解译相结合为原则，全面、系统地进行了全省的遥感解译，为找矿预测提供了基础资料。

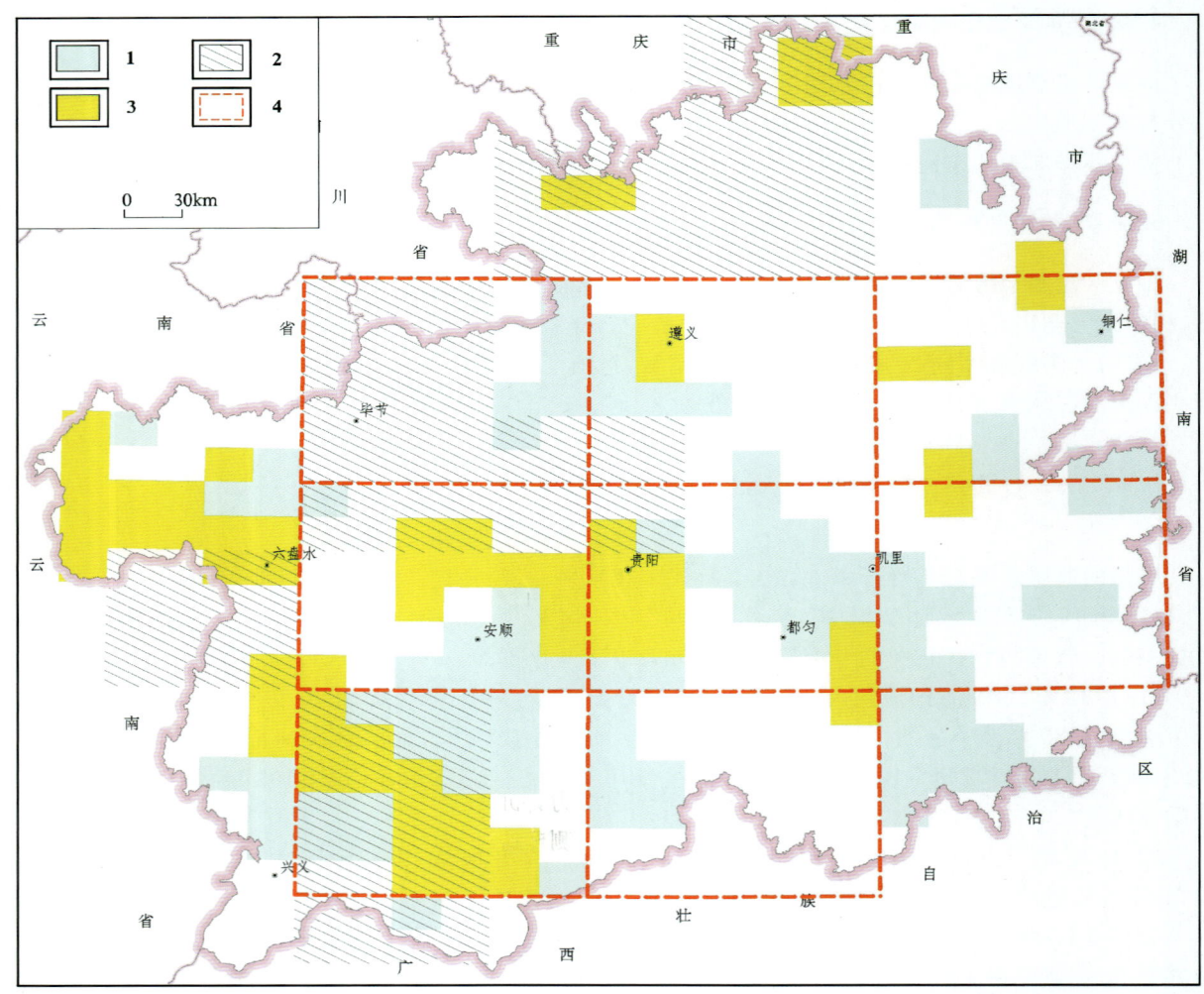

图 2-10 贵州省遥感地质解译工作程度图

1.1:5万区域地质调查应用1:3万、1:1.7万航片遥感解译区;2.1965—1981年间1:20万区域地质调查应用1:3万航片遥感解译区;3.1:5万区域矿产地质调查应用1:3万、1:1.7万航片遥感解译区;4.2000年后1:25万区域地质调查应用TM/ETM卫片遥感解译区

第三章 遥感资料应用的工作内容与方法

矿产资源潜力评价遥感工作的总体路线是以《全国矿产资源潜力评价技术要求》为准则,结合贵州省的成矿地质条件、地形地貌等特征,对贵州的遥感影像解译程度、植被发育情况和遥感构造样式进行了遥感影像分区,然后在此基础上展开各成矿带预测工作区的遥感应用研究。

在技术路线的指导下,在充分利用各种前人资料的基础上,以 TM/ETM 遥感数据为信息源,利用 PCI9.1、ENVI4.5 软件对遥感数据进行了数学处理,生成 R/G/B 的假彩色图像,并将图像输出或转换成".MSI"等格式,采用目视解译与人机交互式解译、初译与详译相结合原则,对遥感影像上的色、块、线、带和环进行了客观解译,并进行了综合分析,使多种资料能有机的结合,客观推断,为预测工作区的矿产预测提供了遥感矿产地质特征与近矿找矿标志图。

利用光谱学理论,应用 TM/ETM 数据,对地表蚀变岩石的矿化信息(遥感信息)进行了提取,并结合区域地质图、矿产图,推断蚀变矿物的空间分布,分析遥感信息异常引起的原因及其对研究矿种的指示作用,为矿产预测提供了遥感异常信息资料。

通过实际应用和研究,总结了遥感技术在矿资源潜力评价中的工作方法和作用,提高了预测工作区遥感应用的研究水平和遥感工作精度,为各种矿产的预测起到了应有的作用,并编制了贵州省矿产资源潜力评价遥感资料处理技术流程图(图 3-1)。

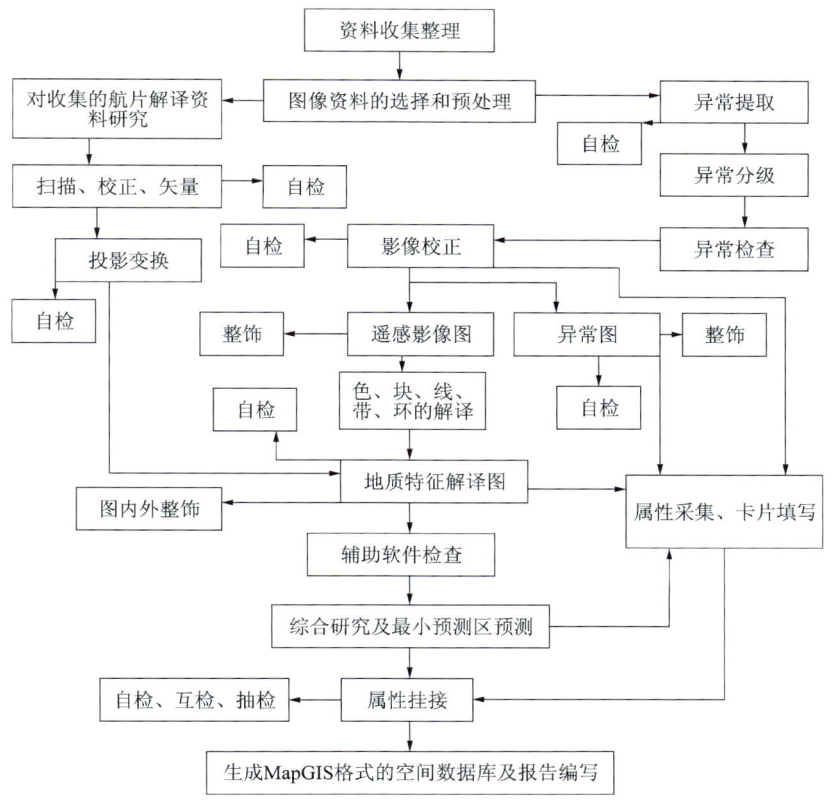

图 3-1 遥感资料处理技术流程图

第一节 资料收集

一、遥感数据收集

遥感数据收集情况如表 3-1 所示,其中 TM/ETM 遥感数据 18 景(图 3-2),SPOT5 数据 1 景,GeoEye 数据 2 景,IR-P6 数据 1 景和 ASTER 数据 3 景;同时收集了全省的航片资料。

表 3-1 贵州省遥感影像数据基本情况一览表

数据种类	轨道编号	数据时相	数量(景)	空间分辨率(m)
Landsat-7（ETM）	125/40	2000.05.14	1	15
	125/41	2000.05.14	1	15
	125/42	2000.05.14	1	15
	125/43	1999.12.23	1	15
	126/40	2000.05.21	1	15
	126/41	2000.05.21	1	15
	126/42	2000.05.21	1	15
	126/43	1999.09.24	1	15
	127/40	2000.07.31	1	15
	127/41	2000.11.04	1	15
	127/42	2000.11.04	1	15
	127/43	2000.11.04	1	15
	128/40	2000.07.22	1	15
	128/41	1999.12.27	1	15
	128/42	1999.12.27	1	15
	128/43	2001.04.20	1	15
	129/41	2001.11.23	1	15
	129/42	2000.04.24	1	15
SPOT5	269/296	2009.11.18	1	2.5
GeoEye	20091209	2009.12.09	1	0.41
	20090322	2009.03.22	1	0.41
IR-P6	096055	2002.0328	1	23.5
ASTER	AST00006PRDAT0110	2005.11.09	1	15
	AST00006PRDAT0111	2005.11.09	1	15
	DPRA201507010003	2003.12.02	1	15

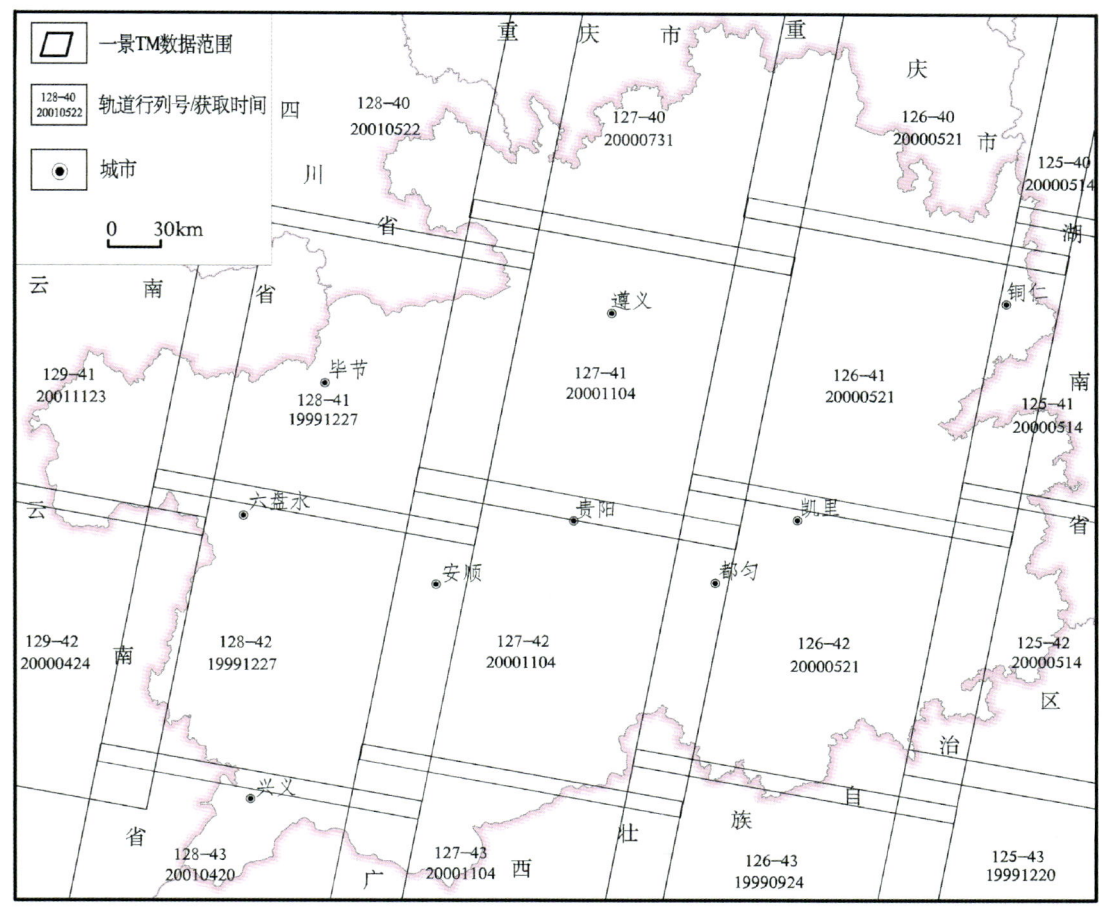

图 3-2 贵州省遥感 TM 数据分布图

1. 中等空间分辨率数据

TM/ETM 数据空间分辨率为 15~120m,其具有以下优点:视域宽广、单幅图像面积大,便于进行地学大区域宏观观察与分析对比;信息丰富,包括可见光、红外多波段遥感,能提供超出人视觉以外的大量地学信息,特别在光谱波段中增设了针对地质应用的 7 波段,从而使得地质信息得到较好的反映;时间跨度大,存档数据多,便于择优使用。

ASTER 数据空间分辨率为 15~90m,单幅图像面积为 60km×60km,其中增设了短波红外(5 个波段)、热红外(6 个波段),更为细化地反映了矿物及相关地质信息的吸收和反射波谱特征,从而使其在地质上具有较好的应用前景。

2. 高空间分辨率数据

如航片、SPOT5、GeoEye、IR-P6 等。

3. 数据质量

(1)Landsat-7ETM 数据图像清晰,无畸变,127/42 在贵阳附近有少量云团,云量小 5%,符合使用要求;128/40(2000.07.22)有少量薄云覆盖,云量约 10%,对异常提取有影响。

(2)其他遥感数据在收集前均进行了质量筛选,图像清晰,色调柔和,层次分明,符合使用要求。

二、前人研究资料收集

(1)地质矿产资料,包括1:50万、1:25万、1:5万地质矿产图及说明书,贵州省区域地质志和矿产志。

(2)省内的遥感应用成果及相关文字资料。

第二节 遥感影像制图

一、比例尺和坐标系的选择

所有图件均采用1954年北京坐标系,高斯-克吕格投影,6度分带,并利用1:5万的地形图(成图比例尺小于1万的用3度分带,1:1万的地形图)校正。

二、规范的选择

1. 图件制作的相关标准及模型

GB/T 13989—2012 国家基本比例尺地形图分幅和编号

GB 2260—2007 中华人民共和国行政区划代码

GB/T 15968—2008 遥感影像平面图制作规范

QC4.9-14-2001A/O 1:25万遥感影像地图编制规则(送审稿)

GB/T 18351—2001 数字地形图系列和基本要求

DZ/T 0191—1997 1:25万地质图地理底图编绘规范

GB 958—1989 区域地质图图例(1:5万)

DZ/T 0179—1997 地质图用色标准及用色原则(1:5万)

DDB 9702 GIS图层描述数据内容标准

DZ/T 0151—95 区域地质调查中遥感技术规定(1:5万)

DZ/T 0188—1997《地学数字地理底图数据交换格式》

2. 潜力评价模型

全国矿产资源潜力评价数据模型 遥感分册

全国矿产资源潜力评价数据模型 空间坐标系统及其参数规定分册

三、遥感数据处理

遥感数据处理是遥感图像地质解译和矿化蚀变信息提取的基础性环节。由于遥感系统受空间、波谱、时间以及辐射分辨率的限制,在数据获取过程中不可避免地存在着误差,这些误差的存在不仅降低了遥感数据的质量,而且影响了遥感图像分析的精度。因此在遥感图像地质解译和矿化蚀变信息提取之前,有必要对遥感原始图像进行处理。结合本次研究工作,遥感数据处理的主要内容有几何校正、数据融合、彩色合成、图像镶嵌、格式转换、图面整饰等。

几何校正:由于遥感平台位置和运动状态变化的影响、地形起伏变化的影响、地球表面曲率的影响、大气折射以及地球自转的影响,遥感图像在几何位置上将发生诸如行列不均匀、像元大小与地面大小对应不准确、地物形状发生不规则变化等几何畸变。畸变的图像对定量分析和位置配准造成困难,因此在蚀变信息提取之后需对遥感图像进行几何校正。在PCI操作系统中,采用图像到图像的校正模式,选择明显的地面标志点对图像进行校正,几何校正的流程如图3-3所示。

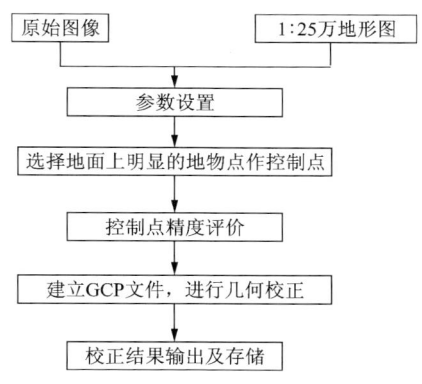

图 3-3 遥感数据几何校正流程图

数据融合:数据融合是指将不同空间分辨率的同一景图像按照一定的算法,在规定的地理坐标系下,生成新图像的过程。常见的影像融合方法有以像元为基础的加权融合、IHS色彩空间变换融合、基于小波理论特征融合、基于贝叶斯法则的分类融合以及以局部直方图匹配滤波技术为基础的影像数据融合等。根据本区实际情况,本次研究采用了IHS彩色空间变换的融合方法。IHS彩色空间变换融合的结果,充分发挥了多光谱波段和全色波段的优势,弥补了两者之间的不足,取得了较好的图像效果。

彩色合成:人眼对灰度图像的分辨能力只有10个灰度级,而对彩色影像的分辨能力则要高得多。为了充分利用彩色在遥感图像判读中的优势,常常利用彩色合成的方法对多光谱图像进行处理,以得到彩色图像。由于地物波谱在不同波段上的反映各不相同,因此各地物在不同波段上的信息差异可通过彩色图像中的红(R)、绿(G)、蓝(B)3种颜色综合反映出来。

彩色图像又分为真彩色合成和假彩色合成。真彩色合成是把R、G、B 3个波段分别置于R、G、B 3个通道中,其合成色彩与实际地物一致;而假彩色合成通常是将其他非可见光波段赋予R、G、B进行彩色合成,从而形成的图像颜色与原始地物的颜色不一致。本次采用假彩色合成图像。

遥感图像的地质解译是在成矿理论的指导下,根据遥感影像特征,识别、提取与成矿、控矿有关的地层岩性、线性、环形构造、矿化蚀变带、地貌、水系等地质信息。经过对比分析,选择TM7、TM4、TM1波段合成,获取了一幅信息量丰富、层次分明并且含有目标地物特征信息的图像作为遥感地质解译的基础图像。

图像镶嵌:图像镶嵌是指把多个单景图像根据相同地物标志拼接成一幅大图像的处理过程。图像的镶嵌有两种方式:一种是基于像元的,一种是基于地理坐标的。基于像元的图像拼接法是人工控制两幅图像的接边处,按像元排列完成拼接。这种方法比较简单,但是拼接的效果不太理想,一般适于没有地理坐标的图像的拼接。我们用的是第二种——基于地理坐标的图像拼接。由于工作区图像的成像时间、成像环境各不相同,导致各图像之间存在显著的色调差异。为了消除这些差异,提高图像镶嵌的质量,在镶嵌前做了预处理:做太阳高度角辐射校正,消除因时相不同导致的太阳辐射差异;做大气校正,消除因成像环境不同引起的差异;调整各图像的直方图,消除地物本身辐射情况不同而造成各影像间的色调差异等。镶嵌以列为单位进行拼接,然后将各列拼接起来,进行直方图匹配和色彩调整,最终生成工作区的遥感影像镶嵌图。

格式转换:遥感软件处理的影像格式有". img"". pix"等,为了便于在 MapGIS 系统下进行解译,需转换为". geotiff"和". msi"格式。

图面整饰:将裁剪好的图像按照技术要求添加图廓、经纬网坐标、注记、比例尺和图名等要素,即完成影像图的编制。

第三节 遥感地质解译与编图

一、遥感地质解译基本原则

必须坚持以地质观察为基础,以遥感影像图为信息源,结合已有地质资料,坚持实事求是原则为指导,按照从已知到未知,先整体后局部,先粗后细,不断深化的方法进行遥感地质推断解译。图面的内容包括"线、带、环、色、块"五项,重点是线性构造和环形影像的解译。然后再进行跨学科的综合分析,进行取舍。

二、遥感地质解译图的内容

（一）遥感区域构造解译

遥感区域构造解译包括大型节理、断层、脆韧性变形构造带、逆冲推覆构造带、线状褶皱和隐伏断裂等。

（二）遥感矿产地质特征及近矿找矿解译标志

1.遥感矿产地质特征解译标志

1)线要素

线要素主要包括断裂构造、脆-韧性变形构造、逆冲推覆构造、褶皱轴、线性构造蚀变带等基本构造类型。

遥感影像上,最直观反映的是线性构造,其实质是地表的破裂或应力集中带,在某种程度上,它和断裂有着相同的含义,但它又包括比断裂更广的内容,主要有剪切面、裂隙、节理、岩脉以及各种断裂等线性构造带,常是应力高度集中,长期反复作用的结果。

在遥感图像的地质解译中,对断裂构造的解译具有较突出的效果,这是由于遥感图像对线性要素具有较强的特殊表现力,而且遥感地质方法可以有效地弥补地面地质工作的不足。

研究区根据线性构造区域发育和分布情况,以及断裂构造的遥感解译标志,可以很好地判读出不同规模、不同期次的断裂构造。

断裂构造的解译标志主要包括色彩影像标志、地质标志、地形地貌标志、水文标志。色彩影像标志:不同色彩的分界线,色调异常线(带);地质标志:地质体被横向错开,岩层沿走向斜交;地形地貌标志:直线分布的山脊或山谷,陡坎呈直线状分布,冲积扇带状分布的连线,山脊错断现象,断层三角面;水文标志:线性分布的水系,水系同向转弯,湖泊呈串珠状分布。

2) 环要素

由岩浆侵入、火山喷发和构造旋扭等作用引起的、在遥感图像显示出环状影像特征的地质体称为环要素。

产生环形影像的主要地质因素有:小岩株、斑岩体,与岩浆侵入作用相关的环形体,与围岩蚀变相关的环形封闭状影像,与构造活动相关的环形构造及与沉积岩层、环状褶皱相关的穹隆构造等 5 类。环要素形态与大小、线状信息闭合的环形构造、面状信息闭合的环形构造在影像上主要表现出环形、似环形、多边形影纹特征。

3) 色要素

色要素是指在目视遥感解译中可识别的、有别于正常地质体的色带、色块、色斑、色晕等,也称为色调异常。它代表与成矿作用相关的热液蚀变、同化混染、物质带入、物质带出等围岩蚀变和矿化现象,具有指示金属矿床、矿化存在的意义。色要素的种类分为:花岗岩岩体周围的以暗色色调为主的反应围岩角岩化类蚀变;花岗岩岩体外围分布的浅蓝色色调蚀变;在金矿找矿中,白/绢云母化成浅色调,褐铁矿/黄铁矿(铁帽)呈黄色调;岩株、小岩体、隐伏岩体引起的色调异常;花岗岩岩体外围分布浅橘黄色范围。

4) 带要素

带要素主要包括与赋矿地层、赋矿岩层相关的遥感信息。不同板块、不同地质构造单元、不同目的矿种的赋矿层位或矿源层位都不尽相同,因此带要素的具体含义亦不尽相同。

5) 块要素

由几组断裂相互切割、地质体相互挤压和拉裂以及旋钮和剪切等引起的、在遥感图像上显现出菱形、眼球状、透镜状、四边形等块状地质体统称为(遥感)块要素。它是地质构造作用的薄弱部位,是成矿作用或找矿预测的线索部位,代表构造交叉、(旋扭)撒开与收敛、挤压、富集或开放空间等多重矿化指示含义。

2. 近矿找矿解译标志

一个地区的遥感近矿找矿标志一般具有直接找矿意义,但这些标志往往局限于一些在遥感影像上能够辨别且规模巨大的与成矿关系密切的特征影像。研究区具有直接找矿意义的近矿找矿标志,可能就是那些反映了破碎地质体发育的构造破碎带,中酸性侵入体内外接触带表征的异常部位,以及与矿相关的岩类的特征影像。在地质特征解译及近矿找矿标志建立过程中,通过基础地质资料与遥感影像的反复对比解译,尽可能地寻找与矿产相关的特征信息。但由于研究区一些矿床分布位置较为特殊,遥感影像空间分辨率不足及光谱分辨率限制,一些形迹不明显的找矿标志将难以发现。

三、遥感地质矿产解译编图方法

(一) 遥感解译方法

遥感解译方法有计算机自动解译、目视解译以及人机交互解译 3 种方法。

1. 计算机自动解译

利用一定的算法(主要是方向滤波),对遥感影像进行处理,提取线性体,进行线性构造分析。优点是一次处理面积大,速度快;缺点是缺乏地质依据,线性体需做提取分析,以确定该线性构造的存在。

2. 目视解译

利用解译者积累的经验,通过目视的方法对遥感影像进行解译,分析线性、环形构造等,提取遥感地质信息。优点是构造位置准确,地质依据翔实;缺点是目视解译取决于经验,且速度比较慢。

3. 人机交互解译

首先使用计算机对遥感影像进行线性构造提取、光谱增强等操作,然后利用目视解译方法对提取的结果进行修饰、校正等处理操作,确定构造位置准确,地质依据翔实。

(二)解译图件的精度分类

1:50万,1:25万,与矿产预测工作区和典型矿床同比例尺尺度的三级成果。

(三)遥感地质解译侧重点

本次工作不面对一切地学问题,地质解译的侧重点是:区域地质构造背景、成矿控矿地质条件、总体项目要求的13种矿种相关的矿化蚀变等遥感信息。

(四)不同资料的处理

预测工作区的数据源主要有两个:一是全国项目组分发的卫星遥感影像数据(ETM);二是已收集的1:1.5万~1:4万航片及其解译成果资料。

1. 对 TM/ETM 卫星影像的解译与编图

通过对已收集的预测工作区内 TM/ETM 遥感数据进行分析研究,选择了影像清晰、层次丰富、色调均匀、反差适中的数据,运用PCI9.1进行数据处理,转换成".msi"文件,同时输出纸介质图件,然后用人机交换式解译和纸介质解译相结合的办法进行遥感地质特征解译。

2. 航片的解译与编图

据已有资料分析,预测工作区内的目标层(含矿层位或含矿带)运用已有的分辨率为15m的ETM卫片很难满足精度要求,项目组在启动后,仅收集到少量高分辨率的遥感数据,为了满足精度要求,预测工作区地质特征遥感解译用了1:8 000~1:1.5万左右的航片,用传统方法将预测工作区的地质特征解译在地形图上,然后再通过扫描→校正→矢量,最后将矢量结果投影到预测工作区图上。

运用航片解译,主要针对重点区域,通过人机交换和纸介质的方式对 TM/ETM 遥感影像进行解译,并与航片解译相结合,然后将解译结果进行综合,并对解译过程中可能出现的错漏进行修改。

3. 在完成省级工作的基础上,预测工作区和典型矿床的解译

预测工作区的线要素主要包括断裂构造、逆冲推覆构造、褶皱轴以及岩石特性的差异而形成的线等;带主要指含矿地层,如大厂层、龙潭组等,针对不同的预测矿种,分别对其进行了解译;环主要表现为构造穹隆或构造盆、褶皱引起的环以及成因不明的环;黔东南地区进行了色的解译,而在黔东南以外的地区色和块的解译效果不好,因此未单独予以解译。

第四节　遥感异常提取

一、基于 TM/ETM 数据弱矿化蚀变遥感异常提取

（一）遥感异常提取的依据和方法

据张玉君(1998)等的研究,蚀变岩石与热液矿床有很高的相关性,大多数蚀变矿物在短波红外波段具有诊断性的波谱特征;具有鉴定意义的特征波谱带是由含铁(Fe^{2+},Fe^{3+})和羟基(OH^-)、水(H_2O)或碳酸根(CO_3^{2-})等离子或基团产生的,并建立了基于 TM/ETM 数据不同波段与蚀变矿物间的对应关系（表 3-2）,进行了弱矿化蚀变遥感异常提取和验证,取得了满意的效果。

表 3-2　岩石矿物在可见光—近红外区反射光谱特征起作用的离子和基团吸收谱带（波长,μm）

离子或基团	特征吸收波段中心	对应的 ETM 波段	异常提取依据	典型矿物及分子式
二价铁离子(Fe^{2+})	0.43,0.45,0.51,0.55,1.0～1.1,有时还出现在 1.8～1.9	TM1(0.45～0.52) TM2(0.52～0.62)	TM3(0.63～0.69)偏高,而 TM1、TM2 偏低	纤铁矿 $FeO \cdot OH$
三价铁离子(Fe^{3+})	0.4,0.45,0.49,0.70,吸收较强 0.87	TM1(0.45～0.52) TM4(0.76～0.90)	TM3(0.63～0.69)偏高,而 TM1、TM4 偏低	赤铁矿 Fe_2O_3 针铁矿 $FeO(OH)$ 黄钾铁矾 $KFe_3[(OH)_6(SO_4)_2]$
羟基(OH^-) Al—OH Mg—OH	1.4,2.2,2.3	TM7(2.08～2.35)	TM5(1.55～1.75)高于 TM7	高岭石 $Al_4[Si_4O_{10}](OH)_8$ 叶蜡石 $Al_2[Si_4O_{10}](OH)_2$ 白云母 $KAl_2[AlSi_3O_{10}](OH)_2$ 滑石 $Mg_3[Si_4O_{10}](OH)_2$ 蛇纹石 $Mg_6[Si_4O_{10}](OH)_8$
液态水(H_2O)	1.4,1.9			
碳酸根离子(CO_3^{2-})	1.9,2.0,2.16,2.35,2.55	TM7(2.08～2.35)		方解石 $CaCO_3$ 白云石 $CaMg[CO_3]_2$

遥感异常信息的提取基于 PCI9.1 软件平台,按照项目要求的统一技术流程,采用"掩膜＋主成分分析＋异常分级",利用 ETM(TM)B1、ETM(TM)4、ETM(TM)5、ETM(TM)7 提取羟基异常,B1、B3、B4 及 B5 提取铁染异常。

（二）遥感蚀变信息提取的工作流程

对选择的 TM/ETM 遥感数据以"景"为单位进行了系统研究和预处理,将可能形成干扰的非目标地物（水体、云、城镇建筑物、地形阴影、云影、植被等）经数学处理归入干扰窗,形成掩模,以进行掩模主分量分析,尽可能地减少干扰物对异常提取工作产生的影响,去干扰后获得基础图像,并采用"去干扰异常主分量门限化"方法进行了铁染、羟基两类遥感异常提取和分级,其过程包括预处理、信息提取和后处理三大部分（图 3-4）。

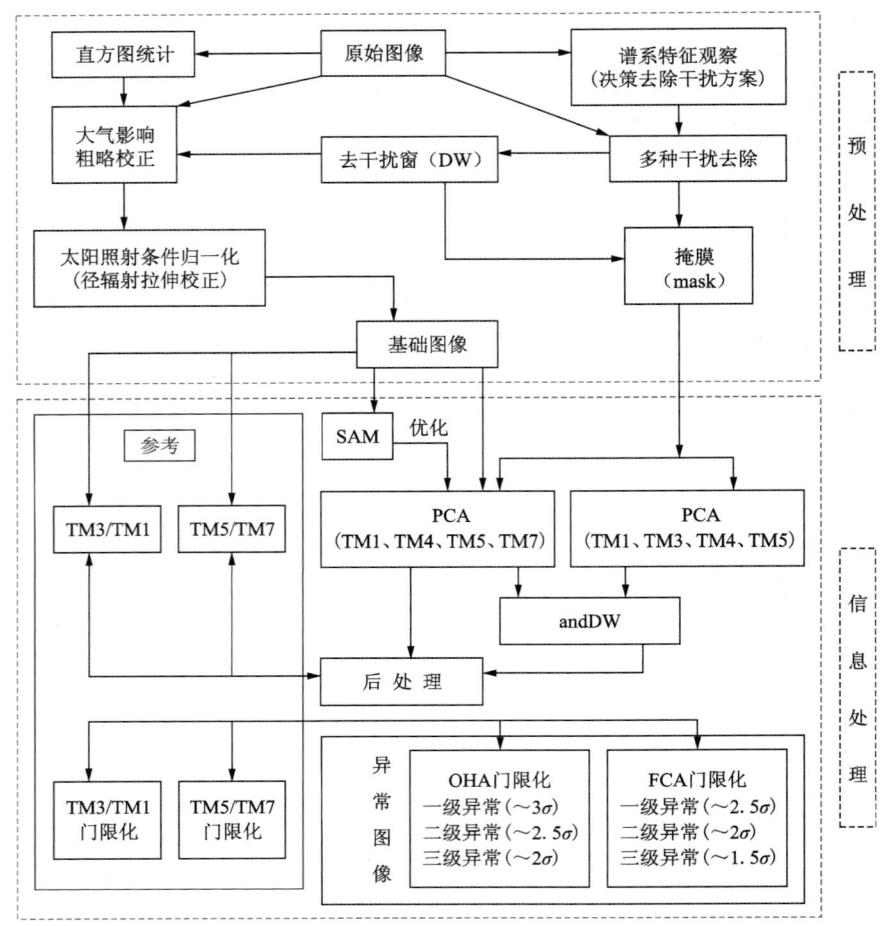

图 3-4 蚀变异常提取流程图

1. 预处理

预处理包括直方图统计、去边框、去干扰处理（包括水体、云、城镇建筑物、地形阴影、云影、植被等）和掩膜的制作等，并根据张玉君教授的研究经验值将第一个 255 改成 108，同时做径辐射校正及无损拉伸。

（1）去除图像中波段间不重叠边（B1×B5）。
（2）径辐射校正（根据各波段最小值确定）。
（3）去除水体阴影覆盖区（B7/B1）。
（4）去除植被覆盖区（B5/B4）。

2. 信息提取（主成分分析）

利用 B1、B4、B5 及 B7 波段的组合提取羟基异常（HA），B1、B3、B4 及 B5 波段的组合提取铁染异常（FA）。

3. 后处理阶段

主要包括遥感异常的滤波处理、异常分级和遥感异常分布图的制作 3 个方面。

1）遥感异常的滤波处理和异常分级

遥感异常利用标准离差的倍数 $k\sigma$（表 3-3）进行水平切割和分级处理，并将异常分为三级，从一级异常到三级异常表现为从强至弱。通过水平切割的异常图,有较多的散点分布的,利用滤波器进行了 3×3 的滤波处理,改善了其分布状况。

2) 遥感异常分布图的制作

遥感异常分布图的制作,即遥感异常在图面上的表达,针对不同比例尺的遥感异常分布图,其异常块在图上的表达应有所区别,一方面要满足技术要求的规定,另一方面应该具备直观、可读、可利用和好用等几个条件。

表 3-3　异常切割的灰度值范围和填充色标

标准离差倍数 ($k\sigma$)	切割水平值							
	低值	高值	羟基异常			铁染异常		
			填充颜色(基于MapGIS)	色标	异常类型说明	填充颜色(基于MapGIS)	色标	异常类型说明
3.0	223	224	6		一级(强)			
2.5	207	208	3		二级(较强)	7		一级(强)
2.0	191	192	256		三级(弱)	2		二级(较强)
1.5	175	176				5		三级(弱)

(1) 技术要求的表达方式。

技术要求对 1:25 万标准国际分幅、预测工作区和典型矿床遥感异常分布进行从强到弱三级异常的方式表达,即一级异常、二级异常和三级异常;而对 1:50 万省级遥感异常组合分布图则表达为羟基、铁染、羟基+铁染 3 种。

(2) 改进后的表达方式。

针对 1:50 万省级遥感异常组合分布图比例尺小,而遥感异常从提取的栅格数据转化而来,其分布面积有限,在该比例尺度上不显示或显示较小,不利于利用、可读性差等弱点,本专题在满足技术要求的基础上对 1:50 万省级遥感异常组合分布图进行了后处理。

将分割后的遥感异常进行 3×3 的滤波处理后,采用核函数(Kernal)密度加权法(汤国安,2006)对离散采样点进行表面内插处理,生成矿化蚀变遥感信息等值线图。

羟基异常的取值情况为:搜索半径 30,单元栅格 2,等值线间距 0.3,基准等值线 0.07,变换系数 1;铁染异常的取值情况为:搜索半径 10,单元栅格 2,等值线间距 2,基准 2,变换系数 1。

该图以待计算网格为中心,进行圆形区域的搜索,进而计算每个格网的密度值,落入搜索区内的点具有不同的权重,靠近格网搜寻区域中心的点或线会被赋予较大的权重,随着其与格网中心距离的加大权重降低。不同区域离散点的密集程度不同,因此在图中便形成了一个个不同级别的搜索中心,使本身较弱的矿化蚀变信息识别力得到了提高。

4. 遥感异常的分析研究

把提取的遥感异常与已知地质背景、地球物理、地球化学、矿产等资料相结合进行分析研究,建立遥感找矿模式,进行找矿预测。

二、基于ASTER数据弱矿化蚀变遥感异常提取

ASTER数据提取弱矿化蚀变遥感信息的方法与TM/ETM数据提取方法相同,仍然采用"掩膜+主成分分析+异常分级"方法,在PCI图像处理软件中实现,其流程如图3-5所示。主要包括数据预处理和异常提取两个方面。

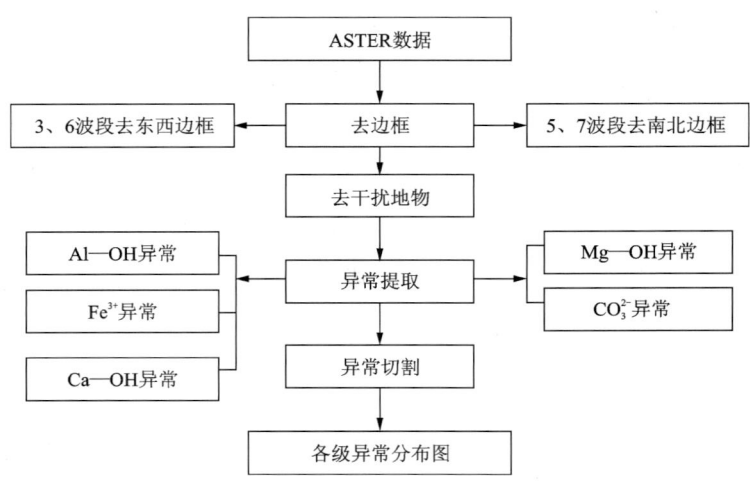

图3-5 弱矿化蚀变遥感信息提取流程图

异常提取主要根据美国地质调查所(USGS)标准波谱数据库中典型蚀变矿物反射率数据,重建其在ASTER数据中波谱曲线,提取A1-OH、CO_3^{2-}、Fe离子(基团)和硅化异常信息。

采用ASTER1、ASTER3、ASTER4、ASTER6波段提取含有OH^-基团的蚀变矿物。据前人研究,含有OH^-基团的主要蚀变矿物有高岭石、多水高岭石(埃洛石)、伊利石和叶蜡石等,在ASTER1、ASTER2、ASTER3、ASTER4波段,其反射率随着波长的增长而增大;在ASTER5、ASTER6、ASTER7、ASTER8、ASTER9波段,表现出较强的特征吸收和特征反射,其中在6波段表现为强吸收。

采用ASTER1、ASTER3、ASTER5、ASTER8波段主成分分析提取CO_3^{2-}蚀变矿物。碳酸盐类蚀变矿物主要有方解石、菱镁矿、菱铁矿、菱锰矿、菱锌矿和白云石等,其在ASTER1、ASTER2、ASTER3波谱段反射率依次增高;在ASTER4波谱段为高反射特征;在ASTER 5~ASTER9波谱段其波谱特征比较复杂,主要表现为ASTER8波段的强吸收和ASTER9波段的低反射。Mg—OH和CO_3^{2-}离子在8波段均有明显的吸收峰,同时考虑了CO_3^{2-}离子团在5波段有一个次级吸收峰。

采用ASTER1、ASTER2、ASTER3、ASTER4主成分分析提取铁染异常。含Fe离子的蚀变矿物主要有针铁矿、黄钾铁矾、赤铁矿,其在ASTER遥感数据的1、2、3和4波段的反射率随波长的增长而变大,并且由于其在3波段的反射率远小于4波段的反射率,从而在3波段形成一个相对较弱的吸收峰。

采用(B13×B14)/(B10×B12)提取硅化。大多数热液矿床的形成与硅化有密切的关系,硅化现象等常为野外的重要找矿标志。含硅质成分相对较为集中,岩石有石英脉,硅质岩等。因此依据前人的研究,采用热红外波段B10、B12、B13、B14进行硅化异常提取,因其分辨率较低,未分级处理。

第五节 遥感数据库建立

一、数据库建设内容

（一）原始资料数据库

对收集到的各种类型遥感数据、各种比例尺遥感解译图件通过整理后入库。

（二）遥感影像图数据库

包括覆盖全省的1∶50万遥感影像图数据库、1∶25万标准分幅遥感影像图数据库和与预测工作区和典型矿床同范围、同比例尺遥感影像图数据库。各比例尺影像图数据库内均包含 *.Geotiff、*.msi 和 *.tiff 3种格式的遥感图像。

（三）遥感解译成果图数据库

(1)全省1∶50万遥感构造解译图数据库,需填写遥感解译的断层、脆-韧性变形构造带、逆冲推覆滑脱构造以及遥感解译的环形构造4项内容属性表并入库。
(2)1∶25万标准分幅遥感矿产地质特征解译图数据库,需填写解译的断层、脆-韧性变形构造带、逆冲推覆滑脱构造以及遥感解译的带要素、环要素、块要素和色要素共7项内容属性表并入库。
(3)与预测工作区和典型矿床同范围、同比例尺的遥感矿产地质特征与近矿找矿标志解译图数据库,除填写上述第(2)条的内容属性表外,还需填写遥感近矿找矿标志属性表并入库。

（四）遥感异常分布图数据库

(1)全省1∶50万遥感异常组合图数据库,填写遥感异常组合属性表后入库。
(2)1∶25万标准分幅遥感羟基异常分布图数据库,填写遥感羟基异常属性表后入库。
(3)1∶25万标准分幅遥感铁染异常分布图数据库,填写遥感铁染异常属性表后入库。
(4)与预测工作区和典型矿床同范围、同比例尺遥感羟基异常分布图数据库,填写遥感羟基异常属性表后入库。
(5)与预测工作区和典型矿床同范围、同比例尺遥感铁染异常分布图数据库,填写遥感铁染异常属性表后入库。

（五）遥感数据库建库顺序

(1)遥感解译成果图数据库建库顺序与成图顺序一致,首先完成全省1∶50万遥感构造解译图数据库,在此基础上完成全省范围的1∶25万遥感矿产地质特征解译图数据库,和与预测工作区和典型矿床同范围、同比例尺遥感矿产地质特征与近矿找矿标志图数据库,以保证同一要素在不同比例尺解译图上属性的一致性。
(2)遥感异常分布图数据库建设,在完成全省遥感异常拼接后,填写除"特征代码""图元编号"和"异常面积"3项外的其他属性项,完成图件编制后补填此3项属性,以保证同一图元在不同比例尺以及不同图件上属性的一致性。

二、数据库建设方法

总体原则按统一数据格式划分空间数据及属性数据,建立空间数据库,应用GIS平台以及统一数据处理软件完成编图及建库。

（一）集成数据,统一数据格式,建立标准

根据全国矿产资源潜力评价数据模型遥感分册规定,所有的数据都必须集成到MapGIS软件平台下,方便全国数据集成。

数据格式的统一,包含坐标系统的统一和数据格式的统一。

1. 坐标系统的统一

图件比例尺为1:2.5万~1:25万时,采用1954年北京坐标系,投影类型为采用高斯-克吕格投影坐标系(Gauss-Kruger),采用6度分带,比例尺大于1:1万采用3度分带,投影原点经度(单位:度分秒)与投影分带的中央经线的经度一致,投影原点纬度(单位:度分秒)规定使用地球赤道纬度:00°00′00″,中央经线比例变形因子为1,假东偏移(单位:m)为500 000,假北偏移(单位:m)为0。

图件比例尺为1:50万、1:100万、1:150万、1:250万,甚至更小时,统一使用兰勃特正轴圆锥投影(Lambert Conformal Conic),投影原点经度、投影原点纬度、标准割纬度1、标准割纬度2、假东偏移和假北偏移的各个参数,都参照《全国矿产资源潜力评价数据模型—空间坐标系统及参数规定分册》中有关贵州的规定。

2. 数据格式的统一

在制作遥感影像图件时,所有图件中用到的遥感影像数据,即栅格数据,无论原始格式是GEO-TIFF、pix或是IMG格式,都需通过文件格式转换为MapGIS软件默认的*.msi格式。

在制作贵州1:25万标准图幅的遥感影像时,按照潜力评价项目的总体要求,自定义北京1954年的椭球体参数和坐标系类型。在确定贵州遥感图像的投影类型时,采用参数:地球长半轴(单位:m):6 378 245.0;地球短半轴(单位:m):6 356 863.018 773 05;偏心率:0.081 813 334 016 931 2;扁率:0.003 352 329 869 259 15;扁率倒数:298.299 999 999 999。然后再通过文件转换的方式,将数据格式转换为潜力评价要求的*.msi格式。

在省级遥感影像图中,比例尺为1:50万的数据,采用兰伯特正轴圆锥投影,投影原点的经度、纬度、标准割纬度1和标准割纬度2、假东偏移(单位:m)和假北偏移(单位:m)需要根据片区的整体要求进行设置,贵州采用的参数分别是:107°00′00″、250°0′00″、243 000°、29 000°、0m和0m。

所有图件中的矢量数据格式必须为MapGIS软件中默认数据格式*.wp(区文件)、*.wl(线文件)、*.wt(点文件)格式。

在做遥感异常信息分布图时,异常信息提取依据张玉君教授的工作流程,在PCI9.1软件中以单景遥感影像为单位,对贵州全省遥感影像分别进行羟基、铁染异常信息提取。提取出的各级异常是栅格化的数据,后在ENVI4.5软件中由栅格转换为矢量,再经过MapGIS 6.7软件的数据格式转换为*.wp(区文件)格式。

在作分幅矿产地质特征解译图时,在 MapGIS 软件中,直接将解译的带状要素和色要素保存为 *.wp(区文件),将断层要素、脆-韧性变形构造带要素、环状要素和块状要素保存为 *.wl(线文件),将带状要素注记文件保存为 *.wt(点文件)。

按照图件编图标准,执行对各类图件中的单文件进行统一的命名、工程文件建立以及出图文件格式的规定和命名原则。如所有图件出图格式为 TIF 格式,分辨率为 300dpi。文件命名参照通用代码分册,图件内容的表达方式按照图示图例分册规定的线文件的线型、线宽、线颜色以及 X、Y 系数,区文件的填充颜色、填充花纹等,以及注释文件的字型、字的宽度和高度等,子图的大小,角度等。

(二)数据入库

根据全国矿产资源潜力评价数据模型遥感分册的要求,通过 GEOMAG 软件对 MapGIS 的项目文件进行规范,使各项目文件获得相应的属性字段。对照各项目文件,在数据模型遥感分册中查看相应的属性数据表定义及填写规定,在数据表中主要查看数据填写规定以及数据项词语定义或描述,通过查看数据项词语定义与描述明确相应属性字段的具体意义以及填写要求,其中图元编号和特征代码,依据排列好的 ID 码在 GEOMAG 软件自动生成。

1:25 万标准分幅遥感矿产地质特征解译图数据库建库方法:主要内容包括以带要素、环要素、块要素和色要素等共 7 项内容属性表并入库。解译图属性信息可归结为解译要素的名称、规模、空间形态和空间关系、要素性质和类型以及构造和构造两侧描述等。

(1)地名信息的填写,除已知的大中型断层在填写名称时使用原有名称,其他通过遥感解译判定的未命名断层,根据断层与地名和湖泊名的空间位置关系,为其命名。

(2)规模的填写,规模的判断一般分为两种情况,第一类直接通过图面信息判断,例如环规模,通过量测环直径,换算成实际长度来判断规模;第二类是借助已有的地质资料来判断,以断层要素为例,规模分为巨(公认的板块缝合带)、大(国内著名大断裂)、中(在省内或区域范围内已经定名的断裂)、小(解译者认为有存在必要的断裂),此类规模无法直接从长度等直观的图面信息获取,而是通过查看地质图、地质报告等资料来判断。

(3)空间形态的填写,此类属性内容一般是来源于图面信息,例如线要素的平面形态、走向;线要素的长度以及色要素、带要素的面积根据 MapGIS 的自动读取值经过换算得到实际值,在 MapGIS 中1:25 万标准分幅图件的单位为毫米,在转换时长度值应在 MapGIS 自动读取的值上乘以 0.25,而面积则乘以 0.0625,此操作可在 MapGIS 属性库管理模块下统一计算。

(4)空间关系的填写,与空间关系相关的属性可以分为 3 类:第一类为同类要素间的空间关系,例如环状要素与其余环构造的关系,这类空间关系可直接获得;第二类为解译要素与其他类地质体的空间关系,例如环要素性质中的环形构造与出露地质体的关系,以及块状构造与围岩关系,是通过叠加其他要素类后获取,或是参照影像进行有针对性地解译后获取的;第三类是解译要素与已知矿点或是矿化蚀变的空间关系,例如块要素周围是否有矿化蚀变现象,此类属性需要参照遥感异常提取文件,以及已知矿点来确认。

(5)要素性质和类型的填写,主要根据解译人员对地质体遥感解译的经验并结合现有地质资料判断。以环形构造为例,环形构造的成因类型主要有由不同岩性引起的环形构造以及其他地质体如火山岩、构造穹隆引起的环形构造。首先,通过判定影像上环形构造所处的岩性以及相关的地质体,来判断成因类型;其次,当遇到岩类年代不能确定等情况时,以地质图或是地质报告内的相关内容对环形构造的成因类型进行佐证。

(6)构造及构造两侧描述的填写,对于断层描述,规模为巨和大的断裂描述不能为空,主要描述本身的形态、规模、类型以及所处的地质背景,对断层两侧的地质体进行描述,除此之外还可通过遥感影像判读对断层所处的地理环境进行描述。

1:25万标准分幅遥感羟基异常分布图、1:25万标准分幅遥感铁染异常分布图数据库建库方法:遥感异常的属性填写相对遥感矿产地质特征解译图的属性填写简单,但是由于遥感异常信息在图面的分布比较零散,图斑的数量较大,需要大量人员进行属性入库的工作。由于遥感羟基异常的属性字段与遥感铁染异常的属性字段一致,因此对属性的填写不单独描述。异常的属性信息相对简单,在此不再归结成类,以羟基为例逐项进行阐述。

(1)羟基异常强度的填写,由于提取异常时,不同强度的异常图斑被存放在PCI工程文件的不同通道中,将不同强度的异常文件集成到一个文件的过程中为不同强度的斑块赋予不同颜色,从而在填写异常强度时根据图斑的颜色对强度进行统改。

(2)遥感异常名称的填写,名称的填写主要依据地理信息文件,以地名点信息为主,在地名点信息不足的情况下,可根据湖泊名、河流名以及山名与异常图斑的空间位置关系,确定异常名称。

(3)地质构造环境的填写,地质构造环境是指异常所处的岩性、断裂构造与褶皱构造。基于上述几项,地质构造环境的填写必须参考大量的相关资料,参考资料主要有1:25万标准分幅遥感矿产地质特征解译图、1:25万标准分幅地质图以及地质报告,由于字段长度的限制,岩性只填写主要的1～3种,断裂描述主要是描述相关断裂的走向,褶皱只需描述褶皱类型即背斜或向斜。

(4)羟基异常性质的填写,异常的性质指的是异常成因,分为矿化蚀变引起、地层岩性引起,人工采矿采石引起以及不能确定。由矿化蚀变引起的异常,通常与围岩蚀变相吻合,可以以遥感矿产地质特征解译图中的色要素作为依据,将色要素与异常叠加来判断是否由矿化蚀变引起。对于地层岩性,由于带要素通常为赋矿地层,利用带要素作为地层岩性引起异常的依据。对于人工采矿采石引起的情况,由于ETM数据的分辨率不足以解译出地面采矿的痕迹,因此利用已知矿点及矿区资料,作为判定是否是由人工采矿采石引起的依据。异常性质的最后一项为不能确定,填写这一项有两种可能性:一是可能是由于在异常提取时,去干扰的程度不够,产生的假异常;二是由于现有地质资料的不足,不能够对异常的产生给出明确的证据。

全省1:50万遥感异常组合图数据库建库方法:全省的异常组合图的属性填写主要是依据全省成矿区带划分图、全省1:50万遥感构造解译图。全省1:50万遥感异常组合属性的填写类似于1:25万标准分幅遥感羟基异常分布图属性的填写,此处不再赘述。

第四章 岩石地层单元的遥感解译研究

第一节 遥感解译标志建立

解译标志的建立,是岩石地层(影像)单元遥感解译的基础。在实际工件中,影响图像地质可解译程度的因素较多,同类岩石在不同地区的解译标志也不尽相同。目视解译往往受图像的分辨率、岩层产状和岩石厚度的影响,一般来说,砂岩与泥质岩互层,泥质岩与碳酸盐岩互层时,其色调、纹形、地势地貌特征及区别明显。因此需要在不同的地层区,利用遥感解译路线(或解译剖面)建立起岩石地层影像单元标志,然后在此基础上进行遥感地层解译。

在早期的遥感地质解译工作中,使用的遥感图像有 MSS、TM/ETM 数据及 1:8 000~1:5 万的航片等,随后遥感数据的来源和品种逐渐增加,分辨率也越来越高。遥感地质解译的方法除传统的目视解译外,增加了计算机自动解译和人机交互式解译,为了尽可能使解译结果与客观实际趋于一致,常以两种方式相结合进行多次反复解译。

一、沉积岩

贵州地层自新元古界至第四系均有出露。其中震旦纪至中三叠世,海相地层发育齐全,其间多为整合接触。贵州以沉积岩为主,且分布广泛,约占全省总面积的85%以上。在沉积岩中又以碳酸盐岩最为发育,约占全省面积的61.9%。沉积岩的岩石类型较多,主要有碎屑岩、碳酸盐岩两大类,并分别形成了以碎屑岩类、碳酸盐岩类、碎屑岩与碳酸盐岩互层为主的三大岩性组合段,为遥感地层影像单元的解译和研究了提供便利。

倪学文、韩宝智等(1987)在水城地区进行 1:20 万区域地质矿产调查时,根据石炭系—三叠系各组、段不同岩性组合特征,应用航片进行了影像单元研究,并建立了遥感影像剖面图(图 4-1)。王祁仑(1996)在黔北地区进行 1:5 万区域地质调查时,利用航片对该地区岩石地层(影像)单元进行了研究,并依据色调、地貌、水系、植被发育情况和人为活动等特征建立了一套较为完整的影像解译标志,笔者在此基础上结合习水—桐梓一带的工作情况,进一步概括总结了该地区各岩石地层(影像)单元在航卫片上的影像特征(表 4-1)。

图 4-1 水城法旗石炭系—三叠系遥感剖面图
(航片,据《贵州省遥感影像选集》,有改动)

表 4-1 黔北地区各岩石地层单元在航卫片上的影像特征

岩石地层			岩性	色调	地貌	水系	植被及人为环境	鉴别性标志
沙溪庙组（J_2sh）			泥岩与砂岩不等厚互层	灰色—深灰色	地形陡峻的低山、陡坡，山脊窄	树枝状、次级冲沟短而粗，沟谷呈深切"V"字形	乔木茂盛，山脊断续有基岩裸露	植被减少，色调变浅，地形由陡变缓
自流井组		大安寨段（$J_{1-2}z^5$）	泥（页）岩夹泥质灰岩	浅灰色—灰色	缓坡或凹状负地形，顺层发育的冲沟		不发育	$J_{1-2}z^3$构成山脚附近的小坡坎，与$J_{1-2}z^2$组成浅色调的带状影纹
		马鞍山段（$J_{1-2}z^4$）	泥岩夹细砂岩	灰色—深灰色	低山、陡坡	稀疏树枝状	发育有乔木和蕨类植物	
		东岳庙段（$J_{1-2}z^3$）	泥质灰岩夹介壳灰岩	灰白色—浅灰色	坡坎，瘤状丘（包）		不发育	
		珍珠冲断（$J_{1-2}z^2$）	钙质泥（页）岩	灰色、浅灰色	带状负地形，局部呈缓坡		断续有耕地	
		綦江段（$J_{1-2}z^1$）	石英砂岩、粉砂岩		单面山、崖			
二桥组（T_3J_1e）			中、细粒砂岩夹少量粉砂岩、页岩	深灰色—灰黑色	低山、陡坡	羽状，冲沟短而粗	蕨类植物较均匀覆盖	植被减少，色调变浅，地形由陡变缓
杨柳井组（T_2y）			白云岩夹膏溶角砾岩	浅灰色—灰色	缓坡		零星发育有灌木	
关岭组	第二段（T_2g^2）		灰岩	灰色	缓坡、丘		灌木、耕地不均匀分布	T_2g^2呈指状突出的溶丘
	第一段（T_2g^1）	灰岩段	泥质灰岩夹页岩	浅灰色—灰色	缓坡、丘或槽谷	星点状	耕地多，灌木零星发育	微地貌差异
		杂色岩段	泥（页）岩与泥质白云岩（灰岩）不等厚互层	灰色	浑圆状丘（包）		星点状灌木	
		云-灰岩段	白云岩、角砾岩	灰色、深灰色	坡坎、溶丘		星点状灌木	

续表 4-1

岩石地层			岩性	色调	地貌	水系	植被及人为环境	鉴别性标志
嘉陵江组	第四段 ($T_{1-2}j^4$)		白云岩、灰岩及角砾	灰色、深灰色	瘤状丘(包)	星点状	灌木	云-灰岩段—$T_{1-2}j^4$及$T_{1-2}j^2$在槽谷中呈瘤状突起的丘(包)
	第三段 ($T_{1-2}j^3$)		灰岩	灰色	缓坡、槽谷		耕地较多,零星有灌木发育	
	第二段 ($T_{1-2}j^2$)		白云岩夹泥岩	灰色、深灰色	带状负地形或瘤状丘(包)		灌木	
	第一段 ($T_{1-2}j^1$)		灰岩	浅灰色—灰色	溶蚀槽谷、溶蚀洼地及坝子		耕地多,居民点相对集中	界线处地形转折,$T_{1-2}j^1$常形成陡坎,T_1y^3常形成走向次成谷
夜郎组	九级滩段(T_1y^3)		泥岩、泥灰岩	浅灰色	浑圆状山(丘)缓坡	羽状、树枝状	多旱地,山顶零星发育有乔、灌木	
	黄村坝段	上亚段 (T_1y^{2-2})	砂屑、鲕粒灰岩	浅灰色—灰色	丘(包)或坡坎	星点状	灌木	T_1y^2溶丘发育,可见层理影纹,T_1y^{2-2}于缓坡之上突出的山丘,色调较浅
		下亚段 (T_1y^{2-1})	灰岩、泥质条带灰岩	灰色、暗灰色	溶蚀缓坡、丘		灌木	
	沙堡湾段(T_1y^1)		页岩夹泥质灰岩	灰白色—浅灰色	窄带状的负地形或平台		不发育	呈断续的暗色带状影纹,阴影强
长兴组(P_3c)			含燧石灰岩	灰色—深灰色	陡坎、崖或瘤状丘(包)		灌木	
龙潭组(P_3l)			粘土(泥)岩、粉砂岩夹煤	浅灰色、深灰色	带状负地形或浑圆状丘	树枝状	植被发育,多耕地和居民点,常见有煤堆	与P_3c、P_2m^3间均有地形转折
茅口组	第三段(P_2m^3)		蜓灰岩	浅灰色	溶丘(包)、溶蚀洼地	星点状	不发育	微地貌差异
	第二段(P_2m^2)		硅质岩、硅质灰岩	灰色—深灰色	缓坡		灌木、乔木较发育	
	第一段(P_2m^1)		灰岩	灰色—深灰色	溶丘、缓坡或单面山	星点状、树枝状	灌木不均匀分布	窄带状角地形(或花生壳状影纹)
栖霞组(P_2q)			灰岩	灰色—深灰色	溶丘、缓坡逆向坡呈陡坡、陡崖			

续表 4-1

岩石地层		岩性	色调	地貌	水系	植被及人为环境	鉴别性标志
梁山组、九架炉组（C_1j+P_2l）		粘土（泥）岩、粉砂岩	浅灰色—灰色	带状负地形或坡坎	平行状	不发育	微地貌差异
韩家店组（S_1h）		泥（页）岩夹粉砂岩、砂岩	浅灰色—灰色	浑圆状丘、陡坡		不发育	
石牛栏组（S_1sh）		灰岩	灰色、深灰色	溶丘、坡坎	星点状	灌木零星发育	
松坎组、新滩组及龙马溪组（S_1l+x+s）		钙质粉砂岩及泥（页）岩	灰色—深灰色	浑圆状丘（包）陡坡、陡坎	平行状、羽状	灌木及草本植物发育	逆向坡呈阶梯状地形，坡坎附近常为各地层单元分界位置
五峰组（O_3w）		页岩	浅灰色、灰色	带状负地形		不发育	
宝塔组（O_3b）		灰岩	灰白色—浅灰色	溶丘、缓坡	星点状	不发育	
十字辅组（$O_{2-3}sh$）		泥岩、泥灰岩	灰色、深灰色	浑圆状丘、陡坡及单面山	顺向坡发育"Y"字形冲沟	灌木、乔木、蕨类植物发育	
湄潭组（$O_{1-2}m$）		上部为灰岩、砂岩、页岩不等厚互层，下部为页岩	浅灰色、灰色	陡坡、浑圆状丘、低山	平行状、羽状	灌木、乔木、蕨类植物发育	微地貌、影纹差异
红花园组（O_1h）		灰岩	灰白色、浅灰色	溶丘、缓坡	局部具星点状	灌木零星发育	
桐梓组（O_1t）	白云岩段	白云岩	灰色	溶丘、陡坡坎		灌木	
	页岩段	页岩	灰白色、浅灰色	断续带状负地形		不发育	
娄山关组（$\in_{3-4}O_1l$）		白云岩	灰色、深灰色	溶丘、坝子或单面山	星点状	灌木、乔木、耕地不均匀分布	地形、地貌水系差异
石冷水组（$\in_3sh$）		白云岩	浅灰色、灰色	溶丘、缓坡		灌木零星发育	
陡坡寺组（$\in_{2-3}d$）		砂岩	深灰色	突出的丘（包）或陡坡、坎		灌木、乔木	略显走向次成谷

续表 4-1

岩石地层		岩性	色调	地貌	水系	植被及人为环境	鉴别性标志
清虚洞组	第二段(ϵ_2q^2)	白云岩	灰色	溶丘、缓坡	星点状	灌木	地形、地貌水系差异
	第一段(ϵ_2q^1)	灰岩	浅灰色—灰色	溶丘、缓坡洼地		灌木零星发育	
金顶山组(ϵ_2j)		泥(页)岩、砂岩	灰白色—浅灰色	低山、丘、陡坡		耕地多,灌乔木零星发育	
明心寺组(ϵ_2m)		页岩、粉砂岩、灰岩	浅灰色—灰色	陡坡、坎	树枝状平行状	不发育	
牛蹄塘组($\epsilon_{1-2}n$)		页岩	深灰色	指状突出的浑圆状丘(包)		灌木、乔木发育	走向次成谷
灯影组($Pt_3^{3b}\epsilon_1dy$)		白云岩	灰白色、浅灰色	峰丛、孤丘缓坡及坝子	星点状	耕地多,居民点集中	上、下地层间常形成陡坎
陡山沱组(Pt_3^3d)	第三段	页岩夹磷块岩	深灰色	平顶丘及浑圆状丘	网格状树枝状	灌木较均匀覆盖	地貌、色调水系、微地貌差异,Pt_3^3d底部常分布有泉
	第二段	页岩、粉砂岩	深灰色	平顶山、桌状山			
	第一段	白云岩	浅灰色、灰色	坡坎		不发育	
南沱组($Pt_3^{2c}n$)		含砾泥岩	深灰色	陡坡		灌木、乔木发育	

* 据王祁仑,1996,有改动。

（一）砂质岩石地区的影像特征及其解译标志

该类岩石为坚硬不易被侵蚀的岩类,包括砂岩、石英砂岩、含砾砂岩、砾岩等。成层性好,性脆而节理发育,节理与层理对微地貌、微水系控制明显,常形成猪背岭、单面山以及垄状小山脊、陡崖及梯状陡坎,羽状水系、格状—树枝状水系为主,色调绿、深绿,植被茂密,耕地和居民点很少(图 4-2)。

图 4-2　习水润南一带的遥感影像特征(R7G4B1,TM)

（二）泥质岩石影像特征及解译标志

泥质岩石包含页岩、泥(粘土)岩、粉砂质泥岩。该类岩石一般易被侵蚀,基岩及其风化物透水性差,地表径流较发育,沟谷弯曲,水系密度较大,树枝状水系,地形波状起伏,相对高差不大,山脊浑圆状,常见蠕虫状(图4-3)、姜块状影纹图案,色调灰绿、绿,植被、耕地较多。主要在下寒武统、下志留统,黔南中三叠统等地层中。

（三）碳酸盐岩影像特征及其解译标志

碳酸盐岩省内分布广泛。该类岩石在温热气候条件下易被溶蚀,形成奇异的岩溶地貌,卫片上反映出的影像特征更为明显,一般呈较深的灰黑、灰绿色调,常见洼地、溶沟、坡立谷、米粒状峰林、峰丛、孤峰、石林等地形,宏观上具有"花生壳状"纹形,在航片上相对于岩溶地貌景观更易识别,反映的阴影呈黑色三角形状、倒三角形状或蜂窝状,(图4-3～图4-5),且沿一定方向排列,主要见于娄山关组、上泥盆统,中、上石炭统黄龙组和马平组,三叠系安顺组垄头组、杨柳井组等中。水系一般稀疏,呈平行状、菱格状、角状,常见断头河和伏流。

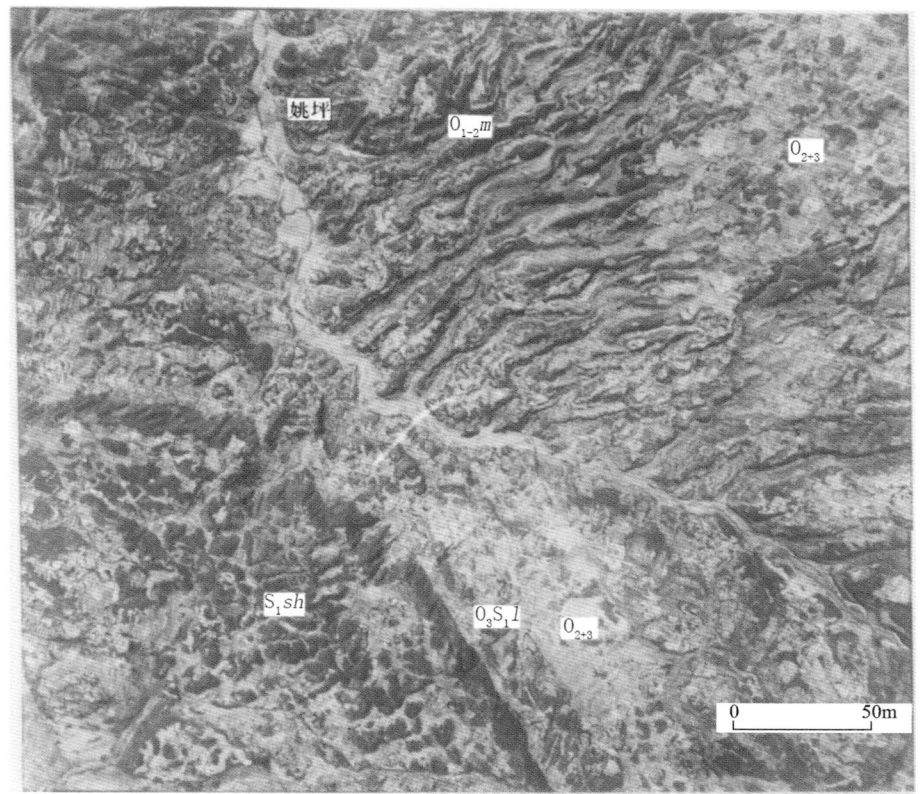

图 4-3 正安姚坪中奥陶统—下志留统韩家店组蠕虫状影纹（航片）

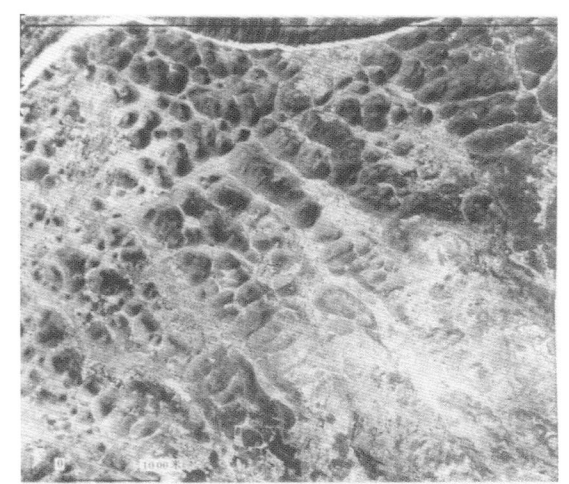

图 4-4 独山大河北岸峰丛槽谷（上寒武统及下奥陶统，航片）

图 4-5 独山摆郎河峰丛槽谷（石炭系，航片）

（四）两种或两种以上不同岩性组合特征及遥感解译标志

以习水侏罗纪地层为例，岩性为砂岩与泥岩的互层，组成软硬相间的地层，图像上层次清楚，砂岩坚硬呈正态地貌特征，泥岩则呈下凹负地形（或称走向次成谷），形成叠瓦状岩层三角面，色调呈灰绿色，耕地较多（图 4-6）。

又如六枝安乐塘法郎组为灰岩、泥质灰岩及钙质泥岩；赖石科组、把南组及火把冲组均为砂页岩及泥岩相互构成，层理清楚，岩层三角面及地层产状特别明显（图 4-7）。

图 4-6 习水侏罗系(航片)

图 4-7 六枝安乐塘三叠系(航片)

二、变质岩

在贵州境内,变质岩分布于黔东南及梵净山地区,为一套浅变质岩。以绢云母板岩、粉砂质板岩、绢云母石英千枚岩、变质砂岩、钙质绢云母片岩、变质凝灰岩等为主。其影像特征与碎屑岩极为相似,呈绿色调,树枝状水系,岩性差异小,在影像上很难找出划分组段解译标志(图4-8)。当两种或两种以上岩性差异较大的岩性段互层或夹层,且岩层产状为中等倾斜时,其影像特征在微地貌上有区别。

图 4-8 锦屏朗洞变质岩影像(R7G4B1,TM)

三、侵入岩

贵州境内侵入岩较少,主要有基性—超基性、酸性岩等。酸性花岗岩分布在梵净山地区及黔桂交界处的从江地区。

梵净山地区的花岗岩以岩株为主,分布于梵净山群变质岩中,在中低分辨率影像上,很难看到。

吉羊花岗岩位于黔桂交界处,主体在广西境内,宏观上看,平面几何形态为椭圆,层理不明显,边界模糊,放射性水系、高山陡坡地貌,植被茂密,色调绿、灰绿,暗色斑块与围岩界线不清,但花岗质混合岩岩体侵位于四堡群之中的分界清楚(图4-9)。

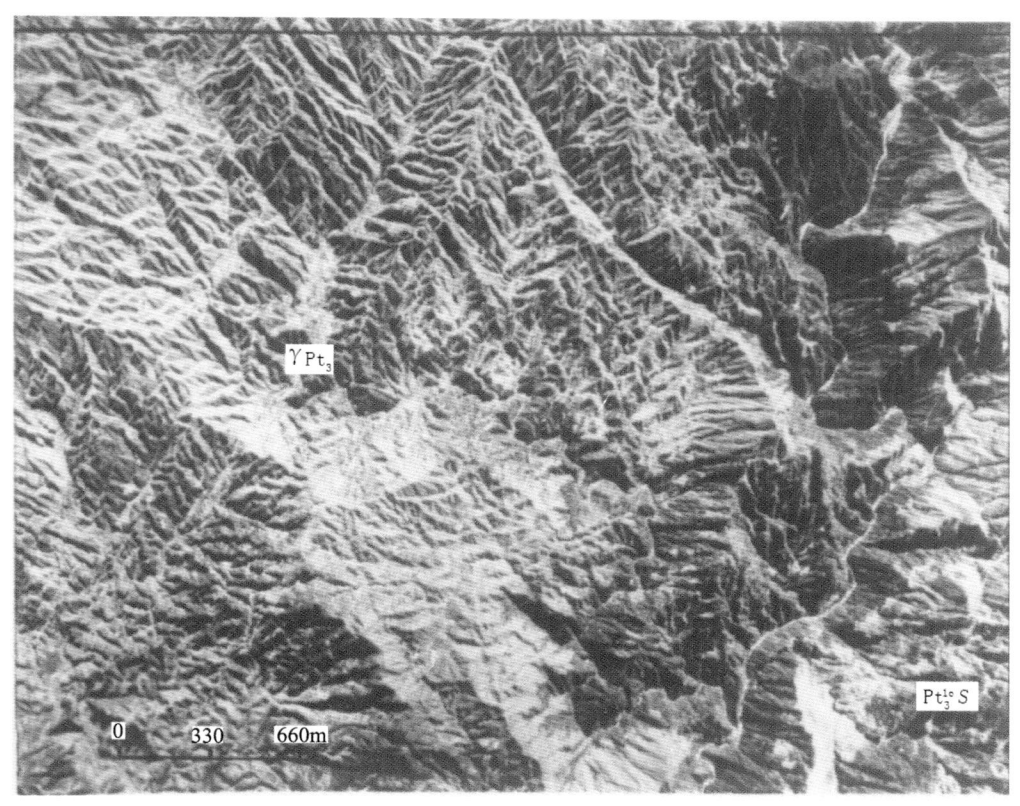

图 4-9　从江黔桂交界处花岗岩及花岗混合岩(航片)

四、喷出岩

贵州境内的喷出岩以玄武岩为主,且以在平面上呈舌状向瓮安延伸分布的峨眉山玄武岩为主,主要分布于威宁、赫章、纳雍、盘县和瓮安等地区(图4-10)。岩性为玄武岩质熔岩、玄武质火山碎屑岩、凝灰岩,以玄武质熔岩为主。

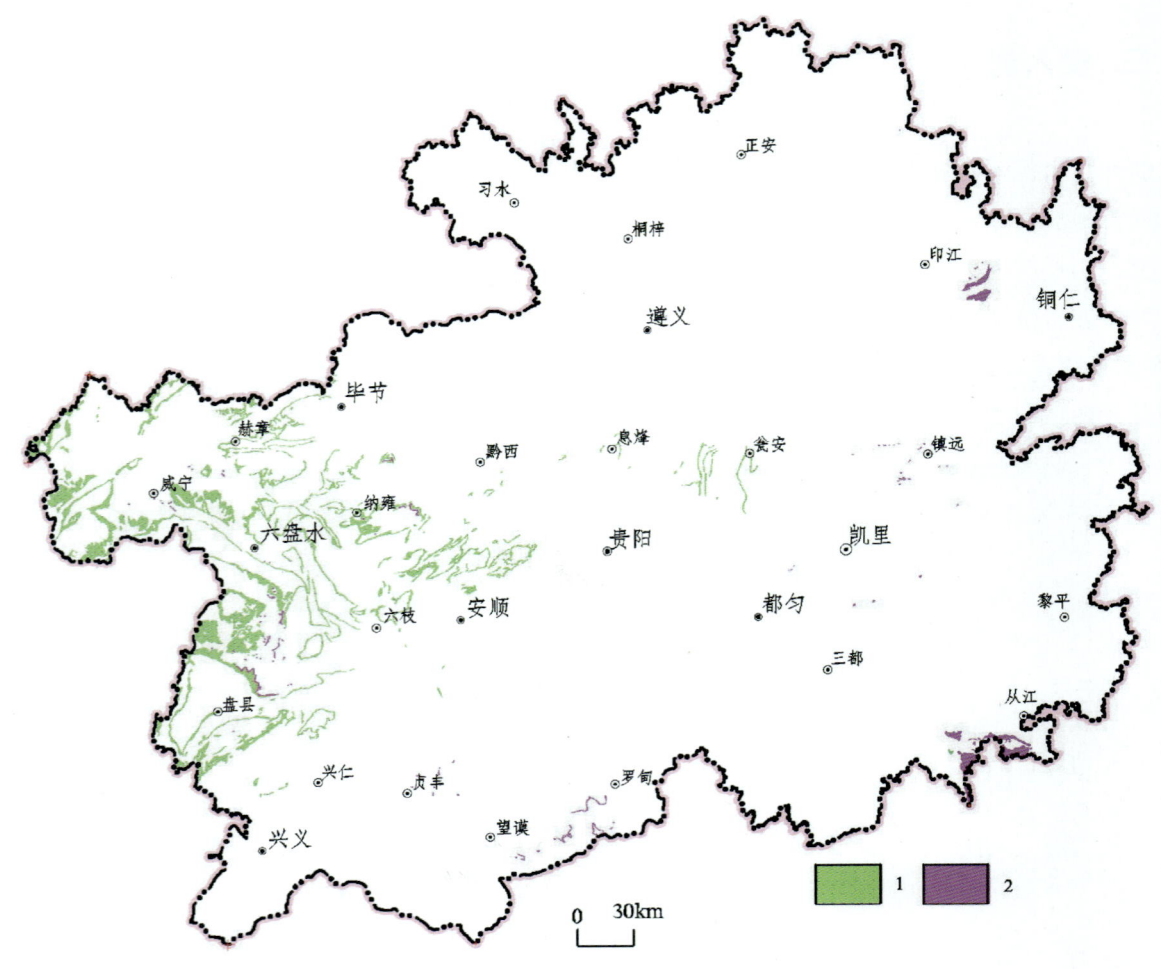

图 4-10 贵州境内岩浆岩分布图
1.喷出岩;2.侵入岩

在影像上,以低山地貌陡坡地形,"V"形河谷为主,山脊明显尖棱,扇形树枝状水系,细小冲沟发育,形成蠕虫状影纹特征,岩体顶底常见悬崖陡坎(图 4-11、图 4-12)。

图 4-11 水城木城玄武岩(航片)

图 4-12 纳雍山背后峨眉山玄武岩(R3G2B1,RapidEye)

第二节 典型应用研究

在贵州，利用遥感影像图对沉积岩进行研究，主要做了两个方面的工作，一是岩石地层（影像）单元的遥感解译，即不同岩石地层，在影像上的影纹、色调、植被的发育程度、水系等特征均有较大的差异，通过对影像单元进行剖面（或路线）观察，建立遥感解译标志，然后在此基础上进行解译；二是沉积相的研究，也就是通过影像图的影纹、色调、植被的发育程度、水系等特征断定地质体在横向（走向）上的延伸。

一、遥感地质剖面解译和研究

在贵州境内，沉积岩的岩石类型较多，地质填图单元单一岩性很少，多以岩性组合出现，各单元岩类多变，且受地质构造、土壤、植被、含水量及地理、气候等因素的影响。目前的工作方法以目视解译为主。要建立区内通用可行的解译标志难度较大，根据可解译程度分区情况，分别对3类地区（即可解译程度良好区、可解译程度较差区和可解译程度差区），共5个区域（图2-5）进行了剖面研究，并选述如下。

（一）解译程度良好区

道真县栗园剖面：跨栗园、桃园两个向斜，之间一个背斜被断层破坏，影像形态特征清楚，轴线北北东向呈弧形西凸的同步弯曲。地层有上寒武统、奥陶系、下志留统、中—上二叠统、下三叠统等，岩性为白云岩、灰岩、砂岩、砂质页岩。褶皱内倾转折清晰，两翼岩性影纹图案对称，各个组以色调、纹形的不同为主要解译标志（图4-13）。

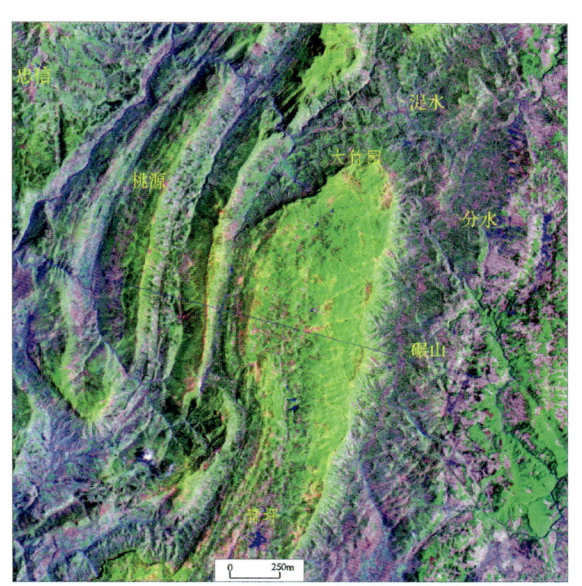 

图4-13 道真县栗园剖面遥感影像图及解译图（R7G4B1,TM）

习水县润南剖面（图4-2，图4-14）：润南背斜北西翼，核部地层为震旦系灯影组，向西北依次为下寒武统牛蹄塘组至白垩系嘉定组，之间缺失泥盆系、石炭系。灯影组白云岩易溶蚀形成岩溶地貌，岩层倾角缓,顺走向常见陡崖植被发育。牛蹄塘组、明心寺组、金顶山组、湄潭组、下志留统、夜郎组、侏罗系等为易受侵蚀的细碎屑岩[包括页岩、泥(粘土)岩,粉砂质泥岩,夹砂岩及少量灰岩],为逆向陡坡地形,中等至稀疏的树枝状水系,冲沟发育,条块状、格状纹形,色调黄绿,植被发育。主要解译标志、地貌、纹形各有区别。侏罗系以砂岩(砂体)、粘土岩互层,构成叠片状岩层三角面特别醒目。中寒武统、娄山关组、下奥陶统、中二叠统为碳酸盐岩,易溶蚀形成特殊的岩溶地貌,具不规则的条块状、点状影纹,色调黄绿。二桥组,嘉定组砂岩夹少量页岩,岩性单一,树枝状、格状水系,两侧有发育的羽状细冲沟,色调暗绿。

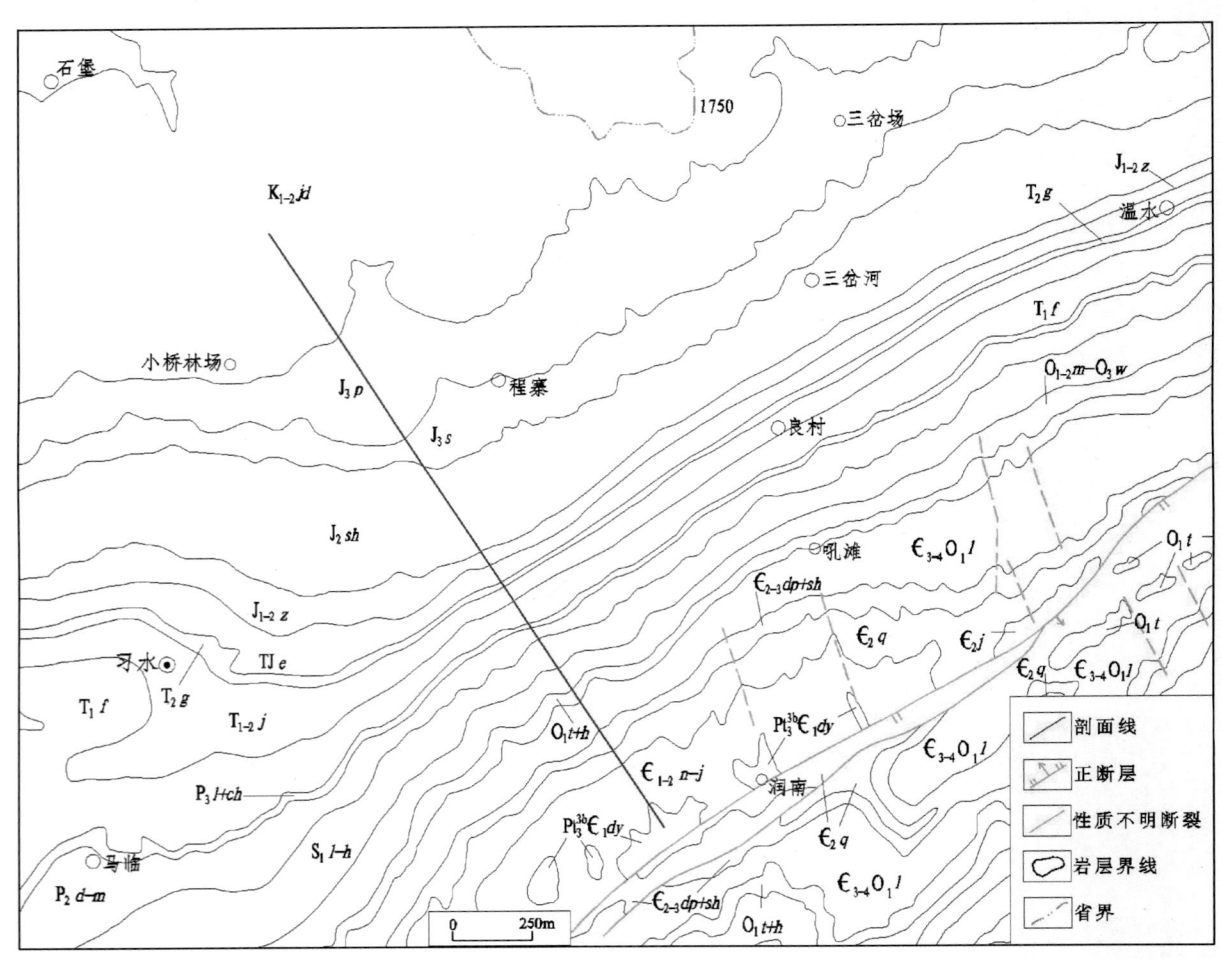

图 4-14　习水县润南地区遥感解译图(泸州幅)

六枝郎岱剖面(图 4-15):跨一个背斜,一个向斜,地层由黄龙组-沙溪庙组组成。黄龙组、马平组岩性为灰岩夹白云岩,溶蚀地形,喀斯特地貌发育,细条块状、斑点状纹形,顶界与梁山组碎屑岩分界清楚。梁山组地层厚度大,出露较宽,色调浅灰色,树枝状水系,缓坡侵蚀地貌,与上覆栖霞组—茅口组碳酸盐岩层分界为一暗色陡坡(崖),在影像上,两者色调、纹形迥然不同。在栖霞组—茅口组之上为上二叠统煤系地层,呈窄带状,栉状冲沟发育。三叠系总体宏观,有的组夹碎屑岩多,有的组夹灰岩多,主要以色调、纹形为标志划分各组界线。下侏罗统以砂岩、粘土(页)岩为主,侵蚀地形,树枝状水系,色调灰绿,条块状影纹密集,大小不等,冲沟发育。

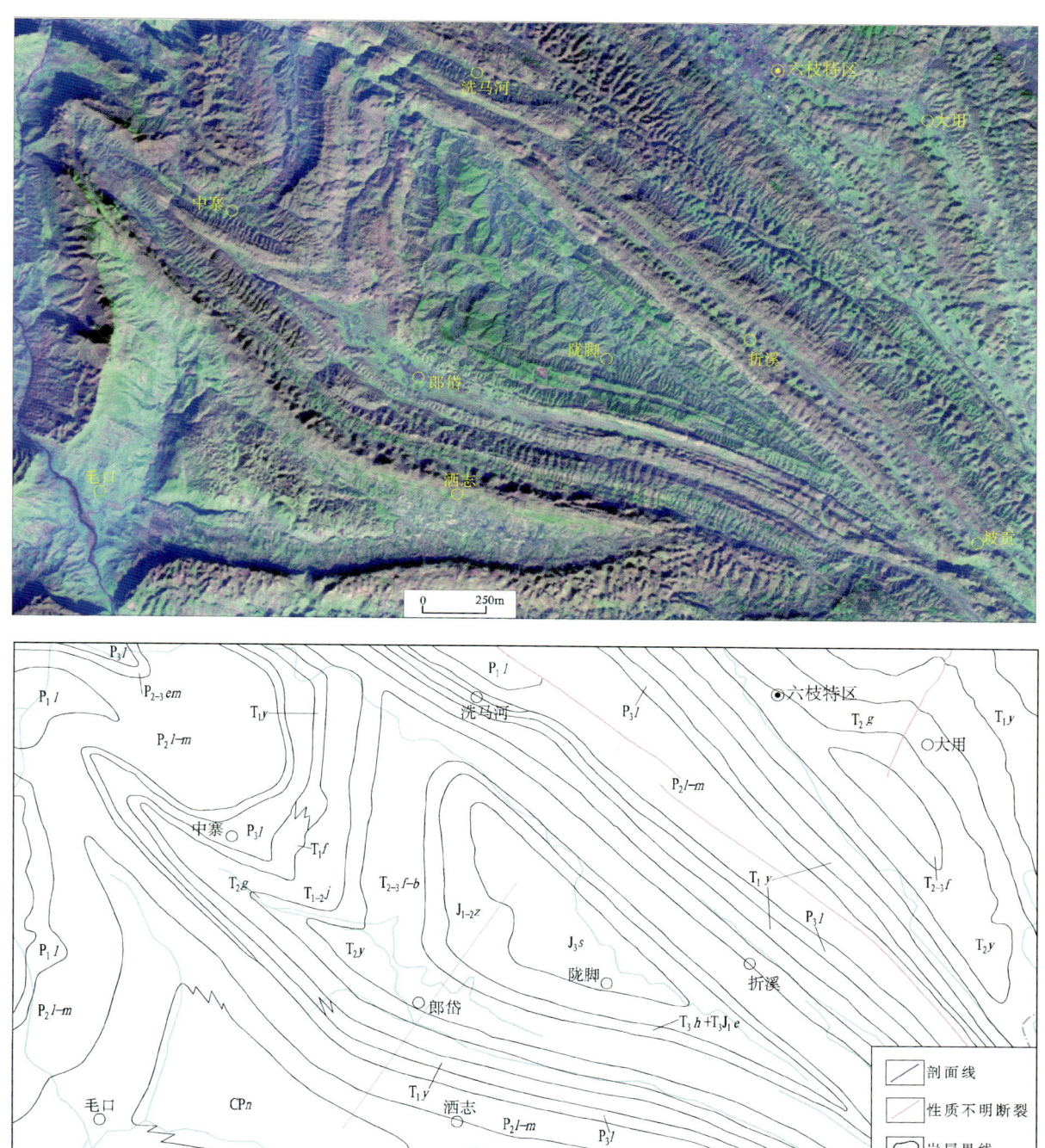

图 4-15 六枝郎岱遥感影像及地质解译(R7G4B1,ETM,安顺幅)

辅处剖面：为一椭圆形构造盆地，核部地层为沙溪庙组，岩性为泥（粘土）岩、页岩及石英砂岩，翼部依次有自流井组、二桥组，岩性主要为碎屑岩（岩屑砂岩）、泥（粘土）岩夹少量灰岩，关岭组、嘉陵江组岩性主要为碳酸盐岩类砂、泥质页岩等。该盆地最好的影像标志层是二桥组砂岩，深色条状影纹带状特征，植被发育，自行圈闭，与上下组分界清楚（图4-16）。

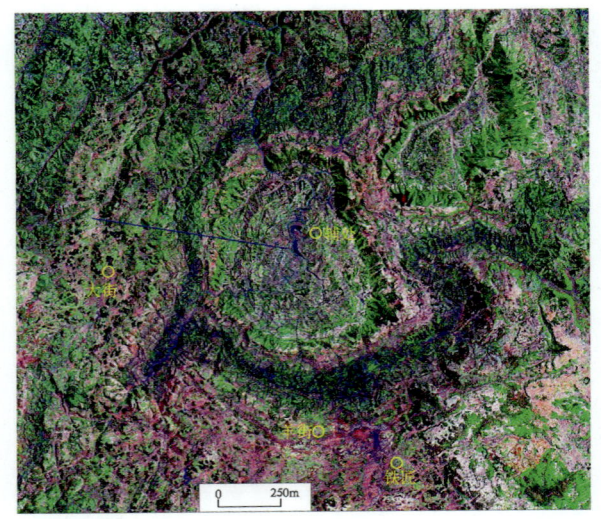
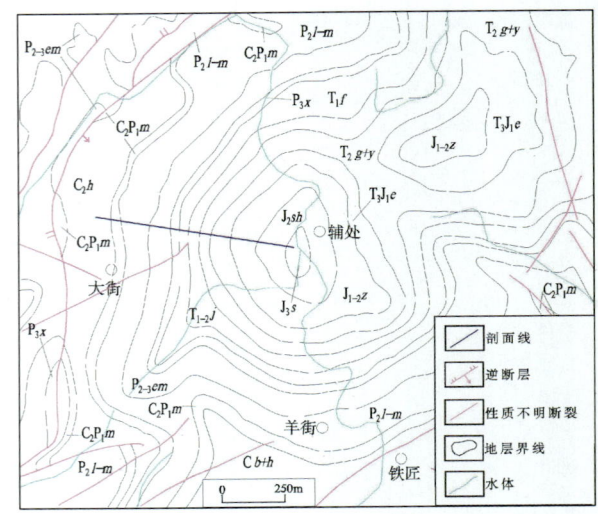

图 4-16 辅处剖面遥感影像及地质解译(R7G4B1,ETM,昭通幅)

都格剖面:跨背斜、向斜各一个,地层为马平组、下二叠统峨眉山玄武岩、上二叠统、三叠系飞仙关组、嘉陵江组、关岭组、二桥组、侏罗系自流井组及沙溪庙组。马平组、下二叠统岩性为致密灰岩、结晶灰岩、燧石灰岩,梁山组石英砂岩夹页岩及薄煤层与下伏马平组分界清晰,因上下地层岩性不同,影像特征区别较大;栖霞组—茅口组溶蚀地形,喀斯特地貌发育,影像特征与上覆峨眉山玄武岩下部截然不同,为斑块纹形,山脊较连续,冲沟溪谷较长,低山陡坡地形,色调灰白;峨眉山玄武岩上部为树枝状扇形水系,细小弯曲的蠕虫状冲沟发育,其顶常有悬崖陡坎与上二叠统分界明显;龙潭组、飞仙关组为碎屑岩,侵蚀地形,树枝状水系,垂直地层走向冲沟发育,尤其是飞仙关组冲沟更为密集,两组以该特征分界;嘉陵江组、关岭组上部为白云岩、灰岩,下部夹页岩,以溶蚀地貌为主,局部显侵蚀地貌,二者分界线较难划分;二桥组长石岩屑石英砂夹泥质粉砂岩,色调深绿,带状顺走向延展,植被发育,冲沟粗短,顶、底分界清楚;自流井组、沙溪庙组岩性为杂色泥(页)岩、钙质泥岩、泥质粉砂岩、长石石英砂岩,自流井组纹形短柱状,块体小,植被发育,色调清楚呈叠瓦状,树枝状水系,两组分界易区别(图 4-17)。

金沙剖面:跨背斜、向斜各一个,地层为茅口组至遂宁组。

解译标志:茅口组,岩性为碳酸盐岩,地层倾角较缓,出露面积较宽,色调黄绿,为标准的岩溶地貌特征。上二叠统为碎屑岩及燧石灰岩夹煤层,色调黄绿,带状延展,块状斑纹,冲沟发育等,与上、下地层岩性不同,顶、底分界清楚。夜郎组,岩性为灰岩、泥灰岩、砂质泥岩、钙质砂岩、粉砂岩,低山丘陵地貌,侵蚀地形,树枝状、羽状水系,斑块状、短柱状影纹,色调黄绿,山脊线弯曲连续。嘉陵江组、关岭组主要为灰岩、白云岩、溶塌角砾岩,溶蚀地形,岩溶地貌发育,影纹以斑点状为主,其中关岭组具有斑点小、稀疏分布等特点,以此与下伏嘉陵江组分界。二桥组,岩性为岩屑石英砂岩夹泥(页)岩透镜体,色调绿色,窄带状,单面山延伸,逆向坡冲沟发育,植被茂密,顶、底界线清楚。侏罗系自流井组、沙溪庙组、遂宁组岩性为杂色紫红色泥(页)岩夹岩屑砂岩及灰岩等,树枝状水系,主要以影纹的大小、多少、排列方向及色调深浅等不同作为区分各组界线的标志(图 4-18)。

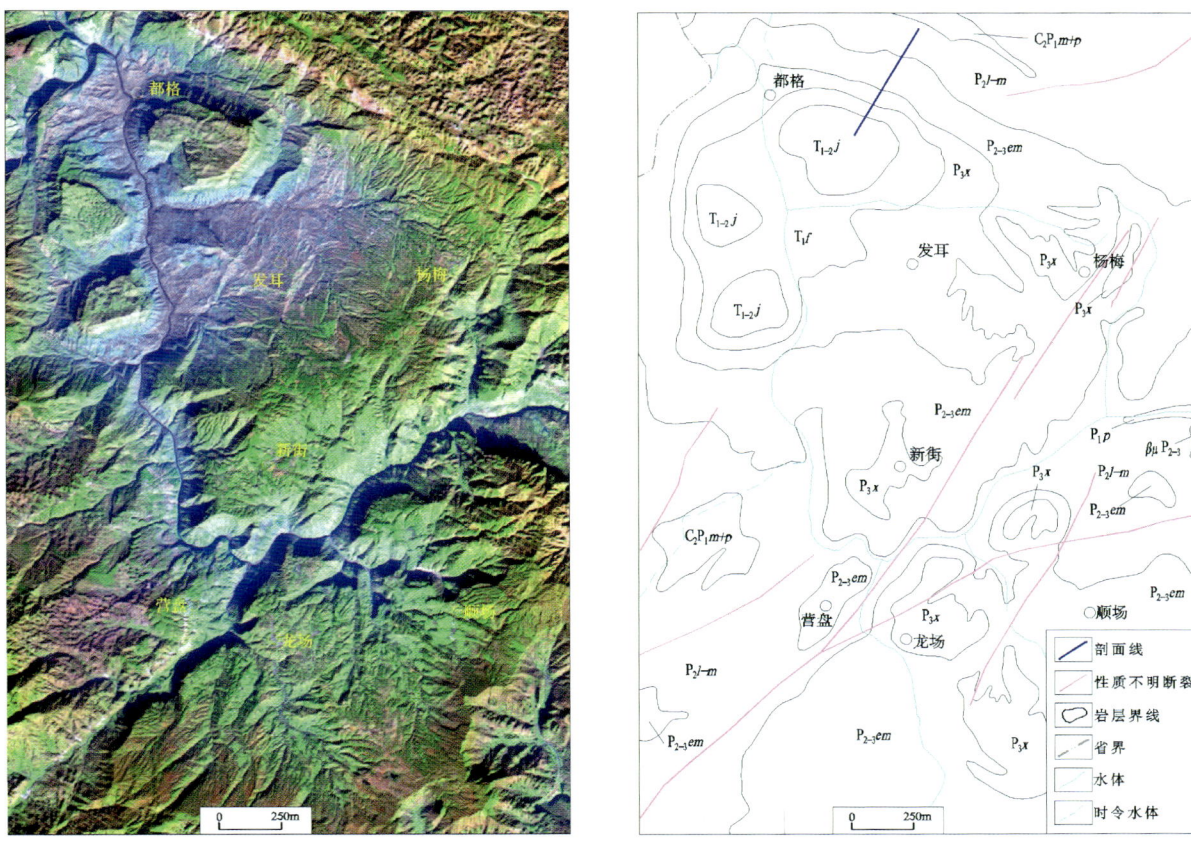

图 4-17 都格地区遥感影像及地质解译图(R7G4B1,ETM,六盘水幅)

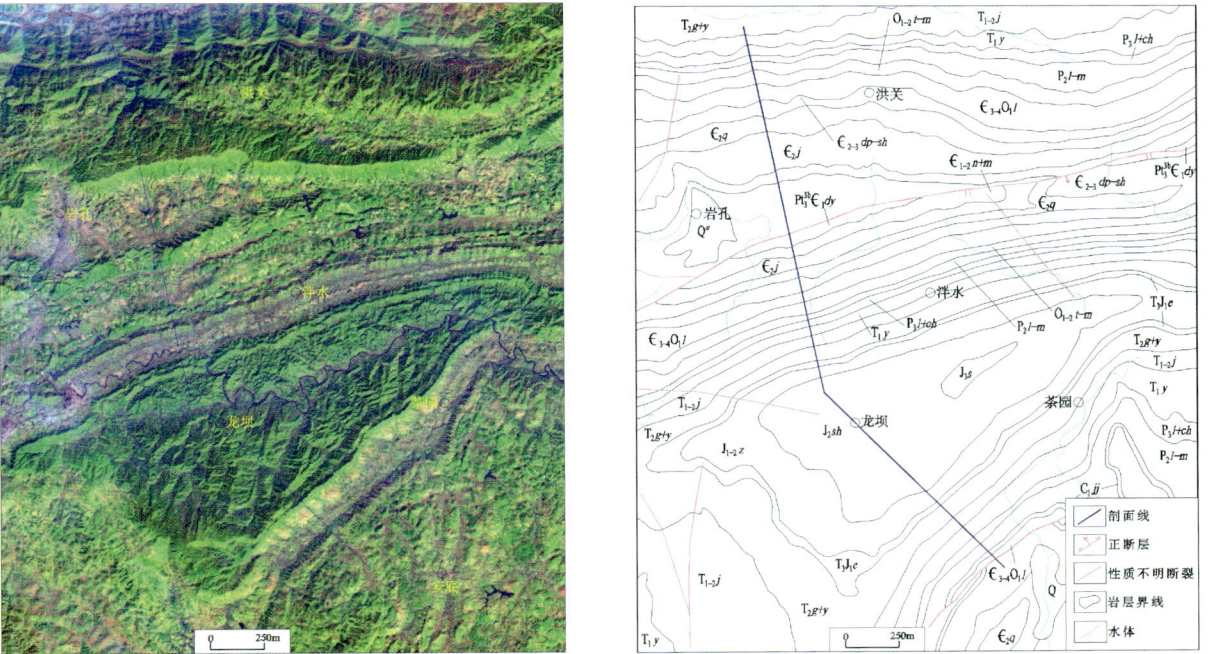

图 4-18 金沙剖面遥感影像及地质解译图(R7G4B1,ETM,毕节幅)

息烽剖面:近圆形的构造盆地,核部地层为自流井组,翼部依次为二桥组、中—下三叠统、中—上二叠统、寒武系、震旦系及澄江、清水江组等。清水江组和澄江组岩性为碎屑岩,两组在该点以影纹差异分界。牛蹄塘组、明心寺组、金顶山组主要为粉砂质页岩、页岩夹砂岩及灰岩,色调绿黄,影纹杂乱呈条带状,组间无突出标志,界线难划分。清虚洞组、高台组、石冷水组、娄山关组等为碳酸盐岩,溶蚀地形,喀斯特地貌发育,色调黄绿,各组界线难区分。中—上二叠统,虽然岩性有别,因岩层倾角大,露头线窄而合并,呈带状延伸,顶、底界线清楚。三叠系以碳酸盐岩为主夹粘土质页岩,主要以影纹的大小、排列方向、疏密程度、色调等不同,划分各组界线。二桥组岩性为岩屑砂岩、长石石英砂岩夹粘土岩,露头线窄,条带状呈单面山延伸,色调深,植被发育,地貌突出,影像与上覆自流井组截然不同(图 4-19)。

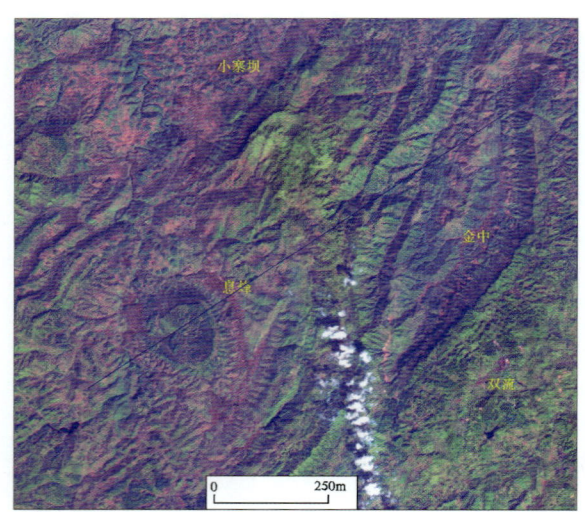 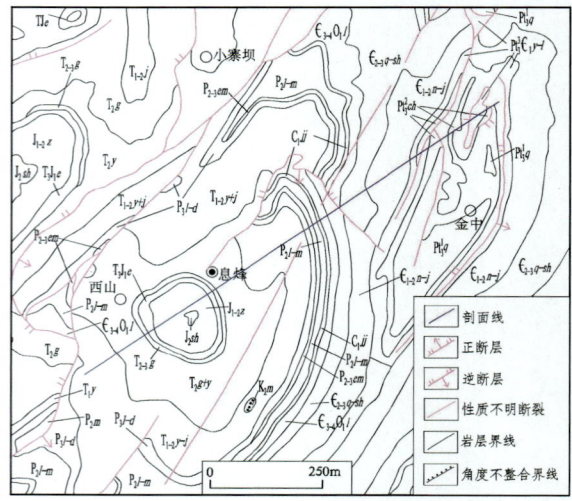

图 4-19 息烽剖面遥感影像及地质解译图(R7G4B1,ETM,遵义幅)

都匀斗篷山剖面:被切地层有上寒武统炉山组及下奥陶统,岩性为白云岩、灰岩夹页岩,溶蚀不强的岩溶地貌见少量孤峰,断续弯曲山脊,色调黄绿;志留系翁项组及泥盆系邦寨组、独山组岩性为石英砂岩、砾岩夹页岩,侵蚀地形,树枝状水系,色调绿,常见陡崖及条块状纹形;望城坡组、尧梭组岩性为白云岩、灰岩,与下伏地层岩性差别大,分界清楚,上述部分组界线仍较难划分地段(图 4-20)。

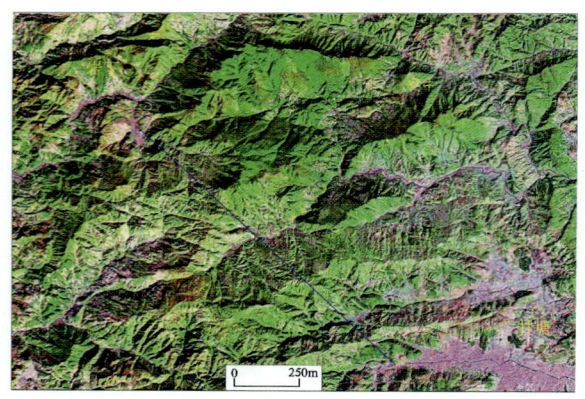 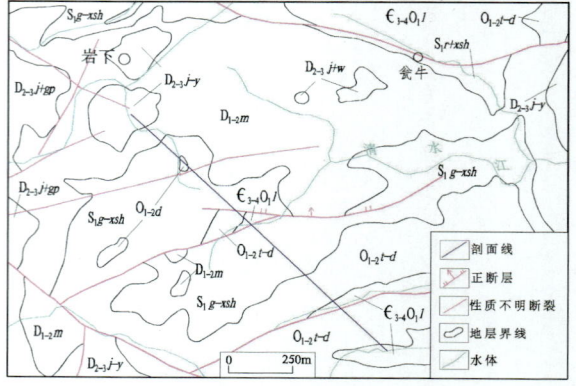

图 4-20 都匀斗篷山剖面遥感影像图及地质解译图(R7G4B1,ETM,贵阳幅)

紫云睦化剖面:剖面跨及地层泥盆系独山组,出露于陆化穹隆核部,向北西翼延伸,依次为石炭系、二叠系至中三叠统边阳组。各组的主要岩性及其标志:独山组、上二叠统、新苑组、边阳组等岩性为砂岩、粉砂质粘土岩、钙质砂岩、页岩夹燧石灰岩及煤层;望城坡组、尧梭组、摆佐组、黄龙组、马平组、嘉陵江组等岩性为灰岩、白云岩、白云质灰岩,上述各组不同岩性的组合不尽相同,但基本上是软硬相间叠置构成地层层序。因此，它们的影像影纹、色调、水系、地形地貌等特征有些差别，仔细观察仍可区分，但近邻的组、岩性接近的且厚度较薄的夜郎组、嘉陵江组、望城坡组、尧梭组、新苑组、边阳组等，区分仍较困难（图4-21）。

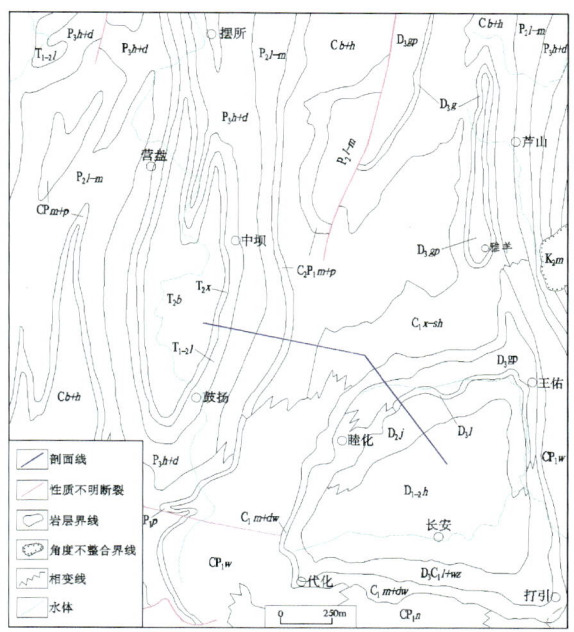

图4-21　紫云睦化剖面遥感影像及地质解译图（R7G4B1，ETM，安龙幅）

（二）可解译程度较差区

梵净山西侧肖家河剖面：梵净山穹状背斜轴部为新元古界，乌叶组以下各组无标志层可解译；乌叶组以上至娄山关组、奥陶系、志留系、二叠系、三叠系，据模糊的影纹特征、色调，参照已有的资料，可划分出系的界线，部分特征标志较清楚者，可解译至组界（图4-22）。

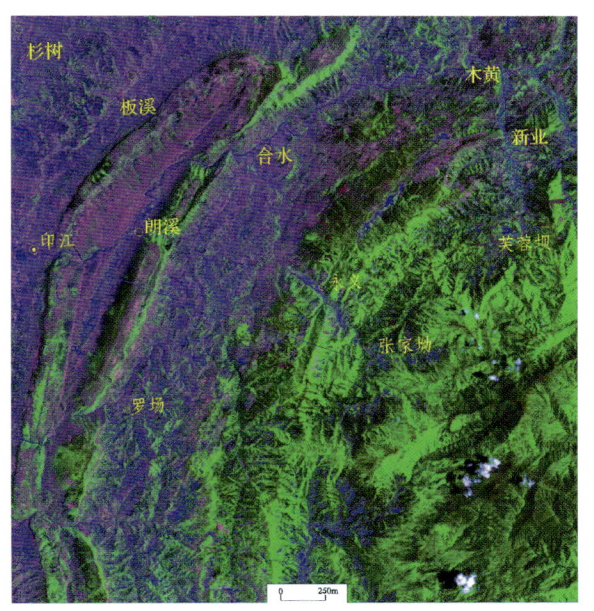
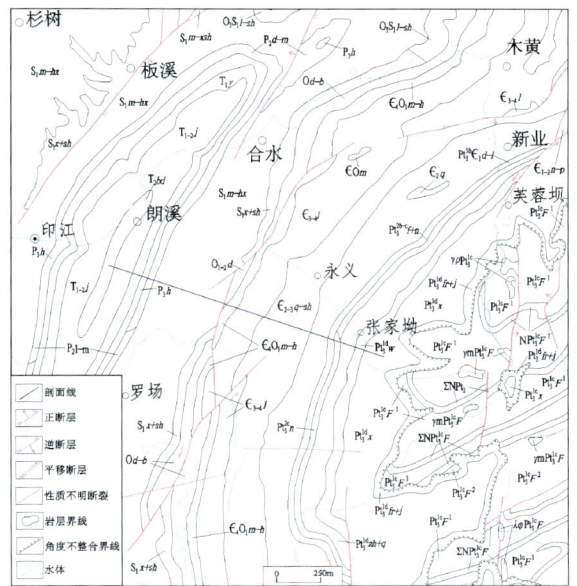

图4-22　梵净山西侧肖家河剖面遥感影像及地质解译图（R7G4B1，ETM，铜仁幅）

(三)可解译程度差区

可解译程度差区分两大片区,一是黔东片区,主要地层有新元古界青白口系、南华系,为浅变质岩、变余砂岩、变余粉砂岩、板岩、绢云母石英千枚岩、变余凝灰岩、钙质绢云母千枚岩夹大理石透镜体等,各个组段除甲路组为钙质岩系,厚度不大,影像可见顺走向呈窄条带状,色调黄绿,顶底界有断续陡坎,分界较清楚外,其余均无标志可分。南华系岩性为冰碛砾岩、含砾砂质泥(粘土)岩、泥(粘土)质粉砂岩等,各组无明显的划分标志,植被掩盖茂密,其界线亦难划分(图4-23)。

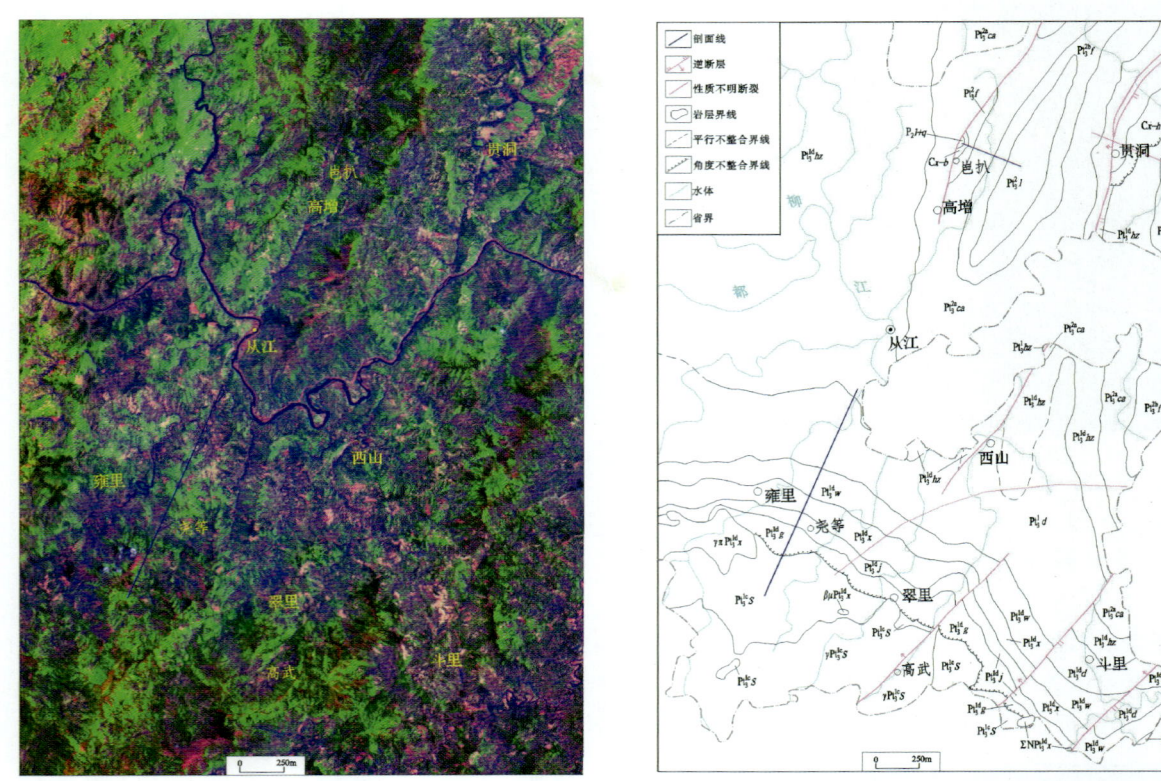

图4-23 从江尧等、邑扒剖面遥感影像及地质解译图(R7G4B1,ETM,融安幅)

另一片区是黔南与广西接壤一带,主要地层为三叠系罗楼组、新苑组、边阳组等,岩性为粘土岩、粉砂质泥(粘土)岩、页岩夹砂岩,它们的影像纹形、色调、水系、地形地貌基本一致,加之植被茂密覆盖,无划分组段的标志。

二、沉积相遥感解译和研究

用遥感手段能大范围内(卫片)及小面积内(航片)追索研究沿地层走向上的岩性变化,当相变线与走向交角大或不同岩性呈舌状穿插时,一般比较容易识别,如近东西向横贯贵州南部的早、中三叠世相变带长达数百千米,西起兴义泥凼,经册亨册阳—贞丰姚家湾—安顺龙宫—贵阳青岩—福泉马场坪,往东被剥蚀(图4-24)。

从图4-24可以看出,西侧为坡段组、青岩组、垄头组碳酸盐岩,中部为新苑组、边阳组、许满组碎屑岩,同时岩相、岩性急剧变化,仅一线之隔,泾渭分明。

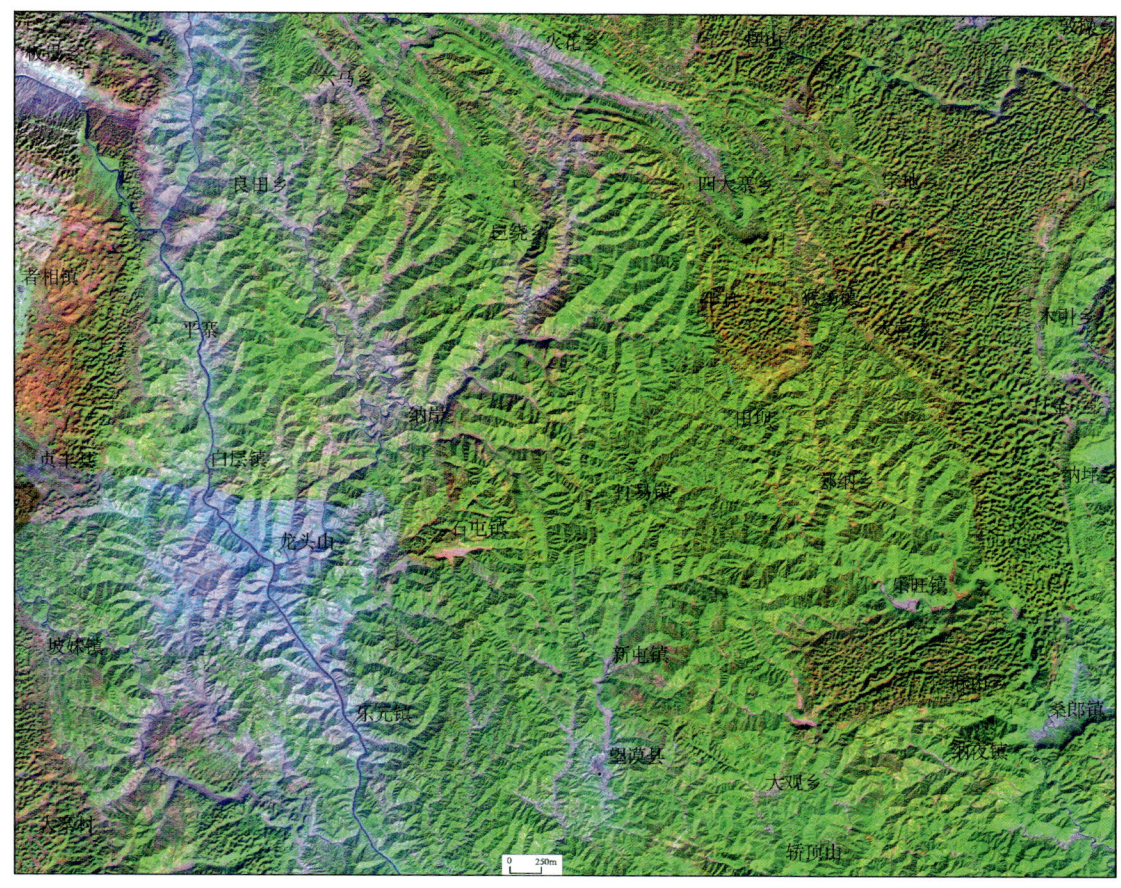

图 4-24　贞丰地区相变遥感影像特征（R7G4B1,ETM,融安幅）

下三叠统夜郎组泥灰岩、灰岩（浅色调者）与安顺组白云岩（深色调者）呈舌状穿插的相变关系（图 4-25）；中三叠统以灰岩为主的坡段组、垄头组与以碎屑岩为主的新苑组、边阳组呈舌状穿插的相变关系（图 4-26）。

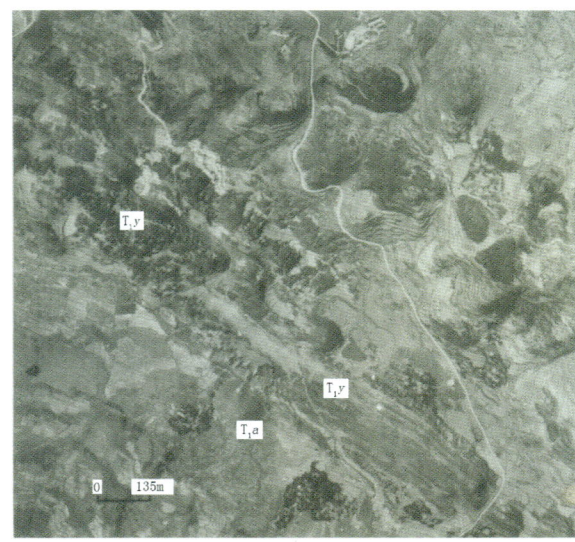

图 4-25　下三叠统夜郎组相变（航片）

图 4-26　中三叠统相变（航片）

此外，在习水良村一带，陆相侏罗纪和白垩纪地层大面积分布，组、段中的砂、页岩频繁尖灭和相变，研究人员借助航片遥感影像色调、影纹、水系和植被发育情况快速准确地勾绘了"砂体"在横向上的变化，为岩相古地理研究提供了依据，并取得了满意的效果（图4-2、图4-27）。

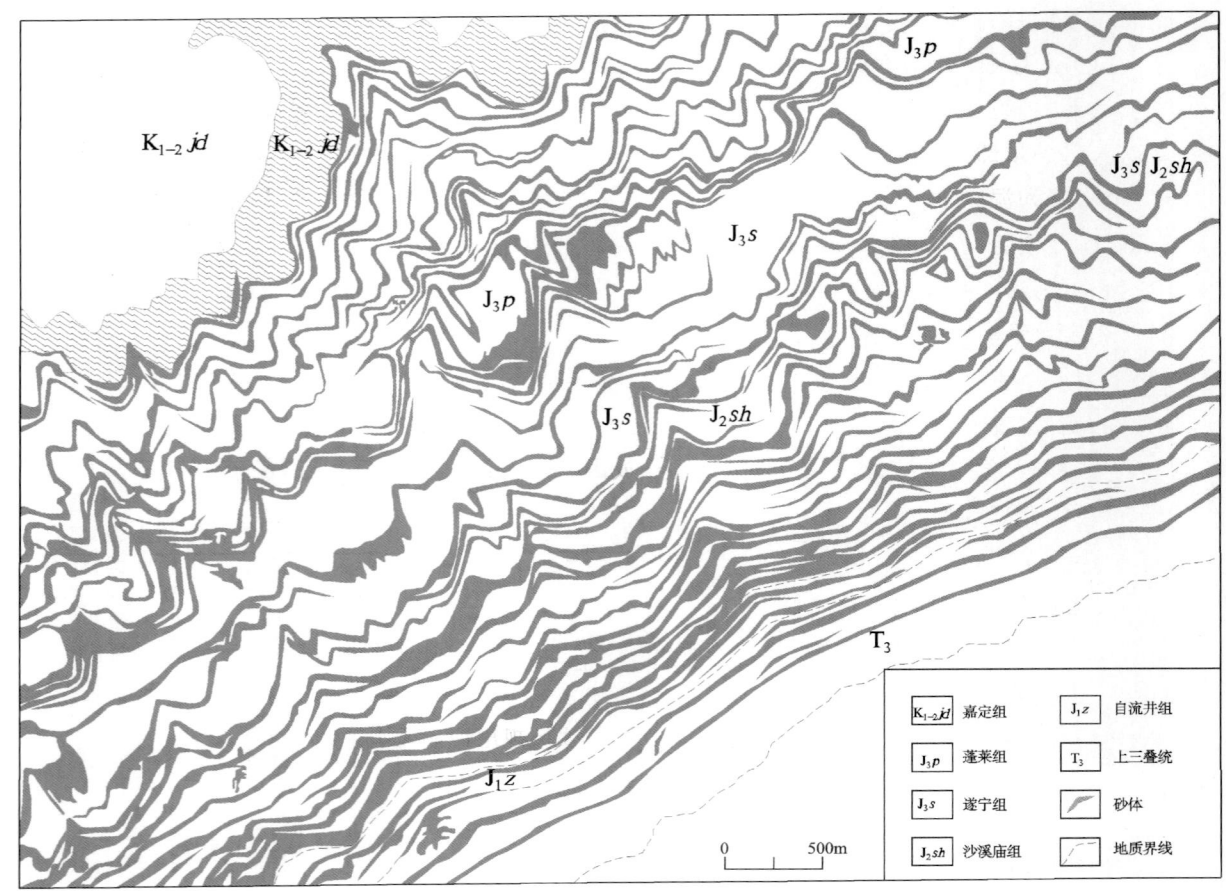

图 4-27　良村一带上三叠统及侏罗系砂岩遥感解译图
（据1∶5万良村幅区域地质调查报告，有改动）

三、岩石地层在遥感影像上的反映

纵观贵州地层的构成及分布，具有如下几个特点，也因为如此，构成了遥感影像分区标志，为利用遥感影像图进行遥感影像地层单元解译提供了方便。

（1）贵州地层主要由沉积岩、浅变质沉积岩（多为绿片岩相）组成，岩浆岩和深变质岩很少。在沉积岩中又以碳酸盐岩最为发育。据统计，碳酸盐岩地层的累计厚度达20 000m。分布面积10.9万 m^2，约占贵州省总面积的61.9%，碳酸盐岩的广布，为喀斯特地貌的发育提供了物质条件，也为南方岩溶地貌的研究提供了场所，在遥感影像图上，虽同是碳酸盐岩，但不同时期的碳酸盐岩，其影像特征也有一定的差异，譬如灯影组白云岩在TM/ETM遥感影像上色调呈绿色，略带褐色，影纹呈斑状，较细碎，而中三叠统杨柳井组在影像上色调呈灰白色，植被不发育，影纹较细腻，溶蚀沟谷较长。

（2）贵州地层在垂向上（时间演化上）三分性明显。即新元古界以海相陆源碎屑岩为主，次为火山岩及火山碎屑岩，少量碳酸盐岩，多属海相活动类型沉积，大部分已变质为绿片岩系。震旦纪晚期至晚三叠世中期则以海相碳酸盐岩为主，夹有部分海相碎屑岩。晚三叠世中期以后全为陆相碎屑岩。纵向上的三分性显示了贵州地壳由海向陆的演变过程。

贵州碳酸盐岩地层大致可分为四大套。第一套由震旦系—寒武系的灯影组组成，主要分布在黔北、黔中地区一些背斜的核部或近核部，以结构多样的隐藻白云岩为主体，厚度100m至400余米。第二套由下古生界的寒武系第二统顶部至下奥陶统的碳酸盐岩地层（清虚洞组、高台组、石冷水组、娄山关组及桐梓组、红花园组）组成，主要出露于贵州北部和中南部背斜核部及近翼部，岩性单一，除底部（寒武系第二统清虚洞组）和顶部（下奥陶统红花园组）为灰岩外，其余均为白云岩，白云岩呈向上变厚的序列，并在中下部夹有膏盐和泥质，厚900～2 000m。第三套组合由上古生界的碳酸盐岩组成（泥盆系的鸡窝寨组、望城坡组、尧梭组、革老河组，石炭系的摆佐组、黄龙组、马平组及二叠系的栖霞组及茅口组），该套组合有2个特点：①其间夹有碎屑岩夹层（如祥摆组、梁山组）；②以灰岩为主，几乎全为生物灰岩及生物屑灰岩，并有一定数量的礁灰岩。白云岩主要见于该组合的中下部（高坡场组、摆佐组）。第四套组合主要由早三叠世晚期至晚三叠世早期的碳酸盐岩组成，大面积出露于黔西南地区，其次分布于黔中和黔北的西部地区，除底部（夜郎组、大冶组）及顶部（法郎组、改茶组）为灰岩外，其余多为白云岩，各组段白云岩均有向上粒度变粗、层次变厚倾向，灰岩多为生物成因，白云岩中夹有膏盐层，具藻白云岩多样。厚约1 500m。在4套灰岩之间均有陆源碎屑岩相间隔，因此，在实际控制点的帮助下，很容易在遥感影像上快速识别解译。

（3）贵州各时代地层空间分布具有一定的规律性，主要表现为：①新元古界大面积分布于黔东南的黎平、从江、榕江等地区及黔东北的梵净山地区；下古生界主要分布在黔北、黔中地区，尤以黔东北地区最为发育；上古生界主要分布在黔南、黔西地区；三叠系主要分布在黔西南及黔北、黔中地区；侏罗系及白垩系主要分布于黔北的赤水、习水二市（县）境内。总体呈现出以黔东南为中心，由南东向北西出露的地层时代由老变新的趋势。②大致以镇远、贵阳、安顺一线为界，黔北、黔南的地层发育存在着明显的差异，黔北地区震旦系及下古生界发育，基本缺失泥盆系、石炭系及下二叠统，三叠系发育不全。黔南地区上古生界及三叠系发育齐全、厚度巨大，仅在边缘地区发育颇为零星的下古生界。③贵州新元古界至下古生界的沉积相带主要呈北东向展布，自北西向南东呈台地—台缘—斜坡—盆地格局，且台缘相随盆地发展及萎缩而迁移；上古生界至三叠系，沉积相带呈北西、北东向展布，呈现台—盆相间的格局。

第五章　贵州遥感地质构造

贵州位于扬子板块的三级构造单元内，沉积地层较为稳定，构造运动相对较弱。贵州褶皱和断裂构造发育，除梵净山地区有小面积梵净山构造时期的阿尔卑斯式紧闭褶皱外，燕山构造期形成的侏罗山式褶皱广布全省，且自南东向北西，褶皱和断裂的强度均减弱，卷入的地层逐渐变新，褶皱型式由隔槽式→类隔槽式→疏密波式→箱状变化；逆冲断层亦减少或规模变小，并为高角度正断层替代，在邻近四川盆地边缘尚有台阶状断层出现。

环形影像和环形构造的分布具有分区性，黔东南地区线—环构造极为发育，在影像上表现为一系列的菱形块状特征，环形影像大多性质不明，其他区域以构造穹窿和构造盆地为主。

本章就贵州的一些大型节理、地表断层和隐伏断裂（或构造弱化带）的研究阐述如下。

第一节　大型节理

在航卫片上常见到一些沟谷有规律地展布在一定的地质构造部位和岩层中，实地检查时却见不到，也见不到地层的明显错移。它们是不是一种构造裂隙呢？常常引起争论。因此，在地质解译中往往也会把这些有意义的构造现象遗漏掉。

其实，航卫片上显示的这种线性构造就是节理。由于它的规模比通常所理解的节理大得多，我们不妨将其称作"大型节理"。

所谓"大型节理"，是相对"小型节理（即通常所理解的节理）"而言的，二者并没有本质差别。"小型节理"是指局限在某一连续露头上、长度有限的节理，在视域范围内一般都会尖灭，并在其延伸方向的旁侧再现——马宗晋等（1965）把这种现象称之为"羽列"及"侧列"。"大型节理"实质上是由大量"小型节理"组成的具一定方向的高级别构造裂隙带。由于其规模较大，临近露头如同盲人摸象，很难认识全貌，所见只是它的一部分。航卫片具有的概括性特点，能综合地显示大型节理的宏观全貌，它是把人们的视域扩大了之后，所揭示出来的一种构造裂隙。

航卫片地质解译必须配合一定数量的野外验证工作。在对这些大型节理实地检查验证中，偶尔见到一些沿大型节理形成的沟谷旁侧的岩石中，有与沟谷平行的小型节理密集发育，或是有同方向的方解石脉发育；远离沟谷两侧，这些现象就逐渐消失了。更多的情况是在实地检查中不易查觉，这是因为大型节理本来就是一种微弱的构造裂隙，构造痕迹（如破裂、擦痕、岩层的错移等）不多，影响宽度不大，后期被侵蚀、溶蚀成具一定宽度的沟谷时，沟谷两壁已是完整的岩石；谷底虽是大型节理所在之处，但一般也都被浮土掩盖了。尽管如此，但这些沟谷却都具有稳定的延伸方向，且以一定的间距平行排列展布在特定的构造部位和岩性中，并常与同地段内的断层或小型节理格局一致，显然应该是一种构造裂隙——大型节理。

此外，构造动力和非构造动力（如重力崩塌、成岩的收缩、风化剥蚀去荷膨胀）造成的裂隙都可形成大型节理。

一、大型节理的遥感特征

（一）一般呈线性负地形影像，与山区中的普通冲沟迥然不同，自成一格

当节理笔直穿过分水岭、沟谷水系，甚或在山坡上呈等高延伸时更易识别。但也有一些呈很不清晰的线性影像，是否为大型节理，必须仔细推敲方能判定。

山体和凹地的形态常严格受大型节理控制，不同的大型节理格局，构成不同的微地貌，碳酸盐岩岩层中的溶沟，串珠状岩溶洼地常沿大型节理分布，有些岩溶漏斗又常位于几组大型节理的交叉处（图5-1）；山地中的平凹地——"坝子"，也往往是由几组大型节理汇合、岩层破碎的地段，逐步侵蚀、溶蚀发育而来的；一些小陡坎或大陡崖常是沿一定方向的大型节理崩塌所成（图5-2～图5-4）；甚至一部分岩层三角面也是受两组交叉的大型节理所夹持。在判读航卫片中都值得注意。

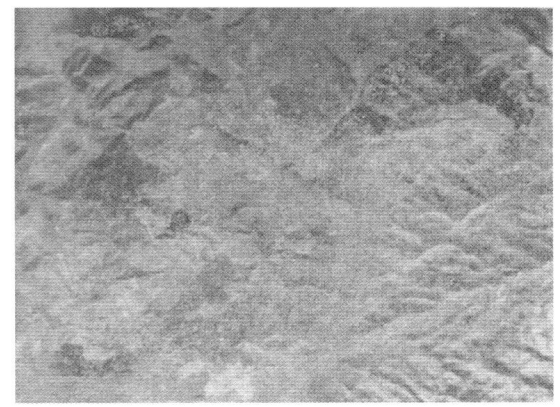 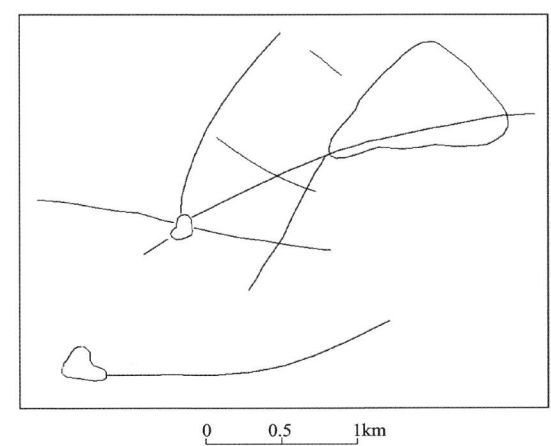

图 5-1 茅口组中的岩溶漏斗和大型节理

（左为航片，右为解译图，封闭线为茅口灰岩顶部岩溶漏斗，细直线为大型节理）

 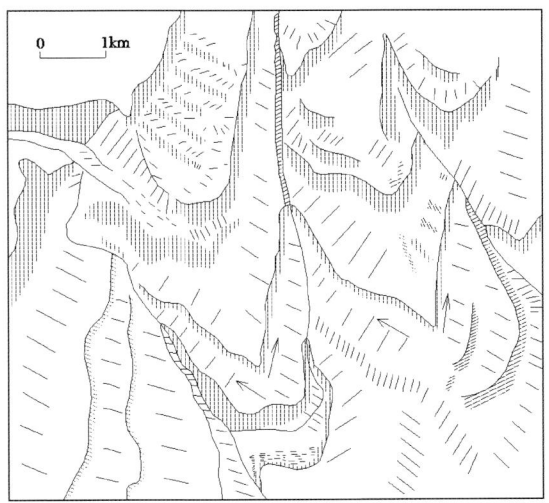

图 5-2 陡崖受两组大型节理控制

（左为航片，右为解译图，箭头代表节理方向）

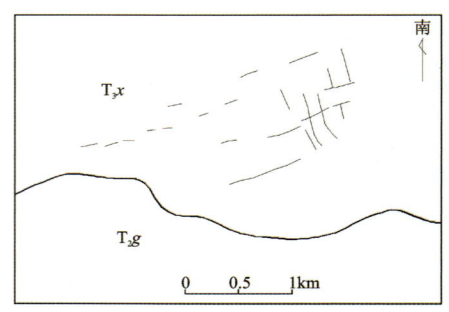

图 5-3　上三叠统须家河组厚层砂岩中的北东、北西向两组大型节理形成小陡坎
（左为航片，右为解译图）

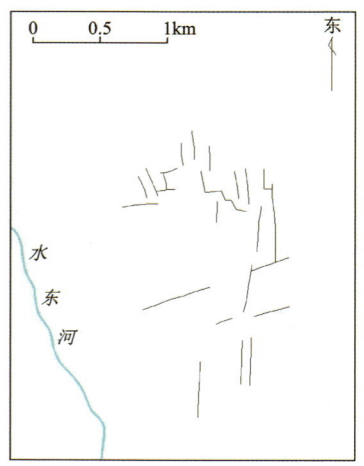

图 5-4　水东河之南，方形崩塌凹地及锯齿状小陡崖受近东西向和北北西向两组大型节理控制
（左为航片，右为解译图）

此外在白云岩中还常见有乱刀劈麻状大裂隙，那是沿不同岩石组分边缘连续溶蚀的结果。不能与构造裂隙混同（图 5-5）。

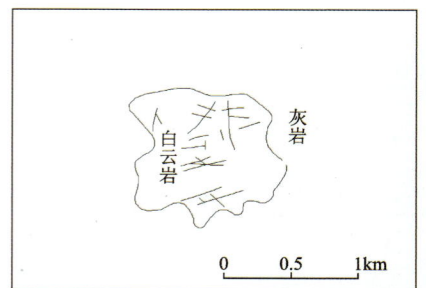

图 5-5　白云岩中不同组分溶蚀的裂隙（左为航片，右为解译图，粗线为岩性界线，细线为裂隙）

（二）常成组出现，构成节理系

按规模大小，可将大型节理分成不同级别。同级别的大型节理间隔常有等距性特点。同时，大型节理级别越大，其间隔亦越大。换句话说，大型节理的密度与规模是呈反比关系。

为了深入研究节理系统，应当在航卫片上区分剪节理和张节理。这是一项比较困难的工作。

我们初步认为大型剪节理走向一般都很直，倾角陡；当大型节理由软韧岩层穿入较为坚硬的岩层而方向保持不变时(与砾岩中剪节理直劈软的胶结物和坚硬的砾石而方向不变的情形类似)也可视为剪节理;在小型节理研究中,前人曾提出过用"菱形结环"和"折尾"现象判定剪节理。航卫片上的大型节理也有类似现象。我们将"菱形结环"和"折尾"概念做了引伸,用来判定大型剪节理,看来应该是可行的。

大型张节理一般在航卫片中更难判定。当它以追踪两组共轭剪节理形式出现,或位于已认定的大型共轭剪节理最大主压应力方向时,是可以推断的。

此外还可以间接用大型节理和区域构造配置格式来推测节理力学性质和共轭关系。

在此基础上就可进一步将大型节理配套、分期,结合区域构造进行应力场分析。

(三)岩石破裂程度与地应力大小成正比,与岩石强度成反比

同一块度的不同岩性的岩石,或不同块度的同一种岩石,机械强度不一样;不同构造部位则标志着地应力的大小不同。所以在其他条件相同时,软韧、薄的岩石或地应力大的构造部位,岩石破裂程度高——裂隙密而小;坚硬、厚的岩石或地应力小的构造部位,岩石破裂程度低——裂隙稀而大。

地质工作者在研究小型节理时早已注意到节理发育程度与岩性和厚度(从材料的观点来说,应该是块度。因为"厚度"常被认为专指地层顶底的垂距)以及所处构造部位有关。航卫片中的大型节理也显示了这种规律:

一定格局的大型节理常局限在具一定力学性质的岩层中,一般不穿"层"。这里指的"层"是力学性质大体相似的岩系。如煤系虽由砂岩、页岩和煤层等不同岩石组成,但力学性质大体相似,厚层白云岩、灰岩中偶夹少量薄层泥灰岩、泥岩,也可视为力学性质大体相似的岩系。

坚硬或厚度大或者是地应力小的构造部位的岩层,大型节理规模大但稀疏;较塑性或薄或者是地应力集中的构造部位的岩层,大型节理密但规模小,甚至没有大型节理,只有小型节理发育(限于比例尺,小型节理在航卫片中通常是看不到的)。如图5-6茅口组(P_2m)灰岩相对夜郎组(T_1y)泥岩来说,岩性硬脆,所以前者大型节理稀而大,后者大型节理密而小;龙潭组(P_3l)砂、页岩夹煤层与夜郎组泥岩虽都是软韧的岩石,但夜郎组比龙潭组厚度大得多,故此夜郎组大型节理发育,而龙潭组甚至没有大型节理,只发育小型节理。

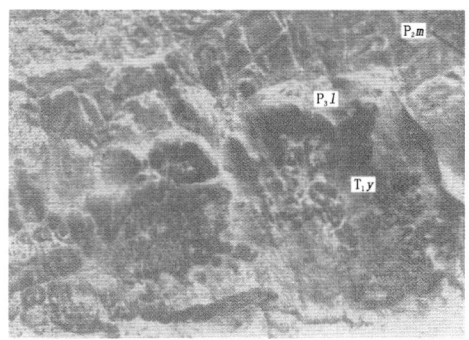 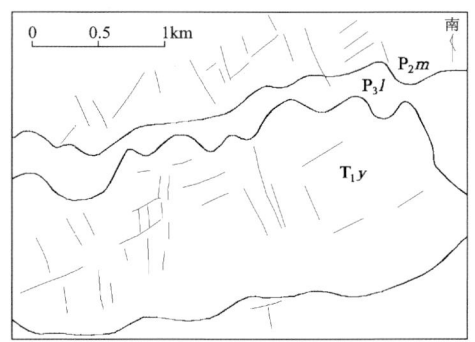

图5-6 茅口组灰岩、龙潭组砂页岩夹煤层、夜郎组泥岩构成的向斜
(左为航片,右为解译图;粗线为地层界线,细线为大型节理)

此外,在航卫片中经常可发现同一种岩性中的大型节理发育程度与岩层出露宽度和倾角有关。倾角平缓,大片出露的岩层,大型节理规模大、密度小;倾角大,出露窄的岩层,大型节理规模小、密度大。分析其原因可能有:①大型节理是在水平应力场中与褶皱运动同时或之后形成的一种近地表的构造裂隙。根据大型节理受岩层厚度因素控制来看,在平面应力场中所谓"厚度"就应理解为平面上的出露宽度,所以倾角缓、出露宽的岩层,大型节理就大而稀;反之就小而密。②有些大型节理是在褶皱运动发生之前生成的(在一定深度,围压较高的环境中应是隐闭裂隙),后期随着褶皱运动,岩层被掀斜、剥蚀,在方位改变不大的平缓岩层中,大型节理大面积暴露,并由于去荷和构造力的叠加而使其由隐闭型发展成

明显可见的裂隙;而在褶皱运动中,方位改变很大的倾斜岩层内,早期形成的大型节理走向部分,被上覆和下伏岩层掩盖着,出露的实际只是它的倾向部分,自然显得短小。③出露窄、倾角陡的岩层是地应力集中的反映,所以大型节理小而密;宽缓的岩层是地应力作用小的反映,所以大型节理大而稀。

当然,在分析构造部位对大型节理发育程度的影响时,必须同时考虑到不同岩性和不同厚度的影响因素。为此有人曾用岩性和厚度系数改正换算来进行研究。

(四)裂隙发育到一定程度,地应力持续作用,就有可能发生断层现象

岩石发生破坏形变时,除了可能形成少数断层外,大量是以微弱的裂缝形式出现的。因此我们看到大型节理的密度一般都比该地段断层的密度大得多。换句话说就是:大型节理是一种比断层更普遍的构造现象。

二、实例简析

(一)沙厂穹隆上的大型节理

笔者曾对沙厂穹隆构造上(1:20万毕节幅区域地质调查报告)的大型节理作了很好的分析(图5-7)。该穹隆面积达416km²,核部地层为中、上寒武统娄山关组厚层白云岩($\epsilon_{3-4}O_1l$,厚780m以上);其上为下二叠统梁山组砂页岩(P_2l,厚22m)和栖霞组、茅口组中厚层至厚层灰岩(P_2q+m,厚440m)假整合于娄山关组之上,组成穹隆构造的翼部。穹隆近圆形,长轴北东向。穹隆内部岩层产状平缓,一般在5°左右;向外逐渐变成10°左右;边缘靠近向斜构造,岩层突然变陡至40°左右。野外仅见两条断距不大,延长2km左右的北东、北西向小断层,而航卫片上显示的大型节理却很发育。对这些大型节理曾作过实地检查,未见断层迹象。

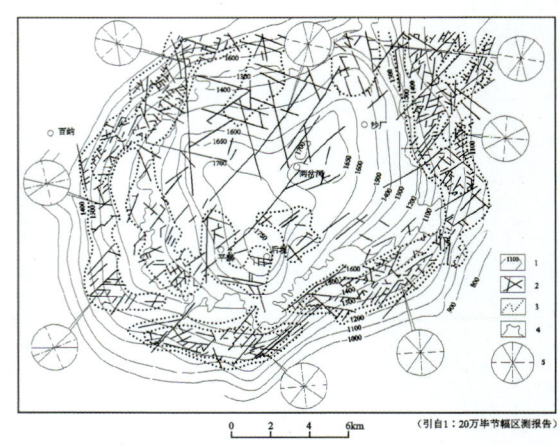

图 5-7 沙厂穹隆构造上的大型节理
(左为 TM 卫片,R7G4B1 组合;右为解译图)

1.构造等高线及高程注记(m);2.根据航卫片描绘的大型节理;3.大型节理等密度线,等密间距<16 条/km²;4.下二叠统梁山组与中、上寒武统娄山关组之间的侵蚀面;5.应力状态:实线代表共轭面,点划线为最大挤压应力轴,虚线为最小挤压应力轴(本图构造等高线,采用云贵石油勘探处资料,分别以距娄山关组顶界414m处的标志层和梁山组顶界两个标志层制图。依据航卫片描绘了所有可以认定的大型节理裂隙,应力状态是按照节理特征确定的)

通过解译描绘了所有可以认定的大型节理,它们有如下几个特点。

(1)大型节理密度与规模和所处构造部位有关。从穹隆中心向外围,密度逐渐增大。中心部分每平

级的另一种构造的配套成分。

(3) ③、④两组大型节理被限制在①、②两组大型共轭节理组成的菱形岩块之中。据图5-10中A处的"菱形结环"和B处的"折尾"现象,可以认为它们都是剪节理,并可组成共轭系统,其所夹锐角平分线方向大体垂直洋水背斜轴,代表最大挤压应力轴方向[①],可能是背斜的配套成分。

此外,根据限制与被限制的关系来看,被①、②两组大型节理所限制的③、④两组共轭节理形成时期应晚于前者。

(四) 与断裂有关的大型节理系统

图5-11是一个与断层有关的大型节理系统。北东向断层F_1、F_2均倾向北西。两盘为娄山关组($\in_{3-4}O_1l$)厚层白云岩、白云质灰岩;桐梓组及红花园组($O_1t—O_1h$)灰岩,底部有少许页岩;湄潭组($O_{1-2}m$)页岩;志留系以泥岩为主,中部夹灰岩。

两条断层夹持的岩块中发育有密集的大型节理,表明该处地应力集中。岩块中的湄潭组由于岩性软韧,所以大型节理不发育。

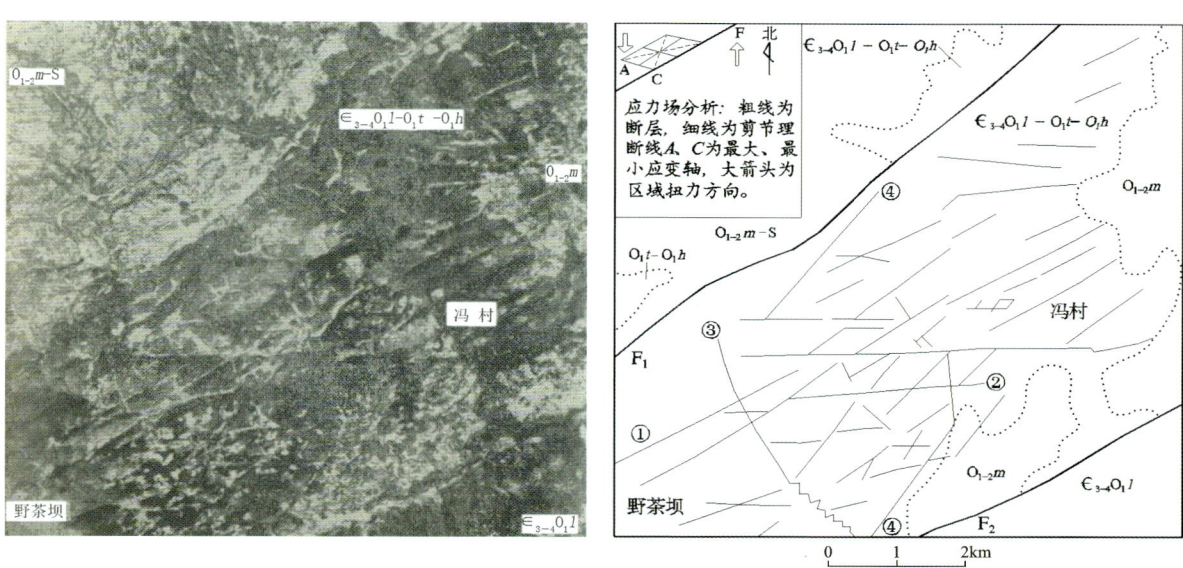

图5-11 与断裂有关的大型节理组
(左为航片,右为解译图;粗线为断层,细线为大型节理,点线为地层界线)

大型节理都呈陡倾角笔直地切割岩层,结合其方位和相互关系分析,NE向组①与NWW向组②为共轭剪节理,但发育程度不等:①组密度大,规模也大,有的沿走向长达7km左右,在冯村河谷两坡从航卫片上可见沿倾向向下延伸达400m;②组就显得不够发育。看来可能是在后期有NE向构造左右叠加,使①组大型节理得到了进一步发育。

NW向大型节理组③分布密度和规模均小。一般长100～200m,断续出现,其中最长的一条(长3km)的东南段呈锯齿形,是追踪①、②两组大型剪节理的结果,当为张性大型节理。NW向的野茶坝宽河谷和冯村河谷可能就是沿这种张性大型节理开拓而成的。

走向比组①更偏北的大型节理组④与组②也构成共轭节理系统。沿其最大主压应力方向的一对夹角虽也是钝角,但比①、②两组共轭节理所夹钝角要小一些,这可能是局部压应力变小的缘故。

通过上述对大型节理应力场的分析,这里显然是一个以F_1、F_2断层为主体的压扭(左行)性断裂带。

---

① 目前有人提出:共轭节理的真实锐角两面角,往往需要在三度空间才能准确的确定——编者注。

值得提出的是这个断裂带也是一个铅锌矿带。铅锌矿主要沿北东和北西西向断层或小型节理分布（正是①、②两组大型节理的方位）。区域地质调查中虽对该矿带作了一定工作，但当时并未认识到这里有极为发育的大型节理。现在就有可能对该矿带的控矿构造因素和找矿远景有了更进一步认识。

又如图 5-12 所示，位于纳雍县猪场镇新寨附近，NE 向断层的南东侧，茅口组灰岩岩层产状为 80°∠35°，在灰岩中节理呈带状密集发育，将灰岩劈成厚 10～30cm 的层状，其产状为 300°∠50°，走向与断层大体一致，延伸约 1km，具有追踪特征，表现为压裂性质。在中等分辨力的遥感影像上尤为清晰。

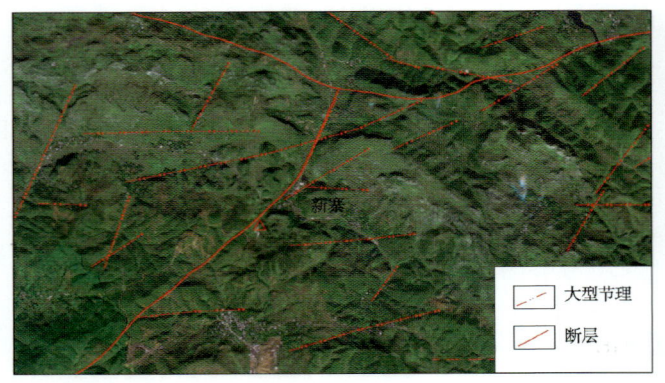 

图 5-12　断层旁侧的大型节理

（左为 Repideye 卫片，右为野外验证照片；三角形点位置为照片采集处，蓝色断线为岩层面）

（五）与变质岩和岩体相关的大型节理

吉羊穹状背斜出露新元古青白口系四堡岩群、下江群及第四系等地层。区内地质构造复杂，断裂构造主要有 NE、NW、NNE 和近 EW 向，并相互交切。不同规模、不同期次的构造对钨、锡、多金属矿产的形成具明显的控制作用。

从图 5-13 可以看出，NE 向断裂相对较完整清晰，而其他方向的断裂则相对较短小，且常常被 NE 向组破坏，与之相伴的大型节理则以 NW 向组最为密集发育，尤其在雅架—裸里一带更为明显，一些学者将其称为脆韧性剪切带。在岩体内部，大型节理以张性裂隙为主；部分节理止于岩体与围岩的界线，岩体侵入后，因后期构造运动，使得一些大型节理穿越围岩和岩体，且部分被叠加改造。

变质岩中大型节理，与沉积岩中的发育情况具有相似性，均以线性负地形为主要影像特征，常成组出现构造节理系，同级别的节理亦具有等间距特征，地应力强的地方，大型节理密集，反之则稀疏。

三、大型节理研究的意义

研究节理裂隙，不但可以阐明构造应力场，而且在矿产、地貌、水文、工程地质方面都有重要的理论和实际意义。但是一般常规的节理研究方法，局限性很大。一个点一个点的观察统计，不但工作量浩大，一旦点的选择、资料收集和筛分不当时，其结果往往会不得要领，难于利用。航卫片上显示的大型节理，则更具概括性，规律性更强，与局部构造关系也一目了然。如果将地表露头之小型节理观测与航卫片显示的大型节理的分析研究结合起来，效果无疑会更好些。近年来，一些项目研究得到了证实，譬如德江—沿河一带的重晶石（共伴生萤石）矿中有一部分矿体的产出就与北西向节理裂隙相关（贺永忠，2012）；又如普安泥堡一带的金矿，很大一部分就与潘家庄断裂旁侧的一些节理裂隙相关，所以利用航卫片研究节理裂隙，不失是一个新途径，尤其是高分遥感数据的出现，使得研究与矿相关的节理裂隙成为

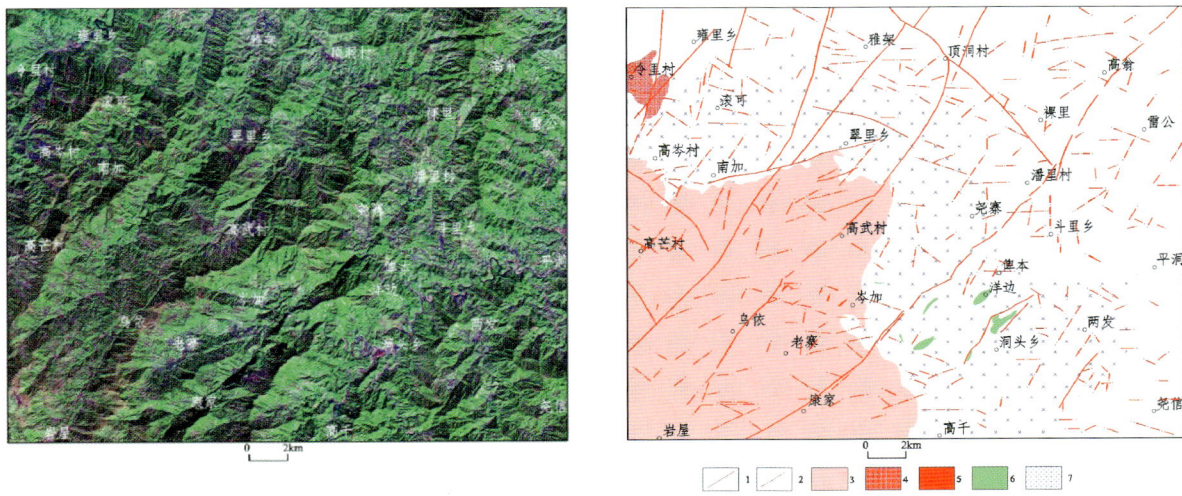

图 5-13　与变质岩和岩体相关的大型节理
(左图为 ETM,R7G4B2 组合,右图为解译图;解译图部分内容引自地质图)
1.断层；2.大型节理；3.花岗岩；4.混合岩；5.花岗岩脉；6.基性岩脉；7.侵入岩外接触带

了可能。

诚然,目前关于节理裂隙的研究(如岩石破裂理论、节理力学性质的确定、配套、分期及与局部构造的关系等)尚有不少问题需要我们去解决,需要我们去探索。

第二节　地表断裂

贵州境内,地表断裂最密集的区域为纳雍—贵阳—镇远这一近 EW 向的带上,这个带也是区内推测的一条近 EW 向的隐伏断裂带。贵州境内的断裂以 NE 向的最为发育,其他方向的次之。NW 向的断裂有从南西向北东长度变短、密集度减弱、数量减少的趋势。

一、发育情况

按长度 4km 以上统计全省共有断裂 4 193 条,其中以 NE 向断裂数量最多,其次是近 SN 向(NNE 向)断裂,而 EW 向及 NW 向断裂最少(图 5-14)。从密集程度来看(图 5-15),大体以松桃—余庆—纳雍—六枝—盘县一线为界,西北部断裂密度低,断裂数量相对较少；东南部断裂密度高,断裂数量显著增多。究其原因,是受如下两个因素综合影响所致。

(1)从构造运动具有远程效应方面看,贵州北部邻近长期稳定的地块——川中台坳(四川盆地),该地块自南华纪—古近纪一直没有褶皱运动,喜马拉雅运动形成的盖层褶皱也仅是一些宽缓的侏罗山式褶皱,同时断裂构造极少。而贵州东南部邻近活动性较强的加里东造山带,而且黔东比省内其余地区还多了一次广西褶皱运动。若认可由隔档褶皱→城垛式(即下文的类隔槽式)褶皱→隔槽式褶皱是一种递进演化过程[①],则松桃—盘县一线东南为隔槽式褶皱,西北为类隔槽式褶皱,则表明燕山运动在我省是自 SE 向 NW 逐渐传播减弱的,这也是东南部断裂多而西北部断裂少的原因之一。

---

① 四川省地质矿产局.四川省区域地质志.北京:地质出版社,1991。

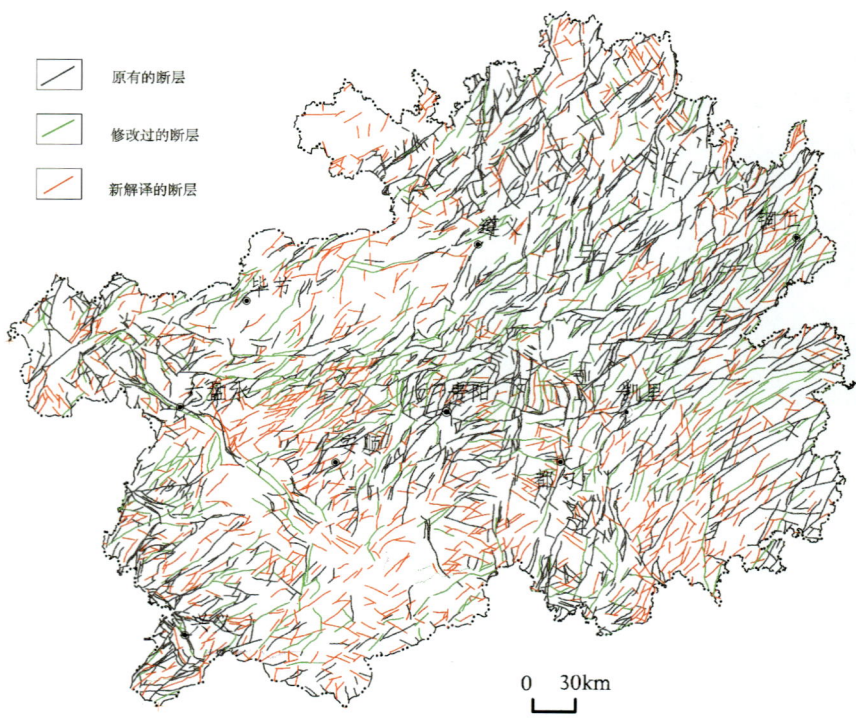

图 5-14 贵州省地表断裂分布图

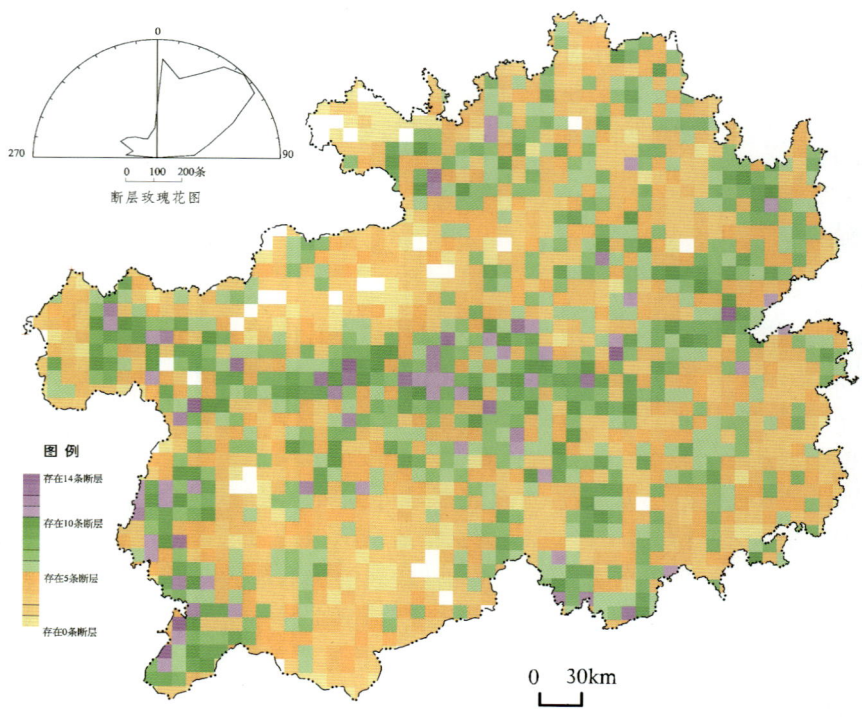

图 5-15 贵州省断裂密度栅格及断裂走向玫瑰花图

局部也是南部断裂多于北部,如遥感构造分区 IV_2 北部,即纳雍—金沙一带为短轴褶曲、穹隆、构造盆地分布区,构造变形微弱,断层就少(不包括大型节理,如大方县沙厂穹隆,大型节理极为密集)。遥感构造分区 III_2^2 南部,即息烽—纳雍—安顺一带三角形地域褶皱变形较强,断裂密度最高,该处正是"黔中隆起"所在,并见泥盆系与奥陶系角度不整合(属局部现象),断裂发育并非偶然。此外,镇宁—罗甸—册亨一带三叠纪槽盆相复理石建造广布,断裂相对较少,是因为岩石柔软、层理发育、易褶皱,不易发生断裂;也可能是因为岩性单一,解译时漏失一些断裂。又如遥感构造分区 III_3 的断裂数量也是南部多于北部。

从断裂密度图来看,省内以北纬 27°附近的威宁—天柱一带断裂密度最大,可称为"黔中大型断裂带",该带中部正是黔中隆起位置,也是 EW 向隐伏断裂所在之处。在阻隔贵州南北构造相的不同方面,有着举足轻重的作用。

(2)从构造演化史方面来说,老地层历经沧桑,较之新地层断裂会更多些。从面上看,大体以松桃—盘县为界,贵州西北部泥盆系和石炭系多有缺失,志留系保存也比较少,自然不存在与之相伴的断裂;而东南部出露的地层比较全,自新元古界至中生界均有分布,断裂自然就多。此外,就西北部而言,又以遵义至贵阳一线为界,东部有大片早古生代地层,而西部则以中生代地层出露最广,单以地层越老断裂越多的角度来看,两侧断裂数量显著不同。

总体上本省以燕山期断裂(包括燕山期再活动的古断裂)数量最多。这是发生在侏罗纪末的燕山褶皱运动是几乎涉及全省是最主要的构造运动之故。而加里东期的广西褶皱运动只波及黔东地区;四堡运动虽然也是一场重要造山运动,但相关地层出露甚少。所以显得都不及燕山期的断裂多。贵州虽然有多次升降运动可以形成断裂,但其数量要比造山运动形成的断裂少得多。

省内断裂另一特征是断续延伸较长的纵断层多与较紧闭的复式向斜伴生,宽缓背斜上各种方向的断裂虽多,但长度都不太大。

黔东北及黔东南有一组极为醒目的长度(或断续延长)为 100km 以上的 NE 向左行走滑断层,其运动方式与褶皱不配套,是褶皱形成之后燕山晚期—喜马拉雅期产物。

断裂构造,尤其是规模较大的断裂多具有多期活动历史。每次构造运动都可以形成各个不同方向的断裂,同时部分老断层也会再活动。限于各种条件,要搞清断裂演化史,问题很多、困难很大,即便搞清一条断层形成期也不能说同组断裂都是同期的,不能以一概全。

二、主要断裂带

规模较大的断裂以 NE 走向(31°~75°)数量最多,几乎成透入性遍布全省。次为近 SN 向(345°~30°,以 NNE 向为主),主要分布遵义—紫云一线以东。EW 向(76°~105°)和 NW 向(286°~345°)数量最少,只有 EW 向镇远断裂带及 NW 向六盘水断裂带和兴义断裂带(图 5-16)。

具骨干作用的主干断裂带有四条,即 NE 向石阡断裂带(松桃盘石-石阡-余庆小腮-贵阳-安顺-兴仁潘家庄)、EW 向镇远断裂带(镇远-开阳-大方马场)、NW 向六盘水断裂带(威宁-六盘水-紫云)、近 SN 向遵义断裂带(桐梓羊磴-遵义-清镇站街-紫云)。

此外,省境北缘的 NE 向习水断裂带和西南缘的 NW 向兴义断裂带也是高级别断裂带,但大部分在省外。前者是四川七曜山隐伏基底断裂(据四川省地质矿产局,1991)向西南延入贵州的一部分,后者是广西右江-云南富源断裂带的中段。

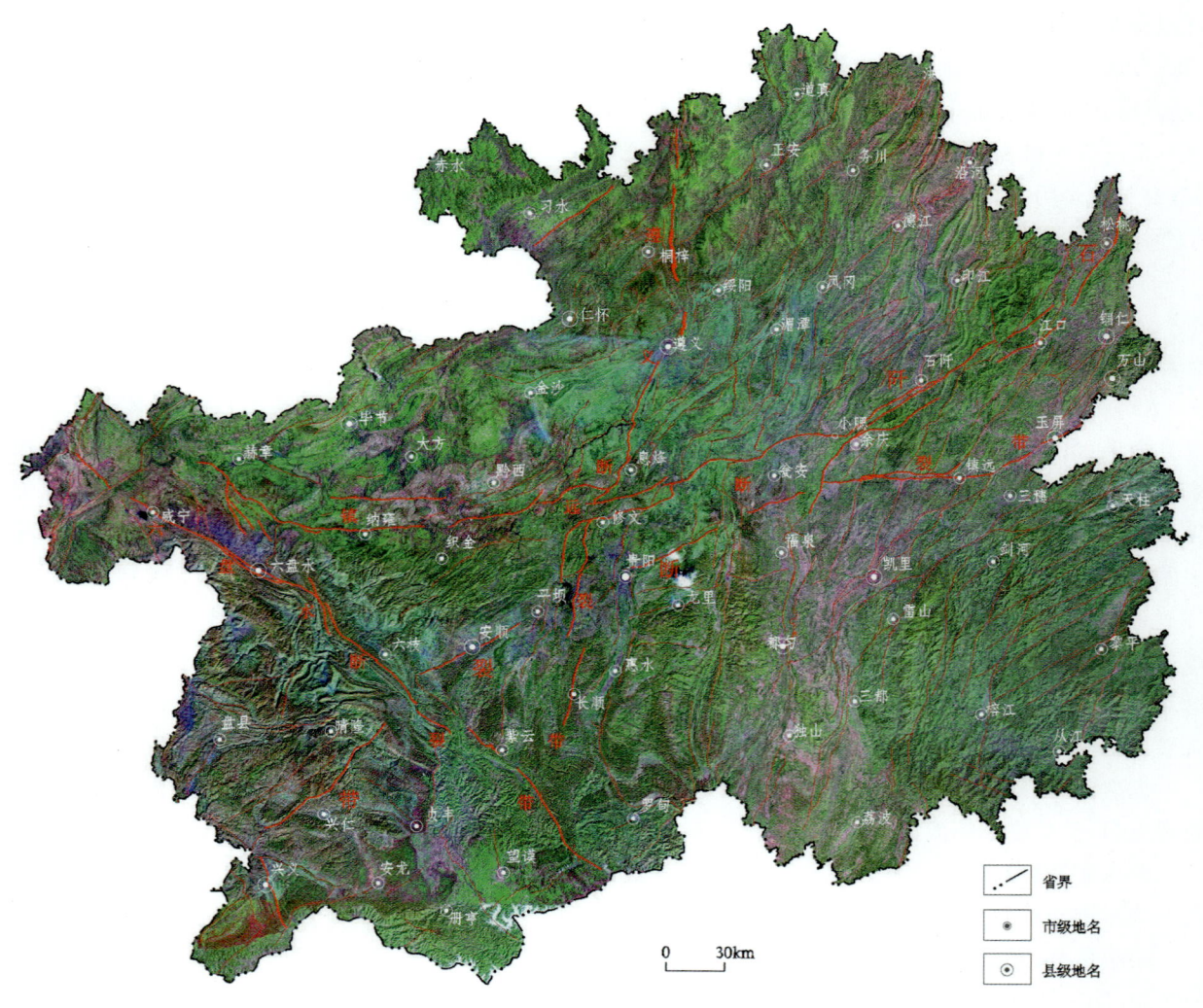

图 5-16 贵州省主干断裂分布示意图

三、断裂组及特征

1. 北东(NE)向(31°～75°)组

共计 1 678 条,是省内数量最多、长度大的一组断裂。以沿河—湄潭—黔西—六盘水一线东南数量最多(图 5-17)。密度以影像构造分区(下文仅用代号表示)Ⅲ$_2^2$南部最大,次为Ⅱ区,而Ⅲ$_2^2$区北部及Ⅲ$_1^1$区最稀少。Ⅲ$_2^2$南部、北部密度不同原因前已论及;Ⅲ$_1^1$区是在晚古生代 NW 向裂陷槽基础上形成的 NW 向六盘水断裂带所在,对 NE 向断裂起着限制作用。此外,沿仁怀茅坝—息烽温泉—开阳—麻江—三都—从江雷加坡一带隐约也有一条北西向"空挡"限制了两侧 NE 向断裂贯通,该"空挡"延入四川正是四川盆地(四川台坳)西界隐伏的硅铝壳峨眉-宜宾断裂带。

大的 NE 向断层在Ⅲ$_2$区及Ⅲ$_4$区为纵断层,个别为逆掩断层并见"飞来峰";其余地区为斜断层,且多分布于背斜上。短小的 NE 向断层绝大部分在背斜上,是共轭断裂成分。

一个显著的现象是仅一线(遵义—贵阳)之隔,本组断裂在Ⅲ₂区为纵断层,而在Ⅲ₃²区则是一组断续延伸长达一两百千米以上的左行走滑斜断层。从运动学角度来看Ⅲ₃²区的这些大规模的左行走滑斜断层显然不是与该区近 SN 向褶皱配套的断裂,应该是后来形成于燕山构造旋回晚期,甚或是喜马拉雅山构造旋回叠加在 SN 向构造上的断裂。此外值得指出的是在Ⅲ₂区 NE 向纵断层也多具左行走滑性质,同时该区广为发育的雁列褶皱具扭动性质的雁列轴为 NE 向,同样Ⅲ₃²区 SN 向大背斜上的次级雁列褶皱的排列轴也是 NE 向。以上种种迹象表明Ⅲ₂区和Ⅲ₃²区的 NE 向构造应属同一体系,只不过在Ⅲ₂区是以塑性变形——褶皱(伴生纵断层)为主,在Ⅲ₃区为脆性变形——斜断层而已。

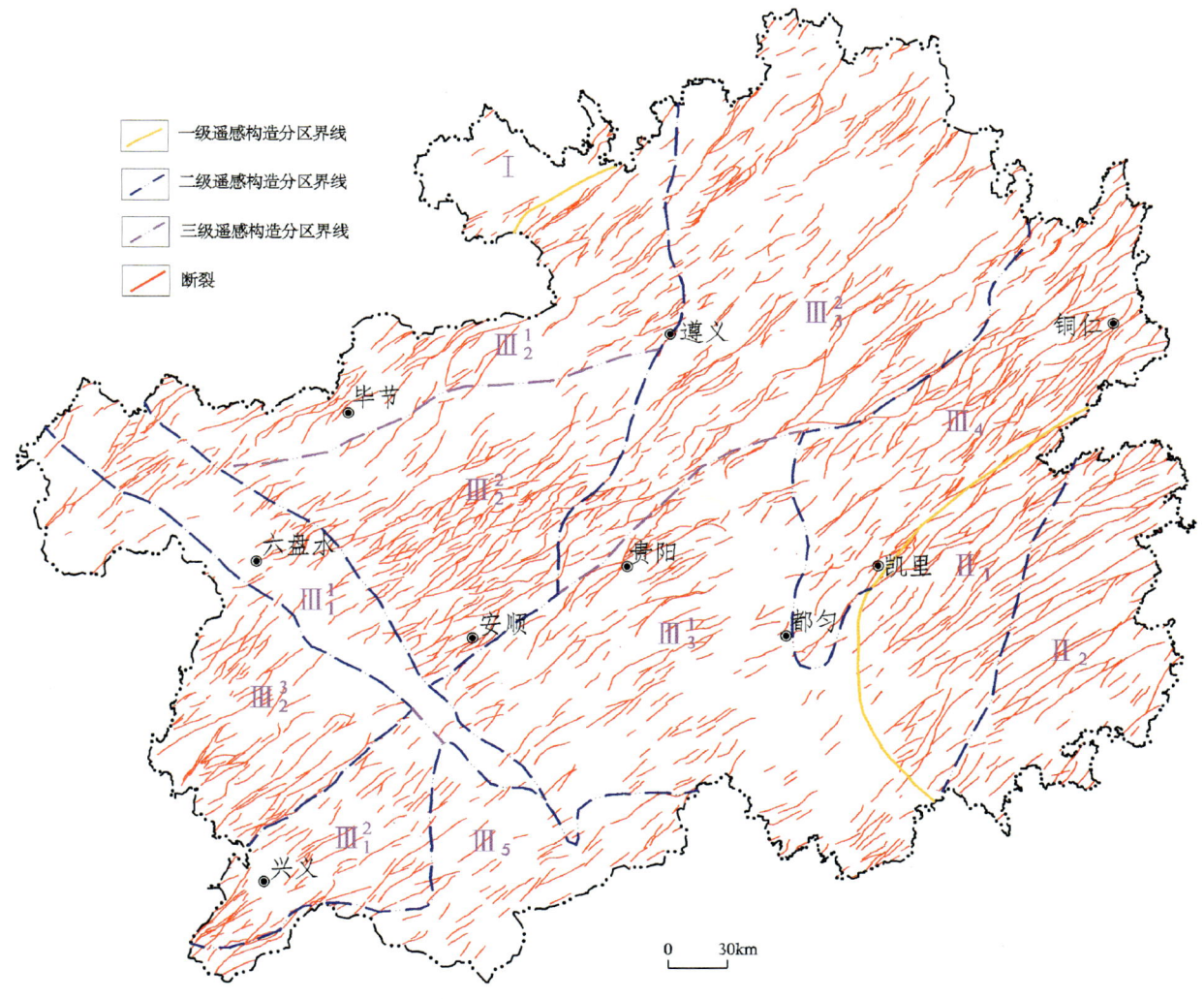

图 5-17　贵州省北东向(31°～75°)断裂组

同样,Ⅱ₂构造分区一些大的 NE 向左行平移断层也不是与该处加里东期 NNE 向褶皱配套断裂,而是燕山构造旋回晚期,甚或是喜山构造旋回形成的断裂。

如果说图 5-16 表示的 NE 向断层还略显凌乱的话,将其拆分成 NE 向(31°～44°)(图 5-18)和 NE(45°～75°)(图 5-19)两个组来看,一些规律更为清楚。

省内有三条间距180km左右的高级别NE向断裂带。

A. 习水断裂带：经桐梓羊磴—习水桑木—赫章六曲河—威宁观风海，省内断续长390km，两端延入省外，东段是四川菱形盆地（地块）南界。

B. 石阡断裂带：自松桃盘石至兴仁潘家庄斜贯全省，断续延伸560km，是贵州最醒目的X形大交插构造中NE向的一支断裂带（另一支为NW向六盘水断裂带），其西北、东南两侧构造线方向迥然不同。该断裂带北东段（松桃盘石-松桃普觉-石阡-余庆小腮）与西南段（福泉牛场-贵阳-安顺-兴仁潘家庄）被EW向镇远断裂带所隔。西南段又被NW向六盘水断裂带左行错移20km。西延为云南省师宗-弥勒大断裂带。

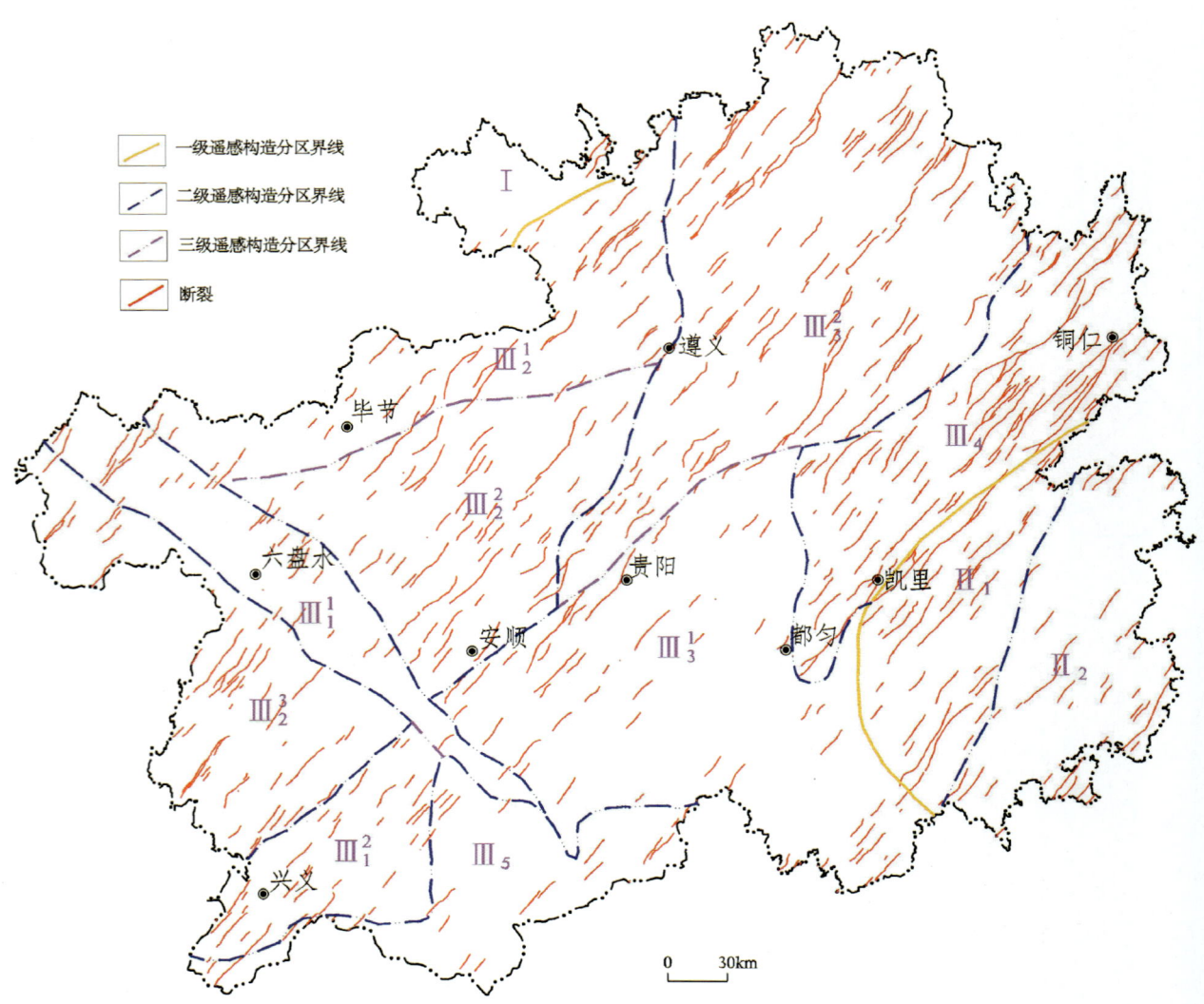

图 5-18 贵州省北东向（31°～44°）断裂组

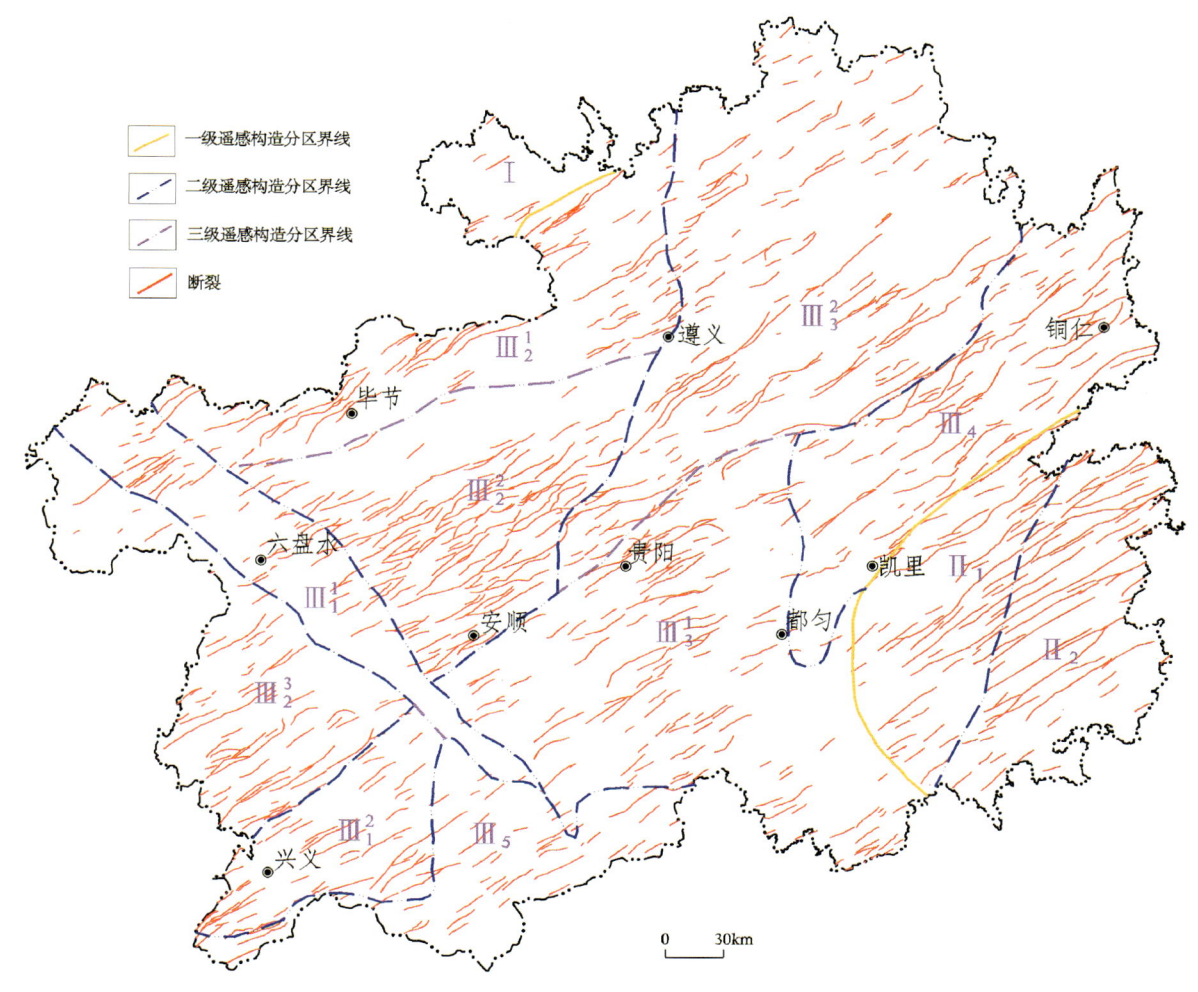

图 5-19　贵州省北东向(45°～75°)断裂组

C. 黎平中潮断裂带：断续延伸，经黎平中潮、荔波茂兰。两端分别延入湘、桂地区，在贵州境内长 210km。

次级断裂带或断层有六条，间距 40～60km，它们是：

a. 正安断裂带：经务川淀水—正安—桐梓—仁怀—仁怀九仓—毕节—赫章野马川，省内断续长 400km，NE 延入重庆市。

b. 湄潭断裂带：经沿河官舟—凤冈—湄潭—遵义县乌江镇—黔西金碧—织金以那—纳雍阳长，NE 延入重庆市，省内断续长 400km。影像清晰。

c. 印江断裂带：经印江天堂—印江—余庆敖溪—开阳—修文—清镇卫城—普定马场，NE 延入重庆市，省内断续长 400km。

d. 凯里断裂带：经万山—玉屏—台江施洞—凯里—麻江下司，NE 延入湖南。贵州境内断续长 210km。此断裂带向西南沿惠水王佑—紫云水塘—册亨坡妹—安龙—兴义泥凼—兴义仓更一带似乎仍有踪迹。

e. 邦洞断裂带：经天柱瓮洞—天柱邦洞—丹寨排调，NE 延出省外，省内断续长 180km。该断裂带向西南沿平塘内绕—罗甸—望谟麻山—册亨秧坝一带似乎仍有踪迹。

f. 启蒙断层:经锦屏八克(八客)—锦屏启蒙—黎平平寨,NE 延入省外,省内长 130km,具左行走滑性质。遥感影像为笔直的沟谷,并见断崖、断层三角面。

现将本组个别断裂活动情况简介如下:

江口县梵净山见 NE 向长 10 余千米的新元古代左行走滑断层被四堡运动形成的角度不整合面所掩盖(图 5-20 中的断层 F)。

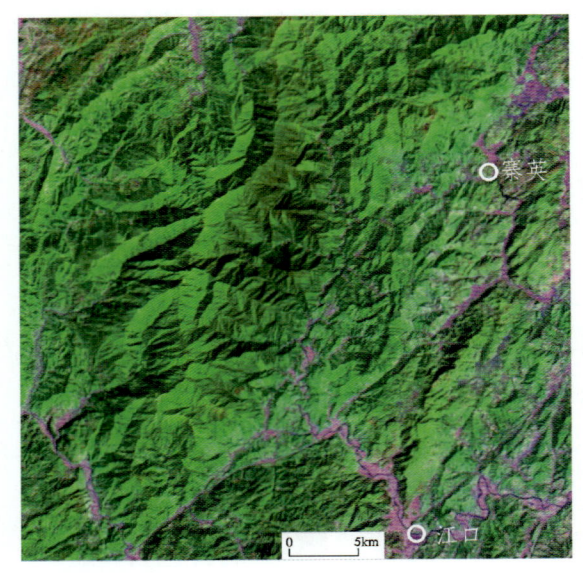 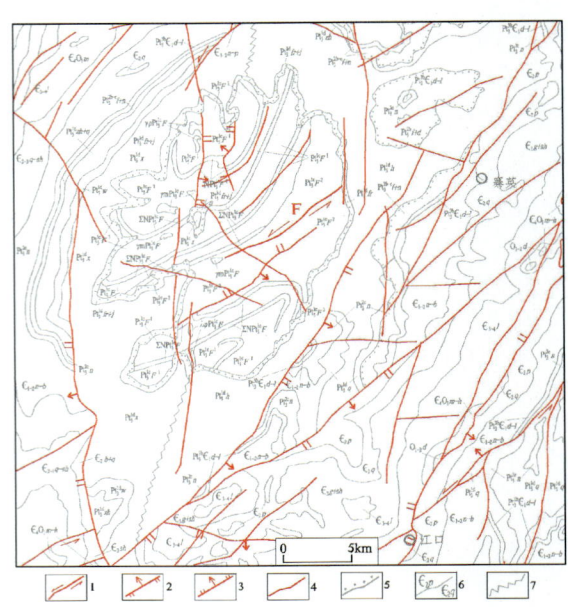

图 5-20　江口县梵净山地区影像及断裂解译图

1. 左行走滑断层;2. 逆断层;3. 正断层;4. 性质不明断裂;5. 角度不整合界线;6. 岩层界线及代号;7. 相变线

三穗款场断层(F)切割青白口系,延入上覆南华系断距骤然变小,同时附近见青白口系与南华系角度不整合现象(属局部现象),表明该断层形成于雪峰期,后曾再活动(图 5-21)。

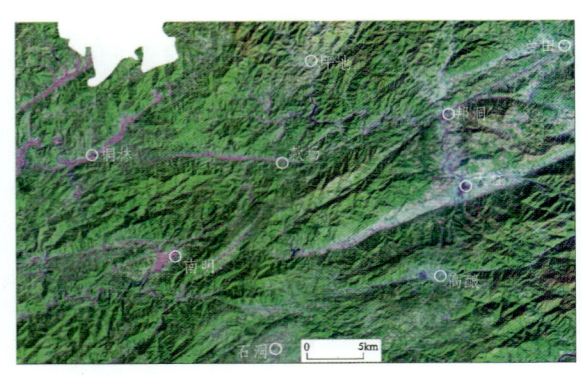 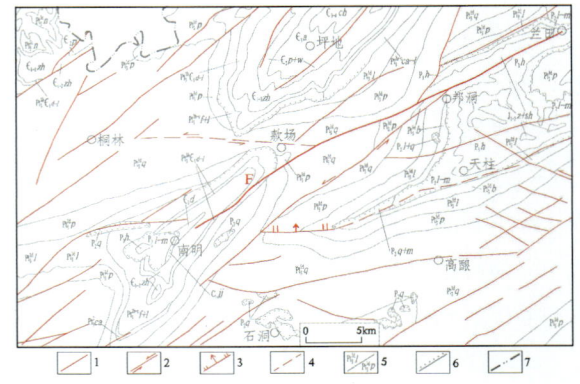

图 5-21　三穗款场地区影像及断裂解译图

1. 性质不明断裂;2. 平移断层;3. 正断层;4. 推断断层;5. 岩层界线及代号;6. 角度不整合界线;7. 省界

织金熊家场断层(F)北东段在广西运动形成的角度不整合面下两盘分别为震旦系—寒武系灯影组和寒武系金顶山组,延入不整合面之上的石炭系断距骤然减小,表明该断层形成于广西运动,后来又有活动(图 5-22)。

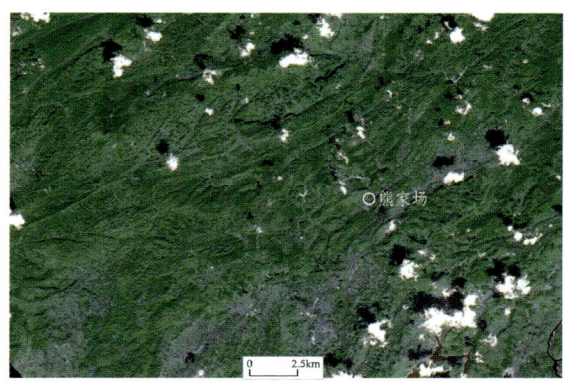
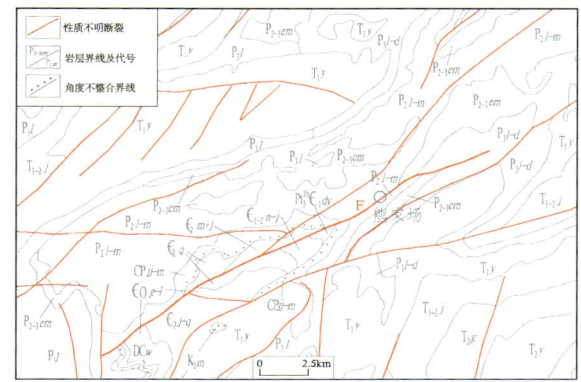

图 5-22　织金熊家坝地区影像和断层解译图

贵阳洛湾断层(F_1)切割三叠系、侏罗系又被上白垩统茅台组不整合掩盖，形成于燕山期；附近的红岩断层(F_2)切割茅台组是喜马拉雅期活动的表现（图 5-23）。个别断裂于挽近新构造期（新近纪以来）仍有活动，近代发生在正安、威宁观风海、印江、晴隆等地的 3～5 级地震均与本组断裂有关。

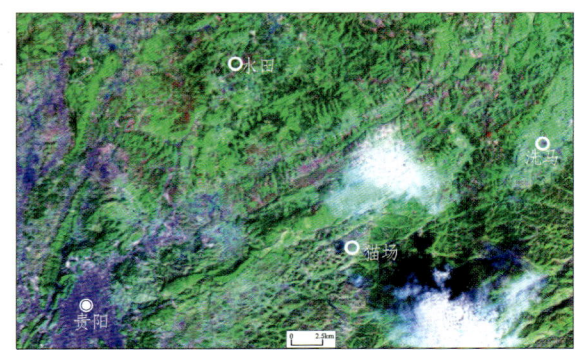
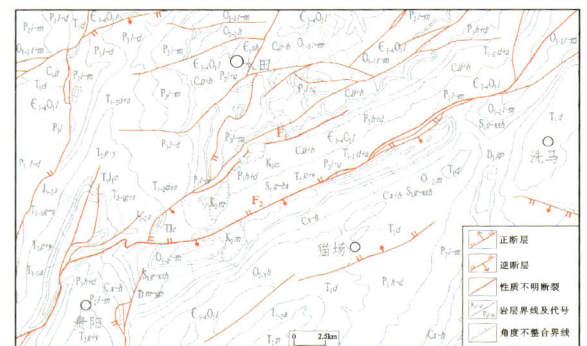

图 5-23　贵阳洛湾断层(F_1)及红岩断层(F_2)影像和解译图

2. 北北东（NNE）向（16°～30°）组

该组共计 495 条，在青白口纪—晚白垩世地层中均有分布（图 5-24）。绝大多数分布在桐梓羊磴—遵义—紫云一线以东，该线以西数量很少。

断裂规模都不大，长度均在 60km 以下。主要是纵断层，少量为斜断层。$Ⅲ_3$ 区及 $Ⅱ_1$ 区主要为纵断层，其余地区多为斜断层。

麻江隆昌断层(F_1)近旁有数个早古生代钾镁煌斑岩小岩体沿断层走向分布，该断层可能是加里东期产物；东侧与之平行的麻江下司断层(F_2)切割切割寒武系、奥陶系又被晚白垩纪地层掩盖（图 5-25）。

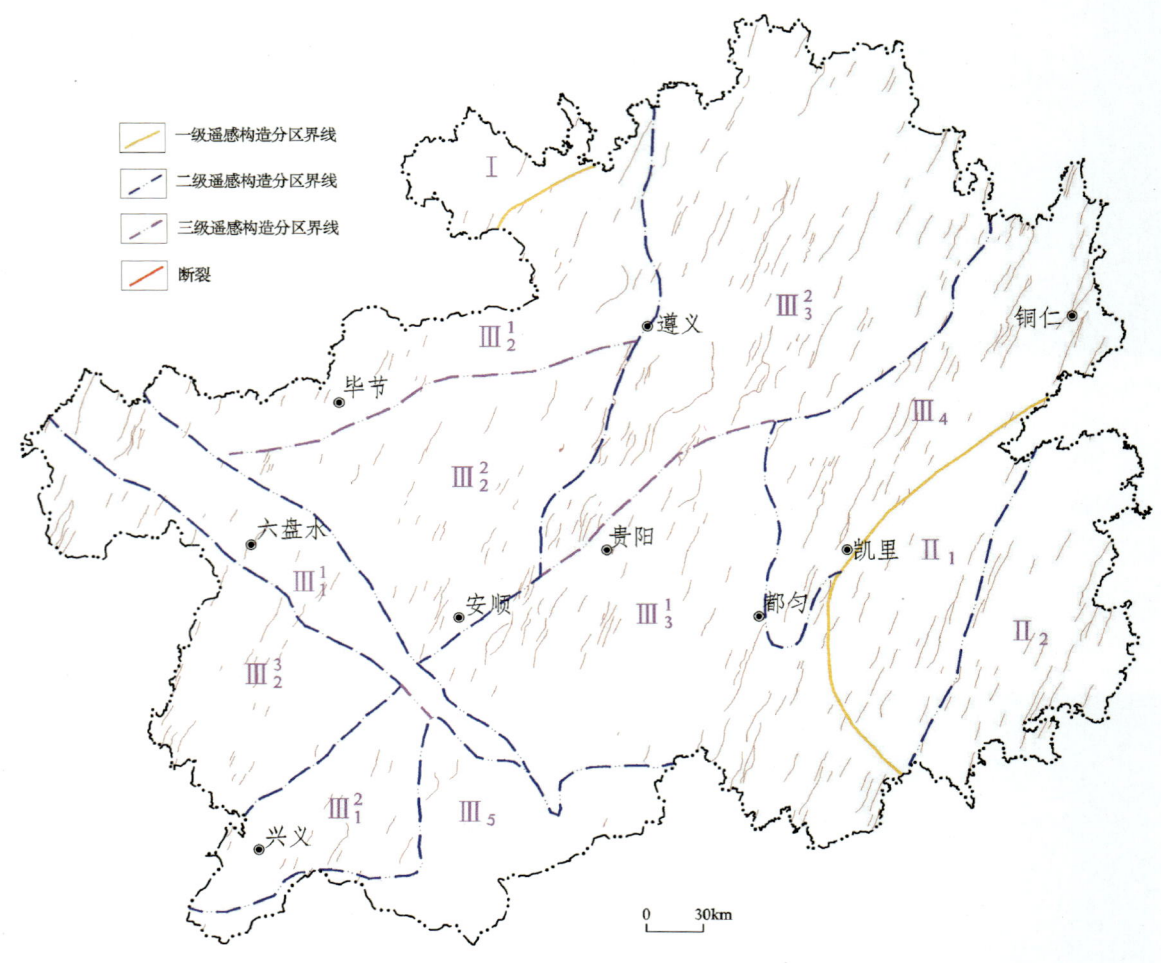

图 5-24　贵州省北北东(NNE)向(16°～30°)断裂组

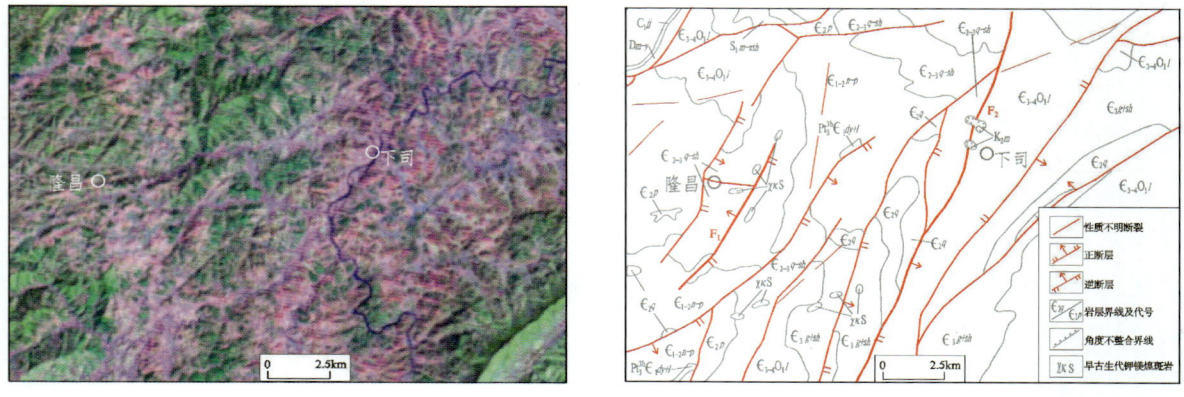

图 5-25　麻江隆昌断层及下司断层附近影像和解译图

盘县刘官镇淹五寨断层(F)切割侏罗系又被上白垩统掩盖,显然是燕山期断层(图5-26)。

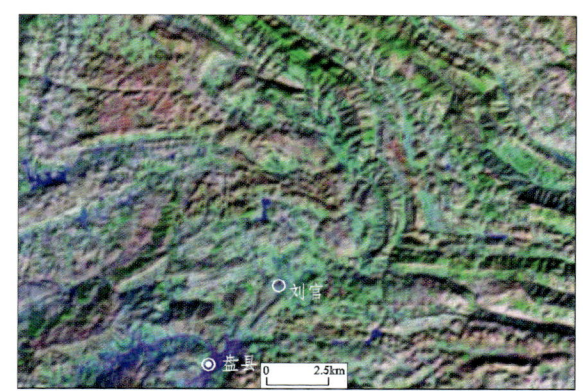 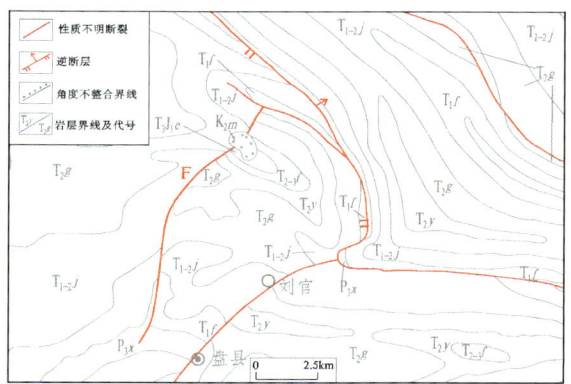

图 5-26　盘县刘官镇断层(F)附近影像和解译图

黄平旧州西部的断层(F)切割上白垩统,应是喜马拉雅期断层(图5-27)。

 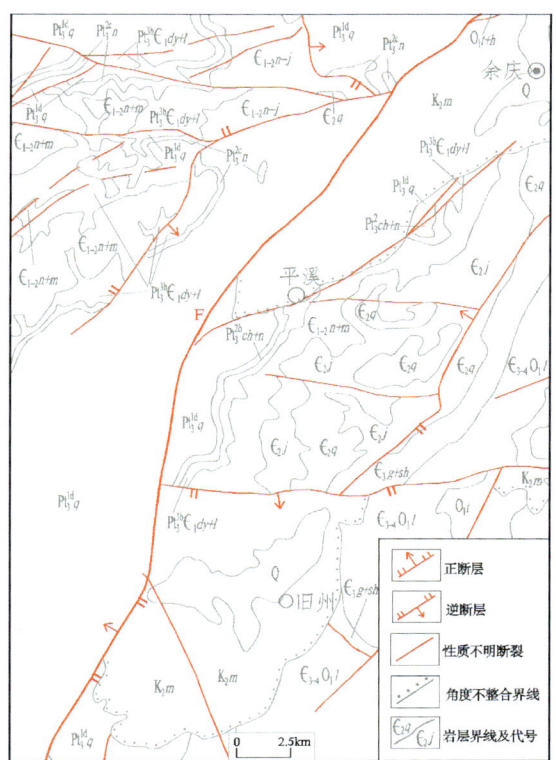

图 5-27　黄平旧州附近影像和解译图

3. 近南北(SN)向(346°～15°)组

该组共计有526条断裂。主要呈纵断层分布在Ⅲ₃区隔槽式、类隔槽式复式向斜内(图5-28)。其中不少是控制侏罗山式褶皱(薄皮构造)的陡倾角逆断层(断坡)、缓倾角逆掩断层(断坪),如图5-29所示。

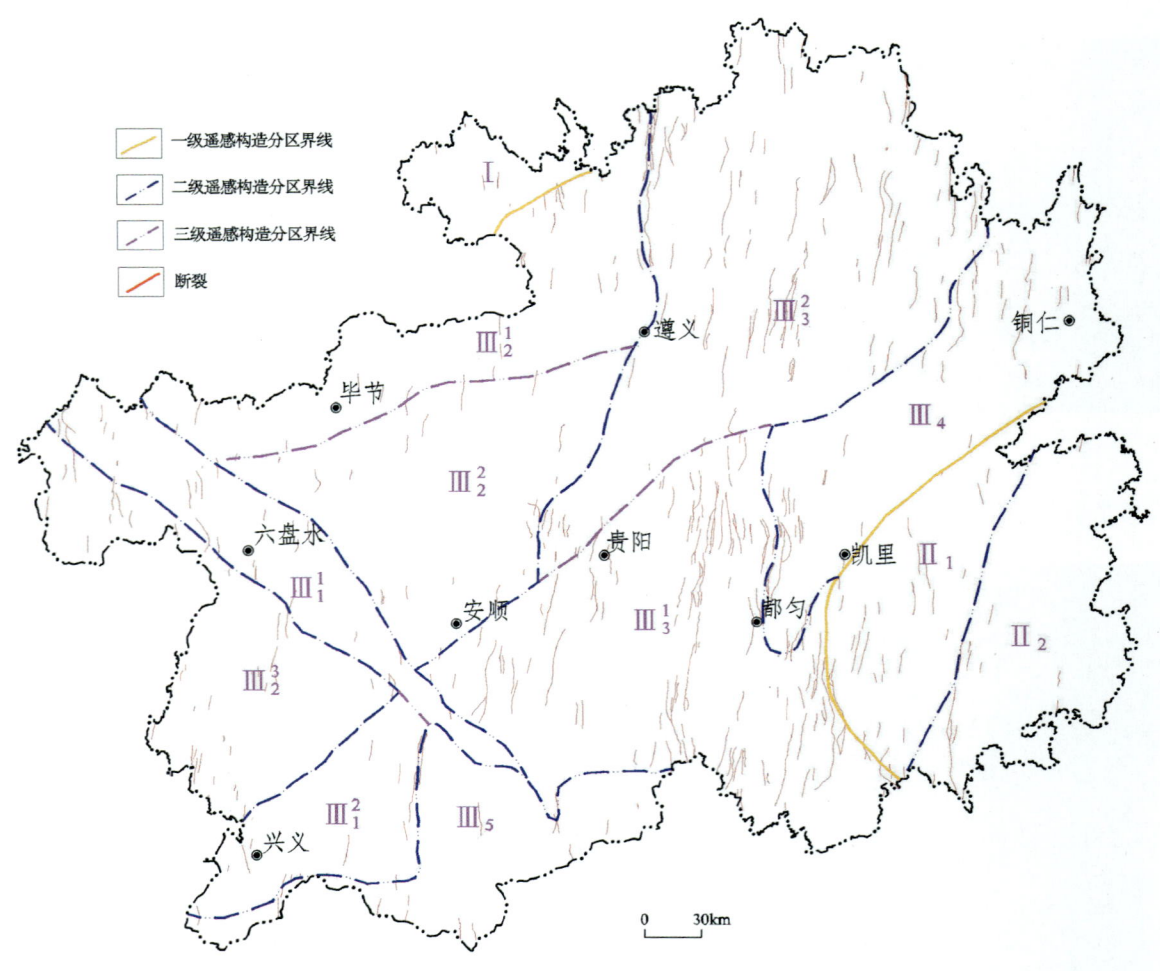

图 5-28 贵州省近南北(SN)向(346°～15°)断裂组

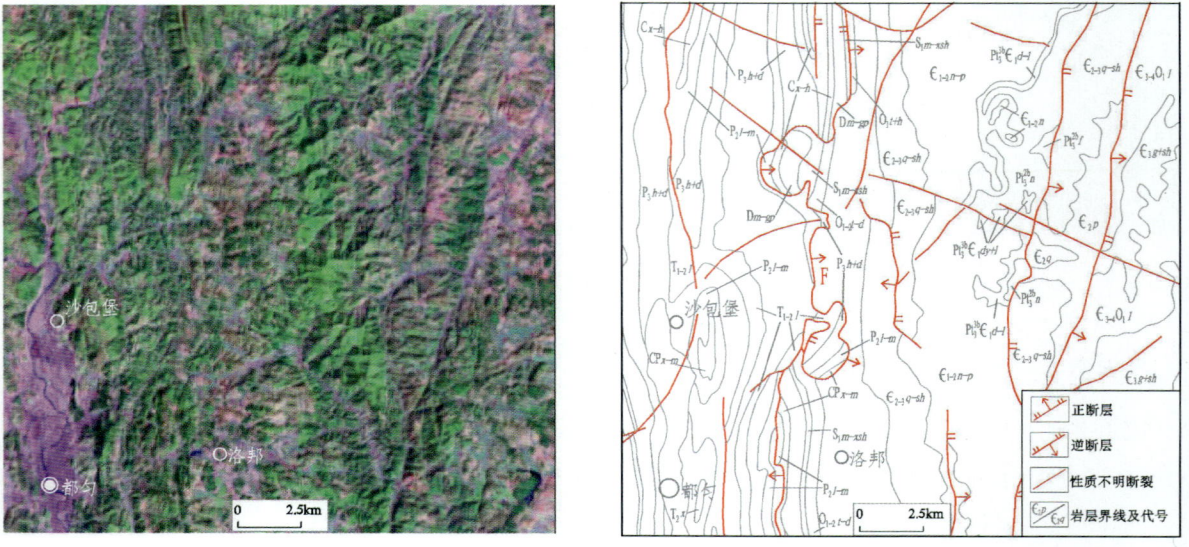

图 5-29 都匀洛邦断层准飞来峰影像和解译图

大的断裂带主要是位于Ⅲ₃区的几个等距分布的复式向斜中,间距50km左右。此外还有松桃普觉、普安罐子窑、贞丰、榕江等几条断裂带。

江口县梵净山见SN向长20km的新元古代断层被四堡运动形成的角度不整合面所掩盖(图5-20)。断层南北两端正对着不整合面上的南北向青白口纪红子溪组与新寨组相变线。表明该断层形成于四堡期,下江期仍有活动。

贞丰断层(F)是三叠纪同沉积断层(图5-30),属印支构造期产物。

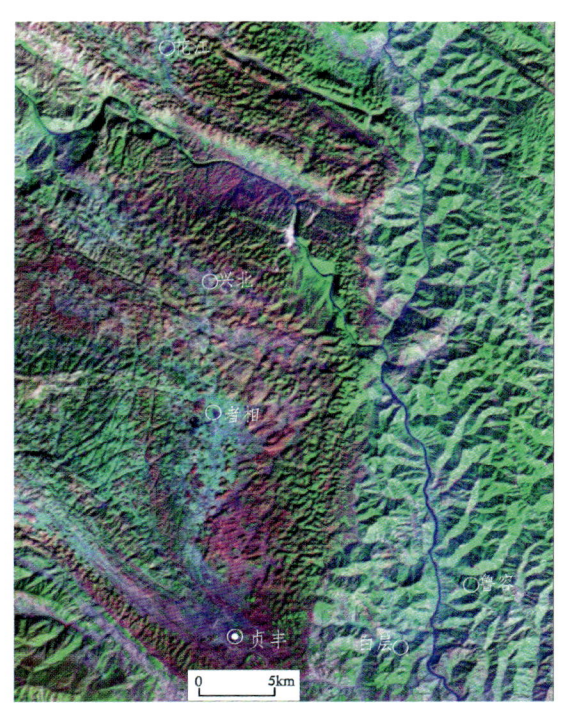 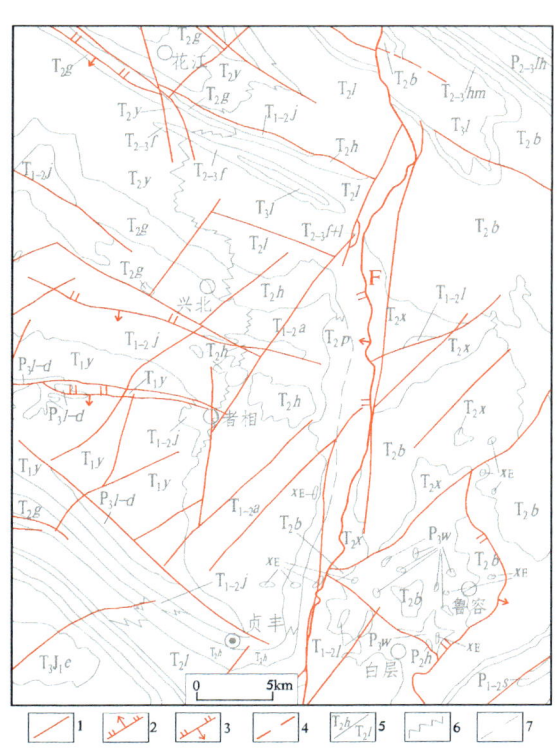

图5-30　贞丰同沉积断层附近影像和解译图

1.性质不明断裂;2.正断层;3.逆断层;4.推测断层;5.岩层界线及代号;6.相变线;7.平行不整合界线

惠水长田断层(F)两盘分别为下三叠统和上二叠统,断层南段进入K_2m断距骤然变小,可能是燕山期断层,后来喜马拉雅山期又活动(图5-31)。此外,在Ⅲ₃区与燕山期形成的隔槽、类隔槽式褶皱伴生的纵断层多数也是燕山期产物。

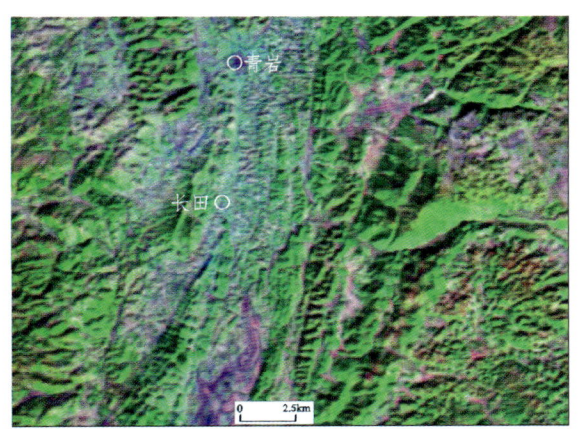 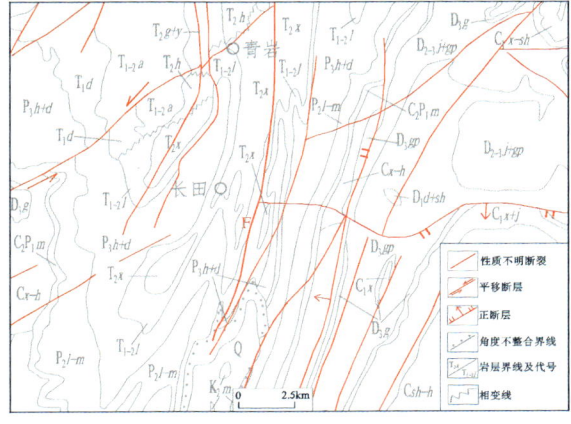

图5-31　惠水长田断层附近影像和解译图

威宁中水断层(F)两盘分别为中三叠统与上泥盆统,南段被新近纪地层不整合掩盖,是燕山期至喜马拉雅山期断层(图5-32)。近代有10余次3～5级地震沿该断层分布,是一条发震断层。盘县石脑断层(F)切割古近纪地层,为喜马拉雅山期断层(图5-33)。

 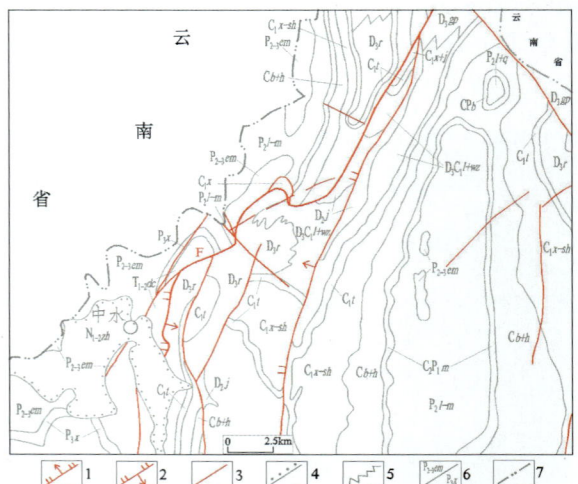

图5-32 威宁中水断层附近影像和解译图

1.正断层;2.逆断层;3.性质不明断裂;4.角度不整合界线;5.相变线;6.地层界线及代号;7.省界

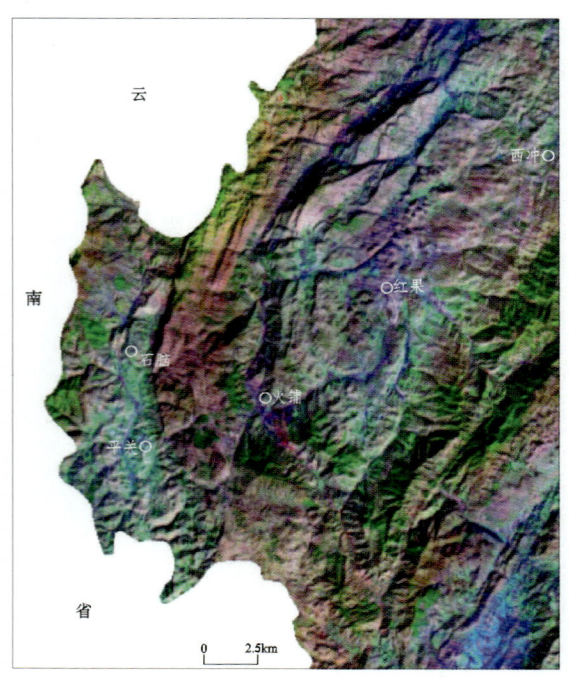 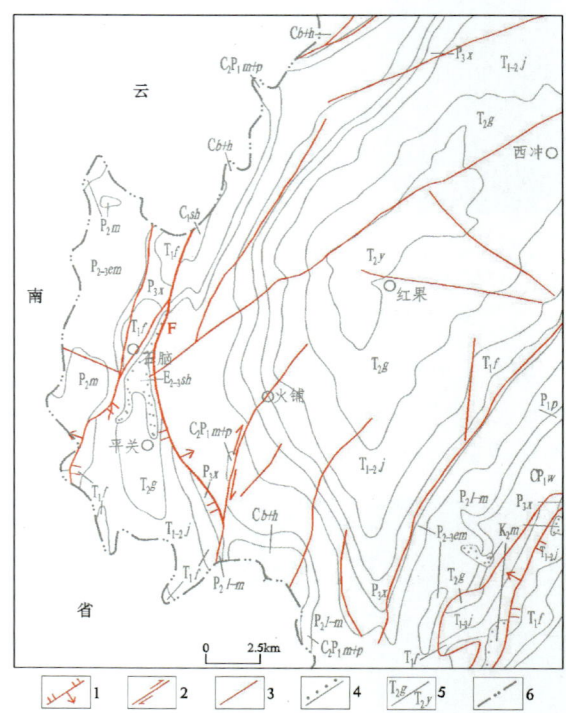

图5-33 盘县石脑附近影像和解译图

1.逆断层;2.平移断层;3.性质不明断裂;4.角度不整合界线;5.地层界线及代号;6.省界

4. 东西(EW)向(76°～105°)组

该组共计有361条断裂。青白口纪—晚白垩世地层中均有分布。绝大部分为横断层(图5-34)。

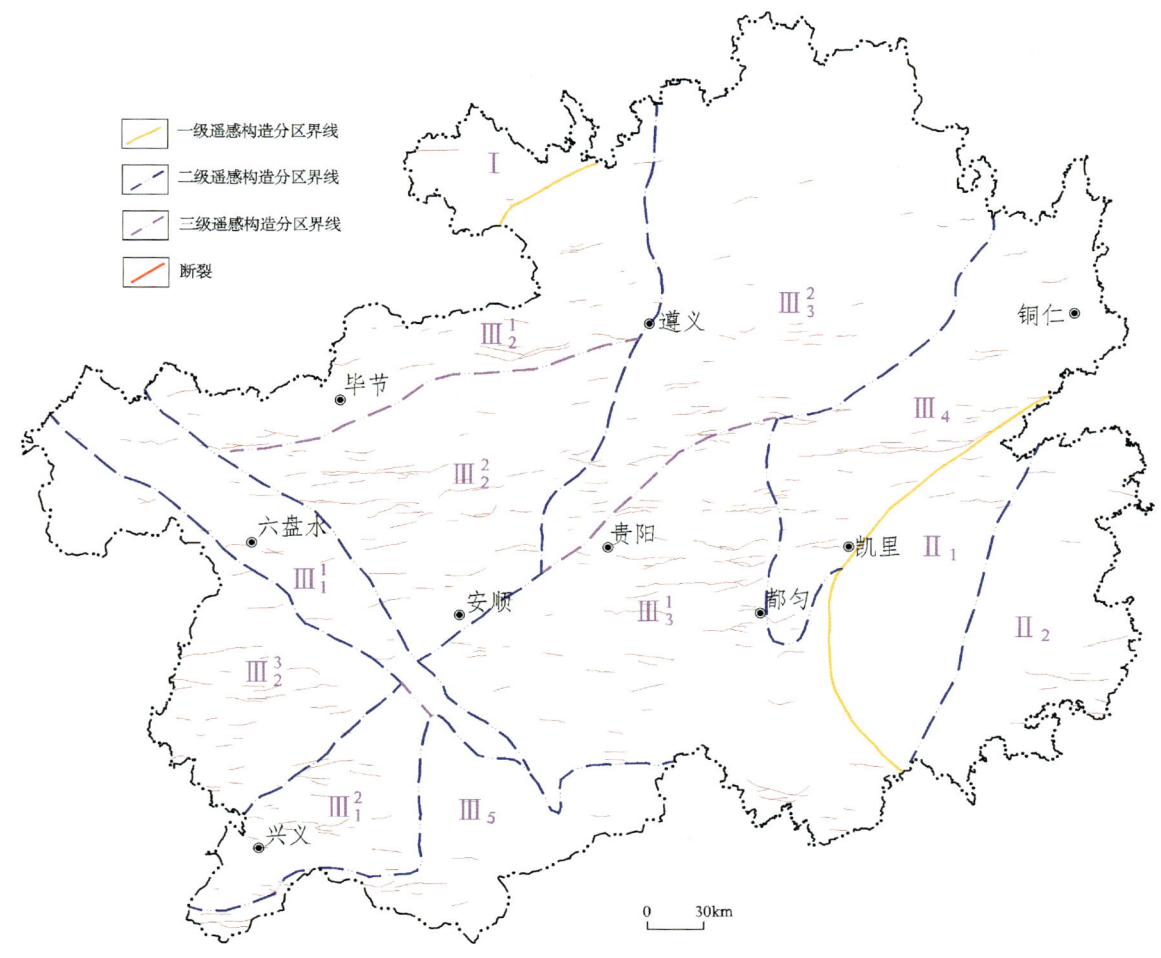

图 5-34　贵州省东西(EW)向(76°～105°)断裂组

主要集中在贵州省中部北纬 26°35′～27°04′间,自东到西从天柱—威宁断续延伸横亘全省,以开阳—贵定计南北宽 60km,可称为黔中大型断裂带。镇远断裂带(镇远—大方马场)是其北界;南界不太清晰,约在贵阳—凯里东西一线。黔中大型断裂带阻隔贵州南部和北部的不同构造变形相,使之在此纠结不能顺畅连通。西段是从南华纪开始显现至加里东期末消失的"黔中隆起"。东段麻江、镇远附近沿该组断层或附近有加里东晚期含金刚石钾镁煌斑岩侵入。中段贵定县的黄丝断层是加里东期断层;此外,织金猫场—福泉马场坪一线附近三叠纪台地与盆地沉积相变线为 EW 向。东段黄平旧州晚白垩世地层及施秉翁哨的新近纪地层被镇远断裂带切割(图 5-27)。目前黔中大型断裂带是长江流域与珠江流域的分水岭——EW 向苗岭山脉所在之处。以上资料表明黔中大型断裂带形成得早,后来又长期有过活动,是一条具有源远流长演化史的大型断裂带。

此外,在万山—金沙(北纬 27°30′～27°40′)及册亨东西一线(北纬 25°附近)各有一条断续延伸的 EW 向断裂带。后者西段是三叠纪同沉积断层(图 5-16)。

综上,加里东期、印支期及喜马拉雅期以来都形成过 EW 向断层,唯独未见有足够证据的燕山期 EW 向断层,而燕山运动对贵州来说是重要的构造运动,肯定会形成一些 EW 向断层,只是有关地层证据保存不全无法确认而已。

5. 北西(NW)向(286°～345°)组

共计有639条断裂。规模较大的断裂带有三条,即六盘水断裂带、兴义断裂带和道坪断裂带,可能是古特提斯断裂构造域向北东波及到扬子地台的产物(图5-35)。

(1)六盘水断裂带(威宁—紫云),断续延伸360km,斜贯省境。北西可与四川鲜水河深断裂带衔接;东南端向东错移到独山县麻尾进入广西称南丹-昆仑关壳断裂。该断裂带在省内对NE向断裂有限制作用。

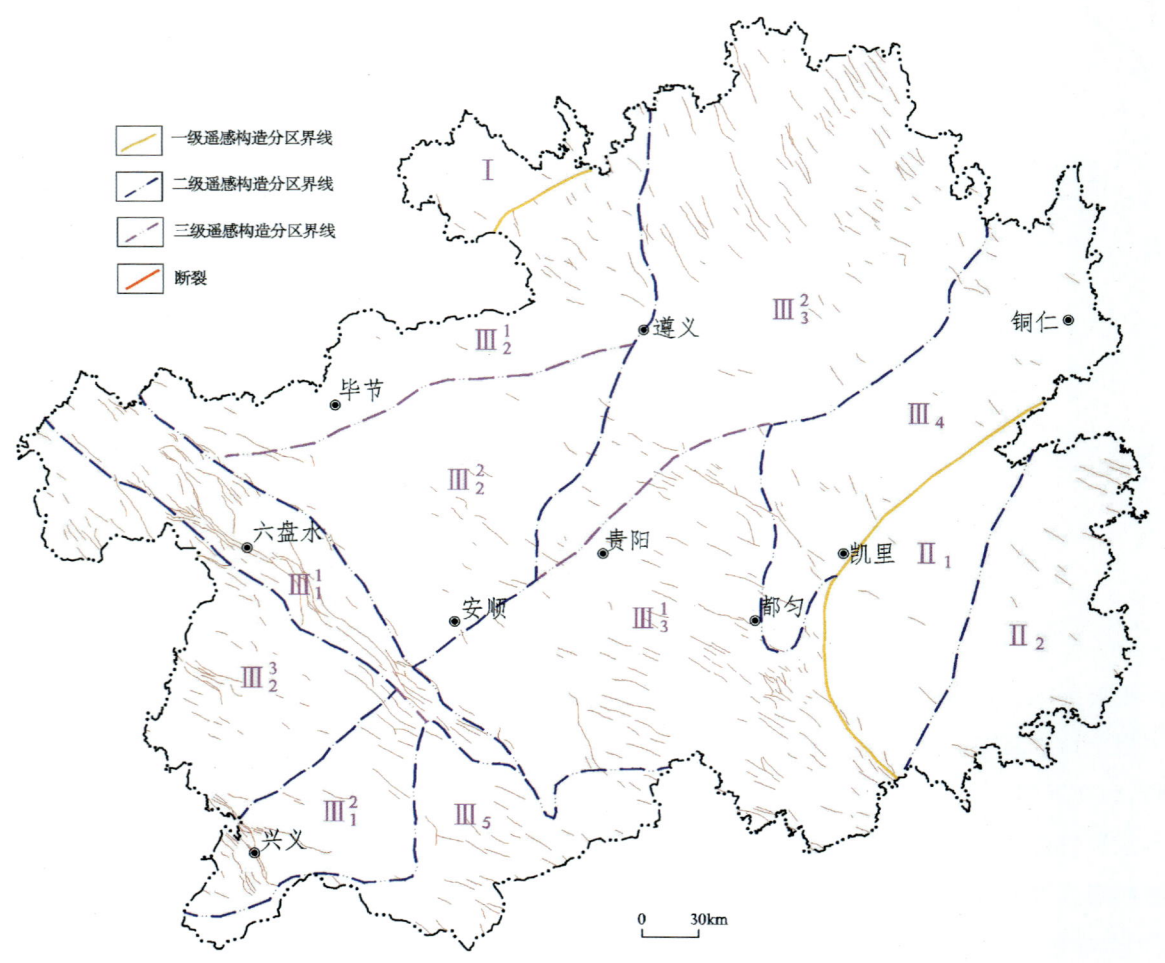

图5-35 贵州省北西向(286°～345°)断裂组

六盘水断裂带位于六盘水—紫云晚古生代NW向裂陷槽中,同沉积古断层发育。其中的赫章县兴发乡垭都断层(F)SW盘志留系厚230m以上,NE盘则缺失志留系(图5-36)。

断裂带中不少是与燕山期北西向褶皱伴生的纵断层。镇宁吴胜堡断层切割晚白垩纪地层,是喜马拉雅期以来的断层(图5-37)。六盘水断裂带也是近代的地震带。

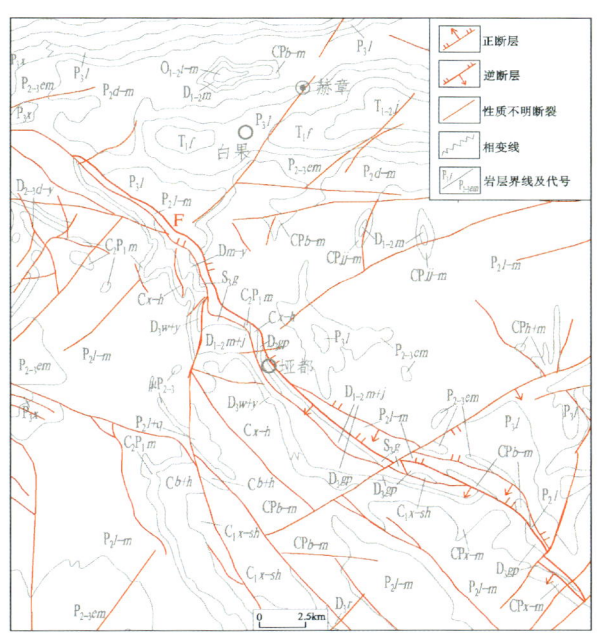

图 5-36　垭都附近影像和解译图

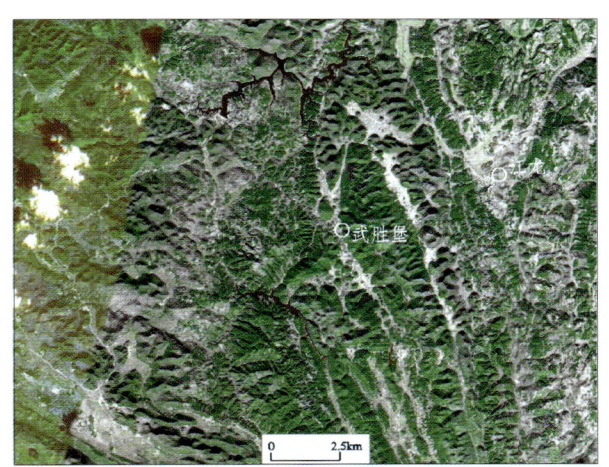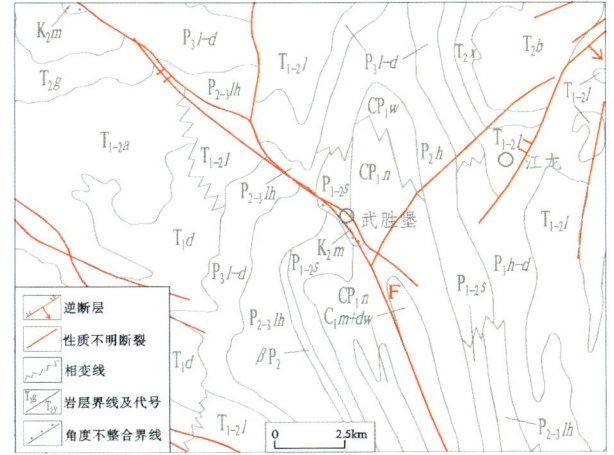

图 5-37　镇宁武胜堡附近影像和解译图

(2)兴义断裂带,省内长 60km。北西延入云南为富源断裂,南东进入广西称右江断裂。断裂带中的 NW 向马岭断层两盘为三叠纪地层,断层被晚白垩世地层掩盖,是印支期—燕山期断层(图 5-38)。

(3)道坪断裂带,经金沙官田—息烽温泉—福泉道坪—三都—荔波水维,断续长 300km。该断裂带对 NE 向断裂有限制作用;地表断裂虽然不多、也不大,称为断裂带有些勉强,但它是四川地质志所称的 NW 向四川峨眉山-宜宾基底断裂(地表也不明显,物探显示的硅铝层断裂)在贵州的延伸部分。

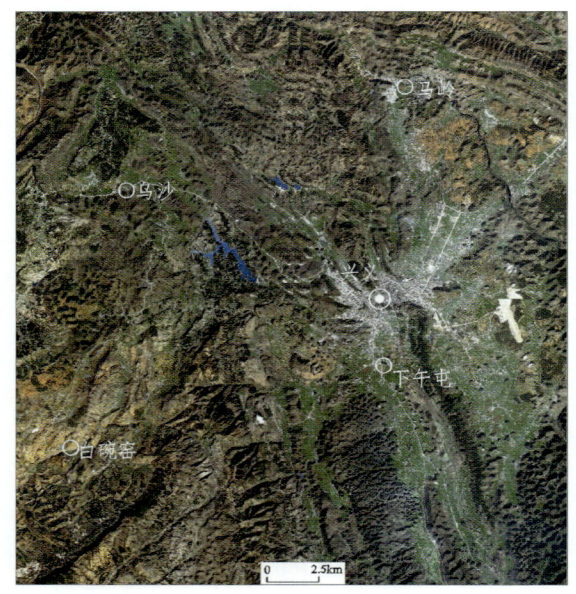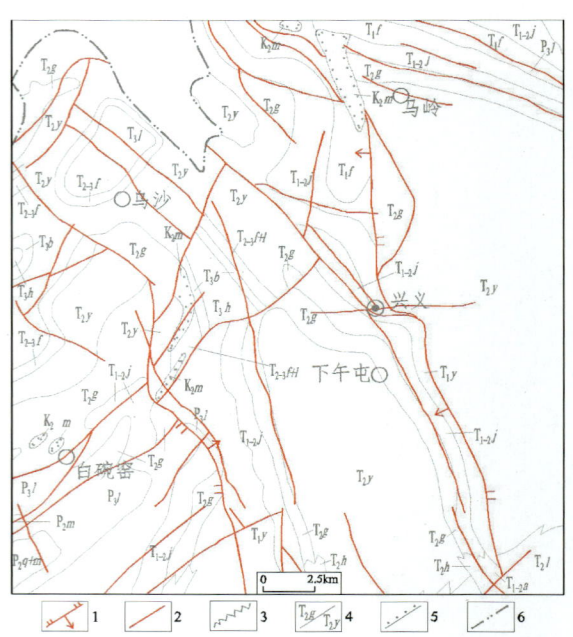

图 5-38　兴义附近影像图和解译地质图
1. 逆断层；2. 性质不明断裂；3. 相变线；4. 岩层界线及代号；5. 角度不整合界线；6. 省界

第三节　隐伏断裂（或构造弱化带）

从多变的沉积建造形成力学性质各异的岩石和广为存在的古断裂、隐伏断裂角度来看，贵州地块在三维空间是不均一的（何熙琦等，2005；程顺有等，2010；邓新等，2010）。这种不均一的早期地壳结构对燕山期和喜山（喜马拉雅山）期形成的构造样式和构造线方向具明显的控制作用。

按深部构造控制、影响浅部构造的理念，在遥感图像上依据具有"一线"之隔两侧构造线方向决然不同、或构造线方向虽然相同但"遥相呼应"不畅通、或两侧构造样式迥然不同等特征，在区内推测出了 28 条隐伏断裂（或构造弱化带）（图 5-39），大多数隐伏断裂（或构造弱化带）在地表沿线局部偶有与之同方向断续分布的断裂（包括同沉积断层）、褶皱和其他变形等。

隐伏断裂之所以控制、影响表层构造是后期又有活动之故。这些隐伏断裂是由表及里推测的，不是线，是有一定宽度的断裂带（或称构造弱化带）。

推测出的隐伏断裂大多贯穿全省，并多是构造分区界限。其中以 NE 向安顺断裂、习水断裂、凯里断裂，NW 向水城断裂、兴义断裂，EW 向册亨断裂、开阳断裂，SN 向织金断裂、贵阳断裂、三都断裂最重要，是骨干隐伏断裂。此外，同级别的隐伏断裂具有等间距分布的现象（陈述彭，1993）。

遥感解译推测的隐伏断裂大多规模较大，至少属于大断裂范畴。除 EW 向开阳隐伏断裂东段附近有钾镁煌斑岩属岩石圈断裂、NW 向水城隐伏断裂和 SN 向贵定隐伏断裂附近有辉绿岩和玄武岩属地壳断裂外，其余应属基底（上地壳）或更浅的隐伏断裂。这些隐伏断裂在块断作用下呈棋盘格网状，其隐伏断裂形成时代可能很早（如 SN 向剑河隐伏断裂在武陵期或更早就已存在），后期在不同地段、不同时期又多次发生过不同性质的活动，故其形成的先后及相互切割关系错综复杂，以致多数难以确定。它们对后期的沉积建造和构造变形乃至成矿活动都有明显控制作用。喜马拉雅期以来仍有活动，诸如沿隐伏断裂带的地表断层切割晚白垩纪地层，时有温泉、地震，并控制大的水系格局（大河转向）等。

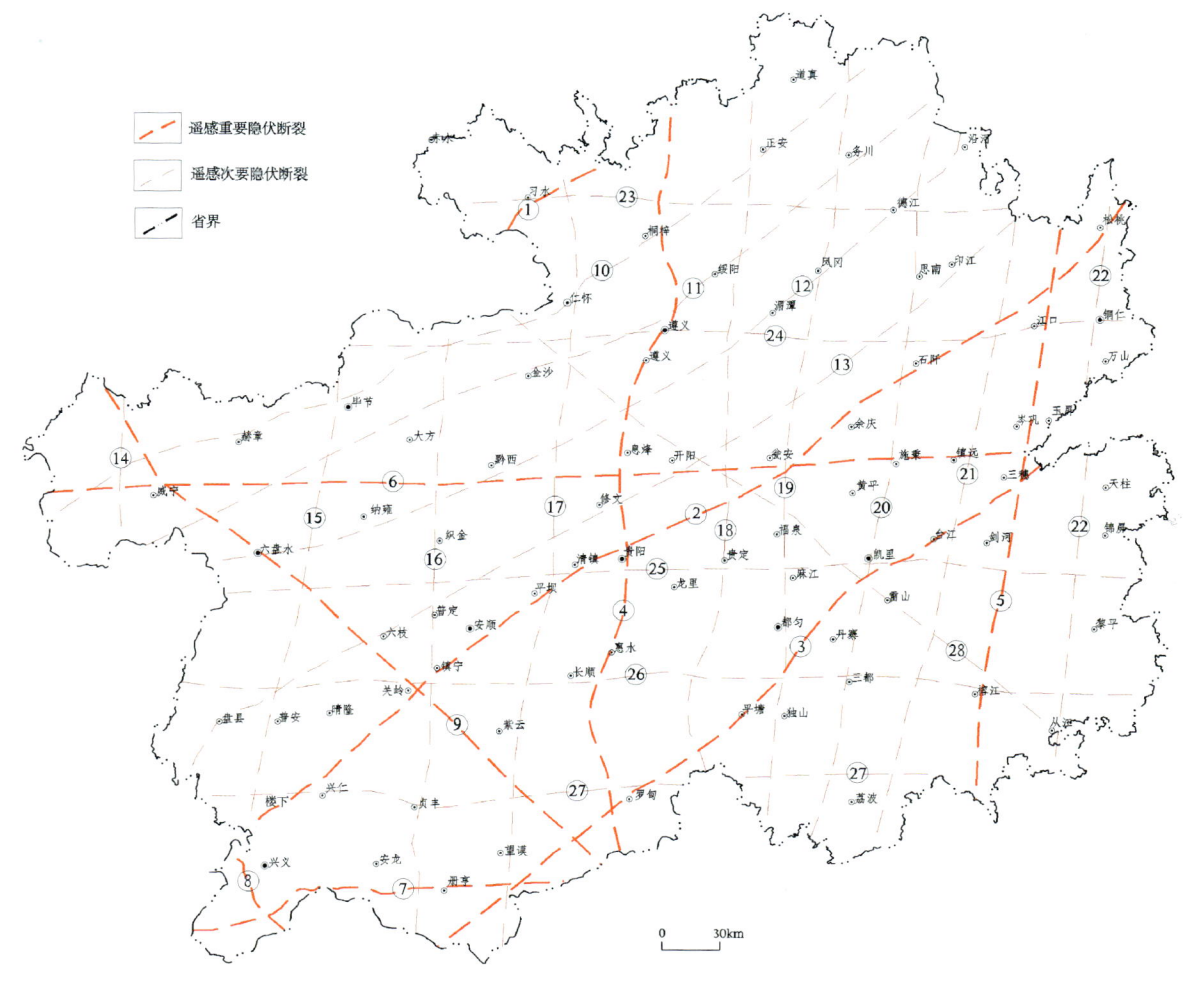

图 5-39 隐伏断裂（或构造弱化带）分布

①习水隐伏断裂；②安顺隐伏断裂；③凯里隐伏断裂；④贵阳隐伏断裂；⑤玉屏隐伏断裂；⑥开阳隐伏断裂；⑦册亨隐伏断裂；⑧兴义隐伏断裂；⑨水城隐伏断裂；⑩正安隐伏断裂；⑪金沙隐伏断裂；⑫湄潭隐伏断裂；⑬六枝隐伏断裂；⑭龙街隐伏断裂；⑮普安隐伏断裂；⑯织金隐伏断裂；⑰仁怀隐伏断裂；⑱贵定隐伏断裂；⑲都匀隐伏断裂；⑳三都隐伏断裂；㉑剑河（革东）隐伏断裂；㉒铜仁隐伏断裂；㉓德江隐伏断裂；㉔江口隐伏断裂；㉕贵定隐伏断裂；㉖长顺隐伏断裂；㉗贞丰隐伏断裂；㉘福泉隐伏断裂

隐伏断裂控制沉积建造、沉积相最明显的例证是沿凯里—贵阳—安顺—贞丰—册亨—兴义一带附近呈"S"形的早、中三叠世相变线正好与 EW 向贵定隐伏断裂、NE 向安顺隐伏断裂、SN 向织金隐伏断裂、EW 向册亨隐伏断裂部分段落吻合，同时也表明上述几条隐伏断裂在中生代前即已存在，印支期部分段落又曾活动。该追踪式隐伏断裂总体呈 NE 向，长 500km 以上，中段左向弯曲。左阶式弯曲的隐伏追踪断层具有左行走滑特征，由其引起的拉伸作用很可能就是黔西南早、中三叠世断陷盆地的成因；同时贞丰以东的中—新生代云煌岩的形成也与该拉伸作用有关。

应指出的是按上述理念利用遥感图像推测基岩区隐伏断裂尚属尝试性工作，还有待验证。

一、北东向隐伏断裂

1. 习水隐伏断裂

在贵州境内长 60km，两端延入四川省及重庆市。西北侧盖层褶皱形成于喜马拉雅期，构造线为

EW 向，地层极平缓；东南侧盖层褶皱形成于燕山期，构造线为 NE 向，多为短轴褶皱。

该隐伏断裂与 NE 向四川菱形构造地块的东南边界吻合。NE 延入重庆市称七曜山基底断裂。

2. 正安隐伏断裂

该断裂位于桐梓—正安一带，两端延入四川省及重庆市。地表 SN 向褶皱于此附近弧形转弯，同时 SN 向褶皱上的次级褶皱在隐伏断裂两盘形成右列雁行式构造，地表见有长度较大的 NE 向断层。

3. 金沙隐伏断裂

该断裂位于务川—绥阳—遵义—金沙—赫章—威宁一带，斜贯省境。遵义以西，其 NW 侧为宽缓、陡峻相间的 NE 向褶皱；SE 侧以穹隆、构造盆地为主。遵义以东，SN 向褶皱临近该隐伏断裂时倾没、昂起或弧形转折与之平行重接复合。

4. 湄潭隐伏断裂

该断裂位于沿河—德江—凤冈—湄潭—息烽一带，西南交于 SN 向贵阳隐伏断裂，NE 延入重庆市。地表 SN 向褶皱于此附近弧形转弯或枢纽起伏，地表断续见有长度较大的 NE 向断层及褶皱。

5. 六枝隐伏断裂

该断裂位于木黄—缠溪—塘头—瓮溪—本庄—构皮滩一带附近。西南交于 EW 向开阳隐伏断裂，北东延入重庆市。地表 SN 向褶皱于此附近发生转折，或枢纽起伏。地表断续有 NE 向断层。

6. 安顺隐伏断裂

该断裂位于兴仁—安顺—贵阳—石阡—松桃一带，斜贯省境。区域上是云南师宗-弥勒 NE 向断裂带在贵州的延伸。平坝以西该隐伏断裂 NW 侧构造线为 NE 向；SE 侧构造线为 SN 向和 NW 向。在安顺附近，中三叠世沉积相变线与之平行。平坝以南它阻挡了 SN 向隔槽式褶皱的沟通，两侧 SN 向褶皱枢纽或倾没或昂起，褶轴亦多转成 NE 向而呈弧形。

值得注意的是自盘县—松桃有一条宽约 30km 斜贯全省的纤维锡石（木锡矿）自然重砂异常带，其绝大部分（指关岭-松桃）与安顺隐伏断裂吻合。

7. 凯里隐伏断裂

该断裂位于万山—玉屏—凯里—丹寨—平塘—罗甸一带，斜贯省境。沿线地表有与之同方向的断裂及少量褶曲；两侧褶曲在附近转弯或枢纽起伏。

上述七条隐伏断裂以习水、金沙、凯里三条隐伏断裂级别较高，其间距 100km 左右。其余四条为次级隐伏断裂，其间距 40km 左右。

二、南北向隐伏断裂

1. 普安隐伏断裂

该断裂位于纳雍维新—普安—普安楼下一带，南北两端分别交于安顺隐伏断裂和金沙隐伏断裂。北段两侧褶曲常在隐伏断裂附近褶轴转向或枢纽起伏，中段通过普安山字型构造脊柱附近，南端有 SN 向楼下鼻状背斜。

2. 织金隐伏断裂

该断裂位于大方县大山—织金—普定—镇宁—贞丰一带,南部被 EW 向册亨隐伏断裂右行式错移后延入广西境内,北部延入四川。沿线地表断续见有 SN 向褶皱、断裂,或 NE、NW 向褶皱枢纽起伏、弯转现象。普定至册亨地表为 SN 向三叠纪同沉积断层(沉积相变线),影像清晰;延入广西在东经 105°30′附近的沙梨沿那东河向南至少还有 50km 长度,两侧三叠系虽无相变,但地貌景观决然不同,东侧 EW 向构造线密集十分显眼,西侧则模糊,同时两侧近 EW 向褶皱枢纽在此起伏,河流转弯(图 5-40),表明该隐伏断裂南段于印支期及挽近新构造时期曾有活动。

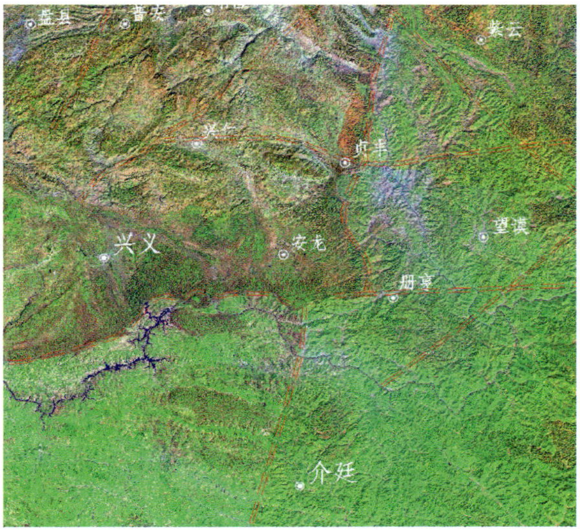

图 5-40 贞丰—介廷遥感影像图(R7G4B2,TM)

3. 仁怀隐伏断裂

该断裂位于仁怀—清镇—望谟一带。清镇以北构造线由北东转为 NNE 向;清镇以南,东侧构造线为 SN 向,西侧构造线主要为 NE 向;望谟附近西侧构造线为 NW 向,东侧为 NE 向。

4. 贵阳隐伏断裂

该断裂位于桐梓—遵义—息烽—贵阳—惠水—罗甸罗捆一带,SN 两端分别延入广西和和重庆市境内。贵阳以北隐伏断裂东侧构造线为 SN 向,西侧为 NE 向,两侧构造线大角度相交,极为醒目。

5. 贵定隐伏断裂

该断裂位于正安—贵定—平塘西凉一带。南端交于 NE 向凯里隐伏断裂,N 部延入重庆。位于 SN 向隔槽、类隔槽式褶皱的紧闭向斜之下,地表有 SN 向纵断层。

6. 都匀隐伏断裂

该断裂位于务川—凤冈—都匀—独山麻尾一带,贯穿省境,南北两端分别延入广西和重庆境内。构造上位于 SN 向隔槽式、类隔槽式褶皱的紧闭向斜之下,地表发育 SN 向纵断层,其中麻江-都匀断层是向 W 推覆的逆掩断层。

7. 三都隐伏断裂

该断裂位于沿河思渠—思南—施秉—凯里—三都—荔波驾欧一带,贯穿省境,南北两端分别延入广西和重庆境内。

8. 剑河(革东)隐伏断裂

该断裂位于梵净山—剑河(革东)—荔波茂兰一带,贯穿省境,南北分别延入广西和重庆境内。

在梵净山地区有武陵构造期新元古代地层梵净山群组成的 SN 向高级别大背斜及伴生的 SN 向断层被四堡运动角度不整合面掩盖,同时沿背斜核部的武陵期白岗岩、石英钠长斑岩成 SN 向分布。角度不整合面之上的新元古代下江时期地层沉积相变线亦是 SN 向。表明该隐伏断裂在新元古代曾有活动,对构造及岩浆活动有控制作用。梵净山以南,地表除断续有 SN 向褶皱、断层外,主要表现为两侧构造线方向不同:西侧为 SN 向,东侧为 NE 向。

上述分布在贵州东部的SN向隐伏断裂,即包括贵阳隐伏断裂、剑河隐伏断裂及其之间的几条SN向隐伏断裂位于贵州中部大范围分布的经向构造带隔槽式、类隔槽式褶皱中。这种狭窄紧闭向斜与开阔平缓箱状背斜相间的构造组合,是一种不协调现象,相当于块断结构,是受地下隐伏古断裂所控制。SN向隐伏断裂几乎均位于隔槽式、类隔槽式褶皱的狭窄紧闭向斜中,是深部断坡所在处,其间的箱状背斜位于深部断坪之上。

值得一提的是经毕节燕子口—毕节海子街—大方鼎新—织金鸡场—六枝岩脚—六枝郎岱—兴仁巴铃—安龙戈塘—安龙木咱一带似乎有一条次级SN向隐伏断裂,地表见SN向褶皱、断裂,两侧褶曲在隐伏断裂附近褶轴常转向或枢纽起伏。

上述八条SN向隐伏断裂以普安隐伏断裂、贵阳隐伏断裂及剑河隐伏断裂级别较高,间距150~200km。其余SN向隐伏断裂级别较低,间距40~70km。

三、东西向隐伏断裂

1. 德江隐伏断裂

该断裂大体在北纬28°20′附近,经桐梓新站—正安流渡—德江沙溪—沿河夹石一带。南北两侧褶曲枢纽在隐伏断裂附近起伏。

2. 江口隐伏断裂

该断裂经铜仁—江口—余庆松烟—遵义虾子—遵义市一带,长约290km,东延入湖南境内。地表有断续EW向断层,SN向褶曲枢纽在附近起伏。

3. 开阳隐伏断裂

该断裂位于威宁—黔西—开阳—岑巩一带,横贯省境。地表断续有EW向断层、褶皱,与之直、斜交的褶皱轴转弯或枢纽起伏。

4. 贵定隐伏断

该断裂位于水城都格—水城陡箐—织金珠藏—贵阳—贵定—凯里—剑河久仰一带,长近400km,西部延入云南省。地表有EW向断层,断层SN两侧古生代沉积相、沉积厚度不同,珠藏以东的三叠纪相变线在附近呈EW向。西段两侧NE向褶皱枢纽于隐伏断裂附近起伏,东段断续有些EW向断层,其中的黄丝断层形成于广西运动。沿线有温泉出现。

5. 长顺隐伏断裂

该断裂西起滇黔省界,经普安、关岭、长顺、三都、榕江一带,横贯全省。西段是普安山字型构造体系的EW向前弧位置,东段是一些SN向褶皱枢纽起伏位置。

6. 贞丰隐伏断裂

该断裂经兴仁—贞丰—罗甸—荔波尧排,向东延入广西境内,贵州境内长300km。西段南侧一些NW向构造到此转折呈近EW向,或褶皱枢纽起伏。有数十个偏碱性超基性小岩体沿此隐伏断裂呈EW向分布。

7. 册亨隐伏断裂

该断裂经兴义三江口—兴义泥凼—册亨—望谟蔗香一带,省内长160km,两端延出省境。隐伏断裂带北侧构造线为 NW 向，南侧构造线为 EW 向。此外，泥凼以西隐伏断裂位于三叠纪同沉积断层附近。

上述七条隐伏断裂间距 50～70km。其中以开阳和贵定两条隐伏断裂最重要，其西段大体位于加里东期形成的 EW 向"黔中隆起"南北两侧，两侧构造样式不同；东段常造成 SN 向褶皱到此发生倾伏或转弯，不能连通。开阳、贵定两条 EW 向隐伏断裂组成横亘黔中的 EW 向构造带，其间纳雍—修文—黄平—三穗—天柱可能有一条次级 EW 向隐伏断裂

四、北西向隐伏断裂

1. 兴义隐伏断裂

该断裂在贵州境内长 70km，两端延出省外。断裂西南侧构造线为 NE 向；北东侧为 NW 向。该隐伏断裂对地表 NE 向断层有限制现象。

2. 水城隐伏断裂

该断裂位于威宁—水城—六枝—紫云一带，斜贯全省。南东端略向东错移到贵州的麻尾至广西壮族自治区的南丹——都安一带；北西延入四川，是四川菱形地块的西南界及北西向鲜水河断裂带，是我国西部的一条重要断裂带。

地表为一系列 NW 向紧闭褶皱及纵断层。关岭以北，断裂西南侧以穹隆、构造盆地为主，北东侧以 NE 向短轴褶皱为主。关岭以南，断裂西南侧构造线为 NW 向，北东侧构造线为 SN 向。

据"区域地质调查"资料，从沉积相、沉积厚度变化来看该断裂显现于加里东期、晚古生代断裂表现明显，燕山期地表褶皱、断裂基本定型，沿线又是近代地震多发区。该隐伏断裂对地表 NE 向断裂有限制作用。

3. 福泉隐伏断裂

该断裂大体位于仁怀茅坝—息烽温泉—福泉道坪—雷山—从江一带。地表有 NW 向断裂断续分布，一些褶曲枢纽在隐伏断裂两侧起伏。在从江附近西南侧构造线为 NW 向，北东侧构造线为 NE 向。该隐伏断裂对地表北东向断层有限制作用，使之不能通过。

上述三条隐伏断裂间距 120～150km 左右，以水城隐伏断裂最为显著。

第四节 环形影像和环形构造

贵州遥感解译圈出环形影像和环形构造（穹隆、构造盆地、短轴褶曲）约 630 个。在已解译的环形影像中，大多地质含义不明，但是分布在黔西南地区（包括Ⅲ$_1^2$的南部、Ⅲ$_1^2$和Ⅲ$_5$）以及黔东南线-环构造区（Ⅱ）内的环形影像值得关注。

黔西南地区是著名的"金三角"地区，区内有数处大、中型复合内生微细粒浸染型金矿，金矿床绝大多数产于短轴背斜或穹隆构造上。Ⅲ$_1^2$的南部和Ⅲ$_1^2$由二叠系—三叠系台地相碳酸盐岩、碎屑岩形成的短轴褶皱、穹隆构造布露地表，而东南部地表广泛出露的是巨厚的中三叠统盆地相复理石式陆源碎屑岩组成的线状褶皱，下伏石炭系—二叠系碳酸盐岩为短轴背斜或穹隆构造。上、下构造不协调。有些碳酸盐岩穹隆、短轴背斜已"冒头"露出地表。据此推测由中三叠统盆地相碎屑岩组成的线状褶皱构造区中的环形影像至少有一部分应是隐伏的石炭系—二叠系穹隆构造的反映。贵州石油指挥部通过册亨县城—秧坝之间所作的地震大剖面已揭示地表中三叠统盆地相碎屑岩紧闭线状褶皱下面地腹深处有薄顶的同沉积隆起存在。其中一个隐伏隆起正在秧坝环形影像下。

黔东南线—环构造区(Ⅱ)有石英脉型金矿产出,并多处于不同方向的断层交插处。该区圈出的环形影像多数有金矿点分布。此外,雷山县东南的大塘环形影像附近有白钨矿重砂异常,物探资料认为该处有隐伏花岗岩。

据此,上述两地区环形影像对找金矿具有重要意义。

江口、铜仁、万山一带环形影像密集成堆,正是大型汞矿田所在之处。

$Ⅲ_1^2$的南部、$Ⅲ_1^2$和$Ⅲ_5$内环形影像和环形构造也比较密集,也正好是金、锑、汞、铅锌、萤石、菱铁矿等内生矿床密集产出区。

此外,有些环形影像明显沿 NE 向断裂分布,如务川—绥阳、沿河—德江—凤岗、锦屏启蒙—榕江郎洞、黎平孟彦—榕江寨蒿等处。

第六章 弱矿化蚀变遥感信息的分布特征

大多数内生矿床都伴有围岩蚀变现象,因此矿化蚀变是重要的找矿标志之一。围岩矿化蚀变是在热液作用下,矿床围岩的化学成分、矿物成分、结构和构造发生变化的现象。最常见的蚀变有硅化、绢云母化、绿泥石化、云英岩化、矽卡岩化、白云岩化、重晶石化和锰铁碳酸岩化等,经常见于热液矿床的周围。据张玉君(1998)等人研究,蚀变岩石与热液矿床有很高的相关性,大多数蚀变矿物在短波红外波段具有诊断性的波谱特征;具有鉴定意义的特征波谱带是由含铁(Fe^{2+},Fe^{3+})和羟基(OH^-)、水(H_2O)或碳酸根(CO_3^{2-})等离子或基团产生的。利用遥感数据的波谱特征信息来发现围岩蚀变信息,对找矿及其成矿远景区的圈定具有十分重要的意义。

随着卫星技术的发展,国内外学者在弱矿化蚀变遥感信息提取技术方面的研究也得到了发展。在贵州,遥感技术在地质领域的应用和研究亦在不断地深入和发展,例如:杨柏林等(1987,1991)利用TM数据在黔桂地区进行了遥感信息提取和找矿预测;崔敏中(1989)、董光贵(1993)利用TM图像对紫木凼—贞丰一带进行了构造研究;况忠等(2012)利用ETM图像对黔西南地区进行了隐伏构造(或构造弱化带)的研究和找矿预测;况顺达等(2002)利用MSS相片、TM数据和黑白航片,结合区域地质矿产资料和物化探资料等多源信息对黔东南地区铜金矿进行了研究和预测。

纵观近年来的研究成果,一方面是在区域性的基础地质调查中进行遥感地质解译,另一方面是在找矿预测中提取矿化蚀变遥感异常信息,但后者仅涉及小范围或特定的重点区域。因此,作者基于TM/ETM、ASTER等遥感数据对贵州全省及部分区域进行了遥感异常研究。

第一节 基于 TM/ETM 数据提取的遥感异常

贵州省矿产资源潜力评价项目遥感专题利用TM/ETM数据对全省进行了弱矿化蚀变遥感信息提取,并对提取的矿化蚀变遥感信息进行了加权统计处理形成等值线图。该图图面清晰,观感好,较好地反映了遥感异常信息与地质构造、地层岩石及有关矿产的相关性。

一、遥感异常的分布特征

1. 羟基遥感异常的分布

从图6-1中可以看出,羟基(泥化)遥感异常主要分布于遵义—都匀一线以西的区域内,在黔西南地区较密集,有极好的搜索中心,而在其他地区分布相对分散。

羟基遥感异常受地层和构造控制较为明显,主要分布于下江群、板溪群、寒武系、泥盆系、石炭系、二叠系和三叠系等地层上,尤其是二叠系和三叠系最为明显。岩性主要为灰岩、白云岩和泥(粘土)岩。

羟基遥感异常的搜索方向与区域构造的延伸方向大致相同。在紫云—垭都断褶带附近其搜索方向呈 NW 向延伸,在遵义—毕节一带呈 NE 向与近 SN 向 2 个方向搜索,在纳雍一带呈近 EW 向与 SN 向搜索相交,在贵定—长顺一带大致呈近 SN 向延伸。羟基遥感异常在黔西南地区有花贡、楼下、坡脚和陇纳 4 个最明显的搜索中心,其他地区的稍差,次级搜索中心主要分布在赫章六曲河、沙厂、鸡场、克混、岔河、凯里和铜仁等地。

黔西南地区是省内著名的金、锑矿产地,羟基遥感异常分布区的地层主要为二叠系和三叠系,地层岩性以灰岩、泥质灰岩、白云质灰岩、泥质白云岩和泥(粘土)岩为主,围岩蚀变有硅化、白云石化等,与矿床(点)间有较好吻合度。

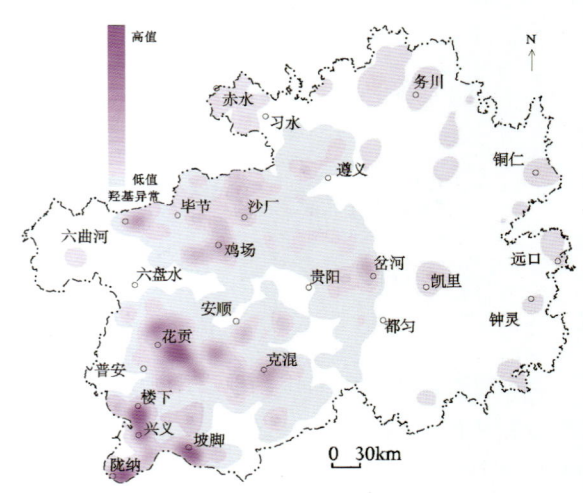

图 6-1 羟基遥感异常分布图

毕节—贵阳—凯里一线羟基遥感异常的空间分布表现出从 SE 向 NW 延伸、所处地层从老到新、岩性为白云岩夹泥岩—灰岩—白云岩夹泥岩变化的规律。

据资料显示,赤水—习水一带赋存有丰富的油气藏,由于烃类微渗漏常常引起上方地表出现泥化、地表放射异常和热惯量异常等(朱亮璞,2011),因此羟基遥感异常的存在可能与油气藏的烃类微渗漏有一定的关系。在铝土矿、磷块岩、锰矿和硫铁矿等沉积矿产分布区,羟基遥感异常反映的大多是这些矿种的采矿信息。务川木油厂一带呈 NE 向分布的羟基遥感异常表现较弱,但与该地区的汞矿点和汞化探异常均有较好的吻合度。在黔东南地区,出露地层为前寒武系下江群、隆里组和长安组等浅变质岩系,主要产石英脉型和蚀变型金矿,羟基遥感异常主要分布在天柱瓮洞—远口和锦屏钟灵一带,较弱较分散,与矿化点间有一定的吻合度。

2. 铁染遥感异常的分布

从图 6-2 中可以看出,铁染(铁化)遥感异常在贵州全省都有分布,同时明显受到地层和构造的控制,主要分布于寒武系、石炭系、二叠系、三叠系碳酸盐岩地层以及侏罗系碎屑岩地层和第四系上,在贵州西部峨眉山玄武岩分布区也有较多的铁染遥感异常分布,相关性较好。

铁染遥感异常在炉山、金碧、天龙、湖潮、沙文、洛北河、牛场、梵净山、务川木油厂和平秋等地均有搜索中心,搜索方向(分布)与贵州的区域构造分布有较好的一致性,其浓集中心主要沿梵净山—贵阳—安顺 NE 向断裂带、遵义—都匀 SN 向褶皱带和威宁—黔西—施秉近 EW 向构造带这 3 个方向分布,并受其控制而交会于贵州的中部;在梵净山地区几乎与该穹状构造一致。

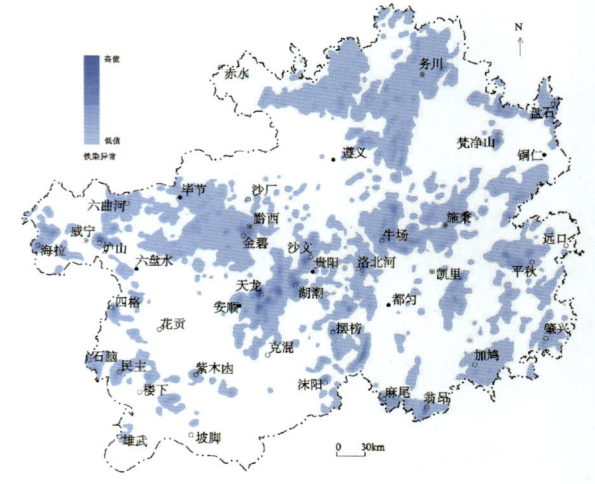

图 6-2 铁染遥感异常分布图

3. 羟基+铁染遥感异常的分布

羟基+铁染遥感异常是羟基遥感异常和铁染遥感异常的叠加部分,主要沿遵义—贵阳—兴义一线分布(图 6-3),即大致在近于梵净山—贵阳—兴义 NE 向断裂的两侧分布,与地层出露无明显的关系,但似乎与梵净山—贵阳—兴义 NE 向断裂带有一定关系。

结合化探异常组合和高分辨率遥感图像对羟基+铁染遥感异常分布地区进行对比和研究,发现羟基+铁染遥感异常分布地多为采矿地点,并有部分异常与金、锑、汞、砷和铅锌化探异常分布区有较好的吻合度。

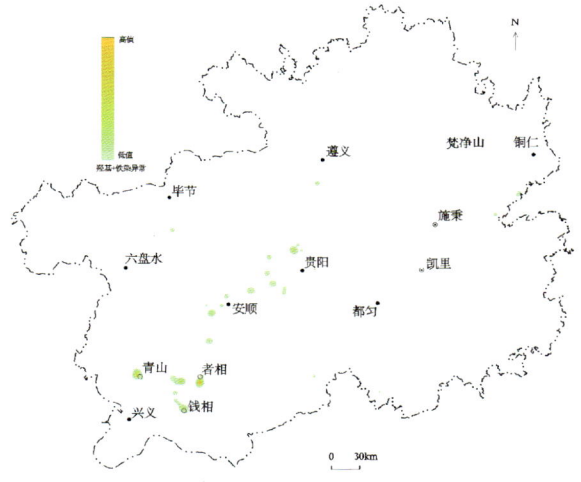

图 6-3 羟基+铁染遥感异常分布图

二、对比分析与验证

为了检验上述遥感异常是否具有可靠性,将一些重点区域的遥感异常分别与化探异常(金、锡、砷、汞、铜、铅、锌等)和已知矿床(点)进行对比;并对部分遥感异常分布区利用高分辨率遥感图像进行了矿山开发状况的遥感解译和实地验证。

1. 与化探异常组合对比

1)羟基+遥感异常与化探异常对比

所提取的羟基遥感异常在黔西南地区的大厂、坡脚、楼下[图 6-4(a)]、克混、铜仁等地与金、锑、砷、汞等化探异常组合有较好的重叠,在天柱翁洞—远口、锦屏敖市等地与金化探异常有较好的重叠,但相对于其他地方,异常密集程度较弱。在晴隆、花贡[图 6-4(b)]凯里等地与铅、锌化探异常有较好的重叠。

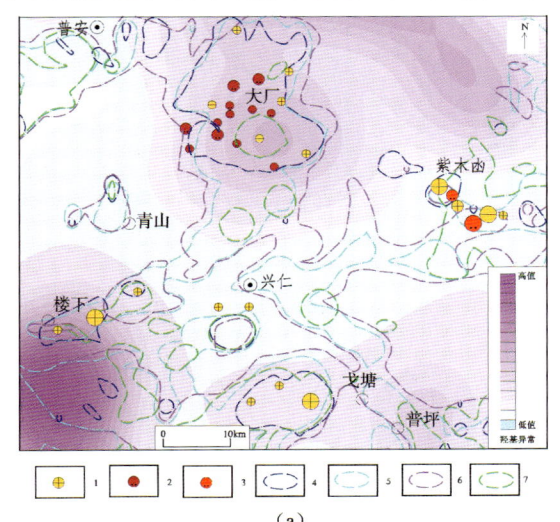

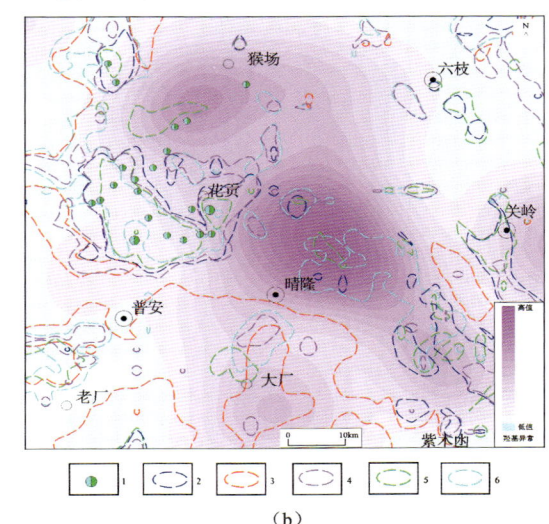

图 6-4 羟基遥感异常与化探异常对比

(a)与金、锑、汞、砷化探异常的关系:1.金矿点;2.锑矿点;3.汞矿点;4.Au 化探等值线;5.As 化探等值线;6.Sb 化探等值线;7.Hg 化探等值线;(b)与铅、锌、铜、银、镉化探异常的关系:1.铅锌矿点;2.Pb 化探等值线;3.Cu 化探等值线;4.Zn 化探等值线;5.Ag 化探等值线;6.Cd 化探等值线

2) 铁染遥感异常与化探异常对比

铁染遥感异常在黔西南贞丰卡务、盘县民主[图 6-5(a)]、兴仁紫木凼[图 6-5(b)]、安龙戈塘、兴义雄武、盘县石脑[图 6-5(c)]、玉屏[图 6-5(d)]和江口梵净山等地与金、锑、汞、砷化探异常组合有较好的重叠关系,与梵净山多金属成矿带的吻合度最好;在黔东南地区仅在黎平肇兴、从江地虎、锦屏敖市等地与金化探异常有较好的重叠关系,但遥感异常强度较弱;在习水桑木、玉屏和松桃等地与铅锌化探异常有较好的重叠,但在习水遥感异常强度相对较弱;在威宁炉山和江口梵净山两地,与铜化探异常有较好的重叠。

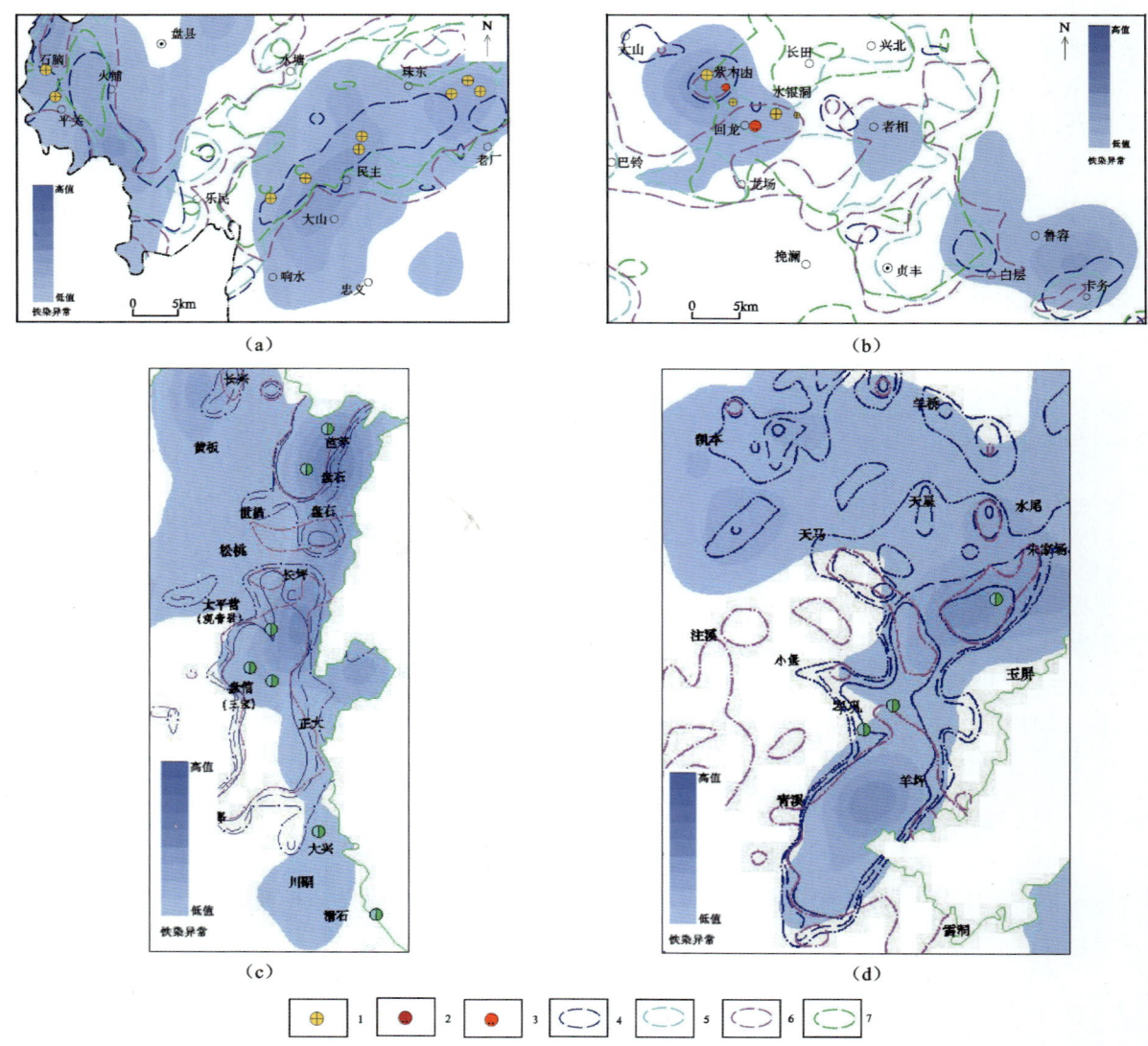

图 6-5　铁染遥感异常与金、锑、汞、砷、铅、锌和铜化探异常对比

1.金矿点;2.锑矿点;3.汞矿点;4.Au 化探等值线;5.As 化探等值线;6.Sb 化探等值线;7.Hg 化探等值线

3) 羟基+铁染遥感异常与化探异常对比

羟基+铁染异常在普安青山、安龙普坪、贞丰者相、兴仁巴铃、平坝马场等地与汞、金、锑、砷化探异常组合有较好的重叠关系;在黔西南地区的普安青山、安龙普坪、贞丰者相(图 6-6)、兴仁巴铃、平坝天龙、安顺轿子山与铅锌化探异常组合有较好的重叠关系。

2. 与高分遥感图像对比

本研究对部分遥感异常分布重点地区，利用 SPOT5、GeoEye 等高分辨率遥感图像进行了遥感解译和分析，发现羟基+铁染遥感异常所在的区域大多为采矿场所，可以确认提取的遥感异常多为矿致异常。如图 6-7 所示，绿色影像为植被，棕黄色影像为修文小山坝铝土矿露天开采场。但是在（图 6-6）的遥感异常较为例外，并未发现有开矿迹象，却有较好的羟基+铁染异常搜索中心，遥感异常是否为矿致异常，值得关注。

在大厂（图 6-8）一带为红土型金矿露天开采区。从图中可以看出，褐红色与灰黄色呈斑驳状不均匀分布、有粗糙感的区域即为采矿区。在该区域内，部分羟基遥感异常与之有较好的重合。

此外，紫木函金矿和水银洞金矿所处的位置正好是灰家堡背斜，而铁染异常的搜索方向与其构造线延伸方向基本一致，且有一个较好的异常搜索中心，与高分遥感图像中影像异常的位置也是一致的。

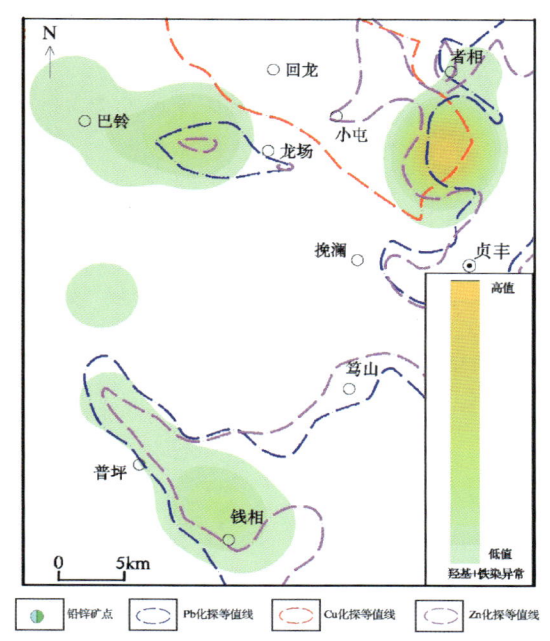

图 6-6 羟基+铁染遥感异常与铅、锌和铜化探异常对比

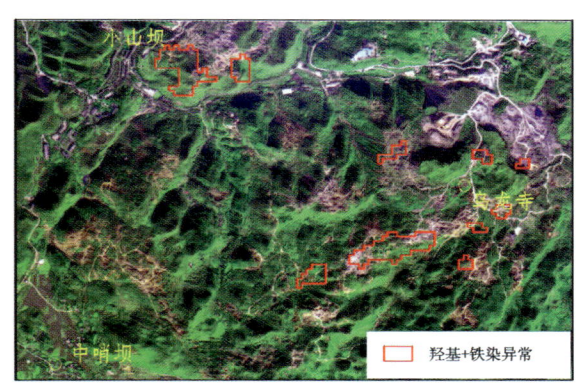

图 6-7 修文小山坝一带遥感异常分布
（SPOT5 R4G3 B2 假彩色合成图像）

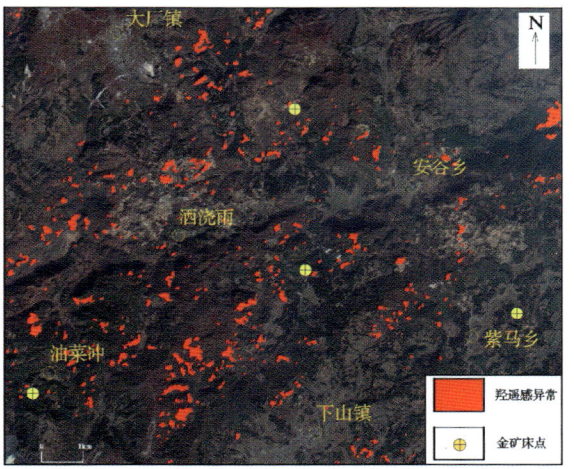

图 6-8 大厂一带红土型金矿采区、羟基遥感异常及矿床点分布（GoeEye R2G3B1 假彩色合成图像）

3. 与已知蚀变带对比

据区域资料（杨柏林，1996；崔敏中，1989；刘建中等，2003）显示，在黔西南地区（图 6-8、图 6-9）局部有矿化和围岩蚀变现象，以二叠系茅口组大厂层（又称构造蚀变体）最典型，其岩性为深灰色中层强硅化灰岩、角砾状强硅化灰岩、硅质岩及角砾状泥（粘土）岩。岩石中常见斑块状及细脉状白色、绿色石英，偶见辉锑矿及片状石膏。围岩蚀变以硅化、白云石化、黄铁矿化、高岭土化、萤石化和角砾岩化为主。大厂层起着容矿作用，控制着矿床、含矿体或矿体的分布，产有金、锑、汞等多种矿产。由于山盆期（王砚耕，1998）的夷平风化作用，使得在大厂一带的金矿以红土型为主，主要赋存于下伏地层茅口组灰岩形成的岩溶洼地堆积的第四系土壤中。

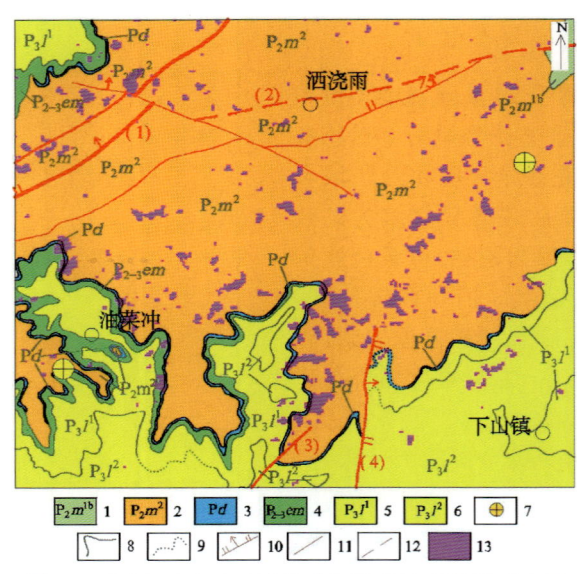

图 6-9 洒浇雨地区区域地质与羟基遥感异常对比图

1. 茅口组第一段第二亚段；2. 茅口组第二段；3. 茅口组大厂层；4. 峨眉山玄武岩；5. 龙潭组第一段；6. 龙潭组第二段；7. 金矿床点；8. 地质界线；9. 推测地质界线；10. 正断层；11. 性质不明断层；12. 推测断层；13. 羟基遥感异常；(1) 落水冲正断层；(2) 安谷断层；(3) 方家大凹正断层；(4) 茅箐正断层

将遥感异常与蚀变带、矿点、红土型金矿露天开采场进行对比研究，发现羟基遥感异常在蚀变带上、矿点附近、红土型金矿露天开采场均有较好的重叠关系，吻合度较高，进一步证实了弱矿化蚀变遥感异常的提取有较高的可靠性。据此认为，在大厂地区将遥感异常与微地貌结合，在茅口灰岩与蚀变岩之间界面附近的岩溶洼地和岩溶管道内区域是找寻红土型金矿的潜在靶区。

第二节 基于 ASTER 数据提取的遥感异常

在贵州境内，基于 ASTER 数据提取弱矿化蚀变遥感异常的应用相对较少，仅在孟溪、三都等地有少量应用，现在将这些应用成果介绍如下。

一、三都地区

(一) 三都地区概况

三都地区的金锑矿矿床为热液围岩蚀变矿床。

三都地区位于贵州省三都水族自治县中部和北部，大地构造位置地处扬子陆块与江南造山带之结合部位。西部属扬子陆块都匀前陆褶皱冲断带，东部属江南加里东造山型褶皱带（图 6-10）。据徐志刚、陈毓川等(2008)的划分方案，三都地区位于Ⅱ-15 扬子成矿省之Ⅲ-77-①滇东-川南-黔西 Pb-Zn-Fe-REE-Mn-磷硫铁矿-钙-芒硝-煤-煤层气成矿亚带和Ⅲ-78 江南隆起西段 Sn-W-Au-Sb-Fe-Mn-Cu-重晶石-滑石成矿带的接合部位。

三都地区出露地层由老到新为新元古界青白口系下江群、南华系、震旦系，古生界寒武系、奥陶系、志留系、泥盆系、石炭系。其间缺失上奥陶统、上志留统，青白口系以海相陆源碎屑沉积为主，古生界则主要为海相碳酸盐岩及陆源碎屑沉积。

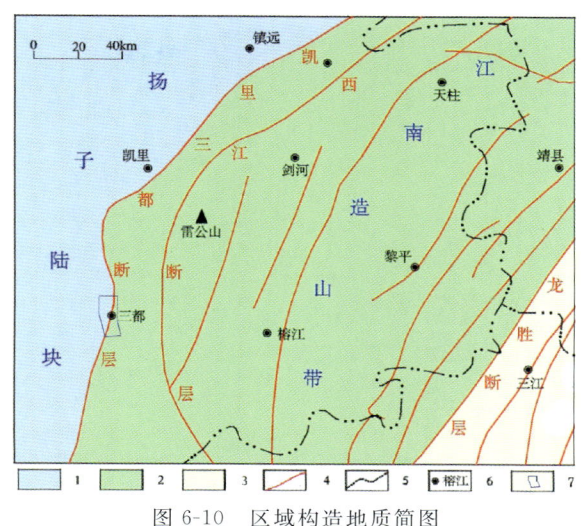

图 6-10 区域构造地质简图

1. 扬子陆块；2. 江南造山带；3. 华南造山带；4. 断层；5. 省界；6. 地名；7. 研究区

三都地区内构造变形强烈,构造形迹以断裂为主,褶皱次之,构造线总体呈南北向展布。主要褶皱构造有麻夜向斜(方村向斜北段)、平寨向斜(东翼)和胡家仓背斜等,向斜保存较好,背斜多因断层破坏而支离破碎、残缺不全。区域断裂按其走向可分为近南北向组、北东向组和北西向组;其中以近南北向组最为发育,构成了以凯里-三都断裂、平寨-牛场断裂为代表的宽大断裂带,控制了区内汞、金、锑、铅锌等矿产的产出。

三都地区已知矿产为金、汞、锑等数十个矿床、矿点及矿化点。

(二)遥感异常分布

1. Al-OH 蚀变异常

由图 6-11 可知,工作区含 Al-OH 异常信息受地层控制明显,主要分布在鸡窝寨组($D_2 j$)及以下地层,异常浓度以三级为主。在简煞—猴场一带的独山组和鸡窝寨组中,一、二级异常相对较集中分布;其次为成家湾断层附近,其成因有待进一步核实。

2. CO_3^{2-} 蚀变异常

三都地区含碳酸根基团异常信息主要受岩性控制(图 6-12),主体呈近 SN 向顺较大断裂展布,尤其是几组断裂交会处,异常浓度以三级为主,一、二级异常主分布在在中部十字路—渣拉沟一带大致呈近 EW 向展布,其他地区零星分布。

3. Fe 离子蚀变异常

由图 6-13 可知,三都地区铁染异常明显受岩性和断层控制,主要分布于东部变质岩区,其次为三都地区西北角羊甲附近寒武系—奥陶系娄山关组形成的岩溶洼地区,以一、二级异常为主,在平溪一带异常呈 NE 向展布,可能受控于断裂,亦有一、二级异常;其余地区异常浓度以三级为主。

4. 硅化异常

三都地区依据前人的研究,采用(B13×B14)/(B10×B12)提取硅化,并进行阈值(1.16,1.17)分割,由于热红外波段分辨率为 90m,考虑精度原因,未分级处理。从图 6-14 可以看出,三都地区的硅化异常明显受构造和地层控制,主要分布于东部变质岩区,尤其是来楼一带更为典型,呈椭圆状,与早期解译的环型影像正好叠合,同时有两条 NE 向线性构造穿过中部,值得注意。

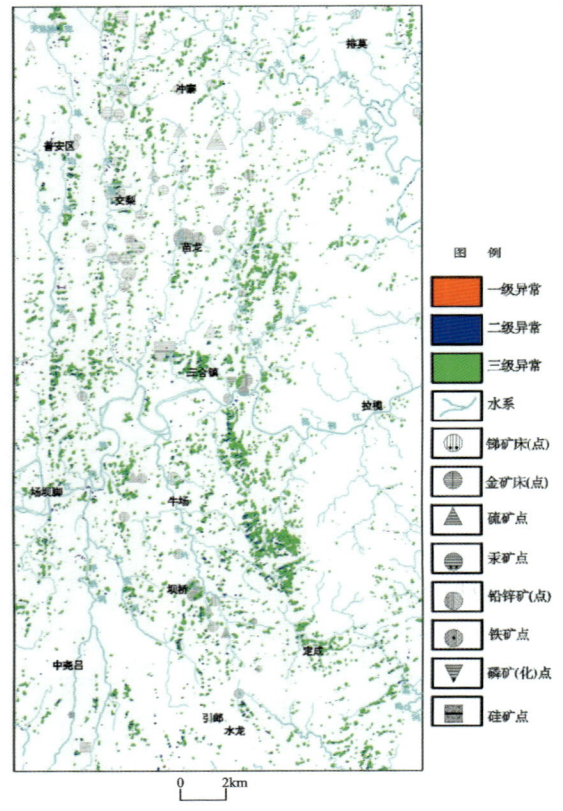

图 6-11 Al-OH 蚀变异常分布图

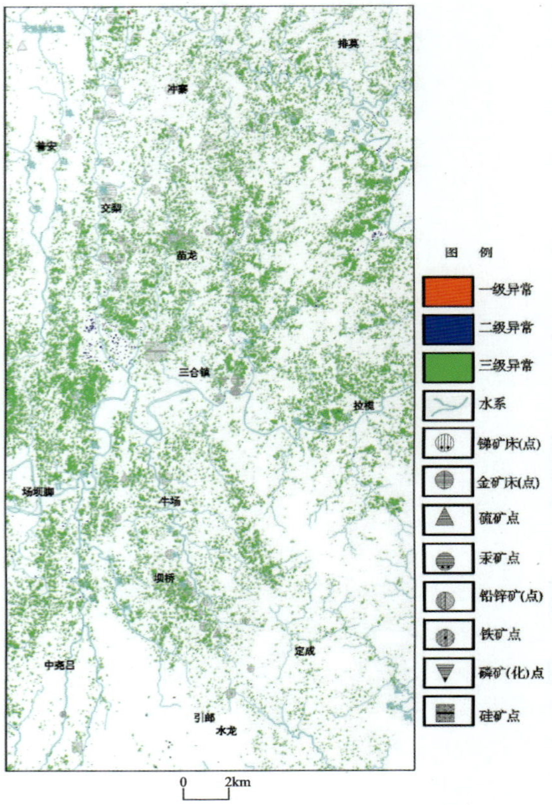

图 6-12 CO_3^{2-} 离子团蚀变异常分布图

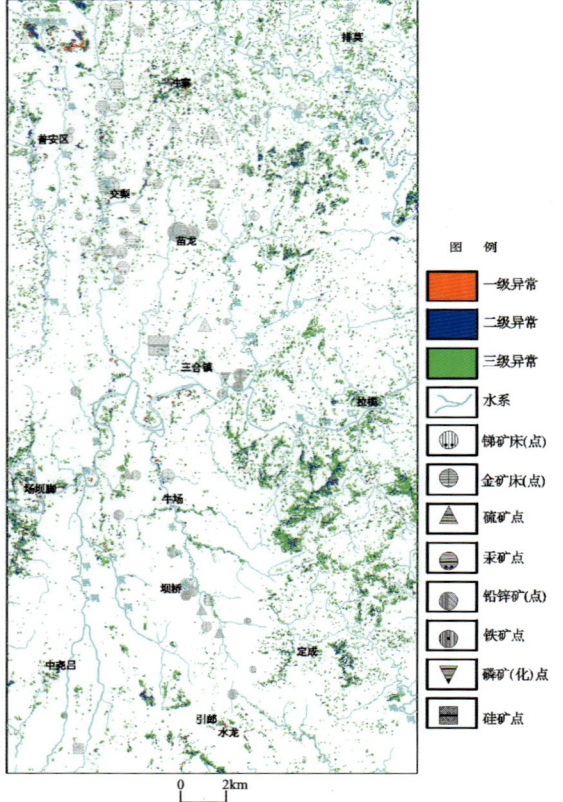

图 6-13 铁染蚀变异常分布图

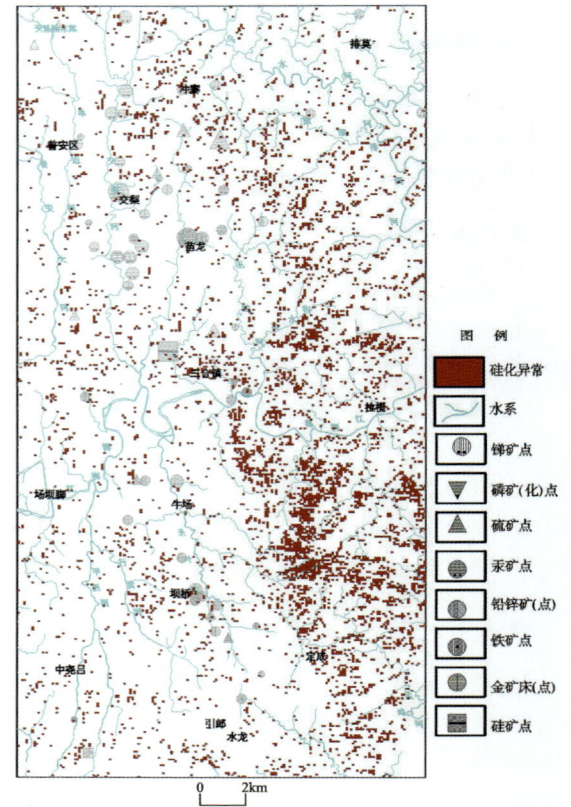

图 6-14 硅化异常分布图

（三）几种异常的叠加组合

Al-OH 基团和 CO_3^{2-} 基团重叠的区域主要分布于坝桥、姑龙和区家桥等地；铁染异常和硅化异常相交的区域主要分布于野记-地祥断裂及其东侧的变质岩区域，其次为平寨（图 6-15）。

铁染异常、Al-OH 基团和 CO_3^{2-} 基团重叠的区域主要分布五要、莫家寨、交圭、平寨和坝桥等地。

硅化异常、铁染异常、Al-OH 基团和 CO_3^{2-} 基团重叠的区域主要分布乌山坝北近 EW 向的断裂上，下把羊南坝子、野足断裂带内，其余地区相对较弱。

（四）对比研究

1. 与基于 TM/ETM 提取的异常对比

本次基于 ASTER 数据提取的铁染异常，与矿产资源潜力评价项目基于 TM/ETM 提取的铁染异常（因数据获取时间为 5 月份，无羟基异常，且批量处理）相比较，有 4 处极为吻合，分别为羊甲、普安、冲寨和地祥（图 6-16），在这 4 处均有一、二、三级异常分布，有相对的浓集中心。且在冲寨有锑矿点，普安有金矿点，因此，值得关注。

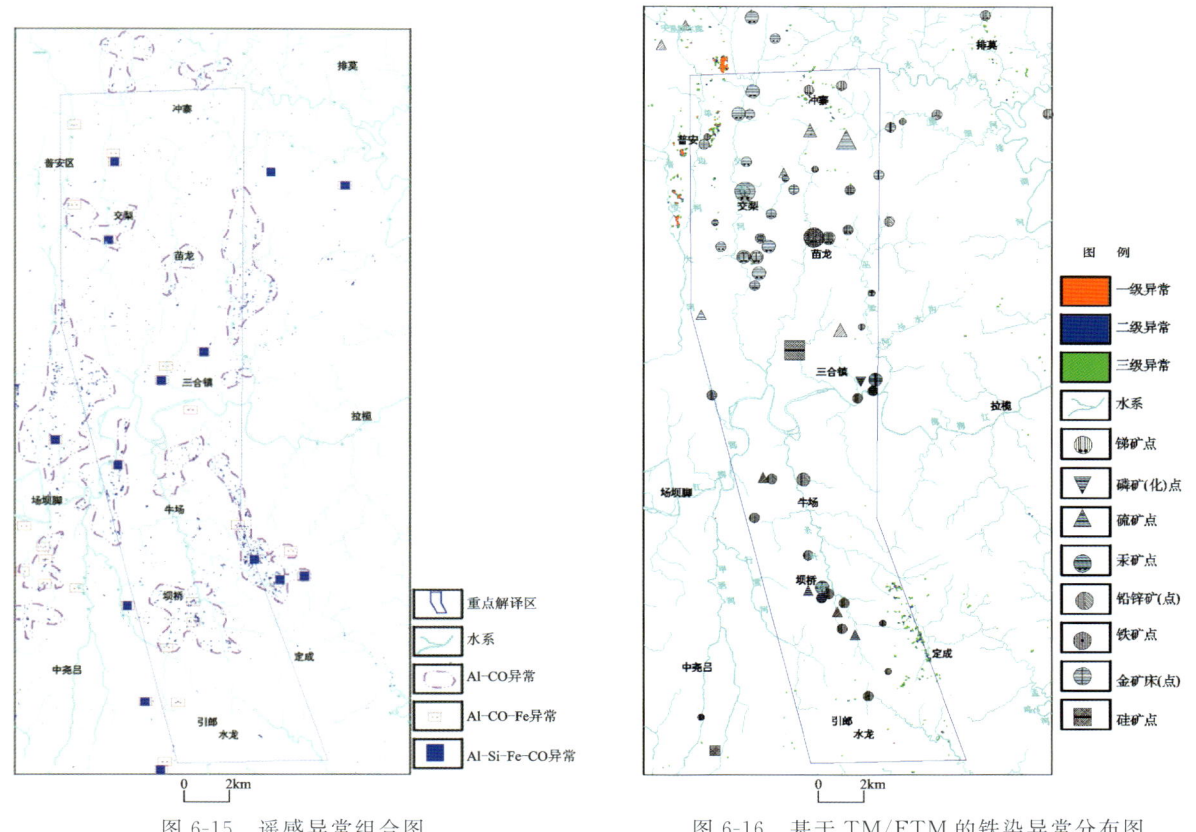

图 6-15 遥感异常组合图　　　图 6-16 基于 TM/ETM 的铁染异常分布图

2. 弱矿化蚀变遥感信息与部分元素地球化学异常组合的叠加分析

三都地区基于 ASTER 数据提取了铁染、Al-OH 基团、CO_3^{2-} 基团和硅化异常，将这些信息与金-砷-锑-汞以及铅-锌-铜-银-镉等地球化学组合进行叠加（图 6-17、图 6-18），仅局部有较好的吻合。如在普安一带,铅元素异常与铁染异常和 CO_3^{2-} 基团异常有较好的叠加和吻合度;在何家寨一带,与铁染异常叠加吻合度较好;在猴场北部以及岩捞一带,铁染异常有较好的叠加;在山咀、交易两地,金元素地球化学异常与硅化异常有叠加。其他地区相对较差。

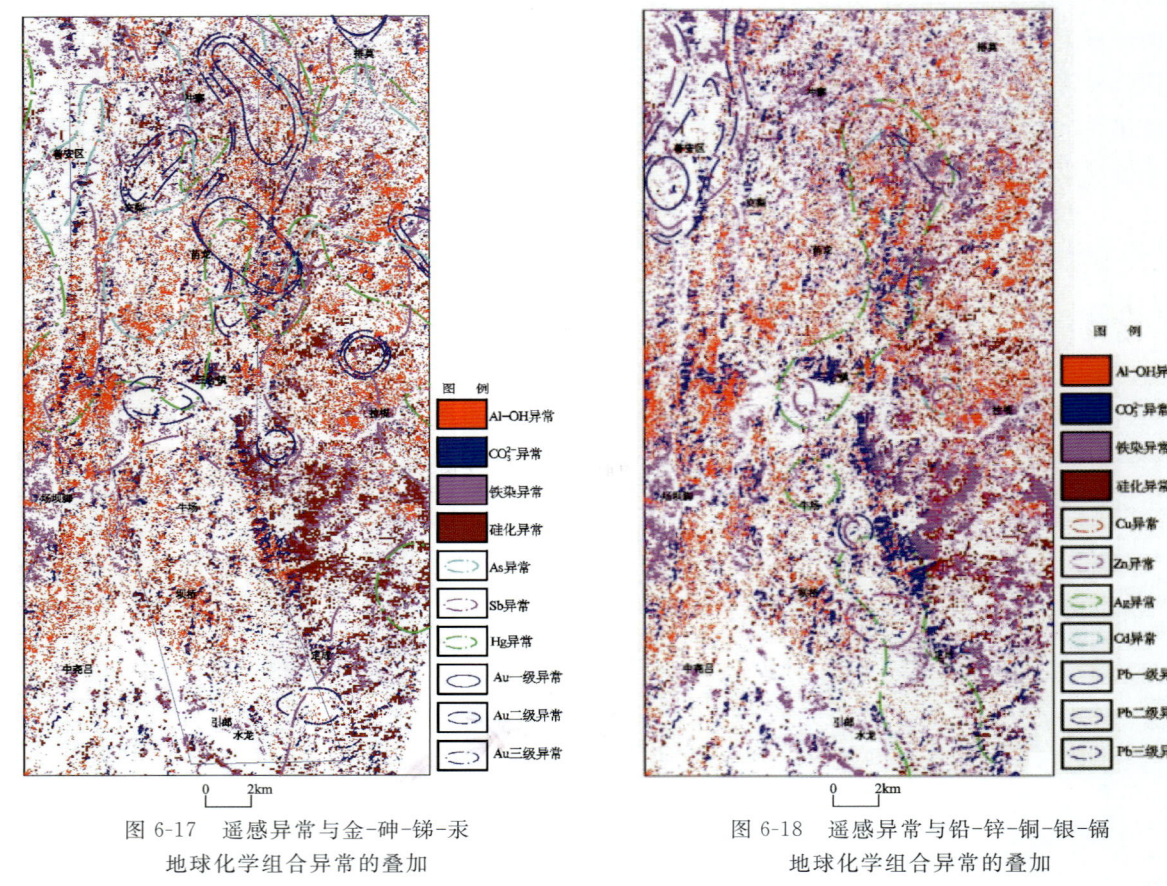

图 6-17　遥感异常与金-砷-锑-汞地球化学组合异常的叠加

图 6-18　遥感异常与铅-锌-铜-银-镉地球化学组合异常的叠加

3. 线-环构造与已知矿床(化)点的叠加分析

从遥感解译图可以看出,几乎所有金矿床(化)点都产于两组断裂的交会部位,尤其是近 EW 向、NW 向断裂与近 SN 向断裂的交会处,在近 SN 向断裂与近 EW 向断裂交会,且旁侧有较大的 NW 向断裂,或者近 EW 向断裂与 NW 向断裂叠加时,形成的金矿规模较大,如果缺少 NW 向断裂,金矿规模则相对较小。在这些已知的矿床(点)附近,大多都有环形影像。

二、孟溪地区

孟溪地区的锰矿主要产于南华系中统大塘坡组黑色炭质页岩中,为沉积型矿产。该地区位于梵净山北东侧,植被极为发育,干扰大,极大地影响了遥感异常的提取。针对锰矿的产出层位和分布特征,试验性提取了 Al-OH、CO_3^{2-} 和 Fe^{3+} 离子(基团)异常信息,获取的异常斑块较少,仅铁染异常相对较集中,斑块较大,其余 CO_3^{2-}、Al-OH 均为单个栅格。在道塘一带由于山体开挖,有 CO_3^{2-} 正好位于开挖面上。在黄河岭一带铁染异常与 Landsat-7 数据提取的铁染异常有交叉重叠区域(图 6-19)。在冉家坝一带,位于一条 NE 向断裂构造带与近 EW 向构造弱化带的汇合位置附近,较弱的铁染异常和 Al-

OH异常附近有汞矿化点，其特征正好可以印证一部分遥感异常对于某些矿产具有较好的预见性；同时也可以肯定这些异常块与锰矿基本无关。

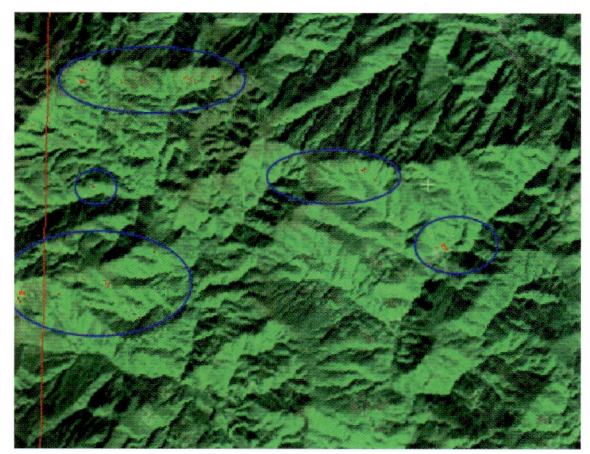 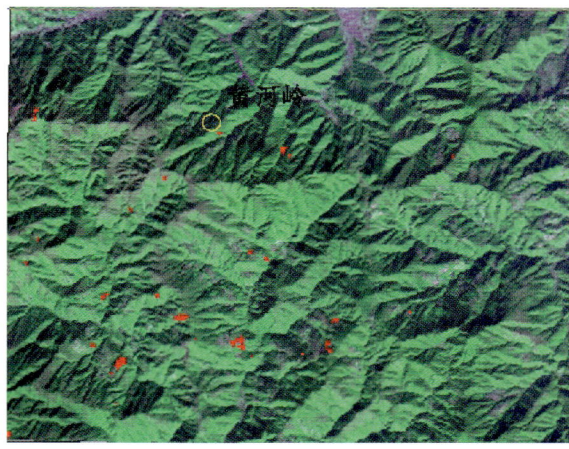

图 6-19　黄河岭一带铁染异常分布图

(图中红色斑块为铁染异常；左图基于 ASTER 数据提取的铁染异常；右图 Landsat-7 数据提取的铁染异常)

此外，在威宁—水城—盘县一带，基于短波红外波段可以直接提取该地区土法炼铅锌、炼焦点。从图 6-20 中可以看出，每一个红色的小点，都是当年土法炼铅锌或炼焦高炉，由此可以反推，附近一定有铅锌矿和烟煤的产出，并达到以矿找矿的目的。

图 6-20　水城附近土法炼铅锌或炼焦异常图(R7G4B1,TM,1999)

第七章 遥感综合找矿模式建立及典型应用分析

遥感找矿模式的建立,是指在充分研究地质资料的基础上,结合遥感技术应用,从宏观上分析矿产赋存于各金矿地层的影像规律和特征,然后进行概括性总结。

贵州位于扬子地台边缘,构造运动相对较弱,沉积较为稳定,沉积矿产占有较大的优势,其次为中、低温热液矿产。因此本章在成矿带论述的基础上按照成矿类型分别就遥感在沉积型、复合内生型(含层控内生型)和岩浆岩型矿产中的应用分节总结阐述于后。

第一节 在沉积型矿产资源中的找矿模式及典型矿床分析

遥感手段寻找沉积矿产,主要以现有地质资料为基础,通过遥感剖面研究来识别含矿层(和前文提到的"含矿带"所指有一致性),实质上就是通过遥感手段鉴别沉积地层的影像特征,这也是其与内生矿产遥感调查的最大区别。

贵州沉积矿产的地层从下至上分别有大塘坡组、陡山沱组,以及第四系等(表7-1),其中以煤、磷、铝、锰占优势,具有"量大质优"的特点,因此沉积型矿产的遥感找矿模式也基于这几个矿种的典型矿床研究而建立。

表 7-1 贵州沉积矿产产出地层

序号	地层	赋存矿产
1	第四系	在威宁草海有泥炭产出
2	翁哨组	施秉县翁哨一带有褐煤产出
3	砂溪庙组	含铜砂岩
4	火把冲组	兴义、贞丰、关岭及六枝郎岱等地的含煤地层
5	飞仙关/夜郎组	含铜砂岩
6	龙潭组/合山组/宣威组	产煤、褐铁矿、硫铁矿、铝质粘土,在贞丰烂泥沟一带产金。兴仁滥木厂一带产铊矿
7	茅口组白泥塘层和大厂层	在遵义—纳雍一带产锰矿,在晴隆一带产金、锑矿
8	梁山组	产褐铁矿、在威宁猴场一带产煤
9	大竹园组	在务川、正安和道真一带产铝土矿
10	祥摆组/九架炉组	产铝土矿、褐铁矿
11	榴江组	在乐纪一带产重晶石矿
12	独山组	褐铁矿
13	帮寨组	褐铁矿
14	牛蹄塘组/九门冲组	产镍、钼、钒、磷等矿
15	灯影组/老堡组	产磷矿、重晶石
16	陡山沱组/洋水组/戈仲伍组	产磷矿(稀土)
17	大塘坡组	产锰矿

一、含矿沉积建造及含矿地层

1. 上二叠统含煤沉积建造

据沉积环境不同划分陆相宣威组(陆相含煤、铁碎屑岩)、海陆交互相龙潭组[由砂岩、粉砂岩、泥(粘土)岩、钙质泥岩、燧石灰岩及煤层等组成]、浅海相合山组(碳酸盐岩类岩石为主,夹少量细碎屑岩及煤层)和长兴组[主要由灰岩、燧石灰岩夹泥(粘土)岩、硅质岩及煤层组成]等岩石地层单位。

2. 中二叠统含锰沉积建造

该沉积建造为茅口组顶部:主要由硅质岩、泥(粘土)岩、含黄铁矿泥岩夹锰矿体组成,顶部常为龙潭组无烟煤或碳质泥岩,底部夹劣质煤层及碳质泥岩。部分研究者认为锰矿由古岩溶侵蚀面上的风化物带到海盆中沉积形成;也有研究者认为是壳-幔深部的含Mn热水沉积形成。

3. 南华系中统含锰沉积建造

该沉积建造为大塘坡组第一段。主要为一套腐泥型碳质沉积物,其间夹有少量中酸性凝灰岩及硅质岩薄层,并有透镜状、似层状碳酸盐锰矿体赋存。主要产锰地段含锰建造以碳质泥岩为主,夹少量碳酸盐类、凝灰岩和碳酸盐锰矿体。最新研究资料认为锰矿的形成与海底冷泉喷流作用有关。当第一段厚度大于10m时,有锰矿产出,但锰矿质量差、厚度薄;当含锰岩系厚度大于15m时,一般有工业矿体存在;厚度大于20m时,锰矿的质量较好。

4. 震旦系含磷块岩沉积建造

陡山沱期的磷矿在息烽、开阳及瓮(安)—福(泉)一带称洋水组,其他地区称陡山沱组。含磷建造由西向东分为台地、台地边缘斜坡及盆地三个相带:遵义地区为含磷碳酸盐岩-泥(粘土)岩组合;息烽、开阳及瓮(安)—福(泉)一带为一套磷酸盐岩、硅质岩及碳酸盐岩组合;印江—都匀一线以东地区,为台地边缘斜坡相区,泥质增加,以泥(粘土)岩为主,夹磷块岩透镜体,底部为白云岩或含锰白云岩,向东至天柱—榕江一线以东,属盆地相区,以碳质泥(粘土)岩为主,含硅质及黄铁矿,仅夹有凝胶状磷块岩结核,几乎不含或极少含碳酸盐岩。

梅树村期的磷矿主要产在织金—纳雍一带震旦系—寒武系老堡组/灯影组白云岩及寒武系牛蹄塘组碳质泥岩中。

5. 下石炭统含铁、铝沉积建造

该沉积建造为九架炉组,主要由铝土页岩、泥(粘土)岩及铁质页岩夹赤铁矿及铝土矿组成。建造中的铁铝矿床,在成因上属沉积在古岩溶侵蚀面上的古风化壳再沉积矿床。

6. 下石炭统含煤沉积建造

该沉积建造为祥摆组,主要由泥(粘土)岩、砂岩、钙质泥岩、透镜状生物屑灰岩及煤层等组成。

二、含矿岩系的遥感影像特征

1. 煤

(1)晚二叠世的含煤岩系,其顶板为下三叠统陆源碎屑岩,底板为峨眉山玄武或茅口组碳酸盐岩。

在遥感解译过程中,可将含煤岩系和下三叠统陆源碎屑岩合并,视为被挟持在中二叠统碳酸盐岩和三叠系碳酸盐岩之间的一套呈条带状展布的非可溶性岩石,为流水侵蚀地貌(非岩溶地貌),是判读晚二叠世含煤岩系的标志。

(2)早石炭世祥摆组的含煤岩系,其顶、底板岩层均是具有一定厚度的台地相碳酸盐岩。因此,在岩溶地貌区之间,为非岩溶地貌(即流水侵蚀地貌)呈条带状展布的,是快速、准确地判读祥摆组含煤岩系的最直接标志。

基本影像特征见表 7-2。

表 7-2　贵州主要含煤岩系的 TM(R7G4B1)遥感影像特征

含煤岩系	色调	影纹	地貌	水系	植被	备注
上二叠统含煤地层	绿色、浅褐或浅紫色	条纹状	走向次成谷或垄-槽组合	羽状水系	灌木或草	主要含煤岩系
下石炭统含煤地层	浅紫色、藕红色或绿色	条纹状或不均匀块状	山盆期地面保存较好,常态地貌发育	羽状水系	灌木、草或荒坡	威宁片区
	紫红色或绿色	条纹状或不均匀块状	走向次成谷	放射状、羽状水系	乔木或草坡	立化片区

2. 磷

(1)震旦纪陡山沱期磷块岩。开阳磷矿区为一不对称短轴背斜,出露地层核部为青白口系清水江组浅变质岩系;向两翼依次有南华系澄江组砂岩及泥(粘土)岩、下震旦统洋水组磷块岩、震旦系—寒武系灯影组白云岩及白云质泥(粘土)岩及寒武系牛蹄塘组碳质页岩。

(2)寒武系梅树村阶磷块岩。以织金新华大型磷块岩矿床为例,磷块岩产于震旦系—寒武系老堡组/灯影组及寒武系牛蹄塘组。含矿主要为老堡组/灯影组白云岩,出露面积不大,仅在近龙场断层北西盘有小范围出露。此外,在织金县城西北、织金与纳雍之间以及以那架-张维复式背斜核部,局部有该含磷地层出露。

含磷岩系在影像上无特殊标志,但地层组合相对区别仍然比较明显,主要通过微地貌和水系判别。

含磷岩系影像特征见表 7-3。

表 7-3　贵州含磷岩系的 TM(R7G4B1)遥感影像特征

含磷岩系	色调	影纹	地貌	水系	植被	备注
下震旦统含磷岩系	浅紫色或藕红色	块状	溶蚀地貌	格子状	少	与上覆、下伏地层反差大
梅树村阶含磷岩系	浅紫红色或绿色	碎粒状或细纹状	溶蚀地貌	树枝状或根状	少	

* 据刘沛,有改动

3. 铝

含铝岩系一般厚度在 20m 左右。因此,除了特殊的构造部位,单独识别含铝岩系是比较困难的。但结合含铝岩系的矿床地质特征,以及顶、底板岩层的岩性特征,将含铝岩系向上归并,与上覆岩层一起进行遥感判读,是行之有效的。

务川、正安、道真地区以向斜形成的负态地貌为显著特征。向斜核部通常出露二叠系和三叠系,翼部一般由二叠系、志留系构成。

修文、清镇地区铝土矿和遵义、开阳、息烽地区铝土矿的含铝岩系在遥感影像上不易识别。因为这两个地区均位于贵州地势的第二级梯级面上,地势起伏一般都小,从而影响其遥感识别;但含铝岩系的底板、顶板均主要是碳酸盐岩,可作为识别标志(刘沛,2003)。含铝岩系影像特征见表 7-4 所示。

表 7-4 贵州含铝岩系的 TM(R7G4B1)遥感影像特征

含铝岩系		色调	影纹	地貌	水系	植被
务川、正安、道真地区	顶板:碳酸盐岩区	淡红色—棕红色、浅绿色—绿色	斑块状	峰丛及峰林		不发育
	底板:碎屑岩区	绿色	条纹状	潴背岭,流水侵蚀	平行密集冲沟	发育
修文、清镇、遵义、开阳地区	顶板:碳酸盐	地层色调反差不大	条带状	形成相对高差较大的峰林峰丛,山脊线明显,含矿岩系与下伏地层间为顺走向冲沟		不发育
	底板:碳酸盐			形成相对高差较小的峰林峰丛		较发育

4. 锰

二叠系含锰岩系厚度(26~115m)不大,基于岩性特征(多为碎屑岩)考虑,宜与上覆含煤岩系合并为同一岩石地层(影像)单元,这样其影像特征与含煤岩系类似;南华系含锰岩系可通过其与上、下地层间的差异予以识别。

含矿地层南华系大塘坡组在松桃地区广有分布,但南华系锰矿区多位于梵净山穹状背斜北侧。在老岭、梵净山、中灵、盘山、十八坪等背斜两翼可见。仅单赋存层位大塘坡组泥(粘土)岩而言,在 TM 影像上不易与上覆、下伏地层区别,但整个南华系地层组合的影像特征与上覆寒武系和与下伏青白口系仍然有一定差别。

含锰岩系影像特征如表 7-5 所示。

表 7-5 贵州含锰岩系的 TM(R7G4B1)遥感影像特征

含锰岩系		色调	影纹	地貌	水系	植被
二叠系含锰岩系		绿色或浅紫色	斑点状	槽谷	枝状	灌木
南华系含锰岩系	顶板:寒武系	绿色、淡蓝或紫色	圆丘状	溶丘	线状	灌木
	震旦系+南华系(含锰)	深绿色	蠕虫状	侵蚀	枝状	乔木及灌木
	底板:青白口系	浅绿色—绿色	线状	侵蚀	羽状	乔木及灌木

三、沉积矿产的遥感找矿初步模式

1. 煤矿的遥感找矿模式

1)石炭系煤

(1)岩石地层(影像)单元标志:由于含煤岩系祥摆组的顶、底板都是碳酸盐岩,因此,在岩溶地貌区呈条带状展布的流水侵蚀地貌,是快速、准确地判读祥摆组的最佳直接标志。

(2)地貌标志:含煤岩系的岩性及其顶、底板岩层的岩性差异和侵蚀作用差异,常常沿含煤岩系形成走向次成谷。

2)二叠系煤

(1)岩石地层(影像)单元标志:含煤岩系是间于上覆三叠系碳酸盐岩与下伏峨眉山玄武岩(或中二

叠统碳酸盐岩)中的一套碎屑岩。因此,在岩溶地貌区呈条带状展布的流水侵蚀地貌(或称非岩溶地貌),也是判读晚二叠世含煤岩系的标志。

(2)地貌标志:在山盆期地貌保存良好的地区,该套非可溶岩层除发育规模较小的走向次成谷外,还常常与其上、下碳酸盐岩形成垄(脊)-槽(谷)组合地貌;在乌江期地貌发育区,该套非可溶岩层常形成一系列规模不等的走向次成谷(刘沛,2003)。

2. 磷矿的遥感找矿模式

1)陡山沱期磷块岩

(1)岩石地层(影像)单元标志:贵州的含磷岩系主要分布于黔中地区,在空间上受岩相古地理控制。由于含磷岩系位于灯影组碳酸盐岩系之下,而正好这套碳酸盐岩的上、下均为碎屑岩,因此在参考区域地质资料的基础上,将陡山沱组、灯影组和牛蹄塘组合并为一个影像单元(即含磷岩系),可在TM遥感影像上通过对碳酸盐岩的识别来大致圈定其分布。

(2)地貌识别标志:含磷岩系与其上、下岩层在物质属性及侵蚀作用上的差异,常常沿含矿地层形成走向次成谷。

2)梅树村期磷块岩

(1)岩石地层(影像)单元标志:同陡山沱期磷块岩一样,岩相古地理控制矿产的区域分布是明显的。含矿层识别主要依据地层层序的相互关系并结合影像特征予以区别。譬如,区域上的中二叠统栖霞组—茅口组碳酸盐岩在遥感影像上有较为突出的特征——岩溶地貌发育,碎斑状(或花生壳状)影纹图案,顺这套地层往下,一般可"清理"出下伏各组地层。如在织金一带,其下伏依次为下石炭统、下寒武统和下震旦统含磷层位。

(2)地貌识别标志:典型的岩溶地貌区,常形成峡谷及峰丛,山体较尖棱。

3. 铝土矿的遥感找矿模式

(1)岩石地层(影像)单元标志:含矿地层主要为下石炭统九架炉组。在修文小山坝一带,九架炉组分布于形态各异、大小不一的古岩溶洼地中。

(2)地貌识别标志:含铝岩系的底板、顶板均是由碳酸盐岩形成的岩溶地貌,但其岩溶微地貌仍有差异。含铝岩系的底板不论是寒武系娄山关组至下、中奥陶统湄潭组,还是寒武系清虚洞组至娄山关组,顶板不论是中二叠统梁山组至栖霞组,还是石炭系旧司组至摆佐组,在地貌上它们都形成岩溶峰丛(林)。不同的是,顶板碳酸盐岩常常形成坡体相对高差较大的峰丛(林),并且发育走向较清楚的山脊线;而底板碳酸盐岩则常常形成坡体相对高差较小的峰丛(林),且不存在山脊线。含铝岩系就产于这岩溶微地貌的变化处(刘沛,2003)。

4. 锰矿的遥感找矿模式

1)二叠系锰矿

(1)岩石地层(影像)单元标志:中二叠统茅口组锰矿,主要产于遵义附近,主要受岩相古地理控制。本影像单元与上覆、下伏影像单元在影像上有较大反差,其上、下地层均为碳酸盐岩,因此,在岩溶地貌区,呈条带状展布的非岩溶地貌——流水侵蚀地貌,是判读该套岩系的标志。沿该套地层露头,常为负地形,细小斑丘状影纹,表面平滑,影像层理清楚。

(2)地貌识别标志:常出露于褶皱翼部,分布面积和出露厚度不大,多形成走向槽谷。

2)南华系锰矿

南华纪锰矿(受岩相古地理控制)主要分布于松桃大塘坡一带。

(1)岩石地层(影像)单元标志:南华纪是贵州又一个重要成锰期,主要含锰层位是南华系大塘坡组,是一套以碳质泥(粘土)岩为底,具卷曲状纹层的粉砂质泥(粘土)岩为顶的细碎屑-泥(粘土)岩组合;底部或近底部常产1~2层碳质菱锰矿层。

(2)地貌识别标志:以流水侵蚀地貌、蠕虫状影纹、地表多植被、色调深绿色、山脊线弯曲无规则等特点与上下地层相区别。

四、应用实例

1. 务-正-道铝土矿

1)地质概况

研究区位于贵州务川、正安和道真一带,该地区多为"向斜为山,背斜为谷"的负态地貌,卷入褶皱的两翼的地层主要有寒武系、奥陶系、志留系、石炭系、二叠系、三叠系等。褶皱轴向大多呈NNE—NE向,少数呈NNW—NW向。铝土矿赋存于中二叠统大竹园组(部分资料将其归为梁山组下部),岩性为泥岩、页岩,除含铝土矿外,还产有硅矿和硫铁矿,底部局部见上石炭统灰岩透镜体;上覆地层为中二叠统栖霞组和茅口组灰岩;下伏地层为韩家店组砂、页岩夹泥灰岩(图7-1)。

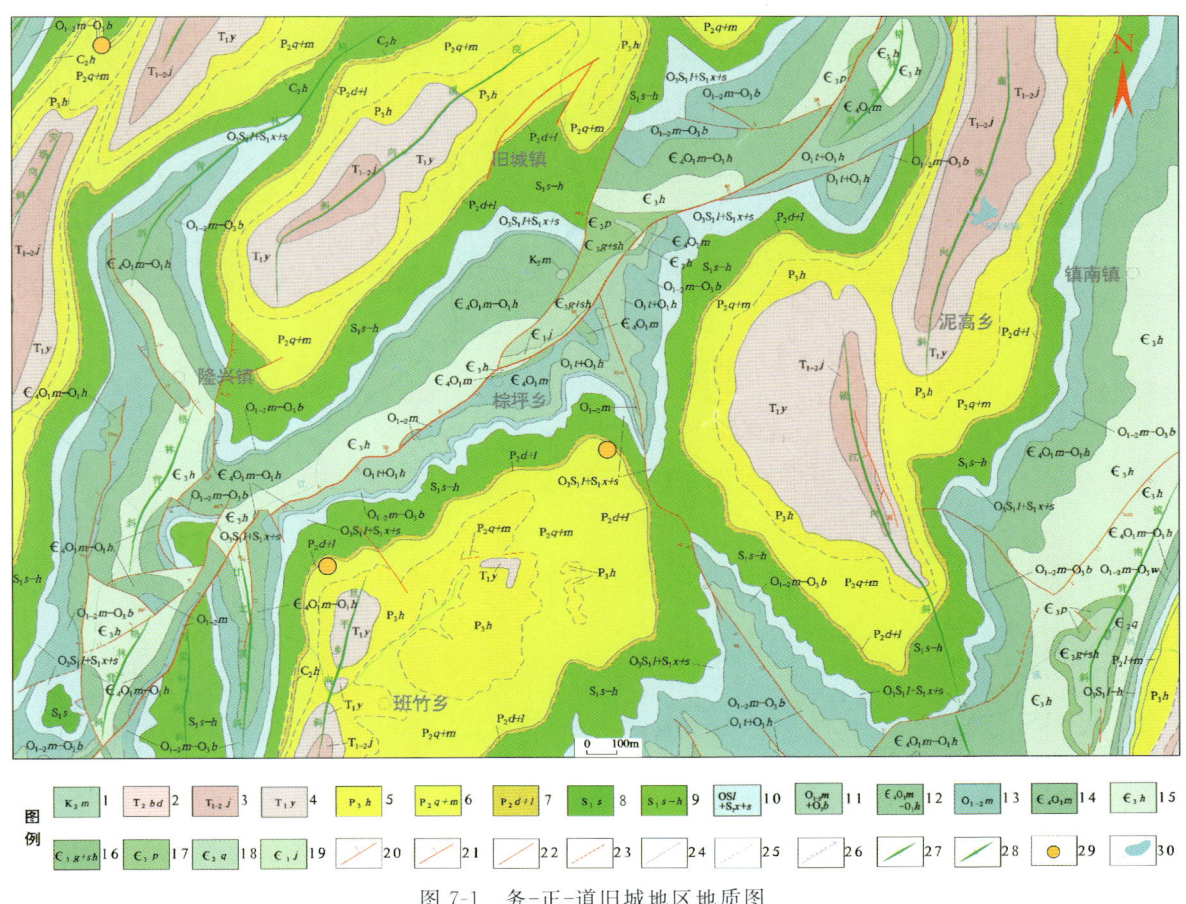

图7-1 务-正-道旧城地区地质图

1.茅台组;2.巴东组;3.嘉陵江组;4.夜郎组;5.合山组;6.栖霞组—茅口组;7.大竹园组—梁山组;8.石牛栏组;9.石牛栏组—韩家店组;10.龙马溪组—新滩组—松子坎组;11.湄潭组—宝塔组;12.毛田组—红花园组;13.湄潭组;14.毛田组;15.后坝组;16.高台组—石冷水组;17.平井组;18.清虚洞组;19.金顶山组;20.正断层;21.逆断层;22.性质不明断层;23.推测断层;24.地质界线;25.平行不整合界线;26.角度不整合界线;27.背斜;28.向斜;29.矿点;30.水系

2)遥感特征

该区域断层以NNE—NE向断层为主,次之为NW向。在遥感影像[图7-2(a)]和地貌上,铝土矿赋矿地层之上的中二叠统栖霞组和茅口组灰岩为一个影像单元,常形成陡崖;之下为志留系韩家店组砂、页岩,冲沟常呈平行状排列。上述特征在区域上较为清楚和稳定,为区域上的近矿找矿标志[图7-2(b)]。

（a）遥感影像图（R7G4B1, TM）

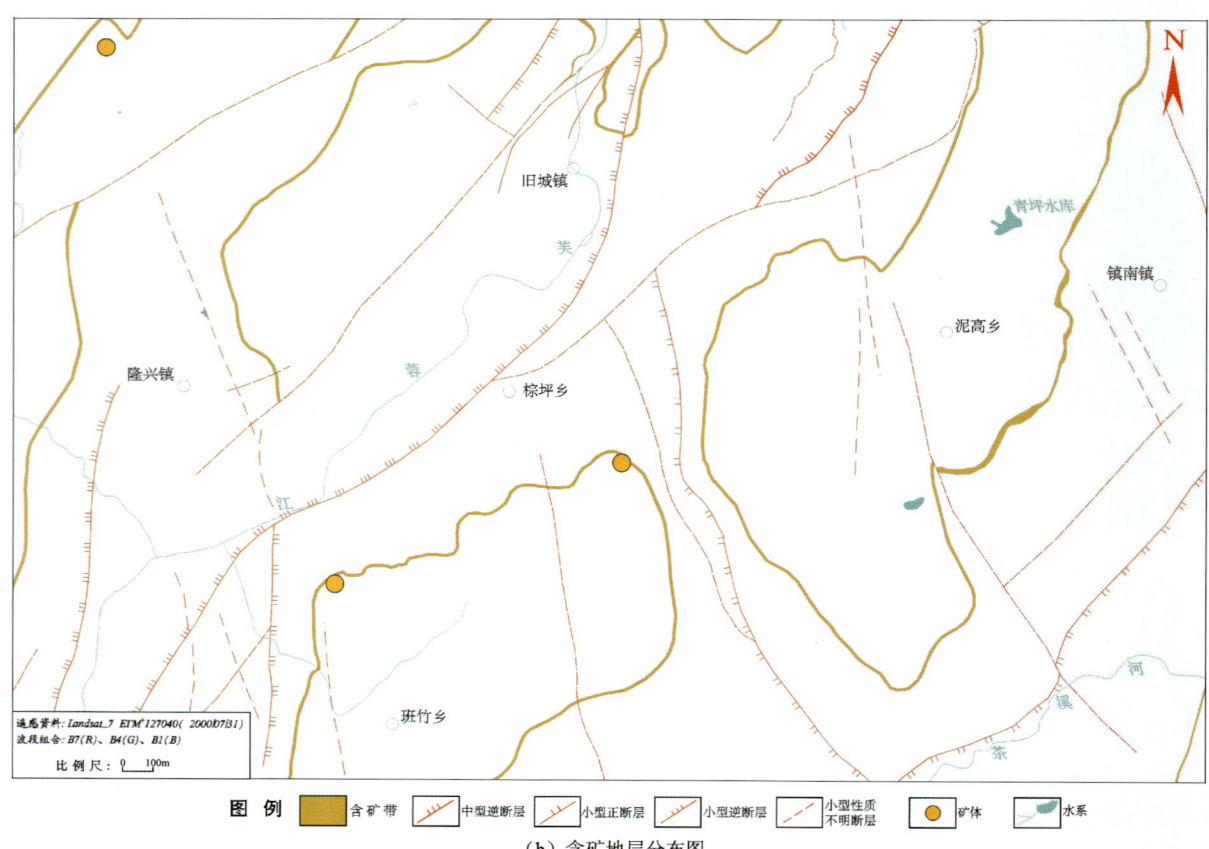

（b）含矿地层分布图

图7-2 务-正-道旧城地区遥感影像图及解译图

贵州省务-正-道铝土矿为沉积型，断裂构造一方面使矿体出露于地表，另一方面亦会破坏矿体的连续，因此铝土矿矿点或者矿床受地层和岩相控制。

3）认识与建议

铝土矿含矿地层多出露于向斜两翼中二叠统栖霞组和茅口组灰岩之下。在地形地貌上灰岩岩溶特征发育，常形成陡崖，在务-正-道地区乃至黔北和渝南都存在该标志，通过该标志可以准确、快速找到含铝土矿地层。但鉴于研究区工作程度较高，利用遥感影像特征寻找铝土矿意义已不大，因此建议利用遥感加强隐伏构造研究，并结合其他地质资料加强地层和岩相古地理分析，扩大铝土矿的储量和远景区。

2. 金沙地区硫铁矿

1）地质概况

该矿位于黔北金沙一带，区内二叠系、三叠系出露最广，寒武系、奥陶系、石炭系和侏罗系分布零星，缺失志留系、泥盆系。区内硫铁矿为沉积型，已知硫铁矿矿点（床）较多，主要分布于大方以西及沙厂（大水）和安底穹隆构造边缘，产于峨眉山玄武岩底部或龙潭组底部，茅口组石灰岩古侵蚀面之上，含矿岩系为铁质泥（粘土）岩、碳质页岩、铝质泥（粘土）岩等。矿体呈层状、似层状及透镜状产出，受底板古侵蚀面地形起伏的控制。矿石矿物成分简单，以黄铁矿为主，白铁矿次之（图7-3）。

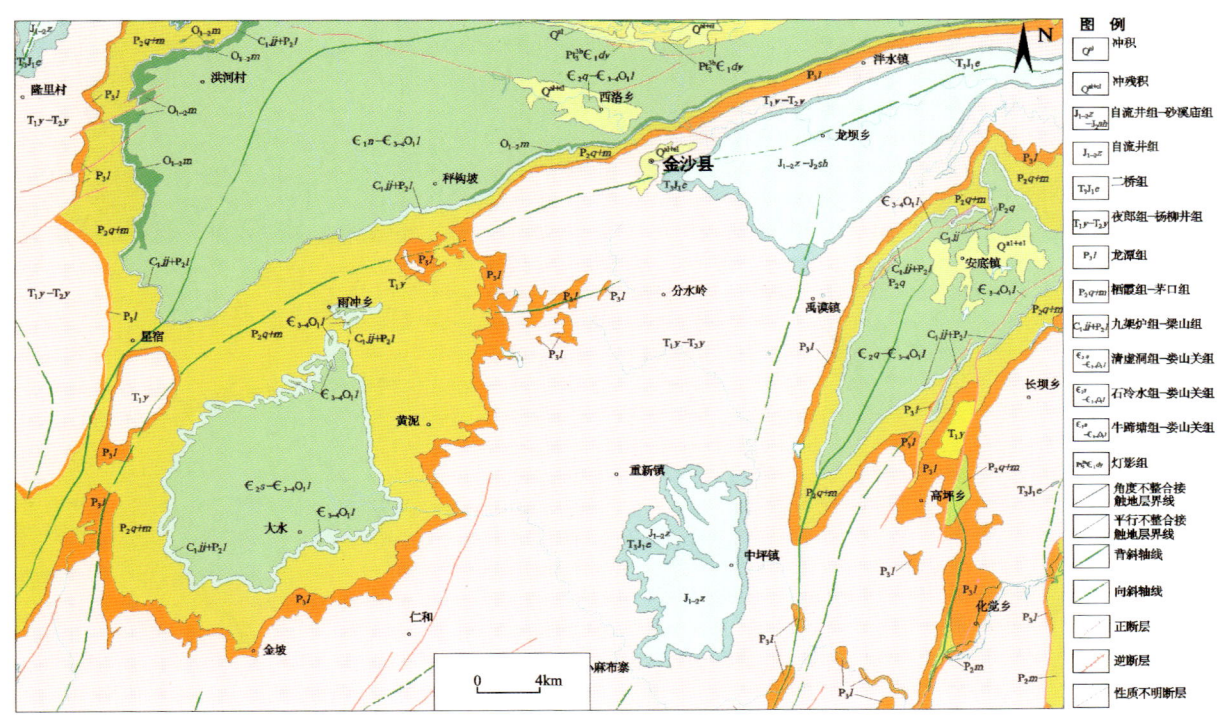

图7-3　金沙一带地质图

2）遥感特征

在ETM遥感影像上（图7-4），含矿地层龙潭组在地貌上为一负地形（走向次成谷），顺岩层走向可见稀疏的垂直冲沟标志；之下为栖霞组和茅口组灰岩形成的岩溶地貌；之上为夜郎组砂岩、页岩形成的侵蚀地貌，冲沟常呈平行状排列。

硫铁矿产出部位为峨眉山玄武岩底部或龙潭组底部，茅口组顶部石灰岩古侵蚀面之上，层位固定。产出构造为近南北向构造体系和近东西向构造体系的复合部位附近，也是峨眉山玄武岩尖灭的部位。经遥感解译和岩相古地理研究发现，特别是在玄武岩尖灭向龙潭组过渡的部位，硫铁矿的厚度和品位都较好，而远离该区域则相对较差。因此龙潭组是区内的找矿标志。

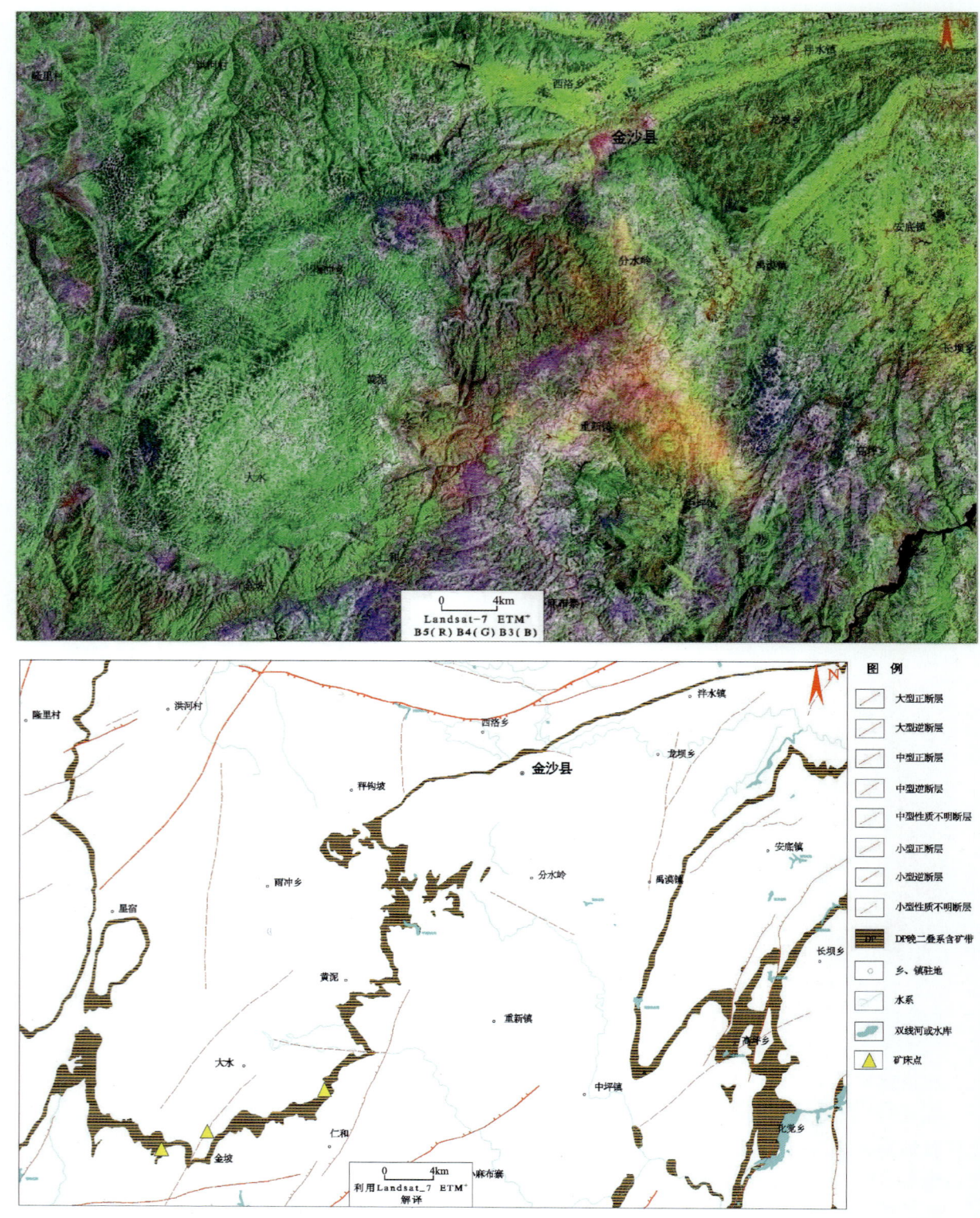

图 7-4　金沙一带遥感影像及含矿地层分布图

3) 认识与建议

综合预测工作区和典型矿床的硫铁矿赋存条件，可知硫铁矿产出部位为茅口组顶部石灰岩古侵蚀面之上，峨眉山玄武岩（或龙潭组）底部，特别是在玄武岩尖灭向龙潭组过渡的部位，硫铁矿的厚度和品位都较好，而远离该区域则相对较差。断裂构造在区内的作用是将赋矿地层破坏或使其出露，因此加强区内的岩相研究是找寻硫铁矿的有效途径。

3. 开阳磷矿

1) 地质概况

该区出露有青白口系、南华系、震旦系、寒武系、奥陶系、石炭系、二叠系、三叠系等地层。褶皱轴向为 SN 向或 NNE 向，由西向东褶皱依次为大银顶向斜、上厂背斜、天台寺背斜、洋水背斜（图7-5）及毛云背斜。磷矿主要产于下震旦统陡山沱组（亦称洋水组）碎屑岩内，其次为灯影组和牛蹄塘组，为沉积型矿产。磷矿点主要分布在洋水背斜两翼，展布方向与背斜轴向一致。顶部为磷块岩透镜体及含锰白云岩，中部矿石为中厚层致密状、碎屑状及条带状磷块岩，下部为黄灰色薄层—中厚层含磷砂质白云岩或砂屑磷块岩及磷质岩。

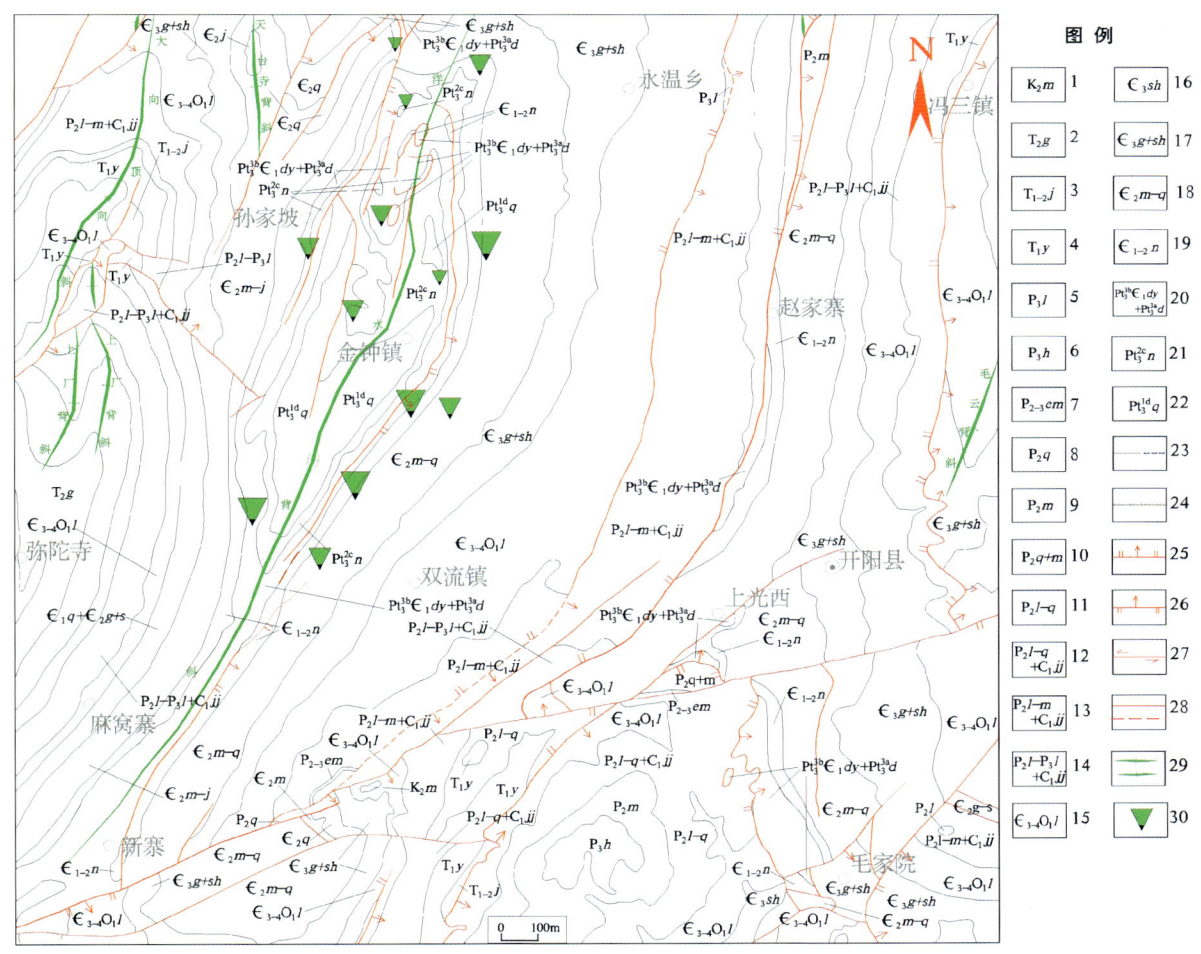

图 7-5 洋水背斜地质图

1.茅台组；2.关岭组；3.嘉陵江组；4.夜郎组；5.龙潭组；6.合山组；7.峨眉山玄武岩；8.栖霞组；9.茅口组；10.栖霞组和茅口组并层；11.梁山组、栖霞组和茅口组并层；12.梁山组—栖霞组与九架炉组并层；13.梁山组—茅口组与九架炉组并层；14.梁山组至龙潭组与九架炉组并层；15.娄山关组；16.石冷水组；17.高台组及石冷水组；18.明心寺组、金顶山及清虚洞组并层；19.牛蹄塘组；20.灯影组与陡山沱组并层；21.南沱组；22.清水江组；23.实测、推测地质界线；24.角度不整合地质界线；25.正断层；26.逆断层；27.平移断层；28.性质不明断层/断层；29.背斜/向斜；30.磷矿床

2)遥感特征

在影像上,褶皱的岩性和影纹具有对称性分布特征,可看出倾伏和扬起转折端部位,褶皱构造较简单。洋水背斜呈长条形,两翼地层完整,核部地层清水江组,翼部依次有南华系、震旦系至寒武系等地层。灯影组为白云岩,以碳酸盐岩地貌为特征,与下伏陡山沱组碎屑岩,上覆牛蹄塘组、明心寺组、金顶山组碎屑岩区别较大,特征清晰。

该区断裂构造复杂,断层走向主要为北北东—北东向,延展较长,线性特别明显,北西向较少(图7-6)。

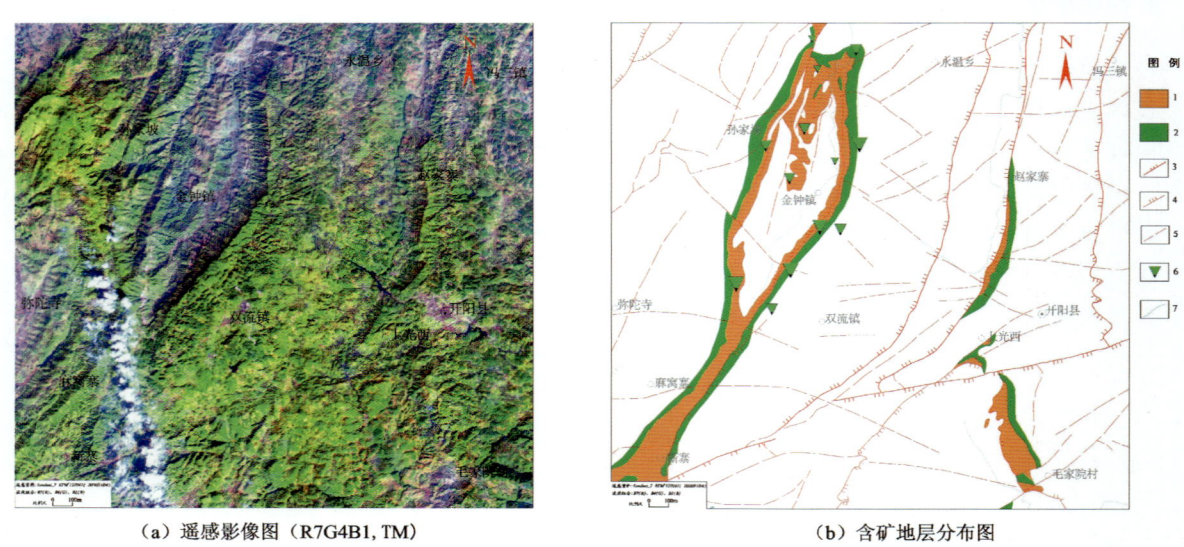

(a)遥感影像图(R7G4B1,TM)　　　(b)含矿地层分布图

图7-6　洋水背斜遥感影像及含矿地层分布图

1.灯影组与陡山沱组并层;2.牛蹄塘组;3.中型逆断层;4.小型逆断层;5.小型性质不明断层;6.磷矿床;7.水系

3)认识与建议

开阳磷矿为沉积型矿产,且含矿层位稳定。主要受控于地层和岩相古地理,区内断裂构造复杂,断裂和褶皱构造一方面对含磷地层的出露起了关键作用,另一方面也破坏了含磷地层的连续产出,增加了找矿勘探的难度。

鉴于该区地质工作程度极高,利用遥感找矿意义不明显,但在对东部赵家寨—毛家院村一带进行岩相古地理研究时,认为其成矿地质条件类似洋水背斜,值得进一步探索。

第二节　在复合内生型矿产资源中的找矿模式及典型矿床分析

复合内生型矿产预测类型是指与沉积建造、变质作用、岩浆活动、构造变形等都有关的矿产。在贵州境内,铅锌(银)、金、汞、锑等多为复合内生型矿产。

贵州省内的复合内生型矿产多与背斜有关,并伴有一些较大的断裂,在模式上以"φ"形为主,"人"形、"井"形和"多"形次之。

一、复合内生型矿产的遥感构造特征

贵州的复合内生型矿产主要有金、汞、铅锌(银)、多金属、铜、钨锡、锑、萤石,部分硫、铁、重晶石等。部分具层控特征。

含矿岩石以碳酸盐岩居多,其次为碎屑岩及蚀变岩(硅质岩)。矿体有层状、似层状、脉状及微细浸染状等几种。除岩性是控矿因素之一外,地质构造在控矿方面具有更重要的地位。境内的复合内生矿

几乎都产于背斜或与之伴生的断裂构造中,有人形象地总结为"背斜加一刀"。有个别矿床似乎产于向斜构造中,但实际上矿体仍产于向斜构造的次一级小背斜或类似于背斜的挠曲构造内。

当背斜构造内有渗透性差的岩石——作"遮挡层"时,在其下方常有富矿存在;有不整合面时也是成矿有利地段。贵州的内生矿产主要属于中、低温热液矿产,或者是有矿源层的矿产,后期经内生作用改造的矿床,含矿质的气液体运移至封闭条件较好的背斜构造时,不易散逸而成矿。这种现象与油气藏形成的必须条件"生、储、盖"有相似之处。

二、遥感找矿模式

复合内生型矿产的控矿构造在剖面上表现为"背斜加一刀"的特征,而在遥感影像(平面)上总体表现为的"ф"形结构,但在不同成矿带上,其表现有所差异,譬如在黔东南呈网状或菱形状,在独山锑矿呈"多"形或"X"形,在从江地虎铜矿呈"人"形或"K"形等,如表7-6所示。因此,在特定的成矿带内找矿,首先是对典型矿床进行研究,找出导矿构造、容矿构造、赋矿地层以及围岩蚀变等特征和关系,然后再研究这些构造和地层是否在遥感影像和弱矿化蚀变信息上有无联系,其遥感特征是什么,最后用类比的方法进行反演,验证反演的结果是否正确,为找矿服务。

表 7-6 典型矿床成矿模式图

遥感模式	线—环组合 ("ф"形)	交叉"人"字形 (菱形或网状)	"多"字形 或"X"形
示意图			

三、应用实例

1. 黔西南台地区金矿

1)地质概况

研究区位于黔西南,出露的地层有二叠系、三叠系和第四系等。褶皱和断裂有多期活动特征,褶皱呈雁列式分布,从北东—南西依次为兴北背斜、长田向斜、灰家堡背斜。矿床点主要分布在灰家堡背斜的核部,矿床(点)沿背斜轴线展布。赋矿地层主要是二叠系—中三叠统,容矿岩石为粉砂岩、泥灰岩及含粉砂质、粘土质的不纯碳酸盐岩[图7-7(a)]。区内金矿为中低温热液浅成微细粒浸染型金矿。矿体受断裂破碎带及层间滑脱、拆离破碎带控制,多呈脉状、透镜状、似层状。矿石矿物主要是铁、砷、锑、汞以及铅、锌、铜等硫化物。金呈微细粒浸染状赋存于以含砷黄铁矿和毒砂为主的载体矿物中,矿石多具浸染构造。矿床(点)及附近地段常伴有汞(辰砂)、锑(辉锑矿)、砷(雄黄、雌黄)、铊等矿化现象,其中除汞矿和铊矿外一般规模都小,变化大。围岩蚀变主要有硅化、黄铁矿化。

2)遥感特征

研究区褶皱和断裂有多期活动和叠加特征。在遥感影像上[图7-7(b)],核部及翼部地层色调及影纹差异较为明显,易于区分。断裂以NNE向和NE向的最为发育,次为NW向。南部断裂较密集,北部较为稀疏。该区域金矿多产于三叠系夜郎组碎屑岩及二叠系龙潭组地层中。从图8-28(b)可以看出,沿下坝—回龙镇一线展布的环形影像(NE向),与回龙—者相一带的环形构造和地层(NW向)的褶皱叠加,形成构造鼻(况忠,2012),可能是地下隐伏的二叠系碳酸盐岩隆起的表象。

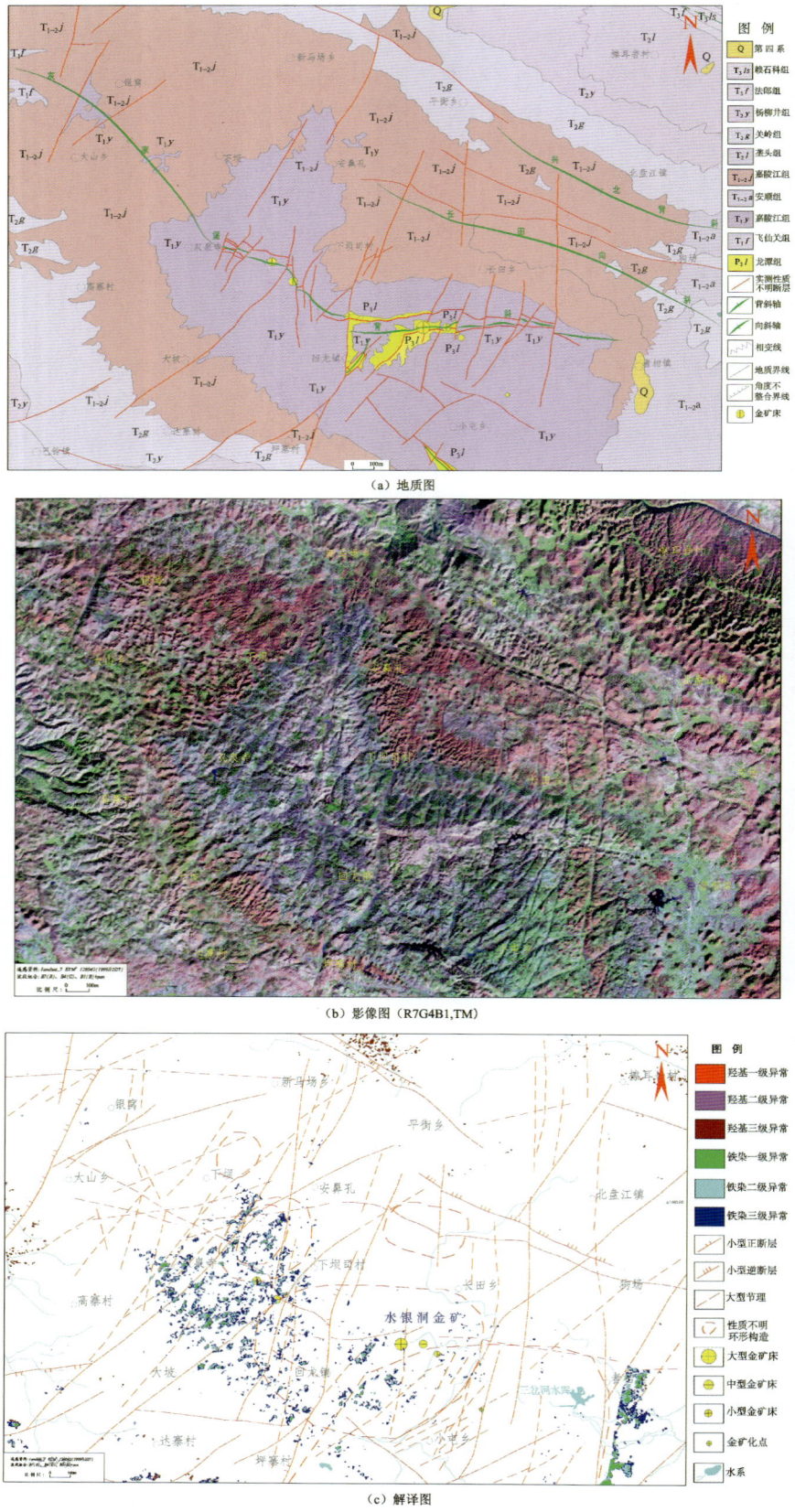

图 7-7 灰家堡一带地质图、遥感影像及解译图

遥感铁染异常在下坝—回龙镇一带有相对浓集中心,与已知矿点的吻合程度较高。在该带上有多个金矿床(点)分布,其中贞丰水银洞、紫木凼等特大型金矿床就位于该异常带上,有一定的找矿指示意义。

3) 认识与建议

地层层位、岩性和构造是黔西南微细粒浸染型金矿 3 个主要控矿因素。中二叠统茅口组顶部与龙潭组底部的界面是热液侵入的主要层位,也是矿体赋存的主要场所,具层控特征,容矿岩石主要为碎屑岩。从成矿模式图(图 7-8)中可以看出,背斜、穹隆等正向构造顶部虚脱部位以及断层破碎带是容矿构造。因此应加强环形影像和断裂构造遥感研究。

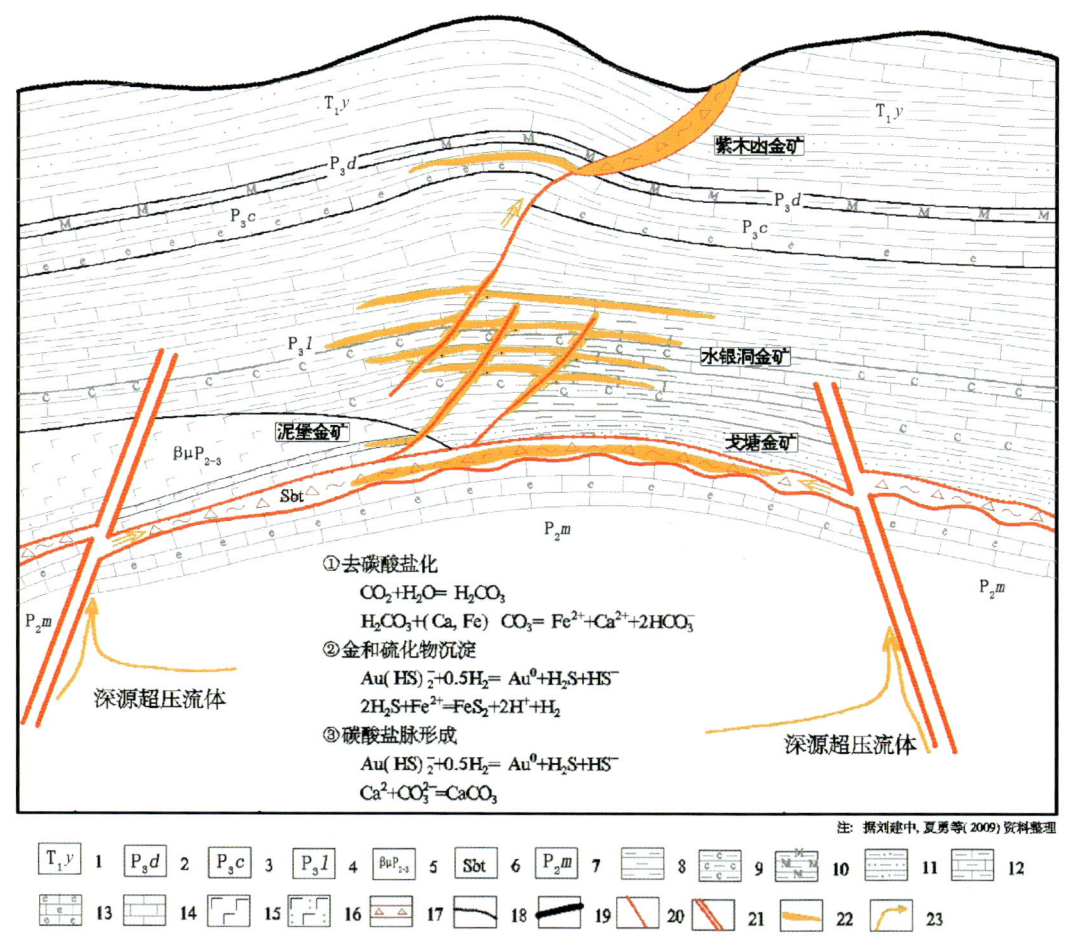

图 7-8　贵州省普安—贞丰地区微细粒浸染型金矿区域成矿模式图

1.三叠系下统夜郎组;2.二叠系上统大隆组;3.二叠系上统长兴组;4.二叠系上统龙潭组;5.硅质蚀变岩体;6.二叠系中上统峨眉山玄武岩组;7.二叠系中统茅口组;8.泥(粘土)岩;9.碳质泥(粘土)岩;10.蒙脱石泥(粘土)岩;11.粉砂质泥(粘土)岩;12.泥质灰岩;13.生物碎屑灰岩;14.灰岩;15.峨眉山玄武岩;16.凝灰岩;17.断层角砾岩;18.地层分界线;19.煤层线;20.断层;21.隐伏断裂;22.金矿体;23.热液流向

2. 杉木董矿区汞矿

1) 地质概况

杉木董汞矿床位于黔东北万山地区,容矿地层岩石为寒武系敖溪组碳酸盐岩。区内地层倾角平缓,局部水平,倾向不一,多为 NW 及 SW 向。全区为一不明显的平缓背斜,该背斜大致以杉木董至来羊坪一线附近为其轴部,轴向大致为 290°,向西倾没。汞矿体主要呈层状、似层状,顺地层分布于敖溪组中上部。受断裂控制成脉状、囊状、扁豆状，形态变化大。当含矿岩石上部有泥质岩类遮挡层时汞矿最为富集，常形成具一定规模的矿床。近矿围岩蚀变有白云石化、硅化、方解石化、毒砂化等，与矿化关系密切，是区内的找矿标志之一（图7-9）。

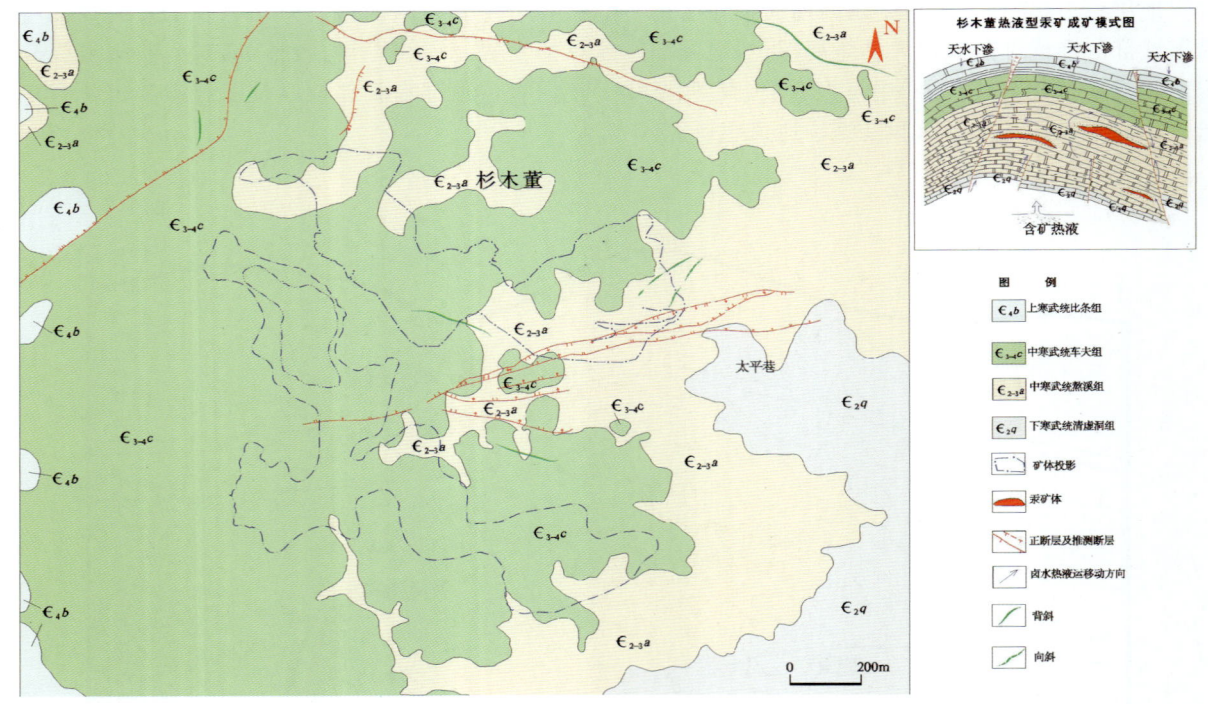

图7-9 杉木董汞矿典型矿床地质图及成矿模式图（据花永丰的《贵州万山汞矿》修编）

含矿地层主要为寒武系第三统敖溪组白云岩，其次为寒武系第二统清虚洞组灰岩和寒武系第三统—第四统车夫组白云岩；之上为厚度较大的寒武系—奥陶系娄山关组白云岩。

2）遥感特征

杉木董矿区汞矿床赋矿地层为敖溪组、车夫组白云岩。矿床内主要断裂有三组，即北东东向、北东向和北西向。北东向断裂规模较大，多贯穿矿床全区。该矿床位于黄道背斜西翼，紧靠北东向主断裂之南东侧，矿体多出现在北西西向次级小背斜或断层中，呈似层状、层状顺地层分布，受断裂控制者呈脉状、囊状、扁豆状。贯穿矿床区的北东向断裂也是区域上遥感解译的隐伏断裂的一部分，可能是导矿和控矿构造。矿体多位于环形影像边缘（图7-10）。

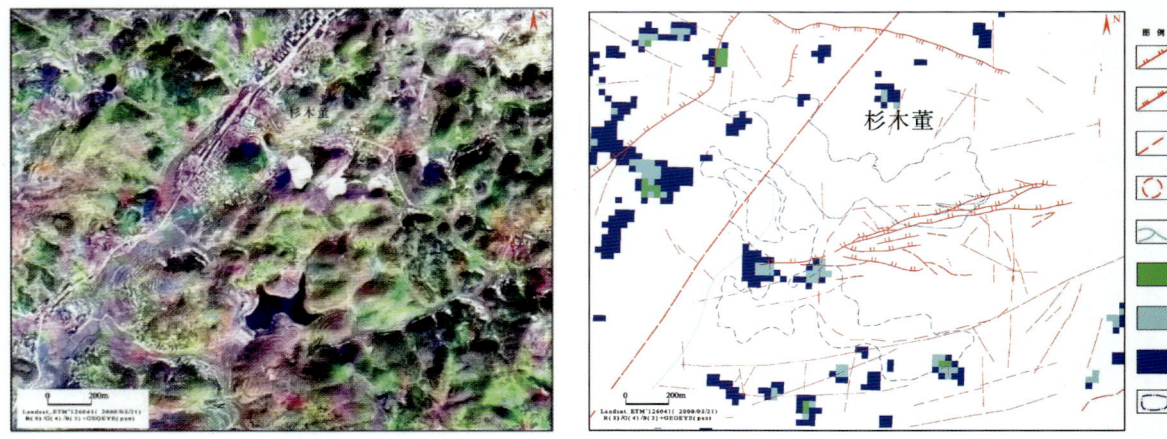

图7-10 杉木董典型矿床遥感影像及弱矿化遥感信息分布图

1.正断层；2.逆断层；3.推测断层或裂隙；4.性质不明的环；5.水系；6.铁染一级异常；7.铁染二级异常；8.铁染三级异常；9.矿体平面投影

3) 认识与建议

综合预测工作区和典型矿床汞矿的赋存条件,可知其含矿地层为寒武系下部的碳酸盐岩,尤以白云岩为主,次为灰岩,当上部有泥质岩类遮挡层更易成矿。控矿构造为背斜和与之伴生的断裂;此外规模巨大的隐伏断裂带也与汞矿产出有一定关系,因此加强区内的构造和岩相(汞矿产于寒武系斜坡相带)研究是找寻汞矿的有效途径。

3. 杜家桥铅锌矿

1) 地质概况

杜家桥铅锌矿位于织金县南部,出露地层主要为震旦系—寒武系灯影组,寒武系牛蹄塘组、明心寺组、金顶山组、清虚洞组,石炭系祥摆组、摆佐组。区内铅锌矿主要产于灯影组、清虚洞组的碳酸盐岩中,本书仅叙述产于灯影组中的铅锌矿(图7-11)。

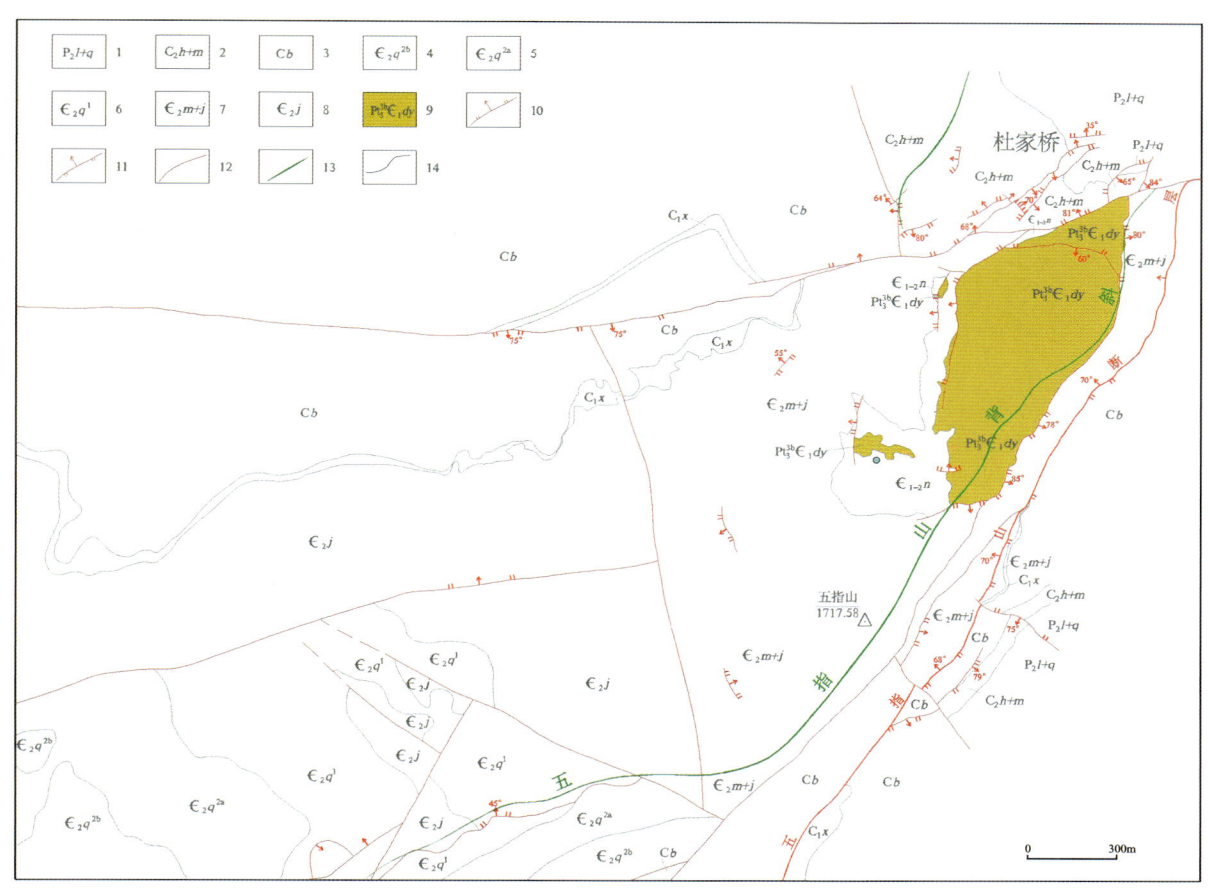

图 7-11 杜家桥铅锌矿典型矿床地质图

1.梁山组+栖霞组;2.黄龙组+马平组;3.摆腌菜组;4.清虚洞组第二段上亚段;5.清虚洞组第二段下亚段;6.清虚洞组第一段;7.明心寺组+金顶山组;8.金顶山组;9.灯影组;10.正断层;11.逆断层;12.性质不明断层;13.背斜;14.地质界线

灯影组为一跨震旦系和寒武系的地层,是织金一带铅锌矿主要产出层位之一。区域上分为两段,区内仅出露第二段上部。岩性为浅灰、灰白色薄—中厚层状细晶白云岩,岩石中见大量硅化白云岩、生物屑白云岩,顶部夹有硅质条带及透镜体。围岩蚀变主要为白云石化、硅化,次为方解石化、黄铁矿化,其中白云石化、硅化与铅锌成矿密切。

矿区位于五指山背斜北东段,轴向北东,轴面近直立或微向北西倾,核部出露震旦系和寒武系。区内断裂构造十分发育,主要发育北东向、北西向两组构造。北东向组主要表现为正断层,该组断层旁侧常可见闪锌矿(化)体,是区内控矿构造。北西向组亦表现为正断层,部分断层可见铅锌(化)体。矿床主要受五指山断层、层间破碎带及有利岩性控制,远离五指山断层,矿体的厚度变小,锌品位变贫。

2)遥感特征

赋矿地层灯影组白云岩在遥感影像上为岩溶地貌,呈绿色、紫红色调,影纹较细碎,树枝状水系;之上地层为牛蹄塘组—金顶山组,为一套碎屑岩,呈绿色调,植被发育,沿地层走向呈负地形,多耕地;两者解译标志明显。五指山背斜在影像上的特征极为清楚,呈 NE 向延伸。

3)遥感找矿认识

从典型矿床成矿模式(图 7-12)可以看出,杜家桥铅锌矿为碳酸盐岩型矿产,产于背斜核部,伴有通过背斜核部的断裂。从区域上看,在该地区存在的水东穹状背斜、五指山背斜、打麻厂背斜均具有同样特征,出露的地层大致相同,断裂通过核部,并有铅锌矿及其他矿产出。在构造模式上呈"φ"字形,也具层控特征。从全省范围来看,尽管铅锌矿产出于不同的成矿带,但同样具有与杜家桥铅锌矿相似的成矿模式。

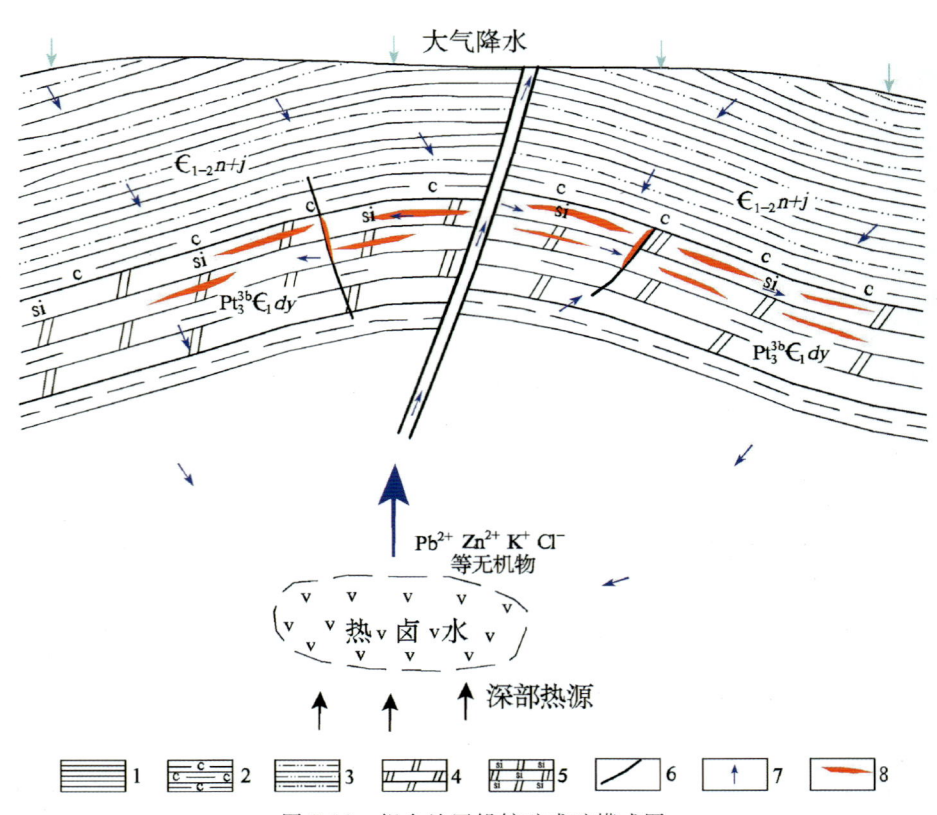

图 7-12 织金地区铅锌矿成矿模式图

1.页岩;2.含碳质页岩;3.泥质粉砂岩;4.白云岩;5.含燧石团块白云岩;6.断层;
7.热卤水运移方向;8.铅锌矿体

4. 施秉重晶石矿

1)地质矿产概况

区内构造线方向以北东、北北东向为主,东西、近东西向者居次。褶曲轴线一般平直,少数稍有弯曲,部分褶皱枢纽呈波状起伏,轴向北东、北北东向,岩层倾角平缓。褶曲常被东西向、近东西向及北东向断裂切割。

施秉顶罐坡典型矿床出露的地层从下至上有桐梓组、红花园组、大湾组和第四系。

桐梓组上部为灰色—浅灰色中厚层状细粒白云岩及灰质白云岩;中部为灰黄色、砖红色瘤状泥质灰岩与钙质页岩；下部为灰色中厚层白云质灰岩，顶部有数米厚的钙质砂岩或砂质灰岩。重晶石脉状矿体的围岩蚀变主要有弱硅化、方解石化、白云石化等。

红花园组为浅灰色中厚层状粗晶灰岩及生物碎屑灰岩，大湾组上部为灰绿色薄层砂质页岩夹瘤状石灰岩，下部为紫红色、灰绿色薄层—中厚层状石灰岩、泥质灰岩及钙质页岩。

重晶石矿脉呈侧列式分布，为陡倾斜矿体，沿 NE-SW 向张性及张扭性断裂充填，产于红花园组底部，桐梓组顶部。

2）遥感特征

桐梓组与下伏地层娄山关组为整合连续沉积，但桐梓组中部夹泥、页岩，因此在 ETM 遥感影像上有较细微的差异，即娄山关组呈斑杂状紫绿色，溶沟发育，影像纹较细碎，而桐梓组在走向上影像略显条状，在遥感解译中，可将红花园组和大湾组及桐梓组作为一个地层单元更有利于解译。利用航片及其他高分影像进行解译，除桐梓组底界较难把握外，上述地层及影像单元的解译均可解决。

从影像上可以看出，区内断裂构造复杂，但层次清晰，易于解译。

此外，遥感推测的 EW 向镇远隐伏断裂对成矿有一定作用，可能是导矿断裂。

3）遥感找矿认识

从施秉顶罐坡典型矿床（图 7-13）及黔东北的 3 个重晶石预测工作区（图 7-14）可以看出，重晶石的产出有较多的共性：一是都产于早奥陶世地层形成的背斜；二是在背斜的核部均有较大的断裂通过，但重晶石矿均产于大断裂旁侧次级断裂所在的桐梓组和红花园组内，具有层控性。

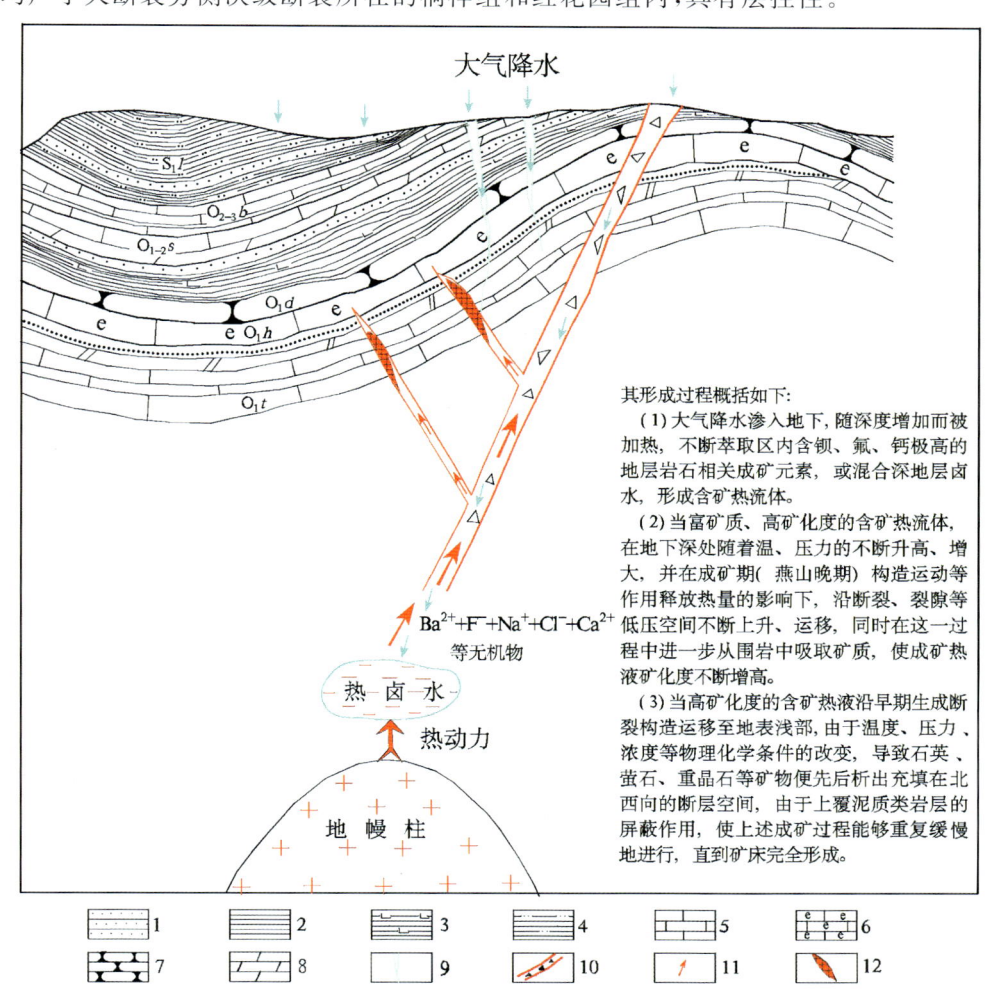

图 7-13 施秉顶罐坡重晶石成矿模式

1.砂岩；2.页岩；3.钙质页岩；4.粉砂质页岩；5.灰岩；6.生物碎屑灰岩；7.瘤状灰岩；8.泥灰；9.裂隙；10.断层；11.热卤水运移方向；12.重晶石矿体

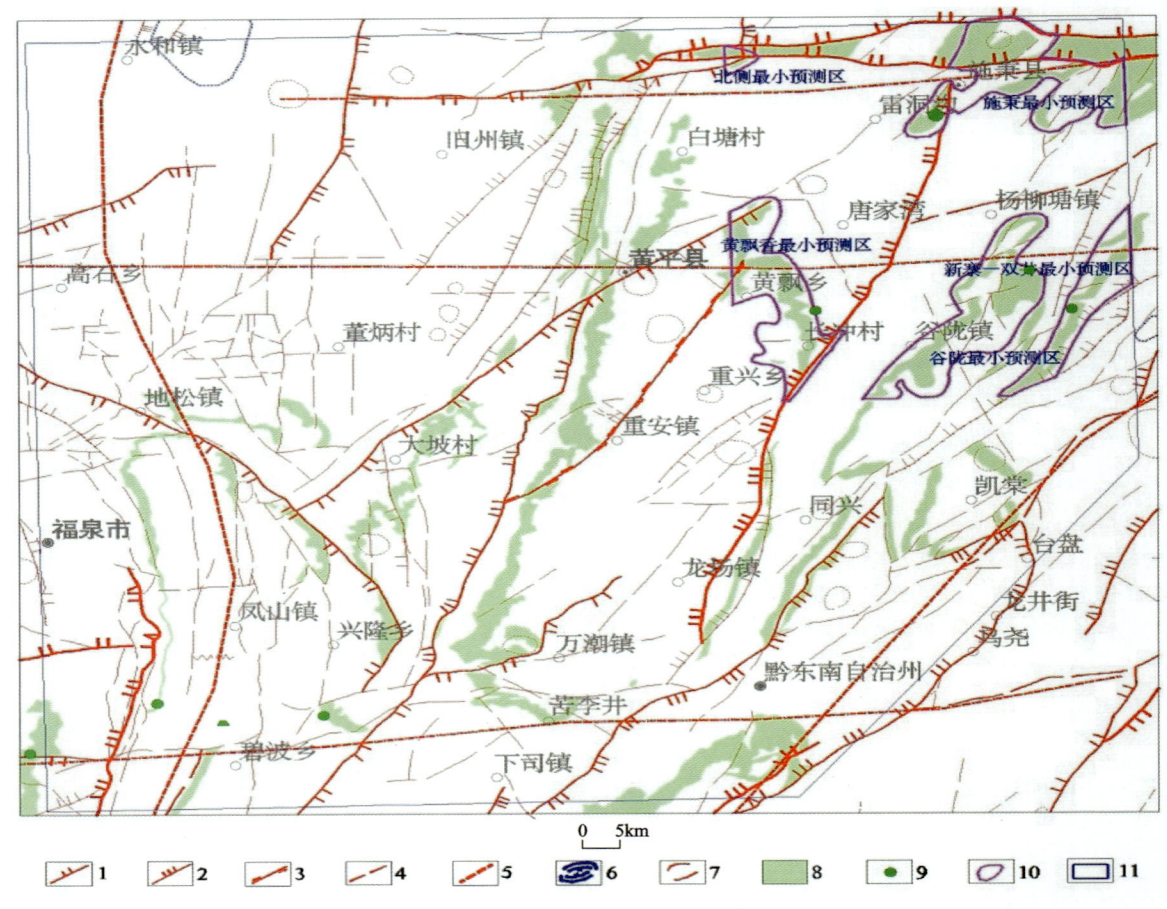

图 7-14 施秉顶罐坡地区遥感地质解译图
1.正断层;2.逆断层;3.平移断层;4.性质不明断层;5.遥感推测隐伏断裂;6.褶皱引起的环形构造;7.性质不明环形影像;8.含矿带(下奥陶统桐梓组地层);9.矿点;10.最小预测区;11.预测工作区范围

综上所述,加强构造研究是有效的找矿途径。

5. 黔东南金矿

1) 地质矿产概况

黔东南地区地层保存不全,缺失奥陶系,志留系及泥盆系,青白口系及南华系为区内分布最广的地层,其余各系地层均为零星出露。

下江时期形成的地层是区内主要的赋矿地层[图 7-15(a)],其岩性为变质砂板岩、绢云母板岩、火山凝灰岩等。围岩蚀变以硅化和黄铁矿化为主,闪锌矿化、毒砂化、铁白云石化、方解石化、绢云母化、绿泥石化次之。

区内青白口纪—早古生代地层的褶皱为 NE 向,中生界及新生界的褶皱为 NEE 向。以一系列 NE 向断裂最为醒目。工作区金矿主要产于加里东期北东向背斜核部及其附近两翼,矿体就位于背斜轴部范围层间虚脱空间及其伴生断裂构造和轴面劈理构造带。据各矿床、点大体等间距分布的特征分析,北东向加里东背斜和据多元成矿信息推测的东西向基底隆起构造是最主要的控矿构造。其中,金坑背斜、南加背斜、稳江背斜、辣子坪背斜、黎平背斜、平架背斜和古帮背斜等褶皱构造控制金矿的产出。

区内断裂以 NE、NNE 向为主,次为 NW 向和 EW 向。其中,NE、NNE 向断层多为区域性断裂构造,规模较大,并多具旋扭特征。据矿床勘查地质报告,天柱磨山金矿、主山冲金矿、锦屏平秋金矿、铜鼓金矿、黎平丘团金矿、水口金矿和古帮金矿，其部分含金石英脉或蚀变岩型金矿（化）充填赋存于伴随褶皱（背斜）形成的伴生断裂构造和轴面劈理构造带中，而且这些断裂构造规模均较小，如铜鼓金矿的控矿断裂为小型隐伏断裂。

2）遥感影像特征

黔东南地区以变质碎屑岩为主，厚度巨大，岩性差异小，因此在遥感影像上很难进行岩石地层单元的划分。但该区的线、环构造影像极为醒目[图7-15(b)、(c)]。NE、NNE向断裂为主干断裂，NW向断裂常将其切割，呈大小不等的菱形块。区内控矿褶皱多呈舒缓状呈NE向延伸，在影像中不易解译。况顺达（2002）利用MPH（掩膜＋主成分分析＋彩色空间变换）等技术对该区进行了遥感研究，并提取了3条色带，分别为剑河南嘉-锦屏地娄-锦屏花桥色异常带、剑河蹯溪-锦屏平秋北-锦屏西色异常带，以及天柱坑头-蓝田-江东、亳西冲-蓝田-渡马色异常带。该3条色异常带与已知矿床点有较好的套合关系，因此认为近东西向的构造与该区金矿的成生有一定的关联。

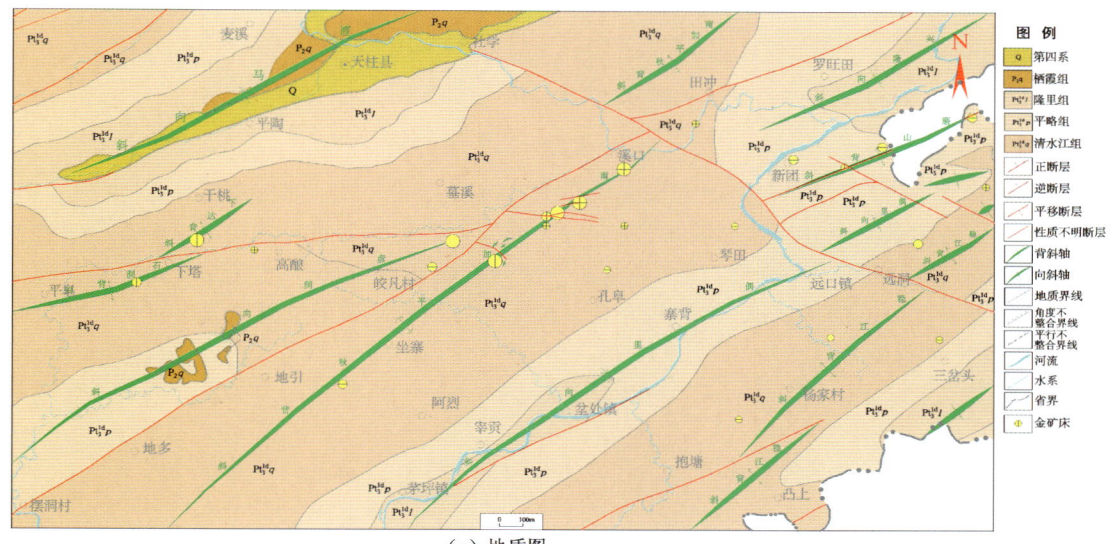

（a）地质图

（b）影像图

(c) 解译图

图 7-15　黔东南远口地区地质图、遥感影像图和解译图

3）遥感找矿认识

刘沛等（2003）在对黔东南铜金矿进行研究后认为，应该在多源信息（即构造信息、蚀变岩石信息、物化探异常信息）分析的基础上建立遥感找矿模式（图 7-16），才能更好的指导找矿。从铜鼓金矿典型矿床的研究和区域成矿模式（图 7-17）来看，该区的金矿产于背斜的虚脱空间及区域性断裂旁侧的次级断裂内，在遥感影像上表现为菱形块状或"网"型，并且多位于这些次级断裂的交叉或复合部位。因此加强构造研究是有效的找矿途径之一。

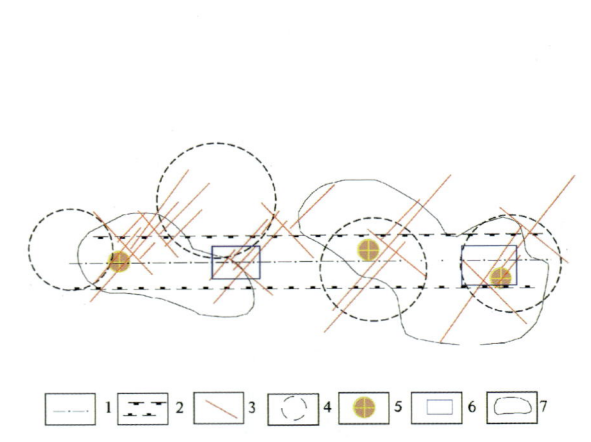

图 7-16　黔东南金矿区域成矿模式图（据刘沛，2003）
1.近东西向构造带；2.遥感解译蚀变信息带；3.遥感解译线性构造；
4.遥感解译环形影像 5.金矿点；6.金矿靶区；7.金地球化学异常

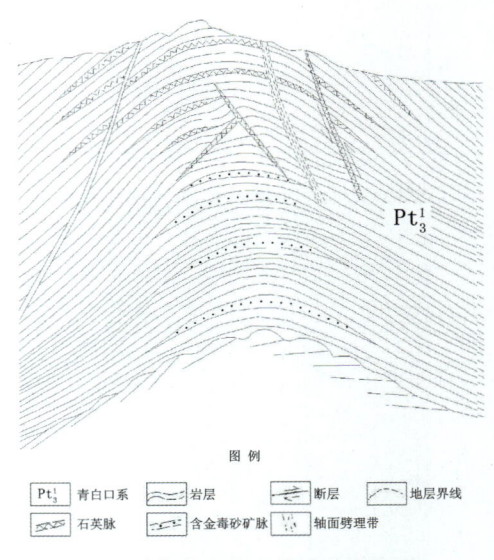

图 7-17　黔东南金矿区域成矿模式图

第三节　在岩浆岩型矿产资源中的找矿模式及典型矿床分析

在贵州除中—晚二叠世峨眉山玄武岩在黔西北有较广分布外，其他类别的岩浆岩出露面积小，数量也不多。因此书中将侵入岩型和火山岩型矿产的预测方法和应用放在一起叙述。

一、威宁玄武岩型铜矿

1. 地质概况

威宁玄武岩型铜矿产于中二叠统茅口组灰岩与宣威组碎屑岩之间的大陆溢流拉斑玄武岩及分异的岩床(墙)状辉绿岩组合,该组合俗称峨眉山玄武岩,大片分布于贵州的西北部。岩性特征及其沉积组合主要是暗绿色、灰绿色、灰黑色厚层—块状拉斑玄武岩、杏仁状玄武岩、细粒玄武岩、玻基斑状玄武岩、钠长石化玄武岩,次为玄武质熔岩角砾岩、玄武集块岩、火山角砾岩、玻屑凝灰岩、熔岩凝灰岩夹少量凝灰质泥(粘土)岩、泥质砂、砾岩、硅质岩、碳质页岩。

围岩蚀变主要有绿泥石化、碳沥青化、硅化、黄铁矿化、碳酸盐化等。碳沥青化强烈,硅化、黄铁矿化、碳酸盐化蚀变重叠部位是铜矿化相对富集的地段。局部有孔雀石、铜蓝等铜矿物产出,是找矿的直接标志。含矿围岩均具气孔状玄武岩、角砾状玄武岩和集块岩,以含铜杏仁状玄武岩和含铜火山角砾岩为主,有近于火山机构(古火山口及其附近一定范围内)的特征,有利岩性以每个喷发旋回晚期紫色凝灰岩底部岩性段最佳。

2. 峨眉山玄武岩遥感特征

在ETM遥感影像上,峨眉山玄武岩影纹呈蠕虫状,冲沟细且密集不规则,汇集后呈树枝状水系,柱状节理发育,色调绿色、深绿色,局部夹浅黄绿等色,植被发育,在坡面上呈条带状暗色陡坎;其下伏地层茅口组灰岩色调呈浅黄色、黄绿色、浅灰色,花生壳状影纹,岩溶地貌,沟谷(冲沟)无方向性;上伏地层宣威组影纹表面光滑,层理不明显,冲沟稠密,树枝状水系,色调灰绿色、黄绿色。三者在遥感影像上标志清楚,易于识别。

遥感铁染异常与峨眉山玄武岩间有较好的套合关系(图7-18),但两者内在联系有待深入研究。

3. 遥感找矿模式

峨眉山玄武岩影像特征清楚,不难判别。从典型矿床成矿模式(图7-19)和区域构造(图7-18)可以看出,矿床(点)附近均有较大的断裂通过。断裂与成矿可能有关联,大断裂旁侧的次级断裂和褶曲是良好的储矿空间,北西向和北东向断裂构造对成矿有改造富集作用,在断裂构造通过含矿层位(玄武岩)处可能形成富矿地段、富矿带。

二、从江铜、钨、锡、多金属矿

从江钨、锡、多金属矿分布区的地层主要为新元古界青白口系及南华系浅变质陆源碎屑岩系。区内构造运动和岩浆活动强烈,断裂构造较为发育,断裂彼此相交,构成若干大小不等的菱形、矩形块体。

1. 地质概况

从江多金属矿区出露新元古青白口系界四堡岩群、下江群及第四系等。四堡岩群分布在大弄、翠里、洞头地区,为一套浅变质的复理石沉积和火山岩沉积,主要由一套砂泥质岩和基性火山岩组成;下江群分布在下洋洞—平正、雍里—顶洞一带,为浅变质磨拉石、复理石和火山岩沉积,由砾岩、砂泥质岩、碳质泥岩、碳酸盐岩及基性火山岩组成。同时区内有大量的基性—超基性及中酸性侵入岩体产出。

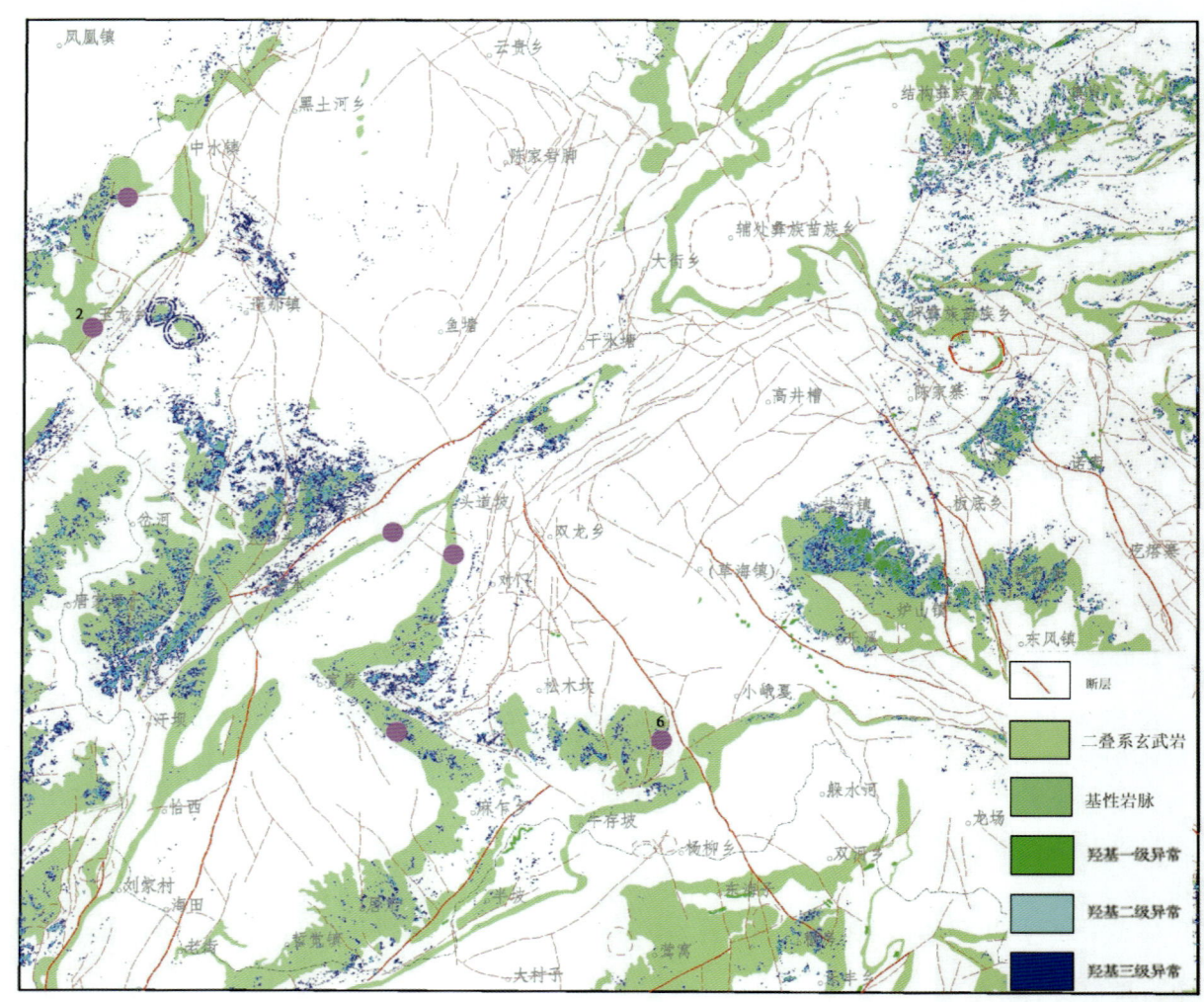

图 7-18 威宁-水城铜矿预测工作区玄武岩与遥感铁染异常分布图

多金属矿分布于吉羊穹状背斜两翼,以北西翼次级加车鼻状背斜轴部最为密集,呈脉状或顺层的细脉浸染状透镜体,主要产于甲路组第一、二段绿泥石云母石英片岩、绢云母绿泥石片岩、钙质片岩、千枚岩、大理岩等地层中。围岩蚀变有硅化、绿泥石化、绢云母化等。

区内地质构造复杂,不同规模、不同期次的构造对钨、锡、多金属矿产的形成具明显的控制作用。有铜、钨锡、锑、磁铁矿、铅锌、硅石、石棉等矿产出。

2. 遥感影像特征

从 TM 遥感影像(图 7-20)上可以看出,区内植被发育,吉羊穹状背斜和加车鼻状背斜连在一起,含矿地层甲路组在影像上无明显标志,但线-环构造影像特征清楚,断裂构造主要有 NE、NW、NNE 几个方向,并相互交切。

环形影像多因岩体的侵入所致,主要分布在宰便、加榜、平正、高文等地。摩天岭花岗岩及混合岩体的外围存在一个由沟谷和山脊组成的色调和斑纹区别于围岩和岩体的接触带,据已有资料显示,该地区存在有次生石英岩化、硅化和绢云母化等现象。

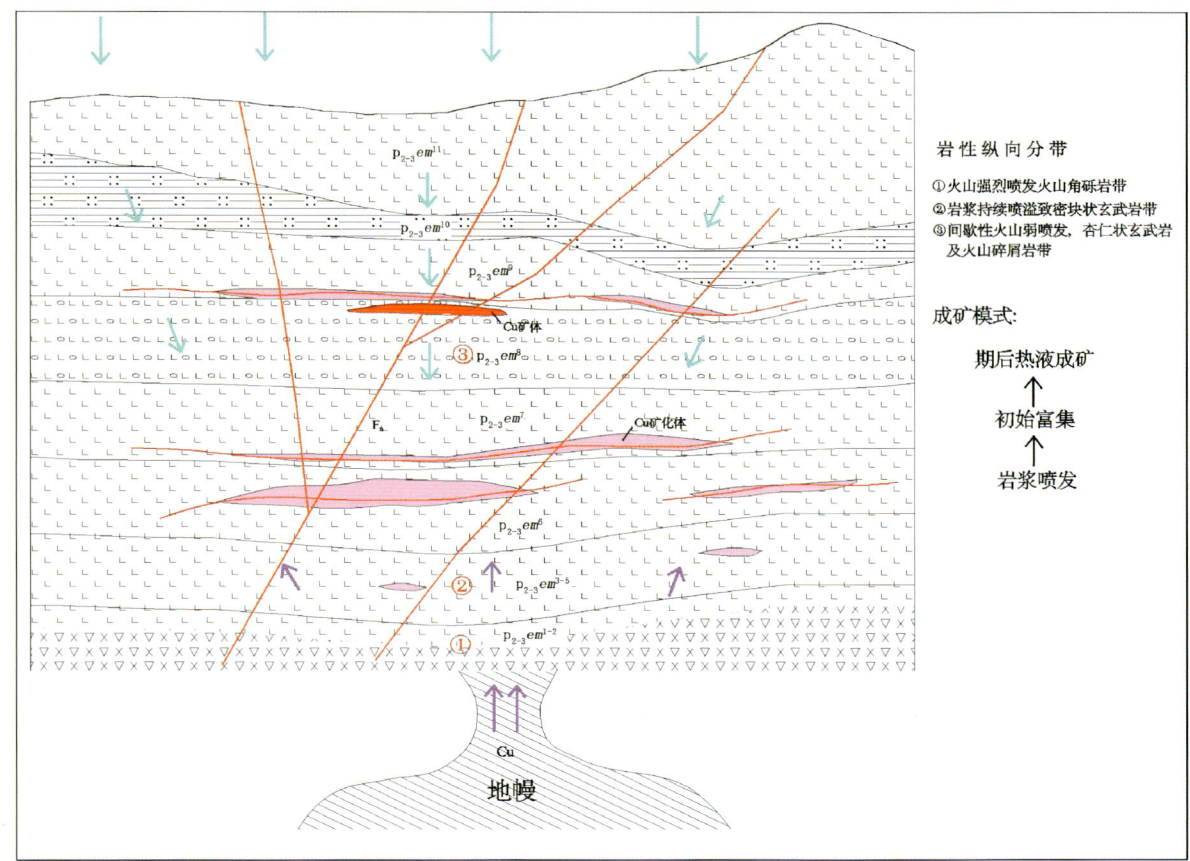

图 7-19 威宁县铜厂河铜矿典型矿床成矿模式图

3. 遥感找矿模式

从图 7-21 中可以看出，岩浆侵入是成矿物质的主要来源，也是直接的赋矿围岩；大规模发育的滑脱构造带（有人认为滑脱层位于四堡群与下江群分界线附近）直接控制了区内铜多金属矿床的产出，因此寻找滑脱构造带是寻找地虎式矿床最直接的标志。花岗岩体中的北西、近东西向断裂构造控制了石英脉型铜矿的产出，在花岗岩体中寻找这类断裂是南加式铜矿的直接找矿标志。硅化、绿泥石化、绢云母化、黄铁矿化是寻找矿床的有利标志。

在遥感影像（图 7-21）上，侵入体与围岩的界线较模糊，岩体侵入作用在围岩中产生的"色带"影纹明显，容易解译；断裂线性特征清楚，经解译后与已知矿点对照，矿点多分别落在北东和北西两组断裂相交叉点位置，如地虎小型矿床；有落在 NW 向断裂与 NE 向断裂"丁"字形相切点上，如板良矿点；有落在南北向断层与北东向和南东向几组断裂相交切的"K"字形位置，如宰便矿点；还有落在南北向断层两侧附近者，如有能矿点和引略矿点等。

该地区因植被极发育，在实地调查中，很难全面观察到所有地质现象，尤其是线-环构造，更是难以掌握，因此加强遥感研究，不仅可以解决这一问题，还能为野外调查提供预判性参考依据。

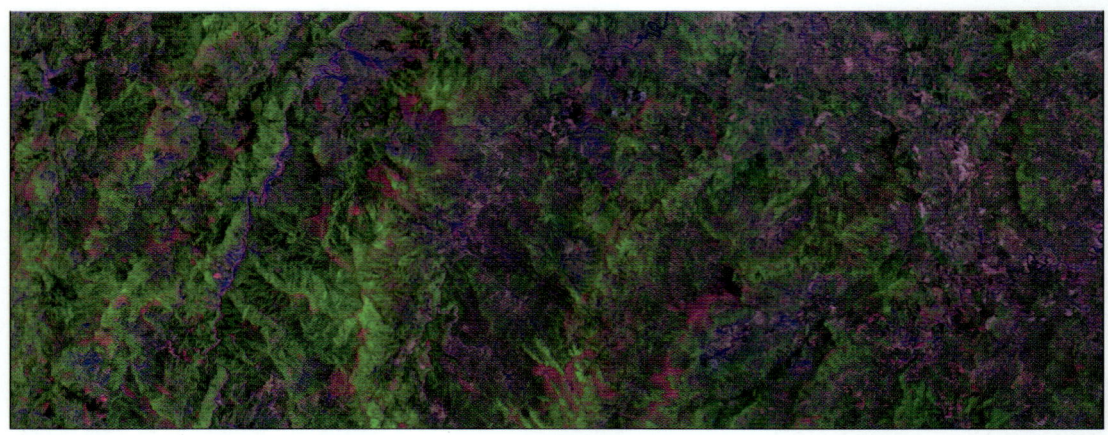

(a) 影像图(R7G4B1, TM)

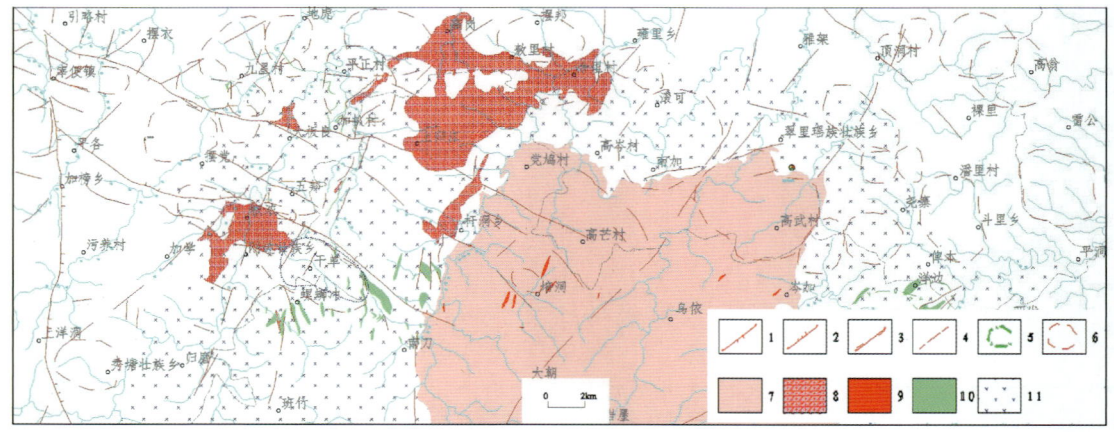

(b) 地质解译图（注：部分内容引用地质图）

图 7-20 从江地区遥感影像图及地质解译图

1.正断层；2.逆断层；3.平移断层；4.性质不明断层；5.基性岩引起的环；6.成因不明的环；7.花岗岩；8.混合岩；
9.花岗岩脉；10.基性岩脉；11.侵入岩外接触带

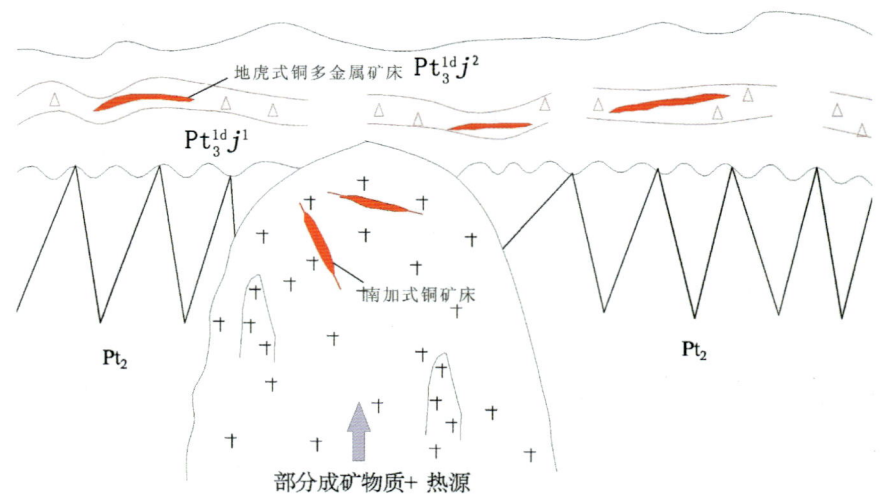

图 7-21 铜多金属典型矿床成矿模式图

第八章　成矿区带遥感特征及找矿预测

贵州省成矿区带划分有多种方案，其中具有代表性的划分方案有全国矿产资源潜力评价项目"成矿区带课题组"(2007年8月)划分方案；冯学仕等(2001)的《贵州省区域矿床成矿系列与成矿规律》划分方案等。根据全国矿产资源潜力评价项目"成矿区带课题组"(2007年8月)划分方案，并结合冯学仕的划分方案和贵州省的大地构造单元划分及贵州省矿产分布、控矿因素等实际情况，划分了4个三级成矿区带、13个四级成矿区带(图8-1、表8-1)，并对各成矿区带的遥感地质构造特征进行了分析。

图 8-1　贵州省成矿区带初步划分方案

表 8-1 贵州省成矿区带初步划分方案

成矿域（Ⅰ级）	成矿省（Ⅱ级）	成矿区带（Ⅲ级）	成矿亚区带（Ⅳ级）
Ⅰ-4 滨太平洋成矿域	Ⅱ-15 扬子成矿省	Ⅲ-74 四川盆地 FeCuAu 油气石膏钙芒硝石盐煤和煤层气成矿区	
		Ⅲ-77 上扬子中东部（台褶带）PbZnCuAgFeMnHgSb 磷铝土矿硫铁矿成矿带	Ⅳ-1 威宁-六盘水 PbZnAgCuMnFe 成矿带
			Ⅳ-2 毕节-习水 PbZnCu 磷成矿带
			Ⅳ-3 清镇-纳雍铝土矿磷块岩 PbZn 成矿区
			Ⅳ-4 渝南-黔北铝土矿磷块岩 REEMnHg 硫铁矿成矿区
			Ⅳ-5 铜仁-凯里 HgPbZbMn 铝土矿成矿带
			Ⅳ-6 梵净山 WSnCuNiNbTa 成矿带
			Ⅳ-7 贵定-长顺 PbZn 成矿带
			Ⅳ-8 丹寨-荔波 AuSbHgPbZn 成矿带
		Ⅲ-78 江南隆起西段 SnWAuSbCu 重晶石滑石成矿带	Ⅳ-9 雷公山 SbPbZnCu 成矿带
			Ⅳ-10 天锦黎 Au 水晶重晶石钒成矿带
			Ⅳ-11 九万大山 WSnCuAuAg 成矿带
		Ⅲ-88 桂西-黔西南 AuSbHgTlAg 水晶石膏成矿区	Ⅳ-12 册亨-望谟 AuAsSb 重晶石成矿带
			Ⅳ-13 兴晴贞 AuHgSbTlU 萤石成矿带

第一节 四川盆地成矿区（Ⅲ-74）贵州部分遥感特征

一、地势地貌特征

该成矿区位于贵州北部，即习水县临江—吼滩一线之北西。地处大娄山脉北缘与四川盆地的过渡地带，地势总趋势是东南高，北西低，地面起伏较大。地貌特征是山高、坡陡。山地面积约 73.6%，丘陵 21.6%，山间盆地 4.8%。地貌类型为低山、中低山山地。植被极为发育[图 8-2(a)]。

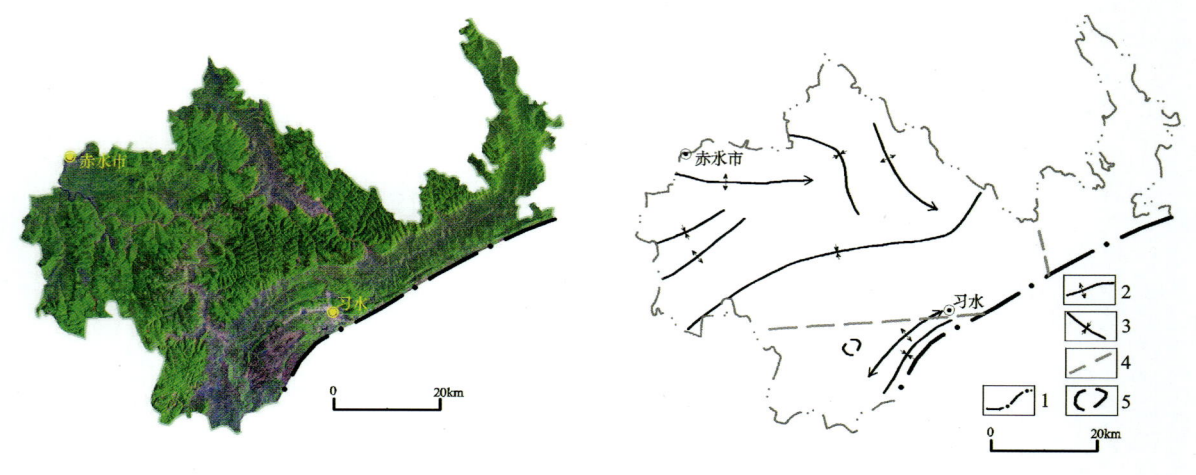

(a) 遥感影像图(R5G4B3，TM)　　　　　　　　(b) 线性构造解译图

图 8-2 Ⅲ-74 遥感影像及构造解译图

1.三级成矿单元界线；2.背斜；3.向斜；4.推测隐伏断裂或构造弱化带；5.解译环形影像

二、遥感地质特征

该区出露地层有二叠系、三叠系、侏罗系、白垩系及第四系。岩性以碎屑岩为主,碳酸盐岩次之。从影纹特征上可以将上述地层按影像单元进行遥感解译。在黔北陆相侏罗系中的砂、页岩频繁尖灭和相变,传统的野外工作常常造成人为的"穿层"现象,借助航片遥感影像色调、影纹、水系和植被发育情况能快速准确的勾绘其中的"砂体",为研究古河湖类型及演化提供依据(图4-27)。

区内构造变形较弱,地层产状一般较平缓,有的甚至水平,褶皱以开阔平缓褶皱为主,仅在南西侧有一组规模不大的、舒缓的背斜和向斜,断裂构造亦不发育。构造线方向以北东向为主,兼有东西向和北西向,构造样式以开阔平缓背、向斜组合为特征,具有日尔曼式褶皱之特点[图8-2(b)]。

三、遥感矿产地质特征

该成矿区在贵州省内仅有小面积分布,零星见有砂岩铜矿及油气苗等。

该区自晚三叠世晚期到晚白垩世期间,一直处于大型内陆盆地环境,沉积了厚数百米的上三叠统—侏罗系下统二桥组和侏罗系自流井组底部綦江段的含煤组合,以及綦江段以上至上白垩统厚数千米的红色砂、泥岩组合(简称"红层"),它们是叠置于海相沉积物之上的滨太平洋活动带的陆相盆地堆积物。是贵州省境内一个重要的含油气建造。在遥感上为同一影像单元。

砂岩铜矿主要产于三叠系夜郎组第一段和侏罗系自流井组的砂岩内。

四、弱矿化蚀变遥感信息异常

从图8-3中可以看出,遥感羟基异常主要分布于习水之NW的广大区域内,以三级异常为主,异常强度较弱,分别于土城和大同有较次一级的搜索中心。从异常的搜索方向可知,羟基异常受地层构造控制。

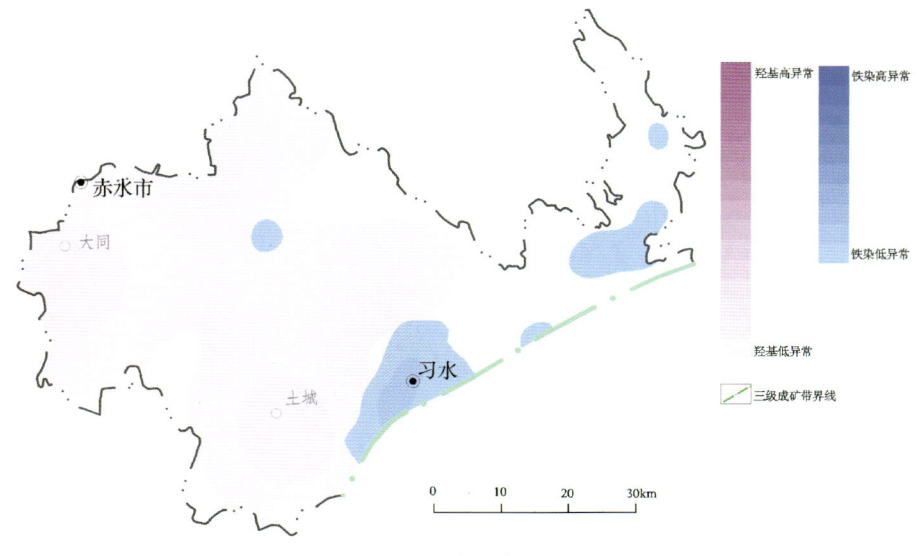

图8-3 遥感异常分布图

遥感铁染异常在区内以三级异常为主，有1个较弱的次级搜索中心位于习水一带，搜索中心呈NNE向延伸，从遥感影像结合地质图观察，该位置正好是褶皱变形处，且紧临两大构造单元界线附近，可能是构造弱化带内的矿化蚀变引起。

五、遥感对找矿的指导意义

该区构造简单，以日尔曼式褶皱为特征；断层不发育，以节理或裂隙为主。区内植被极为发育，提取的羟基异常是否与泥化以及油气渗漏有关，值得研究。

第二节 上扬子中东部（台褶带）（Ⅲ-77）成矿带遥感特征

一、地势地貌特征

上扬子中东部成矿带（图8-4）覆盖了贵州的大部分地区，包括了除黔西南、黔东南以及习水以南的大部分区域。地势西高东低，自中部向北、东、南三面倾斜，按地貌形态可分为黔西高原山地、黔西南山原丘陵、黔中山原丘陵、黔南山地和黔北山地5个地形区，以高原山地为主要特征。岩溶峰林、峰丛、槽谷、漏斗、伏流、洞穴广布各地，间有侵蚀地貌，山势崎岖。苗岭横亘中部，为长江和珠江两大流域的分水岭。主要河流有乌江、北盘江、清水江及都柳江。区内植被欠发育，地质可解译程度好。

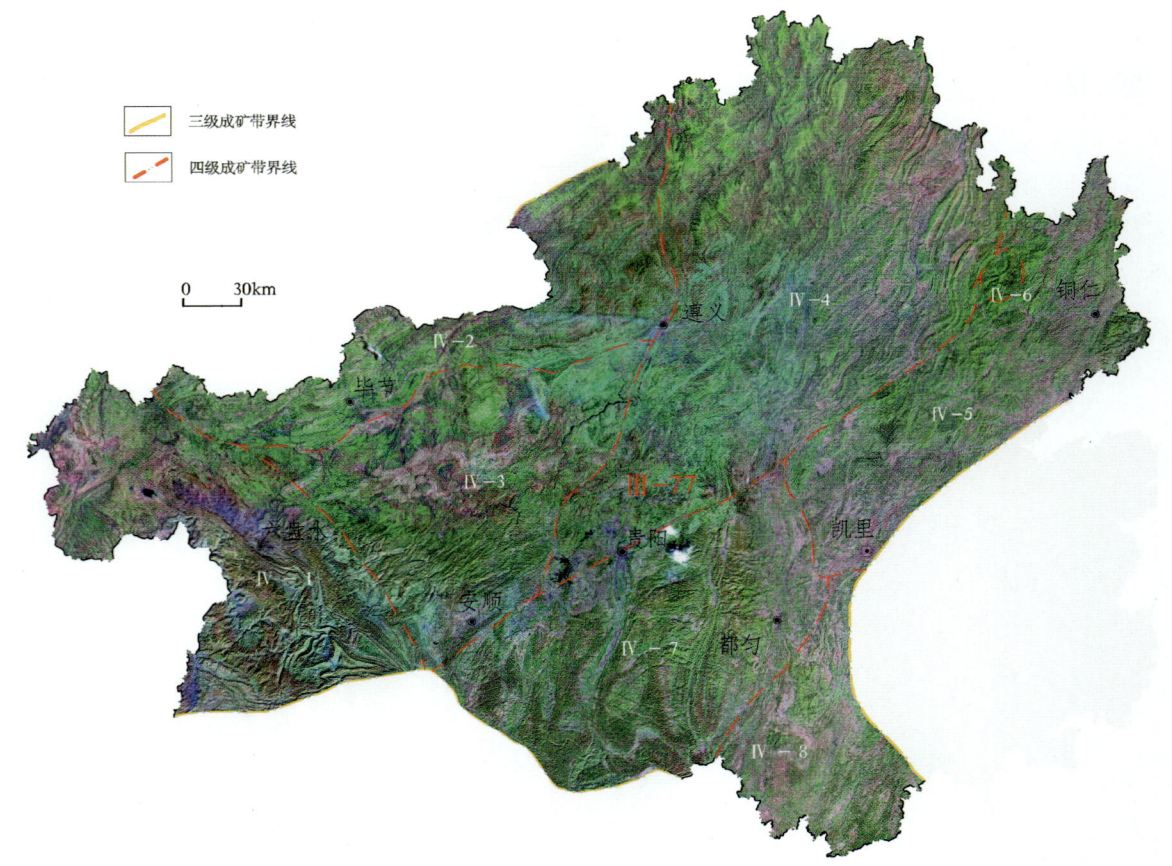

图8-4 上扬子中东部成矿带遥感影像图（R5G4B3，TM）

二、遥感地质矿产特征

上扬子中东部成矿亚带位于贵州中部。出露新元古代—新生代地层。上元古界为浅变质复理石式碎屑岩,出露面积小且零星;从东往西古生代—中生代地层出露面积逐渐增多,岩性以碳酸盐岩分布最广,间夹碎屑岩。西北部有中—晚二叠世峨眉山玄武岩,梵净山见有武陵构造旋回青白口纪梵净山构造时期的花岗岩,镇远、施秉、麻江附近有煌斑岩小岩体零星分布。

除梵净山地区有小面积梵净山构造时期的阿尔卑斯式紧闭褶皱外,区内广布的是燕山构造期形成的侏罗山式褶皱。自东(南东)向西(北西),褶皱和断裂的强度均减弱,卷入的地层亦逐渐变新,褶皱型式由隔槽式→类隔槽式→疏密波式→箱状褶皱;逆冲断层亦减少或规模变小,并为高角度正断层替代,在邻近四川盆地边缘的毕节、大方一带,尚有台阶状断层出现。

在遥感图像上,碳酸盐岩、碎屑岩、玄武岩解译效果良好,尤其是碳酸盐岩与碎屑岩互层(或夹层),且地层产状为中等倾角的岩石地层单元解译效果最好;浅变质岩的地层组、段因岩性单调,解译效果差;侵入岩体因植被茂密或面积过小而难以识别;褶皱构造走向及形态清楚;各类线性构造(断裂)影像特征明显。地貌、地层、岩性、构造在影像上构成了互相关联、有机的组合。

区内蕴藏有铝土、磷、锰、硫、铅、锌、银、汞、镍、钼、钒、萤石、重晶石、煤、铜、金、铁、锑、钨、锡、金刚石等 21 种矿产。前 20 种为预测矿种,前 18 种矿产在区内划有预测区。

在Ⅲ-77基础上于贵州境内进一步划分出 8 个四级成矿单元,编号分别为Ⅳ-1、Ⅳ-2、Ⅳ-3、Ⅳ-4、Ⅳ-5、Ⅳ-6、Ⅳ-7、Ⅳ-8(图 8-1、表 8-1),分述如下。

(一)威宁-六盘水 PbZnAgCuMnFe 成矿单元(Ⅳ-1)

1. 遥感地质矿产特征

出露地层为上古生界—中生界。遥感影像[图 8-5(a)]显示,北东缘构造线以 NW 向为主,是由一系列 NW 向较紧闭狭窄的褶皱及纵断层组成的著名的紫云-水城褶断带的北西段,该褶断带西南以断续褶皱(穹隆、构造盆地)为主,间有少量 NW 向、近 SN 向褶皱[图 8-5(b)]。

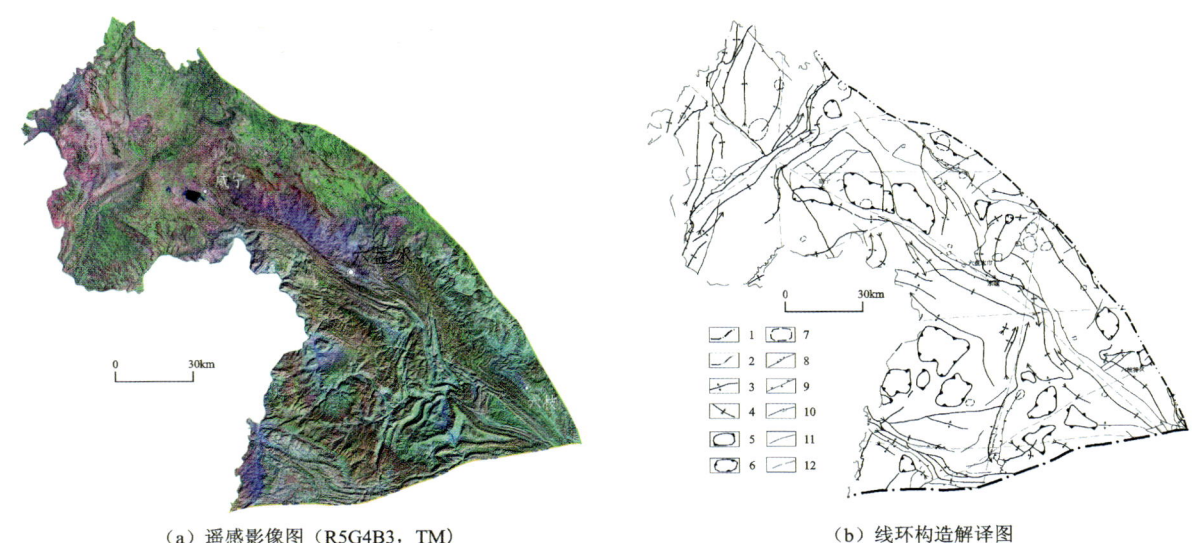

(a)遥感影像图(R5G4B3,TM)　　　　　　(b)线环构造解译图

图 8-5　Ⅳ-1 成矿带遥感影像及线环构造解译图

1.三级分区界线;2.四级分区界线;3.背斜;4.向斜;5.穹隆;6.构造盆地;7.环形影像;8.正断层;9.逆断层;10.平移断层;11.性质不明断层;12.推测隐伏断裂或构造弱化带

从图 8-4、图 8-5 可以看出，Ⅳ-1 成矿单元北东侧外一些 NE 向褶皱临近本区处即转成 SE 并向 NW 凸以及本单元褶断带的褶皱有左列左行现象，同时其倾伏端和扬起端的变形几乎在同一线（或带）上来看，NW 向紫云-水城褶断带构造有左行扭动性质。区内 NW 向断裂具多期活动特征，近现代仍有地震沿该带活动。区内环形影像有沿 NW 方向分布之势，并有遥感推测的 SN、NE 和近于 EW 向隐伏断裂（或构造弱化带）。

Ⅳ-1 成矿单元产出的内生矿产有铅锌矿、铜矿和铁矿；外生矿产主要有锰、煤和铜矿。

铅锌矿产于上泥盆统高坡场组、中泥盆统独山组，下石炭统摆佐组地层中，层位较固定，具层控特征。赋矿岩石主要是白云岩、不纯白云岩及灰岩；部分铅锌矿含矿岩石为断裂破碎带的构造岩。矿体多呈似层状、透镜状，顺层产出；充填于断层破碎带中的矿体产状与断层一致。近矿围岩蚀变主要有白云石化、黄铁矿化、硅化、方解石化，其次有重晶石化、褪色化，部分矿床（点）见萤石化、铁白云石化、铁方解石化现象。围岩蚀变多是共同存在，单一蚀变现象少见。

部分铅锌矿床与菱铁矿床共生，并偶见铜矿。已知的铅锌矿床于地表不同程度发育氧化带。氧化带的主要矿物为褐铁矿、白铅矿、菱锌矿、水锌矿、异极矿，形成以褐铁矿为主，呈褐色、红褐色、棕色、棕黄色并杂以白色的"铁帽"。

铅锌矿明显受构造控制。矿带、矿田、矿床相应受不同级别的构造控制（这里说的带、田、床指由小到大，有矿床、矿点集中的不同几何形状地区，并非规范名称）。

水城矿带是遥感解译的 NW 向水城隐伏断裂（也是北西向褶断带位置）所在之处。

铅锌矿田均位于地表不同方向构造叠加复合部位，同时也是遥感解译推测的隐伏断裂交叉部位。如水城矿带中的妈姑-垭都矿田位处 NW 向水城褶皱带与 EW 向开阳隐伏断裂交叉部位附近；滥坝矿田位处 NW 向水城褶皱带与 SN 向普安隐伏断裂、NW 向湄潭隐伏断裂三者交叉部位附近。普安县罐子窑矿田位处普安"山"字形构造体系 SN 向脊柱（也是 SN 向普安隐伏断裂位置）与 EW 向前弧（也是 EW 向长顺隐伏断裂位置）相交部位附近。

控制矿床的构造是背斜。弯滑褶皱的背斜顶部虚脱空间、层间滑移破碎带或挠曲构造以及小断裂常是矿体所在之处，尤其是断裂交会地段更易成矿，因为其容矿空间更大。铅锌矿均产于背斜上，有断裂伴生更为有利。前人曾形象地表述为"背斜加一刀"。背斜和断裂构造在遥感图像上都有清楚的显示，可为控制矿床的构造分析提供帮助。

赋矿主岩为白云岩、白云质灰岩，次为灰岩。灰岩在遥感影像上很易识别，尤其产状平缓大面积出露时，以其特有的岩溶地貌即可识别。而白云岩在 ETM 影像上有时与碎屑岩影像特征有相似之处（岩溶地貌不甚显著），但在较大比例尺的航空像片（或高分影像图）上常见有大型"乱刀劈麻"状溶蚀沟槽，这在碎屑岩中是没有的。

贵州省铅锌矿床产出地段大多有"铁帽"出现。"铁帽"及近矿围岩蚀变是有效的找矿标志。工作中作了全省的铁染和羟基遥感信息异常提取，以期通过"铁帽"及围岩蚀变寻找铅锌矿床，但效果均不佳——在已知矿区内没有明显异常显示。今后应继续研究改进信息提取技术方法。

玄武岩型铜矿为复合内生型矿床。赋矿的玄武岩位于中、上二叠统之间，影像特征较清楚，冲沟细且密集，汇集后呈树枝状水系，植被发育，色调绿色、深绿色，局部夹浅黄绿等色（姚智，2004）；之下的栖霞组、茅口组地层为灰岩，具发育的喀斯特地貌，山脊不连续，常呈孤立山包，无定向水系，低凹谷地及壳状影纹斑，植被不发育，色调呈黄绿、灰绿等色；之上宣威组、龙潭组、飞仙关组岩性与玄武岩截然不同，所产生的影像特征如水系、色调、地形地貌、植被等均不相同，且玄武岩与中、上二叠统分界间断续可见有一条暗色条纹，可将三套地层划分开。

菱铁矿主要产于石炭系摆佐组、中—下泥盆统蟒山组的白云岩和灰岩中,矿体有似层状和沿断裂充填的脉状,近矿围岩蚀变有白云石化、铁白云石、黄铁矿化、硅化、铁方解石化及重晶石化,常有"铁帽"存在。控矿构造为背斜及伴生的断层。在航片上通过微地貌能准确的划分上述地层界线;背斜及伴生断裂影像也不难识别。

区内的外生矿产主要有煤、铜和锰。

煤主要赋存于石炭系和二叠系祥摆组、梁山组、宣威组(或龙潭组)等地层中。其中以晚二叠世为主要聚煤期。石炭系祥摆组的煤层多为煤线,最厚40cm,主要分布在威宁附近,梁山组在猴场和二塘一带局部可采。含煤岩系以碎屑岩为主,在遥感影像上,以负地形为主,植被发育,多耕地。

石炭系煤系地层之上、下地层都是碳酸盐岩。因此,分布在喀斯特地貌区,呈条带状展布的非喀斯特地貌即为流水侵蚀地貌,是最直接的找矿标志,此外,由于含煤岩系及其顶底板岩层在物质属性及侵蚀作用上的差异,常常沿含煤岩系形成走向次成谷,是区内的地貌标志(刘沛等,2003)。

宣威组(或龙潭组)是晚二叠世的含煤地层,其上覆地层为下三叠统陆源碎屑岩飞仙关组,下伏地层为茅口组灰岩或峨眉山玄武岩。在遥感影像上,飞仙关组和龙潭组较难区分,都为垂直于层面的平行羽状冲沟,而峨眉山玄武岩为蠕虫状冲沟。

含铜砂岩型铜矿产于下三叠统飞仙关组第一、二段紫红色页岩夹砂岩内,分布于鹿角、清明底、可渡、周兴等向斜中,含矿围岩有岩屑细砂岩、粉砂质泥岩等,铜矿化一般在岩屑砂岩中,矿化富集呈条带状、似层状、透镜状、平行层理排列。在ETM遥感影像上,下三叠统飞仙关组第三段灰岩为豆荚状,与下伏一、二段砂页岩的平行羽状水系、侵蚀地貌区别较为明显。

锰矿产出层位为中二叠统茅口组二段顶部,上覆峨眉山玄武岩。主要分布于黔西北的水城—纳雍一带的百兴向斜、堕却背斜、白泥滥坝向斜和北西向的威水背斜、沟木底向斜、布坑底背斜翼部。矿层较稳定,呈层状、似层状产出,目前发现的矿石类型均为氧化锰矿,矿床成因类型为风化残积型。中二叠统茅口组为岩溶地貌,而峨眉山玄武岩前面已述及为流水侵蚀地貌,在影像上呈蠕虫状影纹,两者在影像上易于区别,易于解译。锰矿产于两套地层的界线附近,解译了该两套地层就找到了锰矿产出位置。

2. 弱矿化蚀变遥感信息异常

从图8-6中可以看出,Ⅳ-1成矿单元内的蚀变遥感信息异常受地层和构造控制较为明显,在近于垭都-水城断裂带时,异常的搜索(分布)方向呈NW向,在靠近滇东北搜索(分布)方向为NE向,在成矿单元南部因受构造叠加的影响,铁染异常和羟基异常都有呈NW和NE两个方向的搜索态势。

羟基异常主要分布于水城发耳、晴隆花贡一带,该区的遥感羟基异常主要分布在泥盆系、石炭系、二叠系、三叠系中,以石炭系和二叠系为主,在寒武系等其他地层中亦有少量分布。地层岩性以灰岩、泥质灰岩、白云质灰岩、泥质白云岩、泥(粘土)岩为主。在威宁双龙、九股水、中水、赫章雉街,分布地层主要石炭系祥摆组、二叠系茅口组以及峨眉山玄武岩。

在威宁—盘县一带,遥感铁染异常呈带状分布,分布地有观风海、炉山、盐仓、六曲河、洒基和罐子窑等。主要分布在石炭系、二叠系梁山组—茅口组、峨眉山玄武岩、龙潭组、三叠系等地层中。在峨眉山玄武岩分布区遥感铁染异常分布最为集中。

结合已知矿床(化)点和化探异常进行比较,铁染遥感异常和铁化探异常(Fe_2O_3)套合较好,在威宁炉山,铜矿点几乎分布于铁染异常的搜索中心位置,该处出露的地层正好是峨眉山玄武岩。在晴隆花贡一带羟基异常分布于几条断层端点的延伸部位,铅锌矿点则分布在其边缘位置。

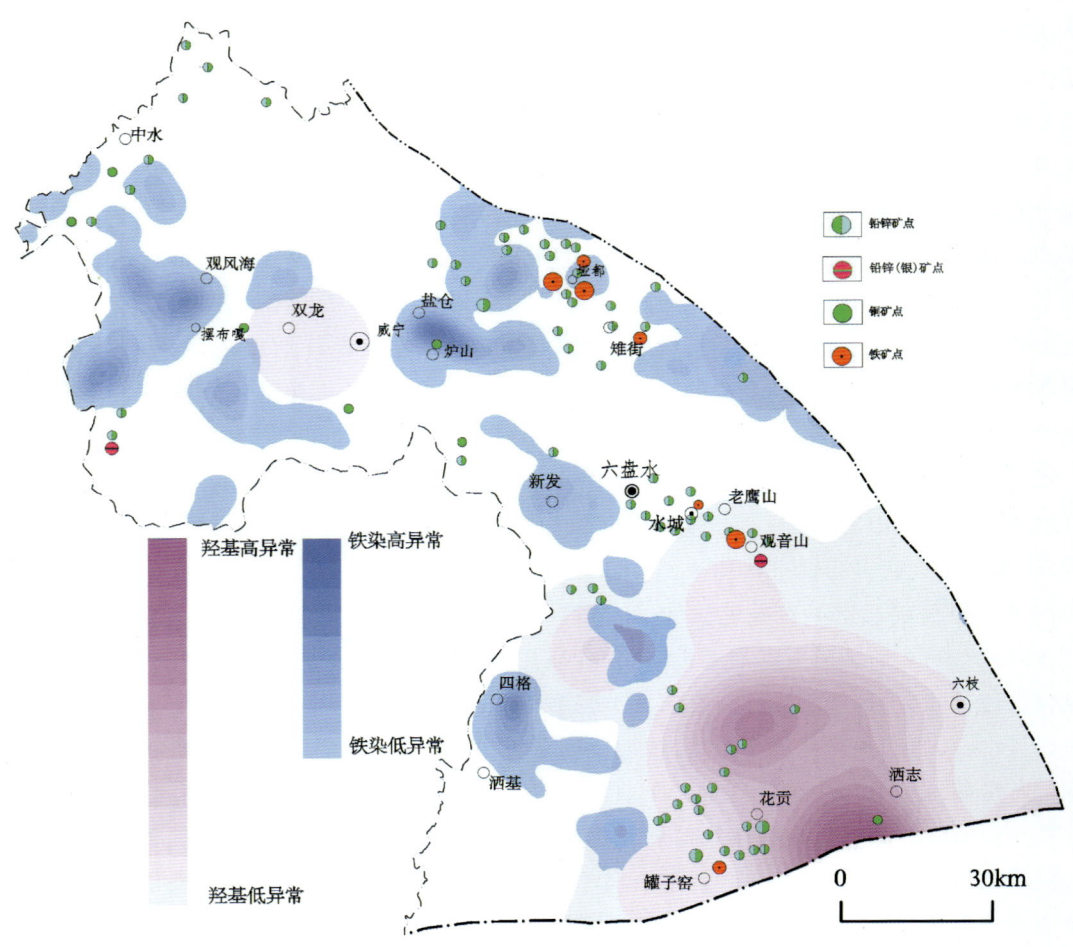

图 8-6 Ⅳ-1 成矿单元弱矿化蚀变遥感信息异常分布图

(二) 毕节-习水 PbZnCu 磷成矿单元(Ⅳ-2)

1. 遥感地质矿产特征

构造线呈 NE 向延伸,长度多在 100km 左右,互相平行。以伴有纵断层的向斜窄、背斜宽的侏罗山式褶皱为主,间有一些穹隆及构造盆地。受 EW 向、NE 向及 SN 向隐伏断裂影响,构造线在局部地段弧形弯曲(图 8-7)。

背斜核部由南华系或寒武系组成,向斜核部常保存有侏罗系。

卷入本区燕山期褶皱的地层为南华系、震旦系、寒武系、奥陶系、志留系、石炭系、二叠系、三叠系、侏罗系,在仁怀茅台一带,零星分布的上白垩统不整合于上述地层之上。

环形构造即穹隆和构造盆地,环形影像地质含义不明。

Ⅳ-2 成矿单元的矿产有铅、锌、铜、萤石、重晶石、煤、硫铁矿和磷等。

内生矿产有铅锌矿和铜矿等,外生矿产主要有煤、硫铁矿(部分属复合内生型)和磷。

铅锌矿主要分布于习水、仁怀及毕节等地。铅锌矿明显受构造控制,矿床几乎均产于背斜核部及与之伴生的断裂中,矿体产状有似层状和脉状两种。含矿地层为灯影组、清虚洞组、娄山关组。含矿岩石为灰岩及白云岩。近矿围岩蚀变有白云石化、硅化及方解石化。铅锌矿常有萤石、重晶石矿伴生。在习水桑木一带近矿围岩蚀变表现不强,有黄铁矿化、硅化、白云石化、重晶石化等。黄铁矿化与铅锌矿化范围大体一致,硅化强弱与铅锌矿化强度大致成正比。铅锌矿的控矿构造——背斜及伴生断裂;含矿岩石——碳酸盐岩,在遥感图像上均可识别。

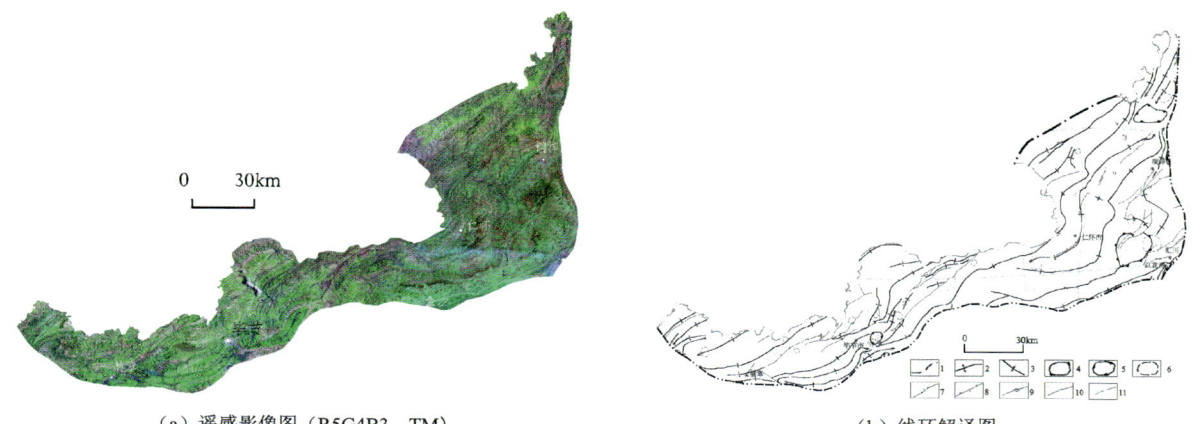

(a) 遥感影像图(R5G4B3,TM)　　　　　　　　(b) 线环解译图

图 8-7　Ⅳ-2 成矿单元遥感影像及线环解译图

1.四级成矿单元界线;2.背斜;3.向斜;4.穹隆;5.构造盆地;6.环形影像;7.正断层;8.逆断层;
9.平移断层;10.性质不明断层;11.推测的隐伏断裂

玄武岩型铜矿与Ⅳ-1 成矿单元的产出层位和遥感影像特征相似,前已述及,不再赘述。

煤主要赋存于龙潭组碎屑岩中。在毕节以西,龙潭组之下伏地层为峨眉山玄武岩;在毕节以东,龙潭组之下为茅口组灰岩。其上覆地层为三叠系飞仙关组或夜郎组。

沉积型硫铁矿赋存于中二叠统茅口组与上覆上二叠统龙潭煤系地层间的平行不整合面之上的含煤碎屑岩底部。矿层一般厚 1～4m,自西向东有减薄之势。含矿岩石为灰色、浅灰色含凝灰质泥(粘土)岩、泥(粘土)岩及深灰、灰黑色含碳质泥(粘土)岩、碳质页岩。硫铁矿在氧化带为褐铁矿。

复合内生型硫铁矿是与中—晚二叠世峨眉山玄武岩喷发活动有关的硫铁矿。含矿地层为中—上二叠统峨眉山玄组底部和中二叠统茅口组灰岩顶部硅质岩以及上二叠统龙潭组煤系地层(部分为沉积型矿)。含硫铁矿层为粘土化斑杂状玄武岩、少量玄武质凝灰岩。矿体呈层状、似层状,长数百米至数千米。矿层受底板中二叠统茅口组灰岩古侵蚀面起伏控制,凹处矿层厚 6～8m,凸处厚 1～2m。围岩蚀变主要为原岩强烈粘土化形成胶岭石、高岭石及少量水云母族粘土矿及褪色现象。氧化带硫铁矿氧化成褐铁矿。

在遥感影像上,龙潭组是夹于两套显示岩溶地貌的碳酸盐岩地层中的非岩溶流水侵蚀地貌,其标志特征极容易判断。

砂岩铜矿产于上三叠统飞仙关组和中侏罗统沙溪庙组中,对地层及岩性具有一定的选择性,岩屑砂岩为其矿源层。飞仙关组第一、二段为砂、页岩,第三段为灰岩,与前述的龙潭组相似,是夹于两套碳酸盐岩间的一套碎屑岩,在遥感影像上有明显的影纹特征。沙溪庙组为一套砂岩组合,位于自流井组与遂宁组间,影形呈厚块状,与下伏地层的条带状影纹有明显区别。

磷矿产于震旦系陡山沱组和寒武系牛蹄塘组,主要分布于中枢背斜、岩孔及松林穹隆。其下伏地层为南华系—青白口系浅变质岩。介于陡山沱组和寒武系牛蹄塘组之间的地层为灯影组白云岩。含磷岩系在影像上无特殊显示,但这几套地层有明显的影像标志:灯影组以溶蚀地貌和水系特征即可判断,而陡山沱组影纹呈块状,在走向上常呈走向次成谷,牛蹄塘组则呈碎粒状或细纹状影纹(刘沛等,2003)。

2. 弱矿化蚀变遥感信息异常

从图 8-8 中可以看出,蚀变遥感异常的分布受地层和构造控制较为明显,呈 NE 向搜索(分布)在毕节—太平一带有与 SN 向构造相交搜索的趋势。

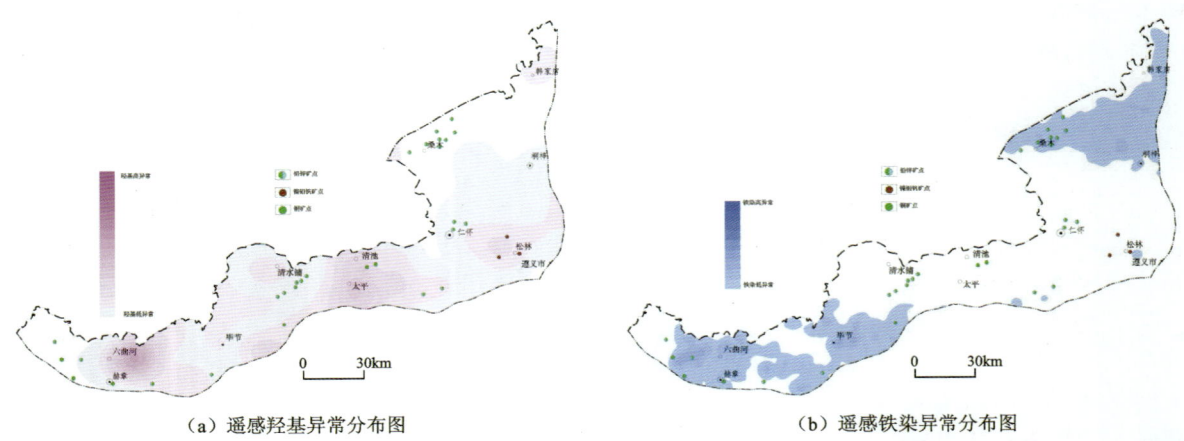

(a) 遥感羟基异常分布图　　　　　　　　　(b) 遥感铁染异常分布图

图 8-8　Ⅳ-2 成矿单元弱矿化蚀变遥感信息异常及矿点分布图

羟基异常主要分布于六曲河、清水铺、清池和土城几个地方，异常区的地层以侏罗系为主，在遵义松林一带以寒武系为主。部分铜矿床点和铅锌矿点分布于异常浓集中心的边缘，在松林一带其分布与镍钼钒矿点间有一定的吻合度。

铁染异常集中分布于图 8-8(b)所示两个区域内，呈北东向展布，受控于地层岩性。一是南部的毕节—赫章一带，遥感铁染异常分布区的地层主要有二叠系、三叠系和侏罗系，特别是与峨眉山玄武岩的关系最为密切，并有已知矿床(点)分布于浓集中心附近。二是北部的习水桑木—桐梓新站，遥感铁染异常分布区的地层主要有寒武系、奥陶系、二叠系、三叠系和侏罗系，以寒武系娄山关组和侏罗系最为集中。

(三) 清镇-纳雍铝土矿磷块岩 PbZn 成矿单元 (Ⅳ-3)

1. 遥感地质矿产特征

该成矿单元出露震旦纪—中生代地层，总体构造线为北东向。以纳雍—卫城一线为界，可分为南北两部分(图 8-9)。

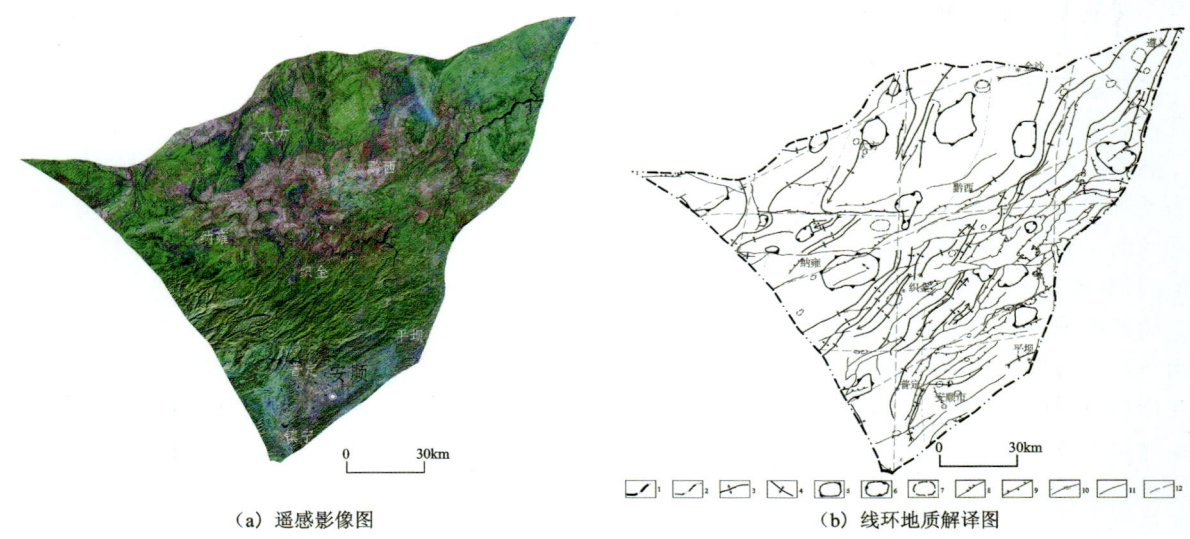

(a) 遥感影像图　　　　　　　　　(b) 线环地质解译图

图 8-9　Ⅳ-3 成矿单元遥感影像及线环解译图

1.三级成矿单元分区界线；2.四级成矿单元分区界线；3.背斜；4.向斜；5.穹隆；6.构造盆地；7.性质不明的环形影像；8.正断层；9.逆断层；10.平移断层；11.性质不明断层；12.推测的隐伏断裂

北部为短轴褶曲和穹隆、构造盆地分布区，断裂少且短。NNE向与NE向两组构造线互相叠加。从地层分布来看，占据该区的主要是一个自金沙—大方之西南的一个NE向宽缓大背斜及东南侧同级别的NE向宽缓大向斜。NE向大背斜上叠加的次级短轴背斜及穹隆长轴为NNE向，并呈右列右行雁行状。

南部断裂数量多，褶皱为NE向短轴褶曲。宽缓背斜之间的向斜较狭窄。背斜上纵断层发育，长度较大。

几个背斜的核部高点出露震旦系及寒武系，其连线在纳雍到平坝一线呈NW向。由此看来，上述NE向褶皱是叠加在一个更高级别的NW向大背斜上的产物。

据区调资料，在织金县五指山附近见下石炭统九架炉组与下伏震旦系灯影组、下寒武统呈角度不整合接触。纳雍—织金—平坝北西向宽缓大背斜应是广西运动形成的，大片燕山期北东向褶皱是后期叠加所致。

该NW向加里东期宽缓大背斜西临著名的NW向水城-紫云褶断带，二者应有成生联系。

区内以外生矿为主要特色，一是晚古生代海相沉积形成的铝土矿，二是寒武纪早期被动大陆边缘裂陷环境下形成的磷块岩（稀土）。外生矿产主要受地层、岩相及古地貌控制，而内生矿产主要受NW向水城隐伏断裂及EW向开阳隐伏断裂的控制，主要为铅锌矿。

铅锌矿分布于纳雍的五指山地区和织金的杜家桥—张维地区，主要受一系列背斜的控制，如五指山背斜、张维背斜、牛场背斜、新华背斜等，核部地层最老出露震旦系，其余大多由寒武系组成。与褶皱相配套的断裂有平行褶皱轴的NE向压扭性断层，斜交背斜轴的NW向张扭性断层，这两组断层与近EW向断层斜交。矿体有断裂充填型和层控型。产出层位有震旦系灯影组、下寒武统清虚洞组、中上寒武统陡坡寺组和娄山关组，其中震旦系灯影组、寒武系清虚洞组是主要含矿层位，这些地层在遥感影像上均可识别。在遥感影像上，五指山背斜、张维背斜、牛场背斜和新华背斜均有清晰的影像特征，并在背斜的核部见有规模较大的NE向断裂，这些NE向纵断层被EW向开阳隐伏断裂及NW向水城隐伏断裂所限制。

区内的外生矿主要有铝土矿、磷矿和煤矿。

铝土矿产于早石炭世大塘期九架炉组，岩性为泥（粘土）岩、铝质岩、铁质岩，为古风化壳沉积型铝土矿。九架炉组的形态、厚薄，以及延伸方向受古侵蚀面影响。该套含铝岩系一般厚20m，因此除特殊的古地形位置，单独识别含铝岩系是比较困难的，但结合含铝岩系的矿床地质特征和顶、底板的岩性特征还是可以进行影像地层单元判读的，即九架炉组之上为岩溶地貌，在地形上常常形成陡坎。

磷块岩主要产于织金新华和织金县城西北以那架-张维复式背斜核部，出露面积不大。含磷层位为早寒武世梅树村期的戈仲伍组（即灯影组上部）及下寒武统牛蹄塘组。在遥感影像上梅树村期含磷岩系色调呈紫红色或绿色，影纹呈碎粒状或细纹状溶蚀地貌，水系呈树枝状或格子状，植被较少，与上覆、下伏地层反差大。

煤矿主要产于龙潭组，分布有织（金）纳（雍）煤田、大方煤田和黔西煤田，以无烟煤为主。

2. 弱矿化蚀变遥感异常的分布

从图8-10中可以看出，羟基异常和铁染异常的搜索方向为近EW向和SN向两个方向；羟基异常+铁染异常沿平坝—镇宁一线呈NE分布。受岩性和构造控制较为明显。

羟基异常主要分布在纳雍乐治—大方黄泥塘，息烽新场等地。异常分布区的地层为震旦系灯影组、寒武系娄山关组、石炭系九炉组、二叠系栖霞组和茅口组、三叠系关岭组、杨柳井组和二桥组等，以石炭系和二叠系为主；岩性以灰岩、泥质灰岩、白云质灰岩、泥质白云岩为主，泥（粘土）岩次之。在大方沙厂、鸡场，以及纳雍乐治分别有次级的搜索中心。

铁染异常在毕节—黔西一带，主要集中分布于毕节、猫场、纳雍、黔西等地。遥感铁染异常分布区的地层主要有峨眉山玄武岩、二叠系和三叠系；岩性除玄武岩外，以灰岩、白云岩为主。在黔西金碧和平坝天龙分别有较好的搜索中心。

羟基+铁染异常主要分布于镇宁丁旗、安顺宋旗、轿子山、平坝天龙，普定化处等地，异常分布区的地层主要为中、下三叠统，岩性以灰岩、泥灰岩为主。

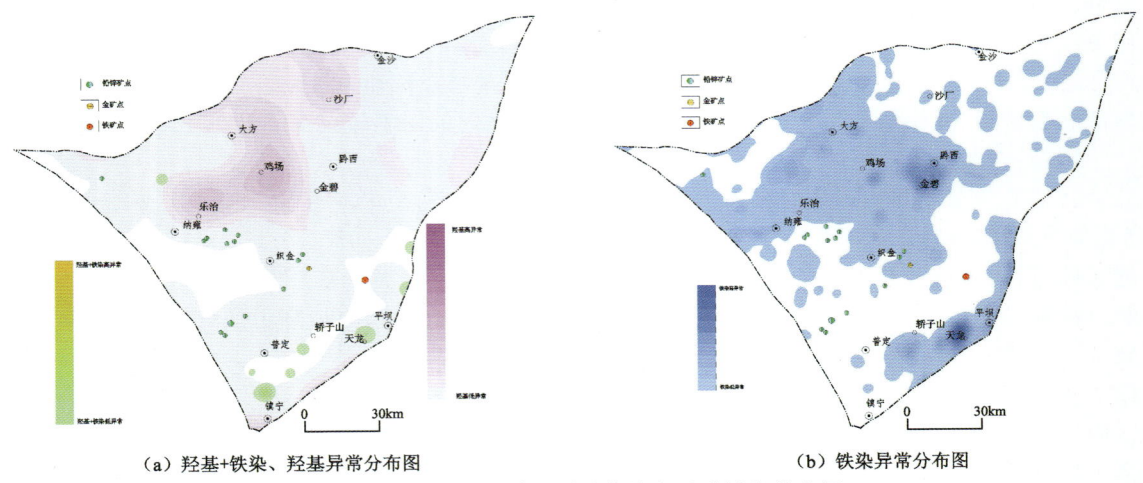

(a) 羟基+铁染、羟基异常分布图　　　　　　(b) 铁染异常分布图

图 8-10　Ⅳ-3 成矿单元弱矿化蚀变遥感异常分布图

结合铅锌、金、铁矿床(点)和高分辨率遥感影像图分析,铅锌、金、铁矿床(点)多分布于羟异常较比弱的区域上,仅个别矿床(点)分布于铁染异常区。羟基＋铁染异常分布的区域多为采矿场。

(四) 渝南-黔北铝土矿磷块岩(含稀土)MnHg 硫铁矿成单元(Ⅳ-4)

1. 遥感地质矿产特征

该成矿单元除有小面积青白口系—震旦系零星出露外,大面积分布的是古生代—中生代地层。

NNE 向类隔槽式褶皱广布全区(图 8-11)。宽缓箱状背斜宽 30km 左右,狭窄向斜宽 10 余千米。呈向斜地势高、背斜地势低的逆地形景观。狭窄向斜中的次级褶皱呈左列左行纵排"多"字形,排列轴 NNE 向。宽缓箱状背斜上的次级褶皱呈右列右行横排"多"字形,排列轴为 NE 向。

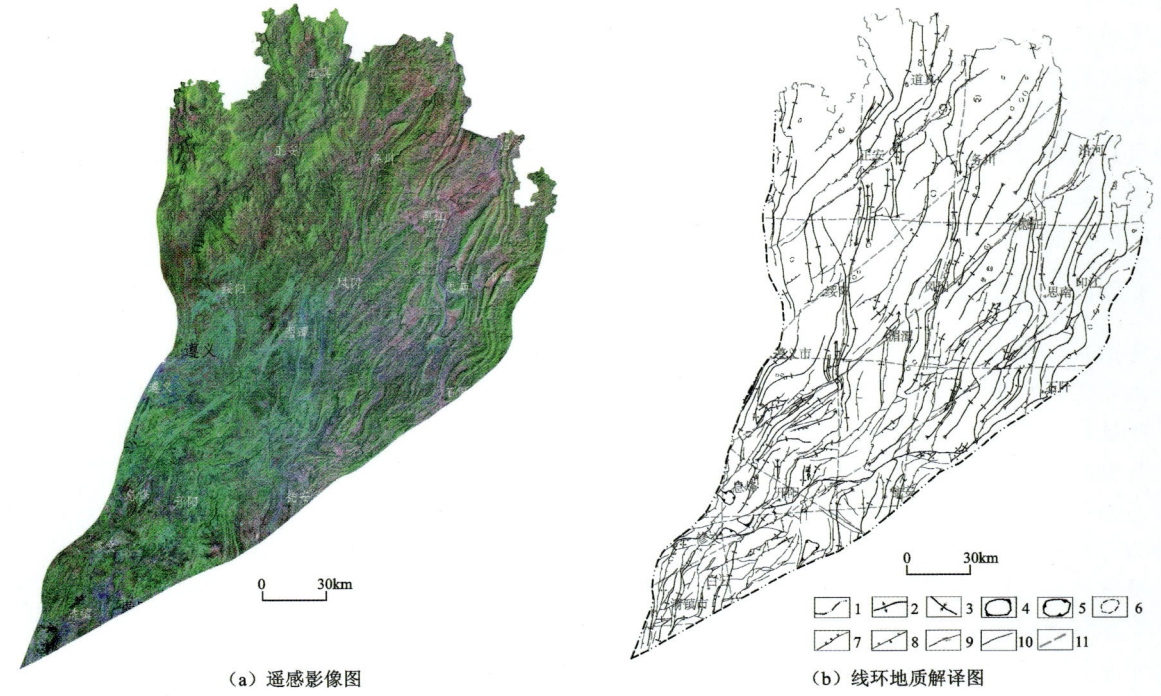

(a) 遥感影像图　　　　　　(b) 线环地质解译图

图 8-11　Ⅳ-4 成矿单元遥感影像及线环解译图

1.四级成矿单元分区界线;2.背斜;3.向斜;4.穹隆;5.构造盆地;6.性质不明环形影像;7.正断层;8.逆断层;9.平移断层;10.性质不明断层;11.推测隐伏断裂

纵断层多在狭窄向斜里，数量多，长度亦大。区内最醒目的断裂为 NE 向，断续成带延伸达 100km 以上，间隔 20~30km 等距分布。NE 向断层切割晚白垩世地层，沿线有温泉、地震分布，具多期活动性质。从一些近于直立的褶曲轴面的轴迹被错移方向和断层两盘狭窄向斜被拖拽弯曲形态以及近 SN 向宽缓背斜上纵排左列左行雁行次级褶曲和两条 NE 向断层夹持的近 SN 向宽背斜上横排右列右行雁行更次级的褶曲分布态势(图 8-12)来看，均表明区内的 NE 向高级别断裂组具有左行扭动性质。从一些 NNE 向狭窄向斜中的纵断层被 NE 向断层切割拖拽与向斜同步弯曲来看，NE 向断层形成时间晚于 NNE 向褶皱和其中的纵断层。从运动学角度来看这些大规模的 NE 向左行走滑斜断层显然不是与该区 NNE 向褶皱配套的断裂，应该是后来形成于燕山构造旋回晚期，甚或是喜马拉雅山构造旋回叠加在燕山构造旋回早期的 SN 向构造上的断裂。

以上事实表明 NE 向断层成生时期晚于隔槽式褶皱，也正是由于这组 NE 向具左行扭动性质的断裂活动才使得原本为 SN 向的隔槽式褶皱被改造成了 NNE 向。

构造盆地和构造穹隆主要分布于开阳一带，其他地区多为性质不明的环形影像。

区内产有大中型铝土矿、磷块岩(含稀土)、锰矿、硫铁矿等矿产，是贵州省内这些沉积矿产的主要产区，此外内生矿产中的务川汞矿也颇具名气。

区内铝土矿呈 NNE 向分布，长达 370km，南起清镇、贵阳、修文，向北经息烽、遵义、正安、务川、道真，再向北延伸到重庆市南部的南川、武隆等地。铝土矿床(点)相对集中成 5 个带，自南而北，分别名为修文、息烽、遵义、正安和道真 5 个铝土矿带。经众多地质工作者多年研究，成矿带南部的修文、息烽、遵义 3 个矿带铝土矿含矿岩系的沉积时代为早石炭世大塘期祥摆组—旧司组，含矿岩系的岩石地层名为九架炉组(C_1jj)。北部的正安、道真两矿带含矿岩系的沉积时代为中二叠世大竹园组(或梁山组下部)。遵义市城区与桐梓—绥阳一线之间，有一条很窄的 NWW 向长期隆起带，未见任何时代铝土矿含矿岩系沉积物。在进行遥感解译时，常常将含铝岩系向上归并，与上覆碳酸盐岩地层一起进行判读。在正安—道真地区地貌明显，且以向斜为主，含铝土矿岩系上覆、下伏地层影纹、水系特征差异显著。在遵义地区和修文地区，因地势起伏小，从遥感影像上较难识别含铝岩系，唯上、下两套地层均为碳酸盐岩，可以作为间接识别标志：上覆地层形成高差相对较大的峰林、峰丛，山脊线较为明显；下伏地层以白云岩为主，影纹较碎，形成相对高差较小的峰林和峰丛。

磷块岩主要分布在开阳—瓮安一带，产于震旦系陡山沱组中，分布于受黔中古隆起控制的台地边缘滩相带内。其上覆地层为灯影组白云岩，该白云岩常常形成较细碎的峰林、峰丛地貌影像，而含矿岩系沿地层多形成走向次成谷，其影像特征在Ⅳ-3 中已述及。

锰矿主要分布在遵义铜锣井地区，主要包括遵义铜锣井、冯家湾、天井台、和尚场等大中型矿床及矿点。锰矿产于中二叠统茅口组之上及上二叠统龙潭组底部，即茅口组白泥塘层含锰硅质岩或硅质灰岩。矿床类型主要为碳酸锰矿，地表及浅部可见少量氧化锰矿。锰矿体呈层状、似层状、透镜状产出。二叠系含锰岩系的遥感影像特征与含煤岩系相似，茅口组以灰岩形成的岩溶地貌为主要特征，而龙潭组为流水侵蚀槽谷状地貌，呈淡蓝色或浅紫色色调，斑点状影纹，枝状水系，植被以灌木为主。矿多分布于两地层的界线附近。

汞矿主要分布于黔北的务川和蒋家坝地区，主要产于寒武系第二统清虚洞组白云岩中，矿体有多层。汞矿受 NE 向大断裂切割 NNE 向背斜部位及背斜向 SSW 倾没部位控制。此外务川汞矿位于遥感解译推测的 EW 向、SN 向及 NE 向几条隐伏断裂的交叉部位附近。务川地区地形切割较深，岩层产状中等，影纹呈条带状，通过上、下地层的影纹特征可以解译出赋矿地层清虚洞组。

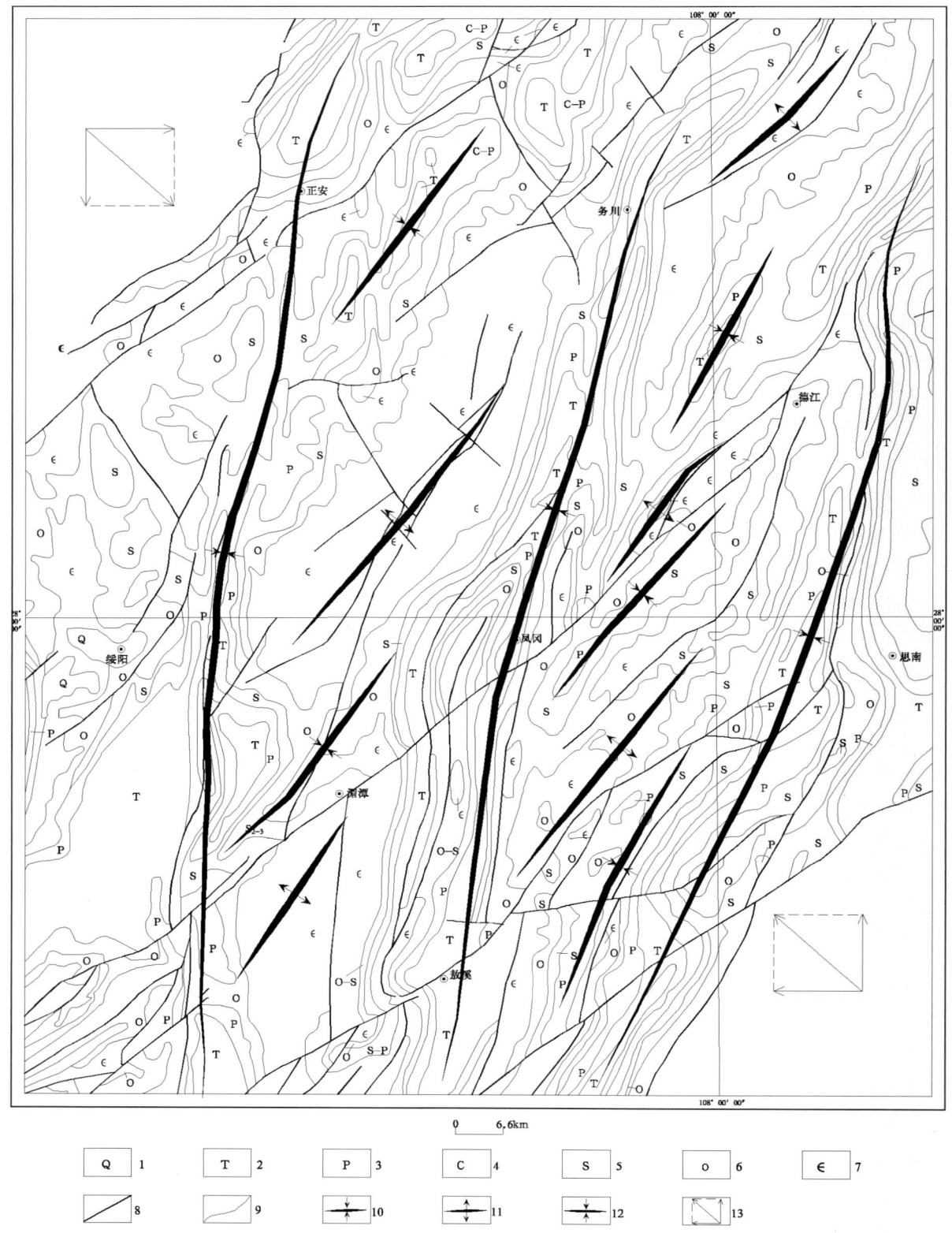

图 8-12 贵州湄潭—德江地区地质构造略图(据贵州省地质矿产局,1987)
1.第四系;2.三叠系;3.二叠系;4.石炭系;5.志留系;6.奥陶系;7.寒武系;8.断层;9.地质界线;10.紧闭向斜;11.次级背斜;12.次级向斜;13.主压应力及分力方向

2. 弱矿化蚀变遥感异常的分布

从图 8-13 中可以看出，遥感异常搜索方向呈 NNE 向（近 SN 向）分布，羟基异常和铁染异常受地层和构造控制明显。

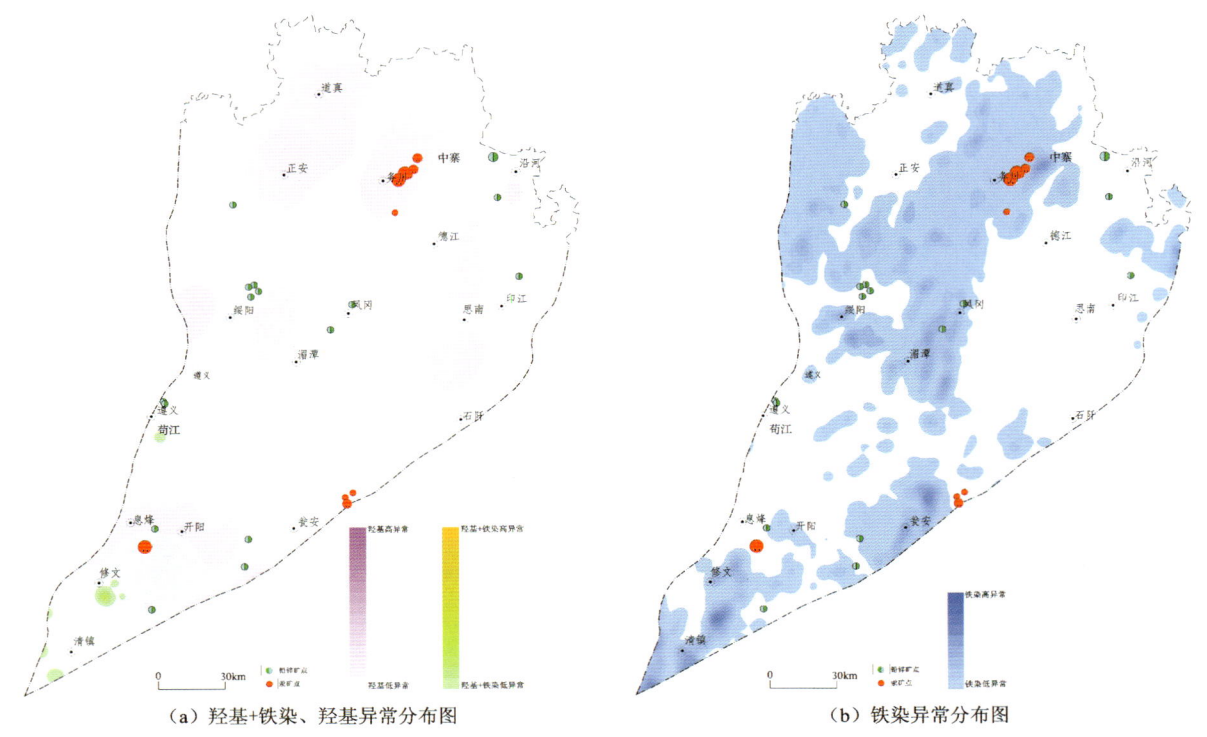

（a）羟基+铁染、羟基异常分布图　　　　　　（b）铁染异常分布图

图 8-13　Ⅳ-4 成矿单元弱矿化蚀变遥感信息异常分布图

羟基异常主要集中分布于道真—正安、息烽、务川、思南一带，并有次级的搜索中心，其余地区较为分散。异常分布区的地层主要为石炭系九架炉组、二叠系茅口组、三叠系夜郎组—杨柳井组；绥阳风华一带，异常分布区地层为寒武系娄山关组、二叠系梁山组—茅口组；正安安场—务川黄郎坪一带，地层为二叠系梁山组—茅口组及娄山关组，部分异常分布在志留系韩家店组与二叠系梁山组的界线位置。结合图 8-12 可以看出，在正安、务川和思南三地，羟基异常主要分布于二叠系、三叠形成的向斜，而在南部的遵义和贵阳，则多分布于寒武系组成的背斜中。

铁染异常受地层控制较为明显，呈带状分布，主要分布在湄潭、务川、柏村、太白等地，分布区的地层主要为寒武系、石炭系、二叠系和三叠系，以二叠系和三叠系形成的向斜最集中；次级搜索中心较小，较为分散。

羟基+铁染异常在平坝夏云一带，主要分布于三叠系安顺组、关岭组碳酸盐岩中。通过高分辨率遥感影像图验证，在遵义苟江、贵阳修文等地是铝土矿的采矿场。在绥阳风华一带分布于寒武系高台组碳酸盐岩地层内，可能与采石有关。

结合矿点分析，在务川汞矿带上，羟基异常和铁染异常均有分布，应该进一步加强研究两者间的关系。

(五)铜仁-凯里 HgPbZbMn 铝土矿成矿单元(Ⅳ-5)和梵净山 WSnCuNiNbTa 成矿单元(Ⅳ-6)

鉴于Ⅳ-6成矿单元面积较小,又嵌于Ⅳ-5成矿单元内(图8-14),故一并论述如下。

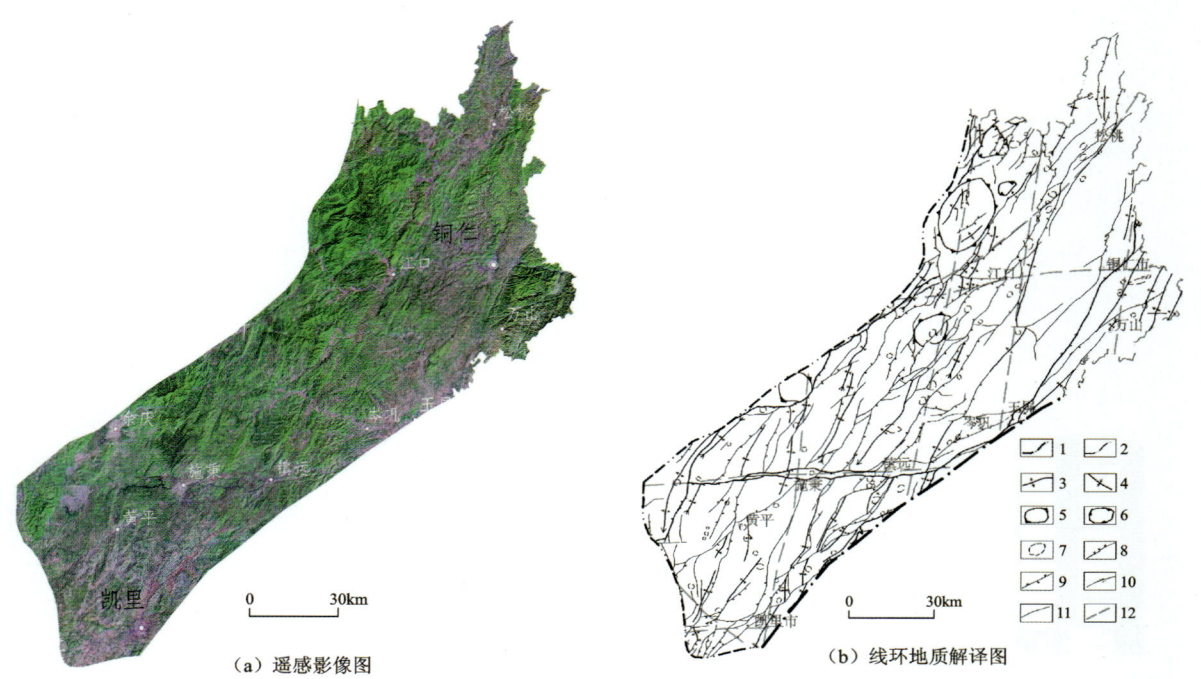

(a)遥感影像图　　　　　　　　　　　　(b)线环地质解译图

图8-14　Ⅳ-5成矿单元遥感影像及线环解译图

1.三级成矿单元分区界线;2.四级成矿单元分区界线;3.背斜;4.向斜;5.穹隆;6.构造盆地;7.性质不明环形影像;
8.正断层;9.逆断层;10.平移断层;11.性质不明断层;12.推测隐伏断裂(或构造弱化带)

1. 遥感地质矿产特征

Ⅳ-5、Ⅳ-6成矿单元位于贵州东北部凯里—梵净山—松桃一狭窄带状区域内。出露地层有青白口系(梵净山群—下江群)南华系、震旦系—二叠系、白垩系、新近系及第四系,分布面积最广的是寒武系。

Ⅳ-5成矿单元构造线方向为NNE向,褶皱宽缓,多为短轴褶曲,间有一些形变相对较弱的穹隆、盆地构造。断裂构造以NNE向最为发育,规模较大的EW向断裂见于镇远—施秉一带,遥感解译推测的隐伏断裂主要有NE向石阡-松桃断裂,EW向江口断裂、镇远断裂,SN向玉屏断裂。

Ⅳ-6成矿单元为一近SN向穹隆构造,内部是由梵净山群构成的NE向褶皱、断裂;外围是下江群,构造线为NNE向。两个群的地层分属两个不同的构造层,二者呈角度不整合关系。

梵净山群—南华系为一套巨厚且岩性单调的浅变质碎屑岩,其组、段地层单位在遥感影像上无法识别。其中的梵净山群分布区森林茂密,以致更难解译。古生代地层及白垩系等解译效果较好,断裂构造在遥感图像上一般都有清楚的显示。

区内的环形构造(构造盆地和穹隆)有沿甘溪断裂、花桥断列及梵净山一带分布之势。环形影像地质含义不明。

Ⅳ-5成矿单元主要有汞、铅、锌、锰、铝土矿等矿产;梵净山地区(Ⅳ-6成矿单元)有钨、锡、金、铜、镍、铌、钽等矿产。

Ⅳ-5成矿单元下古生代(特别是寒武纪)海相碳酸盐岩中低温热液矿较多,特别是汞矿在区内有较多大中型矿床,是我国著名的热液型汞成矿聚集区带。此外铅锌矿也较多。沉积矿产以锰矿为特色,也有大、中型矿床。

汞矿的含矿地层为寒武系碳酸盐岩,当上部有泥质岩类遮挡层时汞矿更易富集。矿体呈似层状、层状,顺层产出,具层控特征,也有受断裂控制的脉状、囊状矿体。褶皱构造对汞矿控制作用明显,层控型矿床几乎均位于大小不等的背斜中。区内大中型汞矿主要集中分布在两个区域:一是沿近SN向江口-普觉大断层分布,一是分布在NNE向玉屏-铜仁大断裂东侧的铜仁、万山一带。

近矿围岩蚀变以白云石化、方解石化、硅化为主,次为重晶石化、角砾化、黄铁矿化、沥青化、萤石化及褪色、重结晶现象。

遥感解译推测的隐伏断裂似乎对汞矿也有控制作用,如沿SN向玉屏隐伏断裂、万山隐伏断裂以及EW向江口隐伏断裂附近均有大中型汞矿床分布。

锰矿产于南华系大塘坡组,包括大塘坡、扬立掌、大屋等锰矿床(点),矿床类型为沉积型,近年研究认为是与古天然气泄露作用有关的冷泉碳酸岩菱锰矿。

就含矿地层而言,大塘坡组见于老岭、梵净山、中灵、盘山和十八坪等背斜两翼,岩性以泥(粘土)岩为主,影纹特征与上覆、下伏地层间无明显区别,但整个震旦系+南华系组合影像特征与上覆地层寒武系和与下伏下江群还是有一定差别(见表7-5)。

铝土矿产于Ⅳ-5成矿单元南西部,为古风化壳沉积型铝土矿,含铝岩系为石炭系九架炉组,矿体赋存于九架炉组的中、上部,矿体产状与围岩基本一致,矿体主要呈层状、似层状、透镜状,其形态、厚度及其横向变化明显受铝土岩系底板古岩溶不整合面的起伏控制。含矿岩系遥感影像特征与Ⅳ-4成矿单元的铝土矿相似(见表7-4)。

铅锌矿为复合内生型矿床。在铜仁、松桃、凯里三地主要赋存于寒武系第二统清虚洞组,受藻灰泥丘相控制的层控型铅锌矿;此外在铜仁一带还有赋存于寒武系敖溪组层间裂隙带中的层控型铅锌矿床。在区域上,铅锌矿主要分布在NNE向铜仁-玉屏大断裂西侧,矿体一般赋存于NNE向、NE向、NEE向背斜以及向斜次生皱曲近轴部的清虚洞组白云岩中,通过遥感影像可以对这些断裂构造进行解译和分析,提取成矿的有利部位。

Ⅳ-6成矿单元面积约300km^2。中心出露地层为晚元古界梵净山群浅变质碎屑岩夹基性—超基性岩,并有花岗岩侵入体;外围是晚元古界下江群浅变质碎屑岩。下江群与下伏梵净山群呈角度不整合接触。Ⅳ-6成矿单元整体为一穹隆构造。

区域成矿特征是:①与晚元古代幔源基性—超基性岩有关的岩浆熔离型Cu、Ni矿床和高温热液Cu、Au、As矿床发育;②武陵期壳源(S型)花岗岩有关气成高温热液Nb、Ta和W、Sn、Cu矿床较为典型。区内森林极为茂密,加之地层岩性单调,所以遥感地质解译效果极差。

2. 弱矿化蚀变遥感异常的分布

羟基异常(图8-15)主要集中分布于铜仁一带的寒武系敖溪组、清虚洞组、石冷水组和高台组碳酸盐岩中;在凯里龙场、松桃盘石以及岑巩—玉屏朱家场一带分布在寒武系娄山关组碳酸盐岩中。从东向西,分布地层从老到新。另外,在两个羟基异常集中分布的区域正好为两条近EW向断裂通过的位置,这也许是巧合,更有可能是后者影响了前者。在铜仁漾头一带羟基异常呈近EW向分布,同时在异常分布区有多个汞矿床点,也是NE向断裂与之交接的位置。

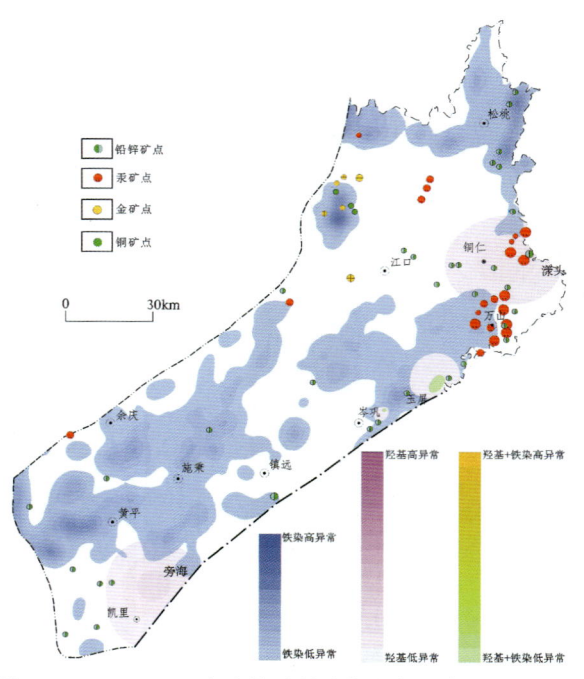

图 8-15 Ⅳ-5、Ⅳ-6 成矿单元弱矿化蚀变遥感异常分布图

铁染异常在区内大面积分布,但总体上受地层控制呈 NNE 向展布,主要分布于寒武系清虚洞组、高台组和石冷水组碳酸盐岩地层中。此外在梵净山地区的梵净山群变质岩系和黄平旧州出露的茅台组砂、砾岩中亦有分布。特别是在梵净山岩浆型成矿区、松桃铅锌矿带和万山汞矿带均有较为明显的异常搜索中心,与矿床(化)点间也有较好的吻合度。

羟基+铁染异常较弱,除玉屏朱家场较集中外,其他区域较为零星、分散。分布地层有娄山关组、高台组和石冷水组,岩性以白云岩为主。从高分辨率遥感影像图上观察,仅少量异常点为砂石矿采场,其他是什么原因造成的有待研究和验证。

(六)贵定-长顺 PbZn 成矿单元(Ⅳ-7)

1. 遥感地质矿产特征

该成矿单元位于贵州南部的安顺么铺—贵阳—余庆一线以南广大地区。地层、构造遥感地质解译效果较好。影像上[图 8-16(a)]表现最为明显的是燕山期形成的近 SN 向或 NNE 向褶皱-冲断构造;一些古老的断裂构造由于在后来的构造运动中继承发展,多次活化,往往与内生金属矿产有着密切联系,在背斜核部的断层多具有 X 型共轭特征,这些断裂以 NE 向和 NW 向为主,EW 向次之。出露地层有青白口系、南华系—侏罗系、白垩系及第四系。

SN 向宽缓箱状背斜和狭窄紧闭向斜组成隔槽式褶皱全区分布出露。褶皱一般长 200km 左右;背斜宽 30~50km,向斜宽 10km 左右。向斜地势低,背斜地势高,呈顺地形。在紧闭向斜区,变形强烈,地层倾角较大,可达 70°,常与近 SN 向逆冲断层、平行走滑断层伴生,多造成地层重复;而在开阔平缓的背斜区,多是正断层和 NE 向平行走滑断层。次级褶皱多呈雁行排列。卷入地层为青白口系、南华系—侏罗系,部分向斜盆地中有上白垩统不整合覆盖,应为燕山期形成。断层多数呈略向 NE 方向偏转的近 SN 向延伸,仅少部分呈略向 NW 偏转的近 SN 向延伸,平面延伸均较为平直,切割了青白口系、南华系、震旦系、寒武系、奥陶系、志留系、泥盆系、石炭系、二叠系、三叠系、侏罗系,应为燕山期形成。

长顺以西,构造线虽仍为 SN 向,但受 NE 向安顺隐伏断裂和 NW 向水城隐伏断裂阻隔,长度变短,

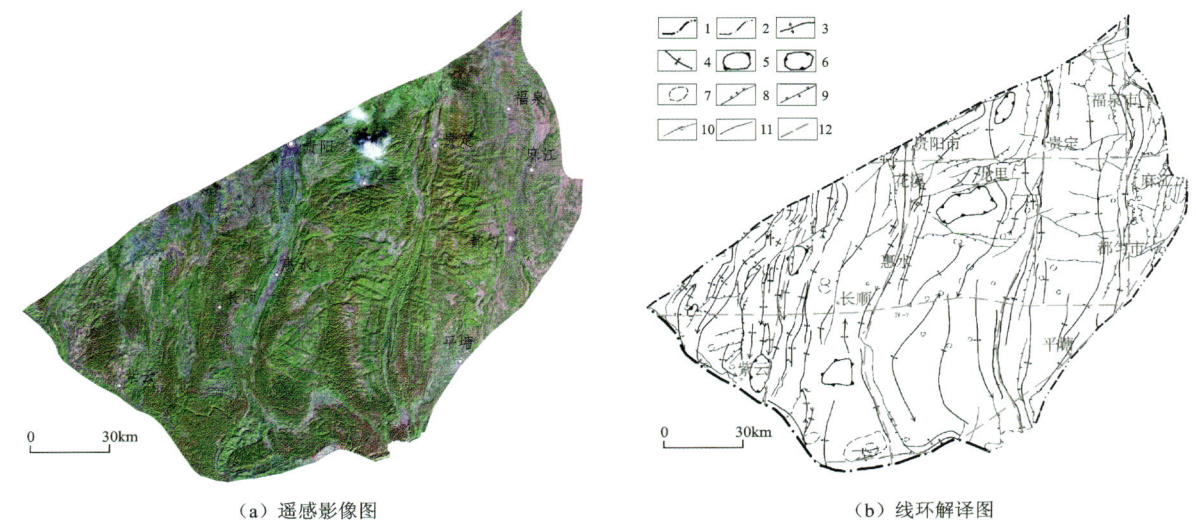

图 8-16 Ⅳ-7 成矿单元遥感影像及线环构造解译图

1.三级成矿单元分区界线；2.四级成矿单元分区界线；3.背斜；4.向斜；5.穹隆；6.构造盆地；7.性质不明环形影像；
8.正断层；9.逆断层；10.平移断层；11.性质不明断层；12.隐伏断裂

背、向斜宽度也几乎相近。

近 EW 向断层平面延伸较为平直，地貌显示多为直线状的沟谷，断崖发育，切割了近 SN 向构造。

SN 向龙里箱状背斜上的几个 NE 向次级褶皱呈"多"字形纵列，排列轴为 SN 向，具左列左行性质。SN 向褶皱北端几乎均转成 NE 向，南端也几乎齐头倾伏或昂起。北端是受 NE 向安顺隐伏断层影响所致，南端可能是受近 EW 向隐伏构造影响所致。

穹隆、盆地构造分布零星，卷入地层有泥盆系、石炭系、二叠系和三叠系。一般发育于近 SN 向褶皱背斜部位或背向斜转换部位，属双向应力叠加作用的产物，形成时代为燕山期；其他环形影像多为性质不明。

区内有铅、锌、重晶石、铁、磷和金等矿产，以铅锌矿为特色。主要产于黄丝背斜和王司背斜的北段核部地层内。

牛角塘断裂（蔓洞断层）自马寨—牛角塘—独牛—蔓洞—挂丁呈 NE 向延伸，马寨以西与 SN 向断层相交后表现为断续的裂隙存在。在影像上，可见该断层具有分支复合现象，表现为断夹块特点，牛角塘铅锌矿即产于该断裂内。

黄丝断层沿半边街—黄丝—马场坪一线呈近 EW 向展布，在影像上呈略向南凸的弧形分布，在断裂的北侧分布有贵定县新场铅锌矿。

江洲断层沿外山—江洲一线呈近 EW 向展布，走向近 EW 向，倾向 N，在影像上该断层呈波状。据资料显示，江洲银厂坡铅锌矿产于该断层南盘奥陶系红花园组及泥盆系望城坡组白云岩中，呈断续延伸，铅锌、锑矿（化）带长约 6km；在雄黄沟一带，断层旁侧奥陶系大湾组中尚有砷矿（雄、雌黄）产出。

上述铅锌矿多产于背斜核部，在影像上都有一个共同的特征，矿床（点）产出的断裂构造多具有共轭性"X"形。其中江洲银厂坡铅锌矿、贵定县新场铅锌矿的容矿构造为近 EW 向断层，而牛角塘铅锌矿的容矿构造为 NE 向。

2. 弱矿化蚀变遥感异常的分布

羟基异常[图 8-17(a)]主要分布于福泉岔河、贵定都六、龙里哪旁、长顺广顺以及紫云水塘—惠水断杉一带，其他地区零星分布。分布地层有泥盆系、石炭系和二叠系，岩性以灰岩为主。搜索方向与地层延伸方向一致，并受构造控制。在福泉岔河有铅锌矿床点分布于异常带上。

铁染异常[图 8-17(b)]受地层和构造控制较为明显,呈带状分布。在安顺鸡场—平坝马场一带,异常的搜索中心沿 NE 向断层分布,位于三叠系碳酸盐岩形成的向斜核部;在平塘西凉—贵定德新一带,异常的搜索中心呈近 SN 向紧闭向斜延伸,亦位于二叠系和三叠系碳酸盐岩形成的向斜核部。在罗甸沫阳和平塘克渡一带,异常因岩相的变化常呈孤岛状。其中克渡和沫阳因受近东西向构造的控制,呈选择性分布于新苑组和许满组。在惠水摆榜呈 SN 向分布于上司组碳酸盐岩内。

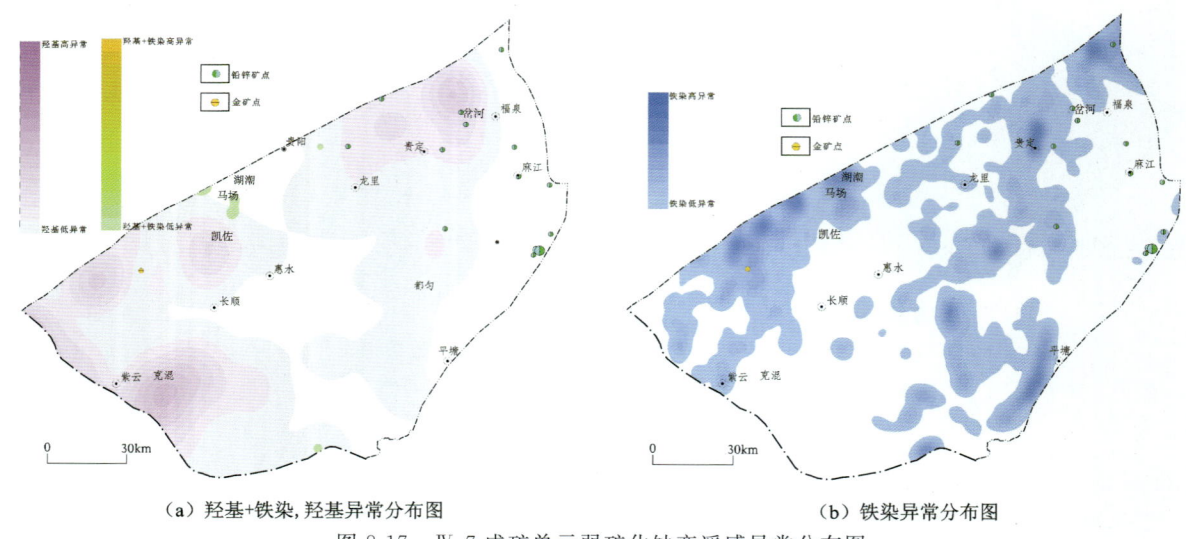

(a) 羟基+铁染,羟基异常分布图　　　　　(b) 铁染异常分布图

图 8-17　Ⅳ-7 成矿单元弱矿化蚀变遥感异常分布图

羟基+铁染异常[图 8-17(a)]主要分布于罗甸沫阳、安顺旧州、平坝马场、花溪湖潮和都匀江洲等地,以平坝马场最为集中,分布区的地层主要为三叠系新苑组、安顺组和大冶组,岩性以碳酸盐岩为主,都匀江洲泥盆系莽山组碎屑岩。

(七) 丹寨-荔波 AuSbHgPbZn 成矿单元(Ⅳ-8)

1. 遥感地质矿产特征

从图 8-18 可以看出,区内构造线呈 NNE 向至近 SN 向,宽缓箱状背斜和狭窄紧闭向斜组成隔槽式褶皱全区布露,出露地层有青白口系、南华系—侏罗系、白垩系及第四系。

三(都)丹(寨)汞金锑矿带在本区内,矿床(点)多,矿床规模大。分布于黔南三都—丹寨地区,范围北起丹寨县朱砂场,南至三都县旷家店,自北而南分为水银厂汞矿田、交梨汞矿田、苗龙锑金矿田、牛场铅锌金汞矿田。属沉积低温热液再造型(复合内生型)矿床,成矿方式以充填为主,以交代作用为次。

NNE 向(近 SN 向)王司箱状背斜(或称独山背斜)贯穿中部,在该背斜上发育有 NW 向断裂,在影像上未见这些断裂穿越近 SN 向向斜核部,即这组断裂被限定在两个"槽"之间,在 NW 向、近 SN 向断裂的破坏和改造下,使得王司箱状背斜在该带内形成多个菱形块,具有共轭断块特征。在两组构造的交接的部位,以及这些块的边缘及向块内延伸的部位,赋存了区内的汞、锑、金、铅锌等矿产,主要分布有著名的三丹汞金锑矿带和独山锑矿带。

半坡锑矿位于 NNE 向王司箱状背斜(或称独山背斜)中,为产于泥盆纪碎屑岩中的断裂充填型交错脉状锑矿,为不规则脉状热液型锑矿。王司箱状背斜及相伴的 NE 向独山断层、烂土断层控制了该区锑矿床的分布,NNW 向半坡张扭性正断层控制矿体。

该矿带的汞矿均产于 NNE 向交梨断裂的东侧,通过对四相厂和宏发厂汞矿的研究,区内断裂发育,可以分为 NNE、NNW、NW、NWW 四组,以 NNE 组对控矿最为重要,并在构造格局上形成"多"字形特征,汞与金常呈共(伴)生状态赋存于岩石中。

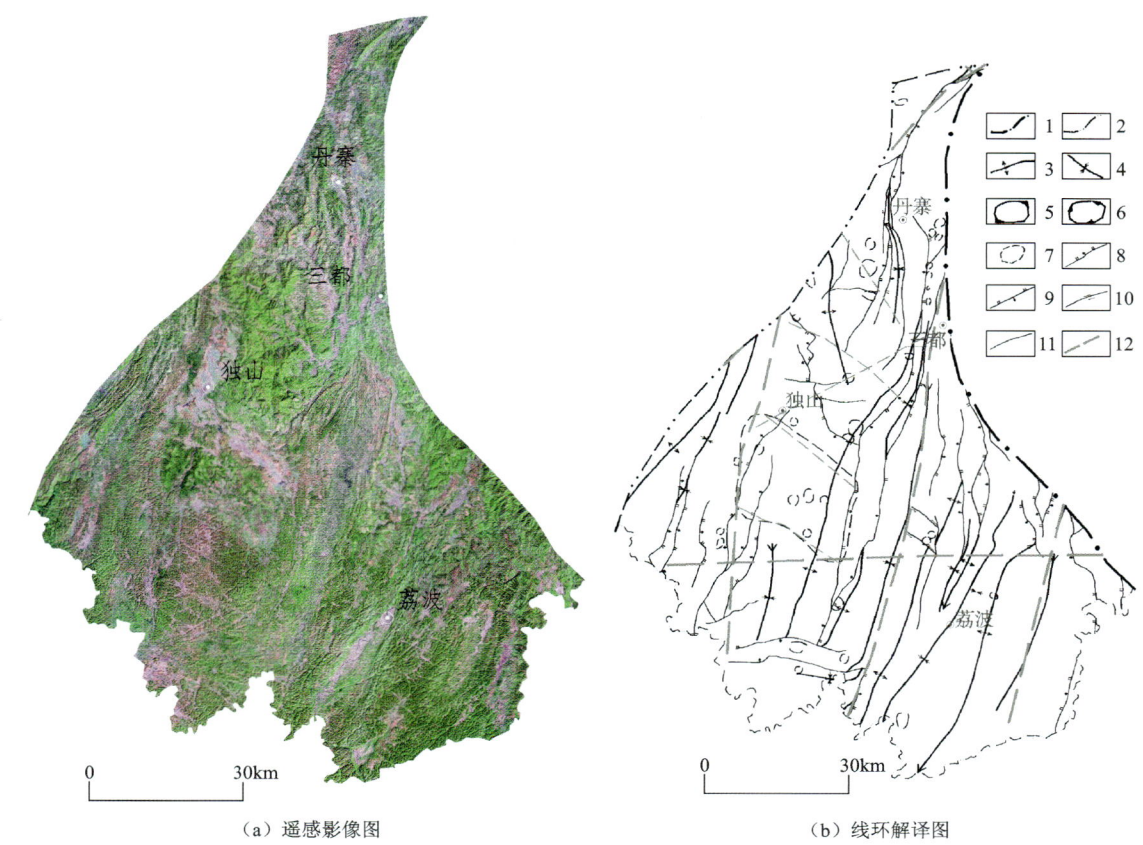

图 8-18 Ⅳ-8 成矿单元影像及构造解译图

1.三级成矿单元分区界线;2.四级成矿单元分区界线;3.背斜;4.向斜;5.穹隆;6.构造盆地;7.性质不明环形影像;
8.正断层;9.逆断层;10.平移断层;11.性质不明断层;12.隐伏断裂(或构造弱化带)

在遥感影像图及解译图上可观察到,SN 向背、向斜的倾伏和扬起以及部分断层终止在一个近 EW 向的带附近,因此据这些特征推测其是一个 EW 向隐伏断裂。

区内的环形影像多分布于独山背斜及两组断裂构造交接的部位,其意义不甚明了。

区内的外生矿产主要为煤,产于石炭系祥摆组和二叠系合山组碎屑岩中,其中祥摆组的煤质最好,可采煤层厚度较稳定,其上覆、下伏地层均为台地相碳酸盐岩,碳酸盐岩具岩溶地貌特征,祥摆组则为流水侵蚀地貌,呈条带状分布其间,影像上易于判译。合山组可采煤层厚度不稳定,多为局部可采。

据刘沛等(2003)对荔波茂兰地区石炭系含煤岩系遥感图像研究认为其色调为紫红色或绿色,具条纹或不均匀块状影纹,走向次成谷地貌发育,水系呈放射状、羽状,植被以乔木或草坡为主。

2. 弱矿化蚀变遥感异常的分布

羟基异常(图 8-19)主要分布于荔波瑶麓一带的祥摆组碎屑岩中,独山麻尾一带有星散状分布。涉及到的地层为二叠系、石炭系,以碳酸盐岩为主。

铁染异常呈带状分布,受地层和构造控制。在麻尾一带,其搜索方向呈 NW 向,其他区域搜索方向多呈 NE、NNE 向。在南部,主要分布于石炭系、二叠系碳酸盐岩地层内。在舒家坪一带分布于泥盆系龙洞水组至独山组内,岩性以碎屑岩为主。在方村一带呈近 SN 向分布于二叠系茅口组—三叠系许满组碳酸盐岩内。在丹寨一带铁染异常分布于寒武纪地层中,岩性以碳酸盐岩为主。在半坡锑矿一带,有三级遥感铁染异常分布,值得关注。

羟基+铁染异常分布较少,仅麻尾一带有少量分布于石炭纪地层中,岩性以灰岩、灰质白云岩为主。

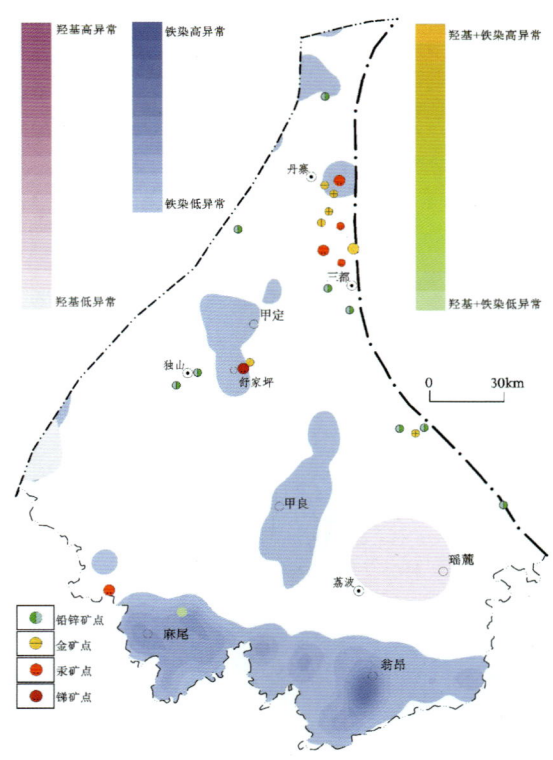

图 8-19　Ⅳ-8 成矿单元弱矿化蚀变遥感异常分布图

三、遥感信息提取新认识

Ⅲ-77（贵州部分）成矿带位于扬子陆块南部被动边缘褶冲带内，地层发育齐全，沉积矿产丰富。通过对区内遥感线—环构造特征和弱化矿化蚀变信息提取，结合四级成矿不同矿种类型和赋存条件、特征进行了预测工作和典型矿床的研究，有以下几点成果。

（1）利用中等分辨率的遥感图像，结合区域地质资料对该成矿带进行了断裂和褶皱解译。在解译过程中对原有的断裂构造作了重新认识，修正。并根据各种地表断裂在遥感影像上的表象、地层的分布和褶皱的倾伏、扬起、变形等特征进行了隐伏断裂（或构造弱化带）解译，尽管个别隐伏断裂的推测依据还不够充分，在图上的表达亦存在一些不足，但这个结果对岩相古地理分析、成矿热液的活动通道分析等均有一定意义。

（2）环的解译包括环形影像和环形构造两部分，其中性质不明的环形影像分布较多，其次为构造盆地和构造穹隆（即环形构造），在已查明的构造穹隆中，梵净山、松林、水东和花贡等穹隆都与矿有关，因此有必要关注分布于关键构造部位的环形影像，这种环形影像亦有可能是岩浆侵入所致。

（3）弱矿化蚀变遥感异常的提取。首次利用 ETM 遥感数据对该成矿带进行了弱矿化蚀变遥感信息提取，并结合部分元素的地球化学异常分布图、高分辨率遥感影像图和蚀变带等资料进行了初步比对和验证。譬如在遵义苟江、修文小山坝等地羟基＋铁染异常分布区多有开矿现象，为矿致异常；务川木油厂汞矿、铜仁漾头汞矿等地均有（较弱的）遥感异常搜索中心，因此认为上述方法提取的弱矿化蚀变遥感信息有一定的可信度，基本反映了它们与地质构造、岩石及采矿场的依存关系。

四、对找矿的指导意义

该成矿带产出的矿产有煤矿、铅锌(银)矿、铜矿、锰矿、铁矿、硫铁矿、磷块岩(含稀土)、铝土矿、镍钼钒矿、汞矿、钨(锡)矿、钼铀矿、锑矿和金矿等。在成因上来讲为两类,一类是中低温的热液型矿床,另一类为沉积型矿床。

(1)从线-环构造的解译情况来看,在Ⅳ-1、Ⅳ-2、Ⅳ-3、Ⅳ-4、Ⅳ-5、Ⅳ-6、Ⅳ-7中的铅锌矿床均产于中二叠统之下的地层中,控矿构造经常为背斜和构造穹隆及伴生的断层,在遥感影像上呈"φ形"模式;在Ⅳ-6中WSnCuNiNbTa矿的产出与花岗岩浆的侵入有关,总体上都产于梵净山穹隆中,但据一些典型矿床的研究,大多矿体都受断裂控制,具"人"字形特征。Ⅳ-8中的半坡锑矿产于王司箱状背斜核部,X型共轭断裂发育,锑矿多被限制于NE向独山断层、烂土断层之间,产于NNW向半坡张扭性正断层内,遥感影像呈"菱形"模式;在丹寨-三都一带产出的汞、金、锑矿产均产于交梨断裂的东侧次级断裂交会部位,在构造样式上呈"多"字形或"人"字形模式。综上所述,"φ"形模式、"菱形"模式和"人"字形模式是该成矿带内的遥感找矿模式;深部构造往往影响和控制地表断裂的形成和发展,因此加强隐伏断裂(或构造弱化带)的研究,并结合地表断裂的表象特征,可以推测热液运移的方向和范围,有利于指导找矿。

(2)从弱矿化蚀变遥感异常的分布情况来看,该成矿带内羟基遥感异常的搜索中心主要分布于花贡,次级搜索中心主要分布于六曲河、鸡场、克混、岔河、凯里旁海、务川木油厂、铜仁漾头等地。铁染异常搜索中心主要分布于天龙、炉山、金碧、盘石等地。结合矿床(点)、部分元素(金、锑、汞、铅锌、铁和铜等)的化探异常和部分高分辨率影像资料分析,部分弱矿化蚀变遥感异常分布区恰好是采矿区,与化探异常也有较好的吻合度。据此认为,在一些有多期构造叠加,并有弱矿化蚀变遥感异常分布的区域,如花贡、务川木油厂、铜仁漾头、克混等地,有必要加强地质调查工作。

(3)对于沉积矿产而言,赋矿地层的存在是必备条件,且要相对稳定,岩相古地理是主要的控矿因素,后期地质构造仅改变矿产存在的空间。因此遥感手段仅在含矿地层分布和弱矿化遥感信息提取方面有些作用外,其他作用有限。

五、找矿预测

基于上扬子中东部成矿带(Ⅲ-77)各赋矿地层遥感特征研究、遥感线-环构造解译和研究以及弱矿化蚀变遥感信息提取和研究的基础上,并结合其他资料圈定了137个找矿靶区,其中金矿3个,汞矿13个,磷矿17个,硫铁矿11个,锰矿8个,镍钼钒19个,铅锌矿32个,铜矿6个,萤石矿5个,重晶石矿23个(图8-20)。现将部分找矿靶区列述如下。

(一)金矿

1. 杨武找矿靶区

该靶区位于丹寨县杨武乡,处于北东向与南北向断层交会处,出露地层为寒武系,有5个金矿床(点),3个环形影像,北部遥感铁染异常浓集。

2. 交梨找矿靶区

该靶区位于三都县交梨乡。区内南北向纵断层发育,次为北西向断裂。出露寒武系都柳江组、三都组、寒武系—奥陶系锅塘组及奥陶系同高组、烂木滩组,见2个金矿床(点),4个环形影像。

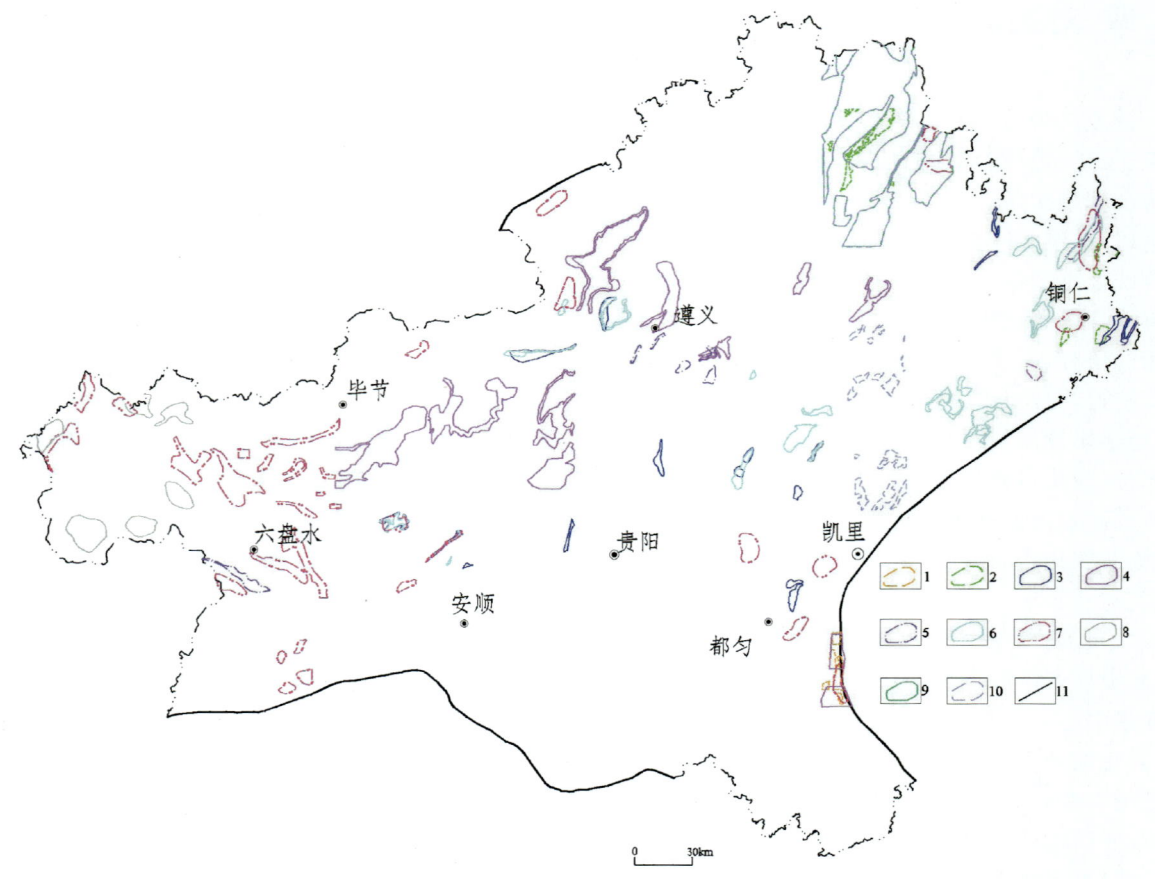

图 8-20　Ⅲ-77 成矿带遥感预测找矿靶区分布图

1.金矿找矿靶区;2.汞矿找矿靶区;3.磷矿找矿靶区;4.硫铁矿找矿靶区;5.锰矿找矿靶区;6.镍钼钒矿找矿靶区;7.铅锌矿找矿靶区;8.铜钨锡矿找矿靶区;9.萤石矿找矿靶区;10.重晶石矿找矿靶区;11.成矿带分区界线

3. 岜河口找矿靶区

该靶区位于三都县水龙乡一带,区内以北北西向(近南北向)断层为主,其次有较小的北东向断层。处于一条北北西向透镜状断夹块的北端。出露寒武系三都组,有1个金矿床。

(二)汞矿

1. 三都找矿靶区

该靶区位于三都县城附近,呈南北向狭长带状分布。出露地层有寒武系都柳江组、三都组,寒武系—奥陶系锅塘组,以白云岩、灰岩为主夹泥质、粉砂质碳酸盐岩。为单斜构造,地层倾向西,倾角20°～30°。三都县城附近尚有一条遥感解译的长约数十千米的北东向构造裂隙。区域地质特征与杨武乡-交梨金(汞)矿带相似,各方向次级断裂、次级背斜及小挠曲等小构造均有利成矿。

2. 大河镇找矿靶区

该靶区位于三都县城西南,处于南北向背斜枢纽向南倾伏地段。见南北向纵断层及北东向斜断层。出露寒武系—奥陶系碳酸盐岩夹泥、砂质不纯碳酸盐岩,地层倾角较陡。

3. 盘信找矿靶区

该靶区位于松桃县盘信镇一带,出露寒武系清虚洞组灰岩及高台组泥质白云岩。单斜构造,岩层平缓,倾角10°以下。有铁染异常分布。

4. 空桐寨找矿靶区

该靶区位于松桃县正大乡西部,出露地层为寒武系清虚洞组、高台组及石冷水组及娄山关组,岩性为灰岩、泥质白云岩、白云岩。为单斜构造,地层平缓,倾角5°~10°。见两条北北东向纵断层。

5. 鸭子坡找矿靶区

该靶区位于碧江区桐木坪乡一带,出露地层有寒武系杷榔组、清虚洞组、高台组、石冷水组及娄山关组。岩性为泥(粘土)岩、灰岩、泥质白云岩、白云岩。区内有北北东向次级背、向斜,岩层倾角5°左右。见两条北东向断层,北东向断层东盘的塔寨附近有3个汞矿点。北缘有一条东西向断层。

6. 腊洞坪找矿靶区

该靶区位于万山区敖寨乡北部,出露地层有寒武系牛蹄塘组至变马冲组、杷榔组、清虚洞组、敖溪组、车夫组。岩性为白云岩、灰岩、泥质白云岩及泥(粘土)岩。东缘尚有少量震旦系陡山沱组、老堡组,岩性为碳质泥(粘土)岩、硅质岩。为单斜构造,地层平缓,倾向北西,倾角10°以下。解译有3个环形影像。

7. 罗家塘找矿靶区

该靶区位于岑巩县羊侨乡东部,出露地层有寒武系杷榔组、清虚洞组、高台组及石冷水组。岩性分别为泥(粘土)岩、灰岩、泥质白云岩及白云岩。位处北北东向背斜被横断层破坏的南倾伏端,地层倾向南南西,倾角10°左右。区内见数条北北东向断层及北西向断层,断层长度不大,断距较小,此外见有北东向大型节理构造。

8. 柏村找矿靶区

该靶区位于务川镇南背斜核部,地层平缓。出露寒武系平井组,下伏不深即是区内主要含矿层(高台组、石冷水组、清虚洞组)。地表北东向断层及北西向大型节理发育。

9. 乐居找矿靶区

该靶区位于务川镇南背斜核部,在乐居西侧有一条北东向断层,西北盘出露小面积高台组(含石冷水组),下伏应有清虚洞组。

10. 桐木找矿靶区

该靶区位于务川镇南背斜核部,地层较平缓。因有北西向褶曲复合叠加,致使背斜枢纽向南倾伏。出露地层为清虚洞组、高台组(含石冷水组)。

11. 金鸡岭背斜北段找矿靶区

该靶区位于金鸡岭背斜核部。出露寒武系清虚洞组、高台组(含石冷水组)。区内矿床、矿点众多,并有超大型木油厂汞矿床。

12. 金鸡岭背斜南段找矿靶区

该靶区位于务川县城东南约 10km 处。出露地层为寒武系金顶山组、清虚洞组及高台组(含石冷水组)。位处背斜核部,地层平缓。有一条规模较大的纵断层切失背斜轴迹。区内有一个汞矿床和众多汞矿点。

13. 下宅坝找矿靶区

该靶区位于德江县荆角乡下宅坝北东约 6km 处,是土地坳背斜西凸"缩颈"变窄的核部枢纽向南倾伏地段,南侧不远处因有北西向构造叠加复合而形成背斜的鞍部。出露地层为寒武系高台组(含石冷水组)、平井组。发育有北北东向及北东向断层。区内有汞矿点。

(三)铅锌矿

1. 矿山厂-马家湾铅锌矿找矿靶区

该靶区位于威宁县牛栏江,地垮云贵交界,在北东向构造与南北向构造带的斜接复合部位,直接控矿的次级断裂、褶皱发育,含矿层白云岩、白云质灰岩、灰岩等分布较广。有已知大型、中型矿床各 1 个(在云南),小型矿床 2 个,铅锌矿化点多处。成矿地质、构造条件好,寻找该类矿床远景较大。

2. 刘家沟-陈家屋基铅锌矿带找矿靶区

该靶区位于威宁县石门乡一带,该矿带为北东向,斜贯测区,有矿床(点)数处。含矿层位固定,在上泥盆统上部结晶白云岩、白云质灰岩中。围岩蚀变有方解石化、褪色重结晶现象等。有重砂异常、金属量测量异常、分散流异常的强异常。矿带延展长,可选择有利地段开展工作。

3. 云贵乡铅锌矿找矿靶区

该靶区位于威宁县云贵乡一带,含矿带为北西向,已知矿点均沿北西向断层分布,含矿地层为上泥盆统白云岩、白云质灰岩,构造较复杂,成矿条件较好。

4. 江子山-大桥-蟒硐找矿靶区

该靶区位于赫章县雉街乡一带,处于北西向构造带中段及南东段,区内出露地层主要为泥盆系至中二叠统,容矿岩石为白云岩、白云质灰岩及灰岩,且分布广泛。沿着垭都-蟒硐断层、石门坎-三旺坪断层、猫猫厂断层等导矿构造,平行排列次级容矿小背斜和断裂,在这些导矿、容矿构造中已发现中、小型铅锌矿矿床、矿(矿化)点十余处,并有较多的重砂、金属量铅锌矿异常区。草子坪—蒉匠冲之间,尚分布有热液菱铁矿。区内围岩蚀变强烈,岩性、构造复杂,是寻找铅锌矿较好的有利区。

5. 小黑山、耿家寨-梅花山找矿靶区

该靶区位于威水背斜展布地带,出露地层为石炭系,少量中二叠统,容矿岩石为白云岩、白云质灰岩及灰岩,且分布广泛。地质构造不甚复杂,区内有已知中小型铅锌矿床及矿化点 6 处,重砂、金属量铅锌矿异常区多处,从成矿条件和已知矿产的分布情况来看,次于前一找矿靶区,但仍具一定的找矿远景。

6. 布坑底铅锌矿找矿靶区

该靶区位于水城县都格乡北侧,处于布坑底背斜南东倾伏端,呈北西向展布,出露地层以下石炭统大塘组至上石炭统马平组为主,岩性多为灰岩、白云岩。有已知铅锌矿点 4 处,矿化现象普遍,见有老硐开采遗迹,重砂和金属量异常区范围与成矿区范围几乎相等。因此从构造、岩性以及各种找矿手段分析,该区具备一定找矿远景。

7. 观音山找矿靶区

该靶区位于钟山区观音山一带,处于观音山背斜南段,出露地层下石炭统摆佐组至中石炭统黄龙组灰岩和白云化灰岩,围岩蚀变有白云石化、硅化、黄铁矿化、菱铁矿化等,有已知铅锌矿、菱铁矿中型矿床各 1 处,小型铅锌矿床及矿点多处。可对该区进行一些普查工作,探索有利成矿地段的新矿体,从而扩大已知矿床外围找矿范围。

8. 简家冲找矿靶区

该靶区位于赫章县白果镇,处于近东西向(北西西向)背斜核部,出露奥陶系、石炭系。发育纵、斜断裂。附近有铅锌矿点。

9. 古达-千溪找矿靶区

该靶区位于赫章县与毕节市交界处,处于近东西向(北东东向)背斜核部,出露寒武系—奥陶系娄山关组,奥陶系湄潭组,石炭系摆佐组、黄龙组、马平组、中二叠统梁山组、栖霞组及茅口组。在古达附近有铅锌矿点。

10. 野马沟找矿靶区

该靶区位于赫章县兴发乡北东,处于近东西向(北西西向)背斜核部,出露泥盆系邦寨组、石炭系—二叠系九架炉组、摆佐组、黄龙组、马平组。断层发育,野马沟附近有矿点出露。

11. 姑开找矿靶区

该靶区位于纳雍县姑开附近,呈马蹄形,处于近东西向(北西西向)背斜东倾伏端,出露石炭系九架炉组、马平组,二叠系梁山组、栖霞组及茅口组,岩脚寨附近有铅锌矿点出露。

12. 董地找矿靶区

该靶区位于纳雍县董地乡一带,处于北东向背斜核部被横向及纵断层切割处。出露寒武系清虚洞组至石冷水组、石炭系九架炉组到马平组。

13. 古都寨找矿靶区

该靶区位于纳雍县昆寨乡北东,处于北东向背斜核部,出露地层寒武系清虚洞组至石冷水组、石炭系九架炉组到马平组。见东西向纵断裂。

14. 左鸠嘎找矿靶区

该靶区位于纳雍县左鸠嘎乡附近,处于北西向背斜核部,受纵断层破坏只保存西南翼,出露的地层有石炭系九架炉组、石炭系—二叠系摆佐组—马平组,二叠系梁山组、栖霞组、茅口组、峨眉山玄武岩组及龙潭组。有铅锌矿点出露。

15. 大岭岗找矿靶区

该靶区位于纳雍县龙场镇南部,处于东西向背斜核部,靠近南翼见一东西向纵断层,出露寒武系明心寺组、金顶山组、石炭系—二叠系猴子关组及马平组、二叠系梁山组—茅口组。

16. 陡箐找矿靶区

该靶区位于水城县陡箐乡附近，处于北西向背斜核部，发育有纵断层，出露石炭系—二叠系威宁组、南丹组、二叠系平川组、梁山组。在陡箐附近有铅锌矿点出露。

17. 丁头山铅锌、热液菱铁矿找矿靶区

该靶区位于花嘎—花贡一带，以绿卵坪背斜、丁头山背斜、鹅毛坪背斜及白沙背斜等横跨复合部位为重点地段。区内分布有近 20 个铅锌（床）点，成矿地质条件良好，特别是控矿构造条件十分有利，寻找铅锌及热液菱铁矿有较好远景。结合遥感异常、含矿地层和已知矿点等情况，可划 4 个远景区，即：十龙田远景区、老营城远景区、花贡镇远景区和白沙乡远景区。

18. 五里牌铅锌矿找矿靶区

该靶区位于仁怀市大湾子背斜中段，内有鲁班、苦蒿坝等区域性导矿断裂，次级断裂及褶皱发育。分布地层主要为寒武系娄山关组第一、二段的白云岩、泥质白云岩。有已知铅锌矿分布在上述导矿断裂两侧，产于娄山关组白云岩中。由于成矿条件较好，对寻找碳酸盐岩中的似层状及脉状铅锌矿床具有一定的远景。

19. 大吉场铅锌矿找矿靶区

该靶区位于毕节市小木拉背斜北段，有阿市、普宜、潘扎等区域性导矿断裂，次级断裂及褶皱发育，分布地层为寒武系，岩性有白云岩、泥质白云岩、白云质灰岩、灰岩等。有已知铅锌矿点分布于上述导矿断裂旁侧，产于清虚洞组白云质灰岩、泥质白云岩及娄山关组白云岩中，成矿地质条件较好，有一定的找矿远景。

20. 五指山-马鞍山铅锌矿找矿靶区

该靶区位于织金县五指山背斜核部，较大面积的寒武纪地层构造很发育，在影像上可见有北西、北东及东西向三组断裂将地层分割成菱形或井型小块。该地层中有已知矿点 8 处，灯影组在该背斜北东倾伏端有一中型矿床，该区成矿条件好，可据已知矿点进一步展开工作，选择有利地段探寻隐伏矿体。

21. 马家庄-果化铅锌矿找矿靶区

该靶区位于织金县果化背斜分布区及其向南西延伸至高山一带，果化背斜向南西延伸，被一较大的冲断层切割，断层旁侧节理裂隙发育，灯影组地层出露较好，有重砂和化探异常，有已知铅锌矿点 2 个及大型磷矿床 1 个，多处已见矿化以及老硐开采遗迹。在果化铅锌矿点的西南一带沿新华断层灯影组地层中，可能找到新的含矿带或含矿体。

22. 水东穹状背斜找矿靶区

该靶区位于纳雍县水东一带，区内最佳含矿地层为灯影组，断裂发育，构造破碎带中，铅锌矿化相当普遍，重砂及化探均在区内发现分布面积大、强度高的异常。有已知小型矿床和矿点数处，在灯影组顶部有下降冷水型铜矿广泛分布，有已知矿点 8 处。沿断裂带有发现更多铅锌矿的希望。

23. 桑木场铅锌矿找矿靶区

该靶区位于习水县桑木场背斜轴部，出露地层主要为灯影组清虚洞组、石冷水组及娄山关组。区内

有已知小型铅锌矿床及矿点。区内构造发育,地表有较好的矿化现象,为成矿有利地段。可重点沿清虚洞组和石冷水组两个层位进一步开展找矿工作,特别要注意背斜中北东向断裂与北西向断裂交叉点附近,这些部位具较好的找矿前景。

24. 蔓洞铅锌矿找矿靶区

该靶区位于都匀市大坪一带,蔓洞断层两侧及王司背斜向南倾没处,次级褶皱、断裂发育,并有较多的铅锌矿化异常及老硐开采遗迹等,具明显的找矿标志。

25. 王司背斜铅锌矿找矿靶区

该靶区位于麻江下司镇一带,王司背斜北端,有陕班、白午两条导矿断层交互切割成为断块,次级断裂发育,并有白云岩、泥质白云岩及页岩等分布,在上述断块中有矿点及较多的矿化异常存在。成矿地质条件良好,矿化标志明显,找矿远景较大。

26. 四方山铜铅锌矿找矿靶区

该靶区位于丹寨兴仁镇东,处于蔓洞、朱砂场、西江断层切割的断块中,次级裂隙较发育,有已知矿床及较多的矿点分布,并有矿化异常及老硐等,寻找多金属矿床远景较大。

27. 黄丝铅锌矿找矿靶区

该靶区位于福泉市黄丝镇一带,处于黄丝背斜中段轴部,有鱼洞山断层通过,次级小断层发育,分布有寒武系、奥陶系等地层的白云岩,有利容矿。有已知铅锌矿点及矿化异常存在,且部分含铅锌矿的矿石中含重晶石,研究程度低,具一定找矿远景。

28. 冉家滩汞、铅锌矿找矿靶区

该靶区位于沿河县官舟镇北部,处于土地坳-德江复式背斜北东端、官舟断裂、褶皱构造束上。矿体产于寒武系清虚洞组、高台组和平井组碳酸盐岩石中。有汞矿、铅锌矿床各1处,近矿围岩蚀变有硅化、方解石化、白云石化、重晶石化等。该区成矿地质条件良好。中型铅锌矿床北东1～4km之小石板、陈子坪,北西600m之龙子洞等处亦发现同类型矿化现象,可扩大矿区远景。

29. 黑癞-水淹坝萤石、铅锌矿找矿靶区

该靶区位于沿河县板场乡北东,处于夹石断裂背斜上,区域导矿断裂是沿河-钟南枢纽断层中段,次级北西向羽状断裂发育,为其控矿、容矿构造,萤石、铅锌矿产于上毛田组至下奥统红花园组的碳酸盐岩石中。有萤石矿(床)点10余处,铅锌矿点3处。近矿围岩蚀变方解石化、硅化、萤石化、重晶石化、角砾化等。成矿地质条件较好,有进一步工作价值。

30. 嗅脑-三宝-中坝铅锌找矿靶区

该靶区位于松桃县嗅脑—三宝—中坝一带,呈北北东狭长带状伸延,位居九龙山-大雅堡背斜南东翼,及北东向敖溪-平头司逆断层与水田河-地所坪逆断层之间。有已知铅锌工业矿床及矿点(矿化点)若干处,并见有老窿、铁帽多处。该区域次级北北东、北东东向断层极为发育,同时形成和发育了较多与之相伴的节理裂隙、挤压扭曲、层间挫动等构造。区内下寒武统清虚洞组灰岩及中寒武统高台组、石冷水组白云岩广泛发育。灰岩蚀变普遍,计有白云石化、黄铁砂化、角砾岩化,白云岩多具有重结晶现象。

31. 卜口场铅锌找矿靶区

该靶区位于铜仁县城南东侧，区内北东向断层发育，主要出露下寒武统清虚洞组，中寒武统高台组、石冷水组碳酸盐岩类岩石，有碳酸盐化蚀变。有已知铅锌矿点及重砂异常，老硐甚多。铅锌矿化产于清虚洞组上部灰岩中，呈似层状，矿化普遍。矿体厚、品位富，矿石以浸染状为主。是寻找小而富的铅锌矿床的有利地区。

32. 牛场铅锌矿找矿靶区

该靶区位于三都县城附近，呈北北西向条带状分布，牛场断层及烂土断层通过区内，其旁侧有与之大体平行或直交的次级张性断裂，裂隙颇为发育，有良好的导矿及容矿构造；出露地层为震旦系、寒武系、奥陶系，主要为灰岩、泥质灰岩、硅质白云岩及页岩等，因此，各种控矿地质条件好。有已知小型矿床及矿点多处。重晶石化、硅化等围岩蚀变可作为找矿标志，该区具有较大找矿远景。

（四）萤石矿

在务川—沿河地区，宽缓背斜核部以及靠近核部的两翼所有出露的下奥陶统红花园组灰岩是区内的萤石矿赋矿地层，尤其是与北西向小断裂配套时，矿石质量和厚度均有所提高，因此，该区红花园组灰岩和北西向断裂是找矿标志，是成矿有利地段。在该区域内，萤石与重晶石常共（伴）生。据此圈定了下列5个萤石矿找矿靶区。

1. 浞水镇找矿靶区

该靶区位于务川县浞水镇西北，为一北北东向背斜，核部被纵断层破坏而保存不完整。出露寒武纪—奥陶纪地层。

2. 茅天镇找矿靶区

该靶区位于务川县茅天镇一带，处于北北东向茅天镇背斜及木油厂背斜北段核部。出露寒武系—奥陶系地层，岩层产状较平缓，发育有北北东向纵断层及北西西向横断裂。区内有萤石矿、重晶石与萤石伴生矿床（点）多处。区内木油厂超大型汞矿（含矿层为下寒武统清虚洞组灰岩）中常伴生有重晶石，因此下寒武统也是重晶石成矿有利层位，故寒武系碳酸盐岩也应是萤石矿找矿的有利地段。

3. 德江县找矿靶区

该靶区位于德江县一带，呈南北向延伸，向北到重庆酉阳县清泉乡、天馆乡。向南至德江背斜南段核部"膨胀"变宽缓部分，中部背斜变窄，地层变陡，北部背斜又逐渐变宽缓。出露以碳酸盐岩为主的寒武系—下奥陶统。北北东向纵断层及北东向斜断层较多，此外有较多的北西向小断层及大型节理。中段土地坳附近背斜西翼地层较陡处见小型重晶石—萤石共生矿床1处，萤石矿点3处。该背斜南、北两段（即德江县及酉阳县清泉乡—天馆乡一带）背斜核部很宽缓，断裂也发育，并出露有利成矿的寒武系—下奥陶统碳酸盐岩，目前尚未发现萤石矿，是十分有远景的找矿地区。

4. 夹石镇找矿靶区

该靶区位于夹石镇背斜核部，省内部分的北段。为一长轴北北东向穹隆构造，出露寒武纪—奥陶纪地层。北东向断层及北西向断裂数量较多。区内有中型重晶石—萤石矿床及重晶石—萤石共生矿床（点）多处。

5.楠杆乡找矿靶区

该靶区位于预测工作区西南角,其构造部位处于木油厂背斜西南倾伏端附近,出露寒武纪—奥陶纪地层,是构造、地层岩性有利成矿地段。

(五)重晶石矿

在沿河—务川一带,重晶石矿主要产于奥陶系桐梓组、红花园组和寒武系—奥陶系毛田组碳酸盐岩的北西向裂隙中,当上覆有泥质岩类遮挡层时更有利于成矿。总的来说几个大的北北东向背斜均可视为重晶石找矿远景区。因此结合地球化学资料,已知矿点的分布,出露的含矿地层,岩性及构造有利部位等条件,圈定了泥水镇找矿靶区、茅天镇找矿靶区、德江县找矿靶区、夹石镇找矿靶区和楠杆乡找矿靶区5个找矿靶区。与萤石矿找矿靶区重叠。

在施秉一带,重晶石矿产于下奥陶统桐梓组下部白云岩中,综合已有地质资料圈定了北侧、施秉、黄飘乡、谷陇、新寨-双井5个找矿靶区。

在石阡一带,区内北东向石阡县-聚凤乡断裂带和何家湾-山口坳村断裂带应是两条重要的成矿带,断裂带内出露的娄山关组上部、桐梓组、红花园组白云岩中均有矿体产出。综合相关资料圈定了何家寨、烂湾、何家湾、老屋基、长冲、龙洞、溪沟、吴家湾、梁家湾、白虎山、甘溪乡、中坝镇东、聚凤等13个找矿靶区。

(六)磷矿

1.水东找矿靶区

该靶区位于纳雍县水东乡水东背斜核部,赋矿地层为灯影组和牛蹄塘组。

2.高果找矿靶区

该靶区位于织金县桂果镇高果背斜核部,赋矿地层为灯影组和牛蹄塘组。

3.毛稗冲找矿靶区

该靶区位于织金县猫场镇西部毛稗冲背斜核部,赋矿地层为灯影组和牛蹄塘组。

4.麦格—桃子冲找矿靶区

该靶区位于清镇市麦格乡桃子冲背斜核部,赋矿地层为灯影组和牛蹄塘组。

5.洋水背斜两翼磷矿床及温泉磷矿床找矿靶区

该靶区位于开阳金中—息烽温泉一带,赋矿地层为洋水组、灯影组和牛蹄塘组。该找矿靶区在已有矿床的基础上就矿找矿,扩大储量。区内的矿床范围已圈定,且工作详细,矿床规模巨大,矿石质量优良,部分兼有碘元素综合利用。

6.开阳—马场磷块岩找矿靶区

该靶区位于开阳—枇杷哨一带,赋矿地层为洋水组、灯影组和牛蹄塘组。略呈南北向北窄南宽的不规则长条形,构造上位于两路口断层北端东侧及白马洞、炮打岩、潮水河断层东端旁侧出露的地段,东翼深部变化不大。区内在开阳青禾附近仅有上磷矿层出露(1个矿点),无下磷矿地层出露,但已有灯影组白云岩(磷块岩上覆地层)断续出露。东面翁召背斜的双山一带见质量较好的磷块岩矿床。找矿靶区北部(白马洞断裂东端北侧以北)恰位于洋水背斜与翁召背斜之间,故推测其成矿地质条件类似。找矿靶区南部,据区域资料,成矿地质条件较差,但尚不能完全肯定无磷块岩产出。因此,找矿靶区深部仍可能有洋水组磷块隐伏矿体存在。现在地表已出露灯影组白云岩,且倾角平缓,灯影组在区内厚244~315m,故磷矿岩埋深仍在允许勘探深度之内,值得进一步探索。

7. 瓮安白岩矿区玉华找矿靶区

该靶区位于瓮安白岩背斜北端,主要赋矿地层为陡山沱组(或洋水组)。磷矿层厚3.57~11.93m,平均7.94m,P_2O_5品位平均26.30%,属台地边缘滩间浅水潟湖相带含碘高磷块岩,具中—大型矿床潜力。

8. 瓮安白岩矿区新桥找矿靶区

该靶区位于白岩背斜中段,白岩大型磷块岩之南边部,主要赋矿地层为陡山沱组(或洋水组)。陡山沱组隐伏地下,已有资料显示为A、B两层矿,属台地边缘滩间浅水潟湖相厚层低品位磷块岩,估计埋深小于500m,可探范围0.5~2.4km^2,具大型矿床潜力。

9. 福泉水洞找矿靶区

该靶区位于上塘背斜西翼南段,主要赋矿地层为陡山沱组(或洋水组)。陡山沱组厚11.8m,为含磷碳盐组合,磷矿层厚1m左右,P_2O_5品位大于25%,变化大,矿层有时尖灭,向南有变佳之势,推测为台地边缘浅滩相带或为台地边缘斜坡的过度相带,具探索意义。

10. 浪洞-纸房-中关找矿靶区

该靶区位于黄平县浪洞—余庆县中关,主要赋矿地层为陡山沱组(或洋水组)。该区范围大,震旦系和下寒武统牛蹄塘期分布面宽,该区不是在台地边缘浅滩及滩间浅水潟湖相带的成磷最佳场所,而是处于台地范围以内,震旦系和牛蹄塘组地层出露于背斜核部和翼部,区内寻找台地内局限盆地相带或台地边缘斜坡的过渡相带,具有探索意义。早寒武世牛蹄塘期(梅树村期)的磷矿(习称"上磷矿")属台地斜坡及盆地斜坡相带的磷矿,矿层规模较黔中和黔西稍次,稳定性差,但因大都含铀、钒及稀土元素可资综合利用,从而价值倍增,故不可忽视,现有余庆中关小型矿床一个。

11. 金沙岩孔-仁怀岳家寨找矿靶区

该靶区位于金沙岩孔至仁怀西部岳家寨一带,主要赋矿地层为震旦系陡山沱组(或洋水组)。早寒武世梅树村期,该区域有一近东西向分布的磷质浅滩存在。由东向西矿层变厚,品位提高,呈上超退积型叠置于灯影组白云岩侵蚀面之上,可能有一个规模较大的浅滩型磷矿存在,另外该含磷层普遍含钒、铀、钼、镍等有用元素,上覆地层厚度不大,地质勘探条件较好,值得进一步工作,了解它们的赋存形态和含量情况。

12. 中枢-松林找矿靶区

该靶区位于仁怀中枢—汇川松林一带,主要赋矿地层为震旦系陡山沱组(或洋水组)。该区可能有一个隐伏的震旦纪陡山沱期新生台棚,形成了以大型净砂屑磷块岩为主的浅水优质磷矿。据已有资料看,松林穹隆西翼断层构造发育,陡山沱组主矿层地表未出露,但它属于磷矿富集的相区内,现有已知矿点1个,建议选择盖层不厚的地带进行探索性的钻探,试找盲矿体。

13. 基东背斜找矿靶区

该靶区位于麻江县龙山乡,含矿地层为牛蹄塘组,有 2 个磷块岩矿床。由于该背斜核部地层产状平缓,含矿层埋深不太大,具有较好的找矿前景。而靠近核部的东翼被纵断层切失,含矿层处在断层下降盘部位,埋深至少有 300m,暂无价值。

14. 老富庙-羊跳寨找矿靶区

该靶区位于麻江县龙山乡西部老富庙—羊跳寨一带,出露有含矿地层牛蹄塘组数处,出露面积虽都小,但依然为有利的找矿地段。

15. 坝盘-新场-中坝区镍、钒、磷、稀土找矿靶区

该靶区位于江口县坝盘背斜东翼及王家普背斜两翼,主要的含矿地层为下寒武统牛蹄塘组。含矿岩系呈北东连续延伸,面积较大,矿层稳定,厚度变化不大,综合利用价值高。红土坡、马关以北以钒矿为主,含矿岩系性较复杂,是找寻富钒矿的有利地段。杨家寨以南,则以磷、稀土、钼矿为主,磷矿层虽薄,但品位较富,区内仅坝黄、坝盘作过钻探工作,有已知中型磷矿床和矿点 10 余处,具有较好的找矿意义。

16. 钟灵复式背斜找矿靶区

该靶区位于松桃县石梁乡,主要的含矿地层下寒武统牛蹄塘组分布于复式背斜的次纹褶皱翼部及倾没端,次级褶曲有猫场背斜,大梁子向斜、贵贤溪背斜、平穴背斜向南倾伏端,矿层及含矿岩系稳定较连续延伸,露头线长。有已知中型矿床 2 处,磷矿普遍与镍、钼、钒、稀土元素共生,有重要的综合利用价值。

17. 梵净山穹状背斜西翼及向北倾伏端找矿靶区

该靶区位于印江县永义—新业一带,主要的含矿地层为下寒武统牛蹄塘组,磷矿普遍与镍、钼、钒、稀土元素共生。含矿岩层连续,向北东延伸长,断层少,基本未破坏含矿层,层位稳定,露头线上有小型矿床和矿点,已往工作较低。

(七)硫铁矿

在黔北、黔西北地区,龙潭组底部是硫铁矿的主要产出层位,也是矿产资源潜力评价预测工作区布置和研究的主要对象。区内矿石矿物成分简单,以黄铁矿为主,白铁矿次之。特别是在玄武岩尖灭向龙潭组过渡的部位,硫铁矿的厚度和品位都较好,而远离该区域则相对较差。因此龙潭组底部是区内的找矿标志。据上述成矿地质背景,结合已知矿点的分布,遥感异常与含矿地层的吻合情况等条件,在该地区圈定了 9 个找矿靶区,即:①容光找矿靶区,②山盆找矿靶区,③遵义找矿靶区,④新南找矿靶区,⑤凤冈找矿靶区,⑥猫场-安找矿靶区乐,⑦金坡找矿靶区,⑧高坪找矿靶区,⑨六广-素朴找矿靶区。

在三都—丹寨地区,硫铁矿为复合内生型,受断裂构造和地层的双重控制,矿体主要赋存于泥盆系独山组和寒武系都柳江组,其中都柳江组的矿体较好。赋存于独山组中的硫铁矿主要产于鸡泡段白云岩和同生角砾状白云岩接触带,沿层间裂隙充填交代呈似层状或沿断裂破碎带呈脉状产出,同时受北东和北西向两组断层控制。赋存于都柳江组中的硫铁矿产于薄层白云岩和同生角砾状白云岩接触带,沿层间裂隙充填交代呈似层状或沿断裂破碎带呈脉状产出。围岩蚀变以硅化为主,次为白云石化。属复合内生型矿床。排代硫铁矿矿床位于南北向三都-平寨向斜北端地层内倾转折端附近。矿区一带有数

条长度很大的南北向纵断层,沿纵断层有巨大的透镜状断夹块。据此,在该地区圈定了2个找矿靶区,即:⑩交梨乡找矿靶区、⑪水龙乡找矿靶区。

此外,在清镇—贵阳一带,龙潭组(合山组)分布广,与茅口组接触的假整合面露头线长,可全面开展普查,待发现有成矿有利地段,再深入工作。也可就矿找矿,即在已知大、中型矿床或成矿条件较好的矿点的基础上开展工作,扩大远景区。

(八)锰矿

在松桃地区,锰矿产于大塘坡组内,就断层、含矿带的分布结合其他地质资料圈定了2个找矿靶区,即松桃找矿靶区和漾头找矿靶区。

在遵义地区,锰矿产于二叠系茅口组白泥塘层硅质岩中,依据断裂发育情况、赋矿地层的分布等相关信息,圈定了5个找矿靶区,即共青湖找矿靶区、铜锣井外围扩展区找矿靶区、新场村找矿靶区、蒜叶沟找矿靶区和铁厂镇找矿靶区。

在水城地区锰矿产于二叠系茅口组白泥塘层硅质岩中,圈定了1个找矿靶区,即坛罐窑找矿靶区。该靶区可在已知坛罐窑矿床点的外围开展工作,扩大远景。

(九)镍钼钒

根据含矿地层(牛蹄塘组)的出露情况、岩性及构造有利部位,已知矿点的分布,结合利用地球化学资料,遥感找矿模式,遥感异常的分布等信息,圈定了19个找矿靶区,即水东、果化、高山、打麻厂、岩孔、松林、中枢、白岩区、老坟咀区、桥边区、母鸡营区、大地区、乜江、松桃、坝黄、瓦屋、平庄乡、都平镇、水岭找矿靶区。

(十)铜矿

本成矿带主要预测了产于玄武岩顶部或上部的铜矿。围岩为凝灰岩、气孔状玄武岩,矿体呈透镜状产出,产状与围岩基本一致,规模小,品位变化较大,矿物组合简单,有少量矿体与构造关系密切,往往在断层面附近及断层相交处富集。具有找矿意义的围岩蚀变主要有绿泥石化、碳沥青化、褐铁矿化等,且与成矿关系密切。在普查找矿中,要注意观察断裂构造和围岩蚀变。鉴于上述信息及地层出露情况,圈定了中水、孙家山、可乐、岔河、金斗、大湾等6个找矿靶区。

第三节 江南隆起(Ⅲ-78)西段成矿带遥感特征

一、地势地貌

Ⅲ-78成矿带(图8-21)位处黔东南州中东部,地势自西向东倾斜。西部为丘陵低中山,向东渐转为低山和丘陵。境内最高点在雷山县雷公山主峰,海拔高程2170m,最低点在黎平县东南部地平乡水口河出省处,海拔高程148m,全区平均海拔772m。山地面积占全区面积的72.8%,丘陵面积占23.3%,山间平坝面积占3.9%。以侵蚀、剥蚀地貌为主;喀斯特地貌很少,仅见于黎平、天柱县地平、剑河县南明和玉屏等地。主要河流有清水江、都柳江、潕阳河、洪洲河等。以苗岭为分水岭,北为长江水系,南属珠江水系。总的来看,地面切割不甚剧烈,对遥感地质解译影响不大。

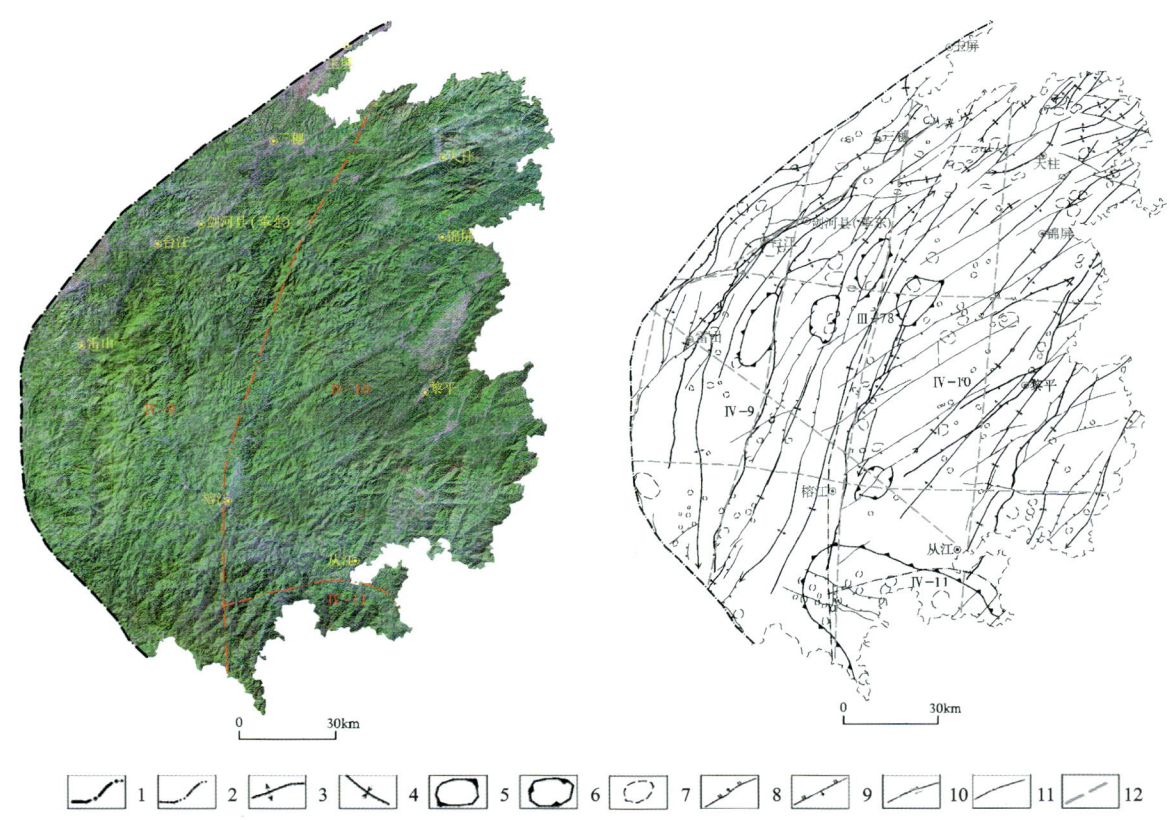

图 8-21　Ⅲ-78 成矿单元遥感影像（R5G4B3，TM）（左）及线环构造解译图（右）
1.三级成矿单元界线；2.四级成矿单元界线；3.背斜；4.向斜；5.穹隆；6.构造盆地；7.环形影像；8.正断层；9.逆断层；
10.平移断层；11.性质不明断层；12.推测隐伏断裂

该区植被发育，森林覆盖率约 50%，草地面积约 4 万公顷。对遥感地质解译有较大影响。

Ⅲ-78 成矿带分为 3 个四级成矿单元，即大体以南北向榕江隐伏断裂为界分东西 2 个四级成矿单元，以宰便—高武为界的南部为另一个四级成矿单元。这 3 个四级成矿单元以构造线、影纹、色调等差异可区分：榕江隐伏断裂之西的四级成矿单元（Ⅳ-9）地势较高，影纹较"破碎"，色调暗绿，构造线主要为北北东向；榕江隐伏断裂以东的四级成矿单元（Ⅳ-10）影纹为块体，比较完整，色调绿，构造线主要为北东向；宰便—高武南部的四级成矿单元（Ⅳ-11）总体呈向北凸的弧形影像，是摩天岭花岗岩（也称吉羊花岗岩）与下江群组成的近南北向短轴背斜北端的反映，其中有较多不规则的深色条块与暗绿色条块呈北东向相间分布，在大比例尺影像图上看，北东、北北东、北西向小断层和环形构造发育。

二、遥感地质特征

1. 地层岩石

该带出露的地层主要有新元古界青白口系（四堡群、下江群）、南华系、震旦系及下寒武统。四堡群在南部摩天岭花岗岩体北端下江群底部不整合面之下，省内面积小，岩性为千枚岩、板岩、变余砂岩、混合岩、片麻岩等；下江群约占全区面积的 80%，岩性主要有变质粉砂质板岩、绢云母板岩、变余砂岩、变余凝灰岩、凝灰质板岩等；南华系分布在西部，为冰成岩类，有砾石质泥岩、含砾砂质泥岩、含砾砂岩及含砾绢云母板岩等；震旦系、寒武系分布于北部天柱、三穗等地，主要有碳质页岩、硅质岩、灰岩等。此外，区内尚有少许零星的石炭系、二叠系、三叠系、侏罗系及白垩系的碎屑岩及灰岩，面积都很小。

区内具有经济价值的金、锑、铜、铅锌矿赋存于下江群复理石式浅变质碎屑岩中,钨锡矿产于四堡群复理石式浅变质碎屑岩中。四堡群及下江群在遥感影像显示为谷、岭长且大的侵蚀地貌,因其岩性单调又无明显的标志层可寻,在遥感图像上无法进一步识别组、段地层单元。重晶石矿产于震旦系—寒武系老堡组硅质岩中,镍、钼、钒矿赋存于寒武系牛蹄塘组黑色泥页岩中。老堡组硅质岩坚硬,与上覆寒武系牛蹄塘组碳质泥、页岩及下伏震旦系陡山沱组泥岩软硬差异很大,微地貌上常在界线附近形成顺层冲沟,这3个岩组在影像上易于识别。此外,区内的灰岩以其特有的岩溶地貌影像特征即可识别。

2. 地质构造

江南隆起西段(Ⅲ-78)成矿带岩性单一,地层产状较缓,植被茂密,为贵州省遥感地质可解译程度最差的地区。从遥感影像上看,色调一片绿色,仅嵌有少量浅粉红色斑块。但线-环构造极为清晰,在断裂的作用下,影像多呈菱形块状。

1)褶皱构造

下江群构成的褶皱由于遥感图像上看不出地层组、段界线,故无法识别,仅能根据地形大致间接看出区内总体构造线为NE、NNE向。能解译的褶皱仅为由古生代地层构成的NE向黎平向斜、地平向斜和榕江及天柱断陷盆地。因其地层岩性与外围(下江群)不同,其色调、影纹与外围有明显区别。

2)断裂构造

①地表断裂。

地表断裂构造在遥感影像图上表现为清楚的线性,解译效果良好。区内有NE、NNE、NW及EW向几组断裂。其中以分布于东部(即Ⅳ-10成矿单元)锦屏—黎平—榕江一带NE向斜断裂最发育,延伸长、规模大、数量多,并常与NNE向断裂交切成若干大小不等的菱形块体(图8-22);NNE向断裂发育在西部(即Ⅳ-9成矿单元)剑河—雷山—榕江新华一带,与北东东向、北西向短小断裂交切成不规则块体;东西向断裂主要分布在南东部(即Ⅳ-11成矿单元)肇兴一带,与北东向断裂交切最为醒目。

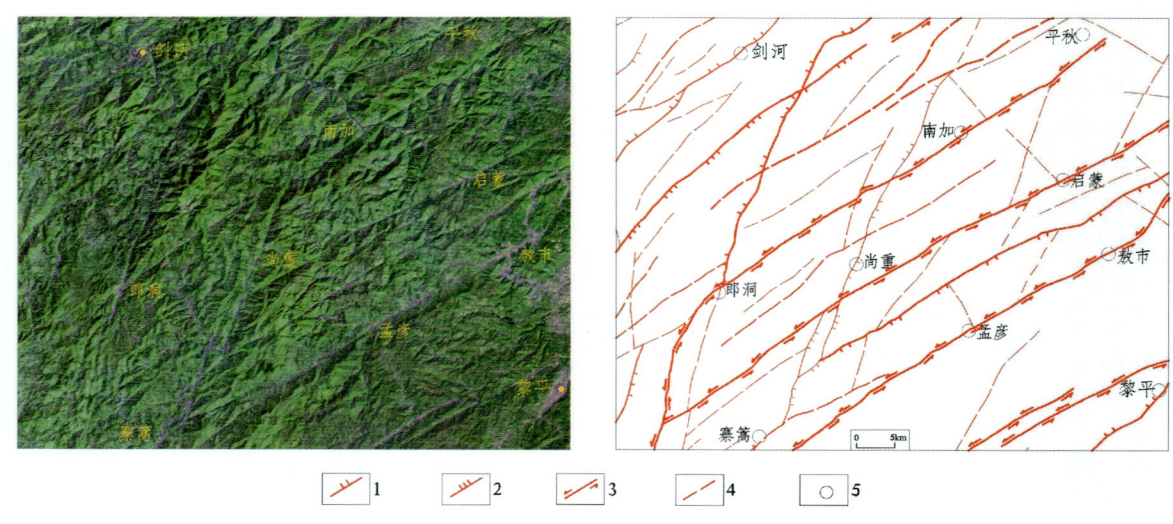

图8-22 锦屏-黎平-榕江地区影像图(左)及解译图(右)
1.正断层;2.逆断层;3.平移断层;4.推测性质不明断层;5.地名

②隐伏断裂。

区内共推测出八条隐伏断裂,即南北向凯里-三都隐伏断裂、剑河隐伏断裂、榕江隐伏断裂、从江隐伏断裂;东西向凯里-锦屏隐伏断裂、榕江隐伏断裂;北东向台江隐伏断裂及北西向雷山隐伏断裂。沿隐伏断裂地表局部偶有与之同方向断续分布的断裂、褶皱。这些隐伏断裂多贯穿全区,规模大。同时是由表及里推测的,不是"线"而是有一定宽度的带。

3. 环形构造及环形影像

该成矿带内环形影像数量较多，分布较广，形态各异，以地质含义不明的环形影像居多。有褶皱形成的构造环，有断层交切产生的环形构造，还有花岗岩类或隐伏岩体引起的环形构造及环形影像。如锦屏—黎平一带沿北东向断裂分布的椭圆形环形影像，其长轴的优势方向多为北东向；寨蒿—南加一带分布的环形影像长轴方向主要为北北东向；在雷山、乐里及宰便、平略等地的环形影像可能与隐伏岩体有关。

三、遥感矿产地质特征

江南隆起西段成矿带（Ⅲ-78）蕴藏有金、镍钼钒、多金属矿、铅锌、铜、钨锡、锰、磷块岩、铁、硫铁矿、煤、大理石、水晶等14种矿产。前12种为预测矿种，前7种矿在本区划有预测区。

该成矿带以变质碎屑岩为主，植被覆盖率高，色调以绿色为主，结合航片或其他高分影像可对一些含矿地层（如大塘坡组、老堡组、牛蹄塘组）作了解译。大塘坡组为锰矿产出地层，在该区为盆地边缘沉积，含锰岩系由碳质页岩、含碳泥（粘土）岩、含锰硅质岩组成，厚度10m以下，航片上常为线状负地形，较好解译。老堡组是重晶石矿的产出层位，含矿围岩为硅质岩，有硅化围岩蚀变（原定为沉积型矿床，鉴于近年来一些作者研究认为有海底火山喷流作用的影响，故应属沉积喷流复合内生型矿床），矿体赋存受地层和构造控制，航片上，可见硅质岩形成的陡崖或陡坎，垂直岩层走向的节理发育，多为带状正地形。镍、钼、钒矿赋存于下寒武统牛蹄塘组下部"金属层"中，属同生沉积成因矿种，含矿围岩有碳质泥岩、砂质泥岩、碳质页岩、硅质磷块岩，航片影像上可见矿层之下为老堡组硅质岩形成的带状分布的正地形，其上就是显示为负地形的以钒矿为主的含矿层。分布在天柱地平向斜、剑河南明向斜呈环带状分布，易解译。

锑矿分布在四级成矿单元Ⅳ-9的雷山—榕江一带，已知矿床（点）的含矿围岩为下江群浅变质的复理石式陆源碎屑岩。锑矿产于近南北向雷公山复式背斜南西倾伏端的坝街—新华一带及次级褶皱毛坪、桃江背斜中，为沿裂隙充填的石英脉型锑矿和沿NE向断层破碎带延伸的锑矿，有单脉型锑矿脉，由多条含矿石英脉构成的脉带和沿断层破碎带充填的含矿带三种类型。区内锑矿是低温热液充填石英脉型矿，与构造关系非常密切，尤其是小型构造。利用航、卫片相结合，对NE向含矿小断层、小型破碎带容易判读。如雷山县永乐镇的开屯、毛坪、乔洛、乔歪等地经航片解译见有发育的NE向、NNE向小断层，有的平行出现，有的交叉出现，还有单环遥感影像等，且有断层、环、遥感蚀变异常形成"三位一体"的套合关系，是有利于找矿的影像信息（图8-23）。

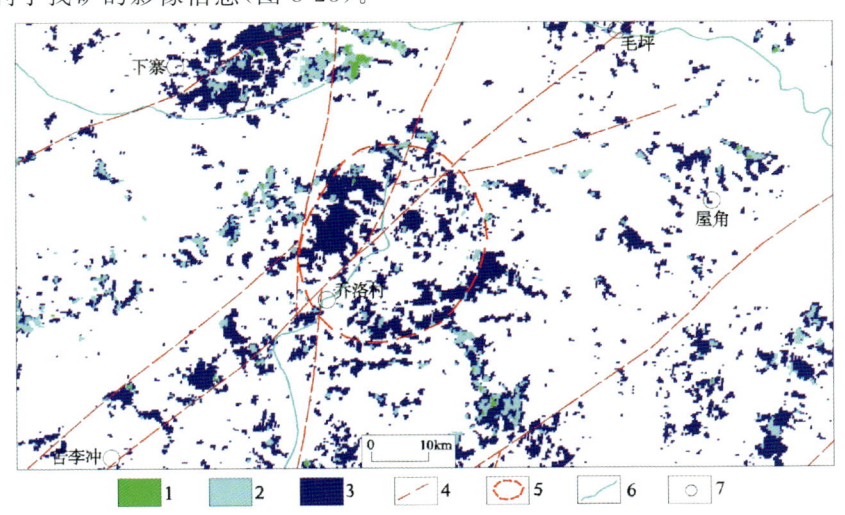

图8-23 乔洛村遥感构造解译及铁染异常分布图

1.铁染一级异常；2.铁染二级异常；3.铁染三级异常；4.性质不明断层；5.性质不明环形影像；6.水系；7.乡镇

铅锌矿主要产于四级成矿单元Ⅳ-9的北西部，含矿围岩为下江群上部地层，矿体呈脉状，受构造裂隙控制。由于岩性差异小，ETM遥感影像分辨率较低等因素影响，目视解译困难。

四级成矿单元Ⅳ-10区域内有金矿、重晶石矿、镍钼钒矿等。金矿主要分布于天柱、锦屏、黎平境内；重晶石及镍钼钒矿在天柱县坪地向斜和剑河县南明向斜中。金矿赋矿地层岩石为下江群浅变质的复理石式陆源碎屑岩，为石英脉型金矿。不少矿田受近EW向构造带控制，矿床受控于NE、NNE向背斜及与之伴生的断裂构造。围岩蚀变有硅化、黄铁矿化、毒砂化、碳化、绿泥石化、绢云母化、碳酸盐化等。在遥感影像图上，除黎平皮林、锦屏敦寨、天柱、天柱坪地、榕江等几处地层新于下江群地层，色调为浅灰色、浅粉红色外，其余均为绿色至深绿色，属解译程度很差的地区，但断裂（线性影像）构造非常清楚。已知的金矿床（点）大多分布于NE向与近NW向两组线性构造交会处成菱形块体内，并具EW向带状和SN向等间距产出的特点（王尚彦等，2000）。

四级成矿单元Ⅳ-11产有铜、钨锡多金属矿及金矿等。铜（铅锌）矿与硫化矿物常共生在一起，分布于吉羊穹状背斜向北倾没的从江县平正—宰便及加车鼻状背斜轴部，赋矿地层为下江群近底部的甲路组第一段上部和第二段，岩性为绿泥石绢云母石英片岩、绢云母绿泥石片岩、钙质片岩、千枚岩、大理岩等，该段为区域性标志层，在航片上显示为深灰色小陡坎和突起的小山包呈窄小的带状分布，小的平行节理发育，特征比较明显，与上下地层易区分。矿体的产出与褶皱、断裂关系密切。断裂有NE向、NW向和SN向三组，以SN向断裂规模大，延伸长，附近有辉绿岩脉侵入，两侧还有矿点、矿化点，可能是区内的矿液通道断裂。NE向和NW向断层，一般规模小、延伸不长，在1∶1万左右航片影像反映很清楚，可能为区内控矿断层。将解译结果与已知矿点对照研究，认为矿的分布多与断层有关，如从江地虎铜多金属矿床落在NE和NW两组断层交叉点位；从江板良多金属矿点落在NW与NE向断层相切点上；宰便矿点落在SN向断层与NE和NW向断层相交切处。在从江九星背斜的倾伏部位有发育的裙边状小褶皱，沿褶皱轴产生的层间破碎带或层间剥离构成容矿空间，为矿体富集场所，围岩蚀变种类较多且较普遍，但以硅化、次生石英岩化最具找矿意义。

钨锡矿产于长轴近SN向的吉羊穹状背斜北端的核心部位，穹状背斜西北端有一个呈犄角状长轴为NW向的加车鼻状次级背斜，影像上大致可见吉羊穹隆和加车鼻状背斜，次级褶皱影像不清，唯断裂（线性影像）清楚。钨锡矿分布于四堡群顶部与下江群甲路组第一段底部角度不整合面上所形成的层间破碎蚀变带及摩天岭花岗岩体之外接触带，矿体常赋存于云英岩化花岗岩、电气石化花岗岩以及云英岩脉和石英岩脉内。由于植被茂密，图像质量也差，以致这些岩体、岩脉在遥感影像上难以识别。

Ⅳ-11成矿单元中有较多环形影像，主要分布在从江县的宰便、加樟、平正、高武等地。成因较多，但以地质含义不明的环形影像最为发育。

四、弱矿化蚀变遥感信息异常

遥感羟基、铁染、羟基+铁染蚀变异常组合分布情况如图8-24所示。

遥感羟基蚀变异常在江南隆起成矿带强度较弱，多为三级异常，呈星点状分散分布，经密度加权处理后仍处于低值区。主要有4个区域，分别是瓮洞、台江县、锦屏敖市及从江县境内，分别沿该成矿带西部及东部本省边缘分布；出露地层为下江群隆里组和南华系长安组等浅变质岩系，主要产石英脉型和蚀变型金矿。

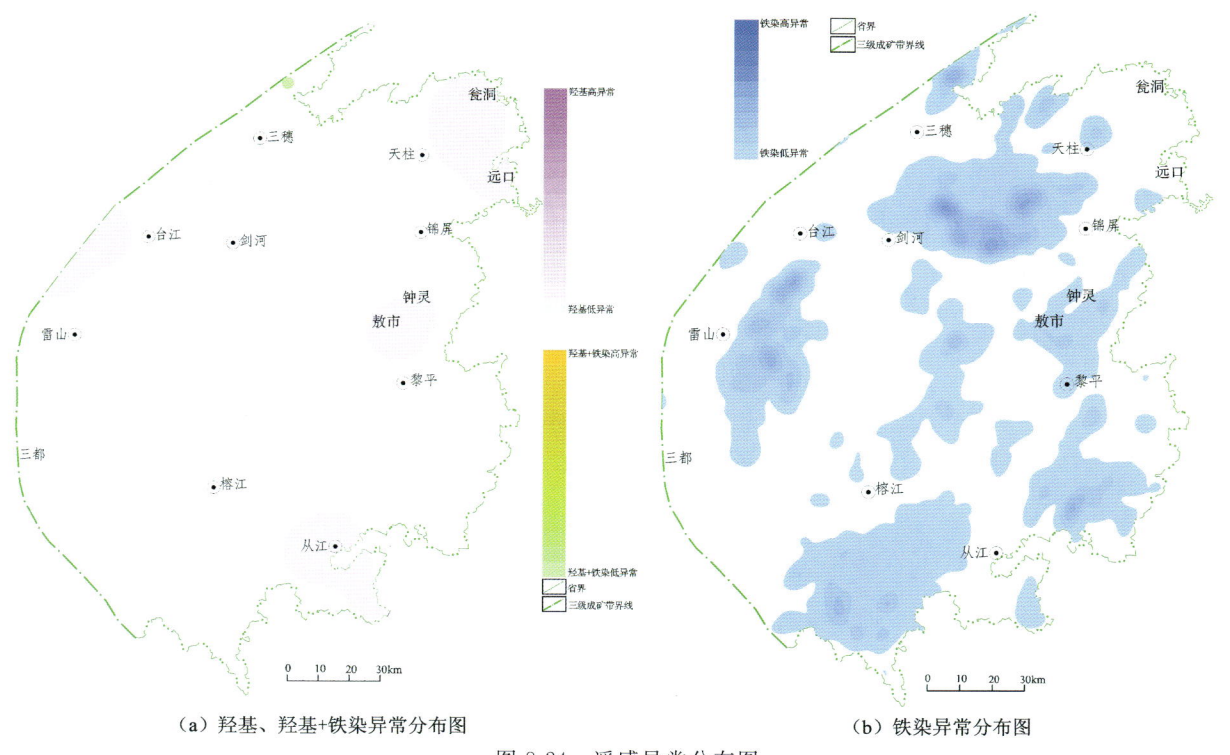

(a) 羟基、羟基+铁染异常分布图　　　　(b) 铁染异常分布图

图 8-24　遥感异常分布图

遥感铁染蚀变异常分布较广。经密度加权处理后在天柱—剑河、雷山以东，榕江—从江一线两侧均有不同程度的铁染蚀变异常搜索中心，异常强度在该成矿带西侧密度大、强度高（雷山和剑河南加两地），往东强度逐渐减弱。铁染蚀变异常以天柱—锦屏—敖市—从江一线为界，以西主要分布在下江群乌叶组、番召组、清水江组、平略组、隆里组中，岩性为变余砂岩、板岩、变余凝灰岩等，遥感铁染蚀变异常的高值区主要集中在乌叶组、番召组、清水江组、平略组中；以东主要分布震旦系、寒武系、石炭系、二叠系内，岩性主要为灰岩、页岩。

剑河北侧的遥感铁染蚀变异常搜索方向近东西向，主要受到威宁—黔西—施秉近东向构造带的影响。榕江—剑河一线、从江—锦屏一线的铁染异常搜索及分布趋势呈北东向，与构造线方向一致，受褶皱及断裂构造影响较为明显。遥感羟基蚀变异常展布方向亦呈北东向，与遥感铁染异常影响因素类似。

Ⅲ-78成矿带多数矿产受加里东期北东向复背斜及其次级背斜的控制（陶平等，2012年），瓮洞-远口金矿床（点）、钟灵-敖市金矿床（点）、台江西侧铅锌矿床（点）与遥感羟基蚀变异常辐射区叠合较好，三穗-锦屏金矿床（点）、从江西南侧金铅锌铜矿点与遥感铁染蚀变异常辐射区套合较好；但雷山—三都一线异常强度遥感羟基、铁染蚀变异常较弱，呈星散状分布，在异常搜索区内目前没有发现矿点。

羟基+铁染蚀变异常在成矿带内呈点状分布，强度较弱，仅仅在镇远东面青溪有唯一一个面积较小的搜索区，据高分辨率影像解译，在异常点上多为采矿场。

与化探异常进行对比，在渡马—兴隆—远口[图 8-25(a)]，敖市—隆里[图 8-25(b)]等地区，遥感羟基蚀变异常、金矿床（点）与金、砷、锑、汞化探异常套合较好，但该区域的遥感羟基蚀变异常强度属于三级异常区，强度低，可能是受ETM数据时相及植被的影响所致。

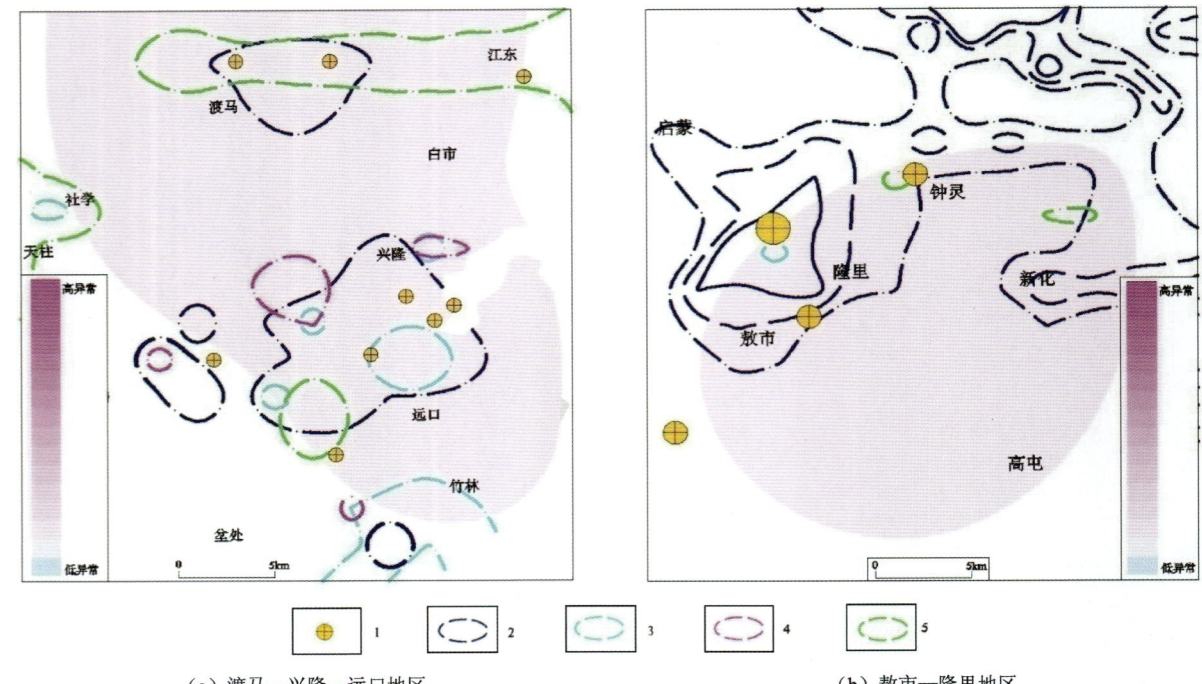

(a) 渡马—兴隆—远口地区　　　　　　　　　　　　　(b) 敖市—隆里地区

图 8-25　羟基异常、金矿床(点)与化探异常对比图

1.金矿床(点);2.Au 化探等值线;3.As 化探等值线;4.Sb 化探等值线;5.Hg 化探等值线

五、色异常特征

况顺达等(2002)基于 TM 数据应用 MPH 处理方法在该成矿区内提取了 3 个色异常带(图 8-26),分别为:剑河南嘉-锦屏地娄-锦屏花桥色异常带,剑河蹓溪-锦屏平秋北-锦屏西色异常带,天柱坑头-蓝田-江东、毫西冲-蓝田-渡马色异常带。

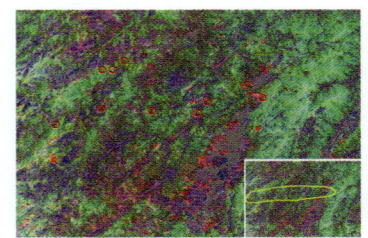
剑河南嘉—锦屏地娄—锦屏花桥色异常带
(1263×861子区MPH处理)

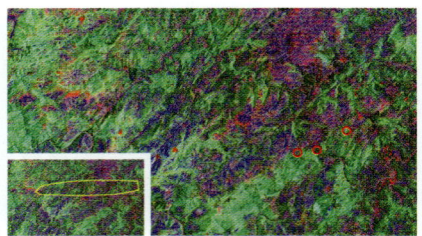
剑河蹓溪—锦屏平秋北—锦屏西色异常带
(717×411子区MPH处理)

天柱坑头—蓝田—江东、毫西冲—蓝田—渡马色异常带(1363×861子区MPH处理)

图 8-26　黔东南地区的色异常(据况顺达,2002,图中红色小圈为矿点)

前两者在影像上呈近 EW 向暗色不连续展布,长 20~40km,宽 400~500m,沿该矿化弱信息带上有金矿点分布;构造上位于锦屏-剑河东西向构造带的南部;同时也与近东西向的台江-剑河-锦屏重力梯度异常带的南界重合。

后者在影像上呈 NWW 向暗色不连续展布,长 30km,宽 500m,在天柱的蓝田分为两枝,沿该矿化弱信息带上有 3 个金矿点分布,紧靠其南东端的北侧有一个金矿点。构造上该带毗邻锦屏-剑河东西向构造带的北界。

以上三条矿化弱信息色带均分布于NNE向的三穗-剑河-榕江重力异常线性陡变带的东侧；天柱-锦屏东西向构造带南部及北侧。说明矿化弱信息色带可能受近EW向的深部构造控制。

六、遥感地质解译及信息提取认识

利用ETM遥感影像图对该成矿带进行了地质构造解译。在解译过程中发现Ⅳ-11成矿亚带的摩天岭花岗岩外缘围岩的影纹较为细碎，呈带状分布，区内发育一系列醒目的NW向极为密集的断裂，这些现象是否与成矿有关，有待加强研究。

七、对找矿的指导意义

本成矿带主要预测矿种为金、铜、锑、银、钨、锡、镍钼钒及重晶石。除镍钼钒属沉积型矿产外，其余均属与构造关系密切的内生或复合内生型矿产。

(1) 内生及复合内生型矿产与地质构造关系密切，有关矿产多与背斜和断裂构造有关。

如本成矿带的金矿床(点)多产于NEE向区域性断层与次级NW向断裂交会处，此外矿床(点)又主要沿区域性背斜构造分布，主要产于背斜构造核部的层间虚脱空间中，且多顺层分布，具一定层控性。

铜、钨锡、多金属矿与背斜及断裂均有关系，矿床(点)分布于吉羊穹状背斜两翼，以NW翼次级加车鼻状背斜核部最为密集，矿体呈脉状或顺层的细脉浸染状、透镜状。含矿断裂线性特征清楚，经解译与已知矿点对照，矿点多分别位于NE和NW两组断裂相交叉点位置，如地虎小型矿床；有落在NW向断裂与NE向断裂"丁"字形相切点上者，如板良矿点；有位于SN向断层与NE向和SE向两组断裂相交切的"K"字形位置者，如宰便矿点；还有位于SN向断层的两侧，如有能矿点和引略矿点等。

汞矿矿床则与断裂关系密切，矿体呈似层状或脉状赋存在断层两盘附近的地层层间裂隙、拖曳挠曲、小背斜中，因此，加强对背斜及断裂线性构造的遥感解译，有利于找矿。

(2) 区内的镍钼钒及重晶石矿(天柱大河边矿区)分属沉积型和沉积复合内生型矿产，具有固定的含矿地层层位。赋矿地层的影像特征独特，易识别。

(3) 区内环形影像数量较多，在一些断裂复杂区成串的环形影像附近，常有矿点聚集。

八、找矿预测

根据遥感地质解译、弱矿化蚀变遥感信息的分布，结合其他地质资料在该成矿带内圈定了找矿靶区17个，其中金矿8个，镍钼钒矿2个，铅锌矿1个，锑矿2个，铜矿2个，钨锡矿2个(图8-27)。

金矿找矿靶区分别为：兰田、高酿-远口、平秋、剑河南加-锦屏铜鼓、锦屏昔门-黎平汙山、三什江、永从和金岩金矿找矿靶区。

钒矿找矿靶区分别为坪地钒矿找矿靶区和南明钒矿找矿靶区。

铅锌矿找矿靶区为金中铅锌矿找矿靶区。

锑矿找矿靶区为新华-坝街锑矿找矿靶区和雷山开屯-乔洛锑矿找矿靶区。

铜多金属矿找矿靶区为平正铜多金属矿找矿靶区、宰便-加榜铜多金属矿找矿靶区。

钨锡矿找矿靶区为干单钨锡矿找矿靶区和翠里-南加钨锡矿找矿靶区。

根据区内重晶石矿成矿模式来看，成矿区老堡时期位于滞流盆地相内，同时有至少形成于加里东构造阶段并长期活动的东西向断裂和北东向隐伏断裂，所以区内凡有震旦系—寒武系老堡组分布地段皆可视为重晶石找矿远景区。

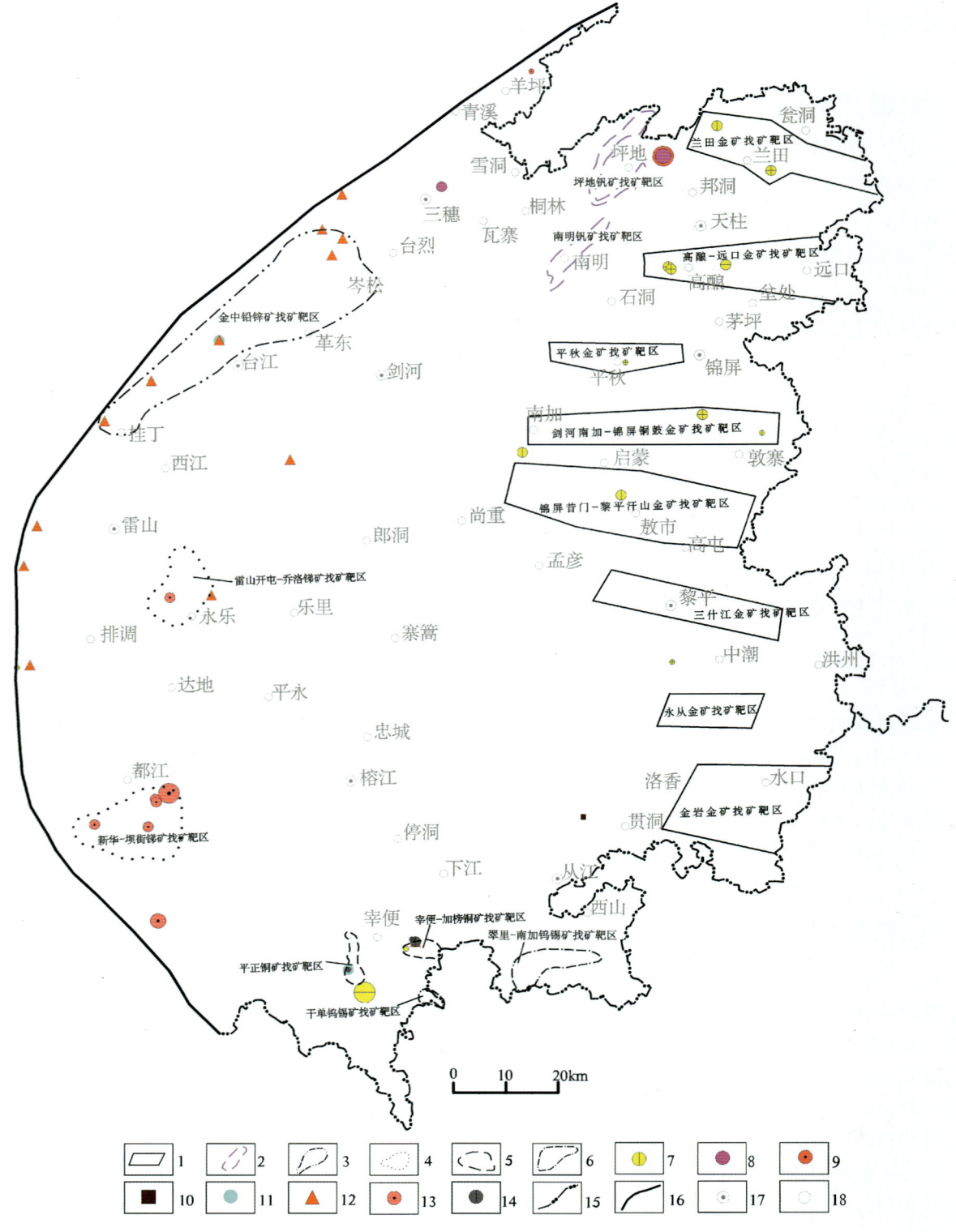

图 8-27　Ⅲ-78 成矿带遥感预测找矿靶区分布图

1.金矿找矿靶区;2.钒矿找矿靶区;3.铅锌矿找矿靶区;4.锑矿找矿靶区;5.铜矿找矿靶区;6.钨锡矿找矿靶区;7.金矿床点;8.镍钼钒矿床点;9.锑矿床点;10.铜矿床;11.铅矿床点;12.锌矿床点;13.重晶石矿床点;14.铜矿床点;15.省界;16.成矿带分区线;17.县名;18.乡、镇及以下地名

第四节 桂西-黔西南(Ⅲ-88)成矿区遥感特征

一、地势地貌特征

该成矿区位于贵州西南隅，地处云贵高原向广西丘陵过渡的斜坡边沿。地势西北高，东南低。最高点在盘县小山口，海拔2 405m；最低点在罗甸县大亭乡南部红水河与可渡河汇合处，海拔242m。区内平均海拔1 190m，喀斯特(岩溶)地貌面积约占全省总面积的58％，其中山地面积约55.85％，丘陵面积约36.85％，山间平坝面积约7.3％。森林覆盖率约14.56％。北盘江自北向南流经该区，南缘的南盘江及红水河为黔桂两省(区)界河，自西向东流去。

区内地形大部分切割不深，植被也不茂密，第四纪堆积物不多，对遥感图像目视解译影响不大。

区内地貌可分为两类：一是由碎屑岩、玄武岩、硅质岩构成的侵蚀地貌，在遥感影像上显示为山脊、河谷成明显的线条状，冲沟发育，为侵蚀地貌景观。二是由碳酸盐岩构成的岩溶峰丛洼地及峰丛山地，发育岩溶漏斗、竖井的岩溶地貌，岩溶微地貌在航空像片上直观可见，宏观的岩溶地貌在卫星遥感影像上显示为"花生壳"状图斑。此外区内的白云岩及不纯灰岩溶蚀作用较弱，为不典型岩溶地貌。

二、遥感地质特征

1. 岩石地层

从图8-28可看出，以黔、桂、滇三省(区)交界处向东到册亨折转向北经贞丰—镇宁打帮延出区外的弧线为界，存在着两个影像差异十分醒目的地层区。该弧线是四级成矿带Ⅳ-12和Ⅳ-13的分界线，并且是贵州著名的下、中三叠统相变带。弧线西侧为Ⅳ-13成矿区，是碳酸盐岩夹碎屑岩区(即二叠纪-三叠纪台地区)，其影像色调总体为粉红色、墨绿色，其中呈暗绿色调大片分布的"花生壳"状影斑(岩溶地貌的反映)是产状平缓的碳酸盐岩，狭长暗绿色斑点状影像与狭长绿色调、冲沟发育的影像呈带状相间分布的是产状较陡的碳酸盐岩与碎屑岩互层。弧线东侧为Ⅳ-12成矿亚区，以复理石建造碎屑岩为主，间有零星孤立分布的碳酸盐岩地层区(即早、中三叠世槽盆区)，其影像以绿色调为主，呈现为冲沟发育的侵蚀地貌，其中暗绿色调、"花生壳"状影斑是孤立台地相碳酸盐岩。

Ⅳ-13成矿区为呈岩溶地貌的碳酸盐岩与呈侵蚀地貌的碎屑岩互层区。岩石地层遥感影像(航空遥感像片、卫星遥感像片)可解译程度较高，可以区分到"组"级地层单元。而Ⅳ-12成矿区除有少量零星岛状孤立的呈"花生壳"影斑的石炭系—二叠系的碳酸盐岩外，大片分布的是三叠系复理石式碎屑岩，因岩性单调，以致在遥感影像(航空像片、卫星像片)上难以进一步划分地层。

2. 褶皱构造

Ⅵ-13成矿区(台地区)以断续褶皱(穹隆、构造盆地、短轴褶曲)为主，狭长紧闭线状褶皱镶嵌其间，具过渡型褶皱、断块结构特征，褶皱构造组合特征在遥感图像[图8-28(b)]上一目了然。Ⅵ-12成矿区(槽盆区)则以紧闭线状褶皱为主，次为断续褶皱。

褶皱在遥感图像上表现为岩层的不同色调、地貌条带交替的对称重复影像。褶曲类型可通过条带状对称重复影像的总体几何形态及转折端特征识别。块状影像是岩层产状平缓的断续褶皱；狭长带状影像是岩层产状较陡的紧闭褶皱。大比例尺航空像片显示转折端岩层内倾为向斜，外倾为背斜。

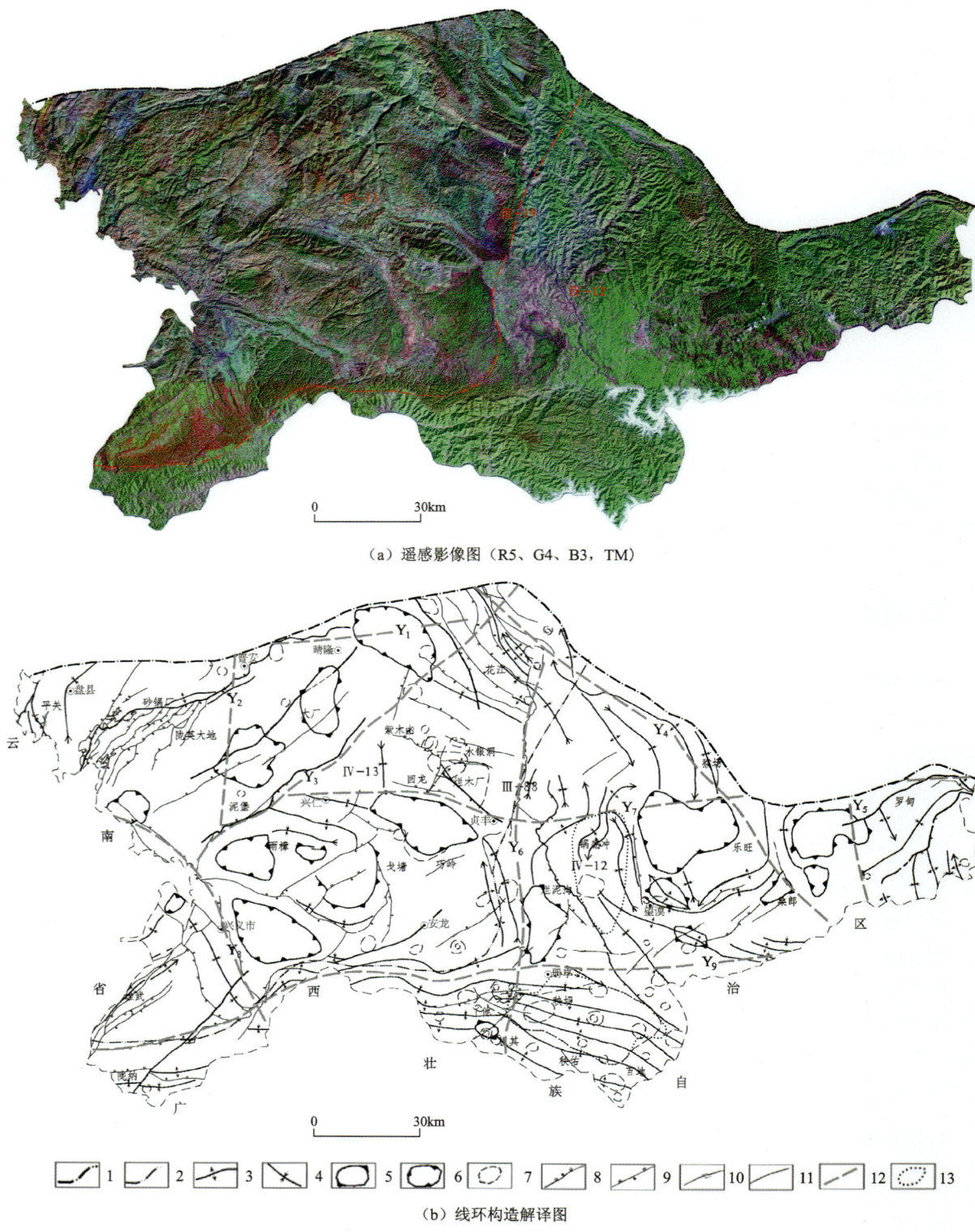

(a) 遥感影像图（R5、G4、B3，TM）

(b) 线环构造解译图

图 8-28　桂黔滇北部成矿区（Ⅲ-88 贵州）遥感影像及线环构造解译图

1.三级成矿单元分区界线；2.四级成矿单元分区界线；3.背斜；4.向斜；5.穹隆；6.构造盆地；7.环形影像；8.正断层；9.逆断层；10.平移断层；11.性质不明断层；12.推测隐伏断裂（或构造弱化带）；13.金矿找矿预测区

3. 断裂构造

1) 地表断层

地表断层多具线性负地形影像。切割岩层的横、斜断层通常错移岩层，容易识别；平行地层走向的纵断层（顺层断层）则较难识别，只有经目视解译追索见有与之斜交的地层、而且并非是区域性不整合面或地层格架中的顶超、底超面时才可认定。黔西南有早、中三叠世台地、槽盆两种沉积建造，相变剧烈频繁，台地边缘常有顶、底超现象，并在航空遥感影像上均有显现，应与断裂构造区别开来。

区内有众多大型节理，遥感图像表现为成组的直线性影像，两侧地层无明显错移。大型节理主要分布在产状较平缓的碳酸盐岩地区。

区内地表断裂以 NE 向为主，NW 向次之。Ⅳ-13 成矿区（台地区）断层多于Ⅳ-12 成矿区（槽盆区），可能与不同岩石的能干性差异有关。台地区岩石能干性强，易形成脆性变形（断裂）；槽盆区岩石能干性弱，则易形成塑性变形（褶皱）。

2) 隐伏断裂

在区内共推测出 9 条隐伏断裂。沿线地表局部偶有与之同方向断续分布的断裂（包括同沉积断层）、褶皱。

Y_1 隐伏断裂处于普安山字型构造的 EW 向前弧附近，SN 两侧构造线方向不同。Y_2 隐伏断裂北部通过普安山字型 SN 向脊柱，南端为 SN 向半环影像（构造鼻）。Y_3 隐伏断裂西北侧构造线为 NE 向，东南侧为 NW 向。Y_4 隐伏断裂北东侧构造线为 SN 向，西南侧为 NW 向。Y_5 隐伏断裂是东、西两个环形构造影像（南北向箱状背斜）分界。Y_6 隐伏断裂在册阳以北是台地区与槽盆区分界（下、中三叠统相变带）的同沉积断层，两侧遥感影像差异清晰明显。Y_7 隐伏断裂南北两侧褶曲在附近转弯或枢纽起伏，贞丰以西，隐伏断裂南侧一些北西向构造转成近东西向，贞丰附近有数十个偏碱性超基性小岩体呈东西向分布。Y_8 隐伏断裂北东侧构造线为 NW 向，南西侧为 NE 向，同时构造样式不同。Y_9 隐伏断裂西段（册阳以西）是台地与槽盆区分界的同沉积断层，两侧影像差异大，东段南、北两侧构造线方向分别为近东西向和北西向。

4. 环形构造及环形影像

遥感解译的环形构造为穹隆、构造盆地及短轴背斜、短轴向斜。

区内环形影像主要是环形沟谷地貌的反映。Ⅵ-13 成矿区（台地区）环形影像的地质含义不明。Ⅵ-12 成矿区（槽盆区）环形影像均分布在复理石碎屑岩建造区，其中有一些环形影像内部较之外部影像色调较暗、地形"破碎"、一级冲沟发育、地表径流短小，可能是地下不深处存在透水的碳酸盐岩所致。

鉴于Ⅳ-12 成矿区（槽盆区）三叠系复理石碎屑岩构成的紧闭褶皱大片分布，且有零星"冒头"出露的泥盆系—二叠系碳酸盐岩构成的穹隆，故而推测地表三叠系紧闭褶皱地段的环形影像有些是隐伏的石炭系—二叠系正向构造。例如位于册亨东南一个大的椭圆环形影像中包含的秧坝环形影像经地震勘探表明，是一个在地表由三叠系近东西向紧闭褶皱以下埋深 700m 左右的二叠系穹隆构造的显示（图 8-29），后经钻探证实。

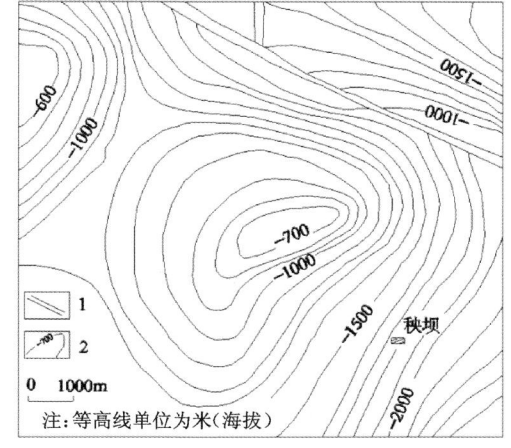

图 8-29 秧坝环形影像下伏二叠系顶界等高线图

（据贵州石油指挥部）

1. 地震解译断层；2. 等高线

三、遥感矿产地质特征

Ⅲ-88(贵州部分)成矿区蕴藏有金、锑、重晶石、萤石、煤、汞、镍钼钒、硫、铅锌、铜、铁、铊、彩石、罗甸软玉、砷、冰洲石、水晶、大理石等18种矿产。前11种矿为预测矿种,前4种矿在本区有具体预测工作区。区内的内生矿产主要属燕山期Au-Sb-Hg-Tl-U-Mo-As-萤石-重晶石(区内镇宁乐纪重晶石矿原定为沉积型,鉴于其赋矿岩石是与火山作用有关的硅质岩,故归为层控复合内生型)成矿系列区。

金、锑、萤石、重晶石矿是本区的成矿预测对象,它们均属层控复合内生型矿产(仅个别金矿为次生红土型),矿床的成矿地质背景相似,并有大、中型矿床存在,其中尤以微细浸染式金矿分布最广,致使黔西南享有"金三角"之称。

Ⅵ-13成矿区的金矿常与锑、萤石、汞(铊)矿床共生,同时各自形成有价值的矿体,但在同一矿体中,金很少与其他矿产伴生。Ⅵ-12成矿区除微细浸染式金矿广有分布外,并有软玉矿床和大型重晶石矿床各1处。

Ⅲ-88(贵州部分)成矿区层控复合内生矿绝大多数分布在Y_1与Y_4两条隐伏断裂围限的以南较大区域内,不少矿床位于遥感推测的隐伏断裂不远处或在隐伏断裂交叉部位附近。这两条隐伏断裂作为导矿的隐伏断裂控制着矿田的分布。石油和煤炭工作研究表明,该地区是古地热高异常区(最高温度可达250~394℃),也是现今地温梯度和热流值最大地区,高热流为金矿等层控复合内生型矿产的形成提供了热源。

区内层控复合内生型矿产受地层、岩性和构造控制。金、锑、萤石矿床沿中二叠统上部—中三叠统某几组地层,即二叠系、三叠系之间的整合或假整合面附近分布,具层控性质。矿体有层状和脉状两种,前者顺岩层分布,具层控特征;后者充填于断裂中。含矿岩石为碎屑岩(包括玄武岩中的凝灰岩)及不纯碳酸盐岩;含矿构造部位为短轴背斜、穹隆等正向构造顶部虚脱部位及与之伴生的断层破碎带。碎屑岩、玄武岩及不纯碳酸盐岩在遥感图像上显示不同的地貌特征;短轴背斜、穹隆等正向构造及与之伴生的断层在遥感图像上一般也都能识别。

区内红土型金矿产于二叠系茅口组顶部具有溶蚀堆积物的岩溶洼地中。在遥感图像上岩溶洼地易识别。

成矿区东缘镇宁乐纪重晶石矿产于背斜核部附近,含矿地层为上泥盆统榴江组的硅质岩中,硅质岩遥感影像以发育垂直岩层走向的栅状密集节理为特征,上覆地层五指山组灰岩在影像上为岩溶地貌,两者易于识别。

区内层控复合内生型矿产的控矿因素中尤以构造因素最为重要,金、锑、萤石及重晶石矿床几乎均产于短轴背斜、穹隆及伴生断层内,曾有人简约通俗地说控矿构造就是"背斜加一刀('一刀'指的是'断裂')"。

Ⅲ-88成矿区的遥感找矿模式为正向环形构造和环形影像。前者是短轴背斜、穹隆构造;后者在槽盆区多为隐伏的正向构造在地表的影像反映。

鉴于区内的内生金、锑、萤石矿床具共生关系,控矿地质条件相同,其中以金矿研究程度较高,现以金矿为代表论述如下(图8-30)。

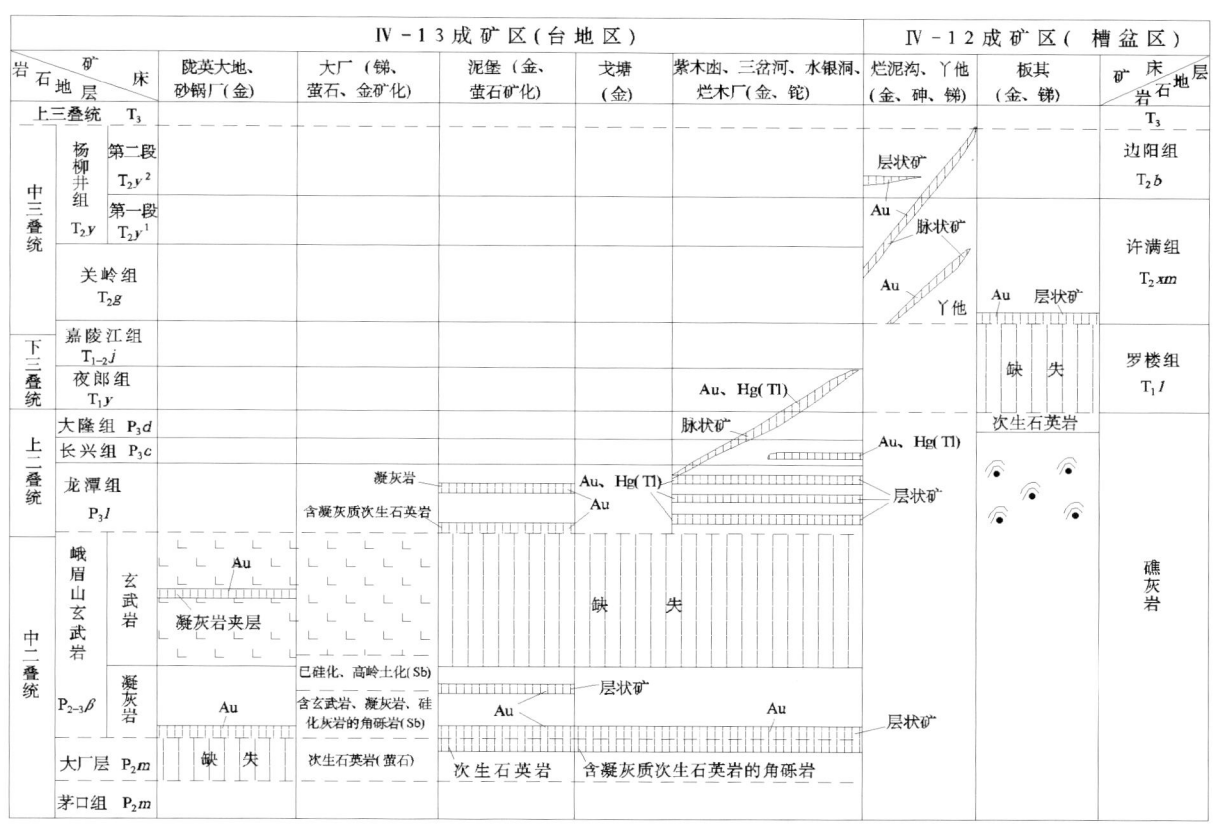

（图中虚线为假整合接触，Au为金矿体）

图 8-30　黔西南地区主要赋矿地层对比（据刘平，2006，有改动）

1. Ⅳ-13 成矿带（台地区）

金矿床的含矿地层及岩石有中二叠统茅口组顶部"大厂层"蚀变岩，中—上二叠统峨眉山玄武岩组中的凝灰岩夹层，上二叠统龙潭组、长兴组、大隆组砂岩、粉砂岩、硅质岩、凝灰岩及不纯碳酸盐岩，下三叠统夜郎组不纯碳酸盐岩。控矿构造为短轴背斜或穹隆构造及伴生的断裂，即遥感解译的环形正向构造及线性构造（断裂）。

通过遥感解译并结合区域地质资料分析来看，台地区金矿矿带主要受 NE 向构造控制。遥感图像[图8-28(a)]显示，除 Y_3 隐伏断裂西北侧普安、晴隆附近及兴义雄武等含矿的环形构造长轴为 NE 向外，其余地区的金矿似乎都受长轴为 NW 向的烂木厂和雨樟两个正向环形构造的控制，但通过细致的遥感解译发现，NW 向的兴仁椭圆形环形构造（即龙头山向斜）中段南北两侧各有一个凸出的"瘤状"半圆环形构造（即巧岭构造盆地和回龙构造鼻），两个半圆形环连线为 NE30°方向，显示了 NW 向龙头山向斜是叠加在一个极为宽缓的 NE 向褶皱上的影像。回龙构造鼻-巧岭构造盆地-戈塘穹隆几个断续褶曲以及雄武背斜连成一线，形成 NE 向矿带。烂木厂环形构造与回龙半环形构造叠加部位、雨樟环形构造中的戈塘半环形构造地段均有超大、大、中型金矿产出，雄武环形构造也产有金矿。至于巧岭半圆形构造未见金矿出现，或许是"开放性"构造（构造盆地）所致。

上述遥感信息表明，台地区复合内生微细浸染型金矿矿带级的控矿构造是 NE 向构造带，而控制矿田、矿床的构造则是 NW 向、NE 向背斜，以及 NE 向与 NW 向构造叠加的正向构造虚脱部位及背斜上的断层。遥感找矿模式主要为上述地质构造背景下的正向环形构造影像区。

鉴于台地区已进行过大面积的地质矿产普查和勘探，找到了众多金矿床，并已开发，本次遥感解译未发现更多金矿找矿有利地段，因此仅建议就矿找矿、扩大矿田范围。

2. Ⅳ-12 成矿带（槽盆区）

区内以金矿为主，其次为重晶石和锑矿。控矿构造为背斜、穹隆及伴生的断裂。

金矿的含矿地层及岩石为中三叠统许满组、边阳组复理石建造陆源碎屑岩。重晶石的含矿地层岩石为上泥盆统榴江组硅质岩。锑矿的含矿地层岩石为下—中泥盆统火烘组蚀变泥（粘土）岩及砂岩或二叠系顶部古侵蚀面附近的蚀变岩，茅口组礁灰岩和中三叠统新苑组泥（粘土）岩、粉砂岩。

槽盆区广布三叠系复理石碎屑岩，并有石炭系、二叠系灰岩、礁灰岩呈"孤岛"状（穹隆或短轴背斜）散布其间，如紫云猴场穹隆、册亨板其穹隆、册亨赖子山短轴背斜等。复合内生微细浸染型金矿呈层状或脉状产于三叠系碎屑岩中。三叠系碎屑岩和下伏二叠系灰岩间的整合或假整合面为滑脱层，其上、下褶皱样式不同（下部褶皱宽缓，上部褶皱紧闭呈线状），形成垂向上不协调褶皱。包括该整合或假整合面的正向构造对于金矿有着重要控矿作用，层状矿、脉状矿多产于距该滑脱层上、下不远处。矿床受背斜核部和伴生断裂控制，其遥感找矿模式与台地区大致相同。

利用遥感手段找寻滑脱面附近赋存的复合内生微细浸染型金矿具有重要作用。包括该滑脱面的正向构造有些出露地表（即石炭系-二叠系灰岩、礁灰岩形成的"孤岛"），有些则隐伏于三叠系碎屑岩之下不深处。出露地表的上古生界穹隆或短轴背斜是遥感解译的环形构造，其影像十分清晰，槽盆区的"花生壳"状影纹即是这种正向构造，均具一定的找矿前景。而由三叠系复理石碎屑岩构成紧闭线状褶皱区的环形影像，部分可能是隐伏的上古生界穹隆或短轴背斜的表象，也是找金矿的有利地段。其中册亨环形影像及锅底冲环形影像具有良好的找金矿前景，可作为金矿的找矿预测区（图8-31）。

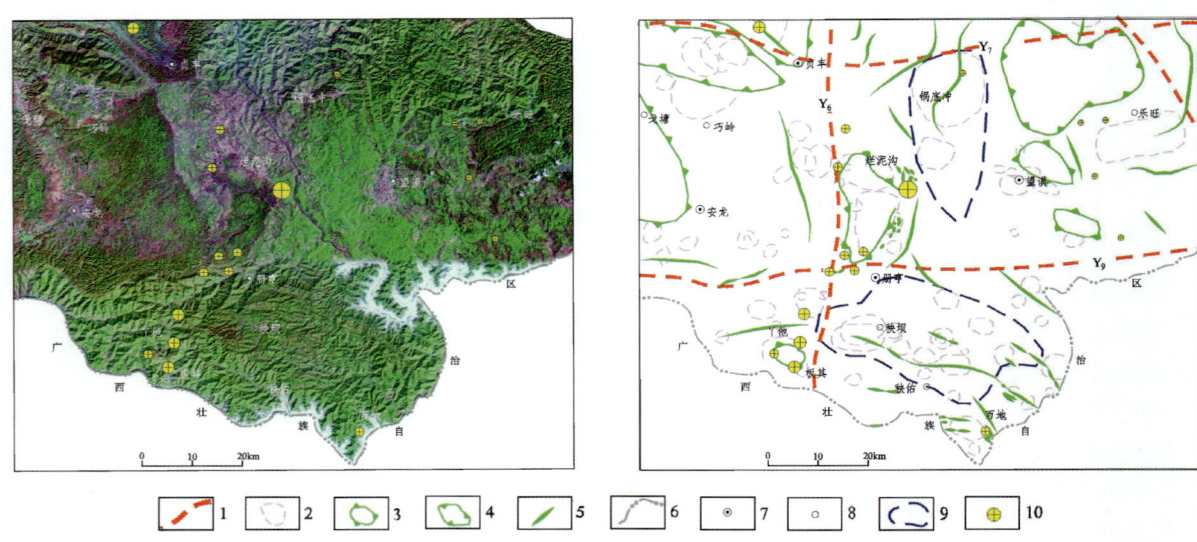

图8-31 黔西南地区遥感环形影像图（左）及解译图（右）

1.隐伏断裂；2.性质不明的环；3.短轴背斜；4.短轴向斜；5.背斜；6.省界；7.县城；8.村寨；9.推测穹状背斜；10.金矿床（点）

锅底冲环形影像位于 Y_7 隐伏断裂中段南侧，环形影像北部是多条近南北向褶皱的倾没、仰起端位置，同时有一处小型金矿。该环形影像呈舌状，长轴为SN向，面积约425km²，其内部尚包含两个环形影像。地表有小面积二叠系灰岩、礁灰岩出露，大片分布的则是三叠系复理石碎屑岩组成近SN向线性褶皱。三叠系复理石碎屑岩的地下可能隐伏有由含矿岩系组成的正向构造，找矿前景良好。

册亨环形影像呈"鞋底"状，长轴为NWW方向，面积约640km²。地表除有少量中三叠统许满组第三段泥灰岩外，大量分布的是中三叠统边阳组砂岩、泥岩复理石组合。地层倾角较陡，褶皱紧闭。环内地形破碎，山脊、沟谷繁多，且短小，影像色调深，影纹细碎。

册亨环形影像内还包含多个小环形影像，其中的秧坝环形影像经地震勘探和钻探都证实了下伏是一个由二叠系碳酸盐岩构成的穹隆。此外，在秧佑村北东侧附近的遥感图像上显现出很小一块地形"细碎",颇似"花生壳"状图斑,应是区域内金矿含矿岩系底板二叠系碳酸盐岩出露现象。因此,从遥感角度来看册亨环形影像区找矿前景也很好。

四、弱矿化蚀变遥感信息异常

1. 遥感羟基异常

从图 8-32 中可以看出,在桂黔滇北部成矿区(Ⅲ-88 贵州)有 4 个羟基遥感异常搜索中心,分别位于晴隆、普安楼下、安龙坡脚、兴义陇纳,也是贵州境内最强的 4 个羟基异常搜索中心,在大厂、关岭、普坪等地区,为次级异常搜索中心。在盘县南部以及贞丰—望谟—册亨围限区域,羟基遥感异常较弱,几乎没有或呈星闪状分布。羟基遥感异常搜索方向除滇黔交界东侧楼下—兴义一带异常区域呈近 SN 向外,其余均呈 NNW 向,受地层岩性、构造控制较为明显。

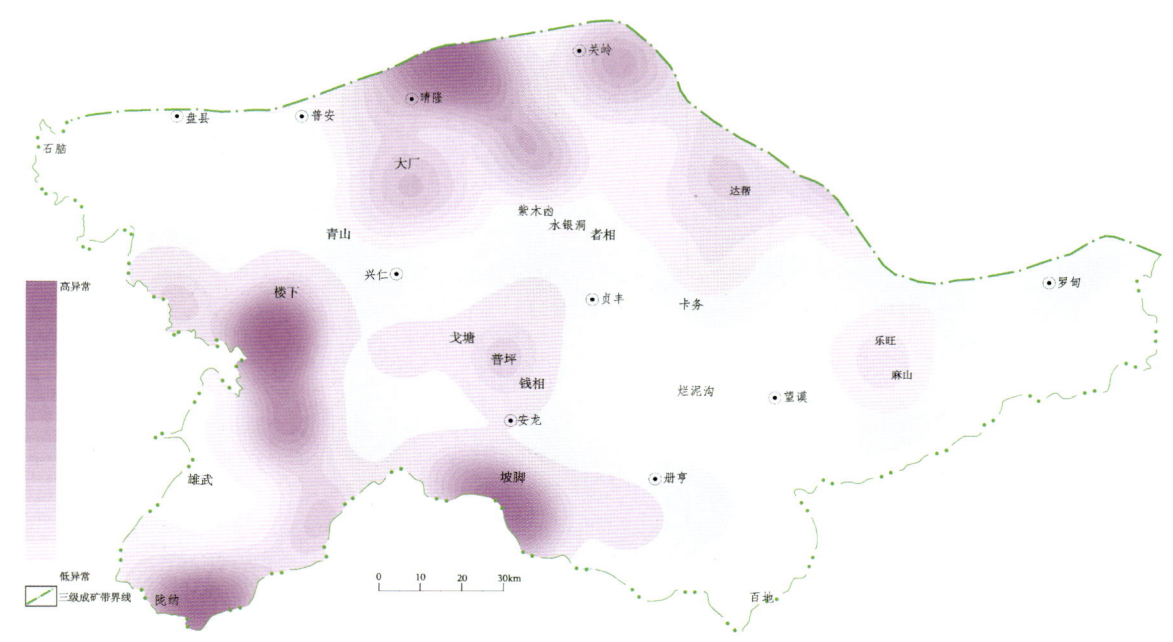

图 8-32　桂黔滇北部成矿区(Ⅲ-88 贵州)羟基异常分布图

区内羟基异常分布区的地层主要为二叠系和三叠系,岩性以灰岩、泥质灰岩、白云质灰岩、泥质白云岩、泥(粘土)岩为主。羟基异常搜索中心所在区域多有上古生界上部地层分布。

Ⅳ-12 成矿单元的羟基遥感异常搜索值明显低于 Ⅳ-13 成矿单元,在贞丰、望谟、册亨围限区域几乎没有异常分布。可能存在以下几个方面的原因:一是受地层岩性影响,Ⅳ-13 为碳酸盐岩区,Ⅳ-12 为碎屑岩区,地层岩性不一样,由地物波谱特征差异造成的,而在提取异常后,又按照统一的阈值分割;二是植被的发育程度的影响,碎屑岩区植被比碳酸盐岩区茂盛得多,影响了异常提取。

值得注意的是Ⅲ-88成矿区的金、锑、汞及重晶石矿的含矿地层大多位于二叠系—三叠系分界附近部位,而区内的羟基异常也较为集中出现在这些地层部位。

桂黔滇成矿区是省内著名的金、锑矿产地。矿区的矿床、矿点与羟基异常浓集区有较好的吻合度,矿床、矿点绝大多数位于异常搜索中心边缘或次级搜索中心内(如大厂、紫木凼、戈塘、板其等矿床),但赖子山背斜较为例外,有含矿地层出露,并有超大型金矿 1 处、若干中小型矿床,但未见羟基异常分布,原因可能还是如上所述。

区内羟基异常搜索方向与区域构造线方向大体一致,其本质乃是羟基遥感异常受控于地层岩性。

从图 6-4(a)可以看出,区内遥感羟基异常在晴隆大厂、戈塘、普安楼下与金、锑、砷、汞等化探异常组合有较好的吻合度。如在晴隆大厂及普安楼下两个地区矿床(点)与遥感羟基异常、化探异常区三者套合后,其吻合度较好,矿点靠近遥感羟基蚀变异常搜索中心;而在紫木凼一带则不存在这种关系,处于遥感羟基蚀变低值区。

2. 遥感铁染异常

总体上看,遥感铁染蚀变异常(图 8-33)主要集中展布在该成矿区的中西部以及东部边缘地带,分布于石炭系、二叠系、三叠系碳酸盐岩地层出露区;岩性主要以灰岩、泥质灰岩、白云质灰岩、泥质白云岩为主,此外铁染异常与二叠系峨眉山玄武岩有较好的相关性。

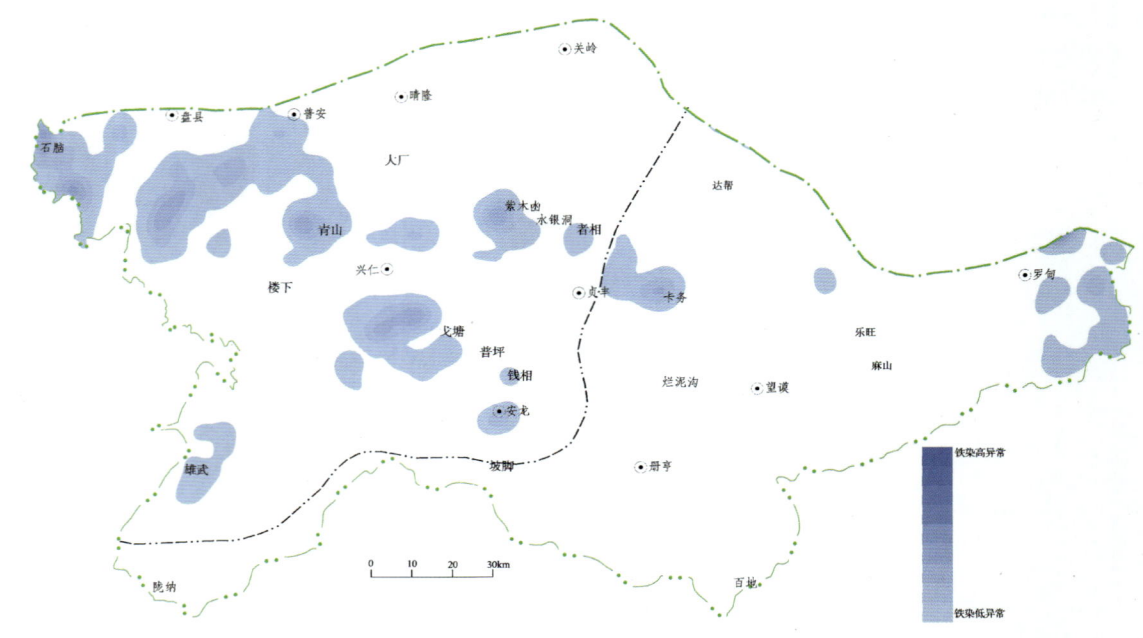

图 8-33 Ⅲ-88 成矿单元(贵州)铁染异常分布图

区内遥感铁染蚀变异常搜索展布方向与断裂走向较为一致,同时异常高值区断裂数量相对较多,矿床(点)通常分布在断裂相交处。

在桂黔滇成矿区内的盘县石脑、民主,以及紫木凼地区,遥感铁染蚀变异常与矿床、矿点及金、锑、汞、砷化探异常有较好的套合关系,且多数矿床(点)的展布方向与遥感铁染蚀变异常搜索方向一致(图 8-34)。

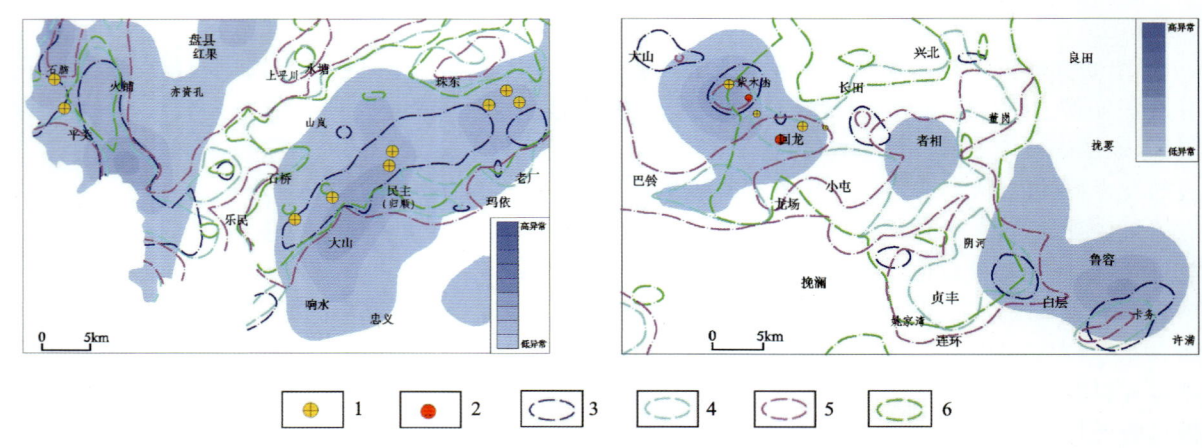

图 8-34 金矿点、铁染异常与金、锑、汞、砷化探异常对比图
1.金矿点;2.汞矿点;3.Au 化探等值线;4.As 化探等值线;5.Sb 化探等值线;6.Hg 化探等值线;

3. 羟基+铁染异常

桂黔滇北部成矿区（Ⅲ-88 贵州）内羟基+铁染异常分布范围较小，且只分布在Ⅳ-13 成矿区（台地区）中（图 8-35），有青山、者相两个异常搜索中心，其余为次级异常搜索中心区。异常分布区的地层主要为三叠系安顺组、杨柳井组、嘉陵江组、关岭组等；岩性为灰岩、白云岩、泥灰岩。

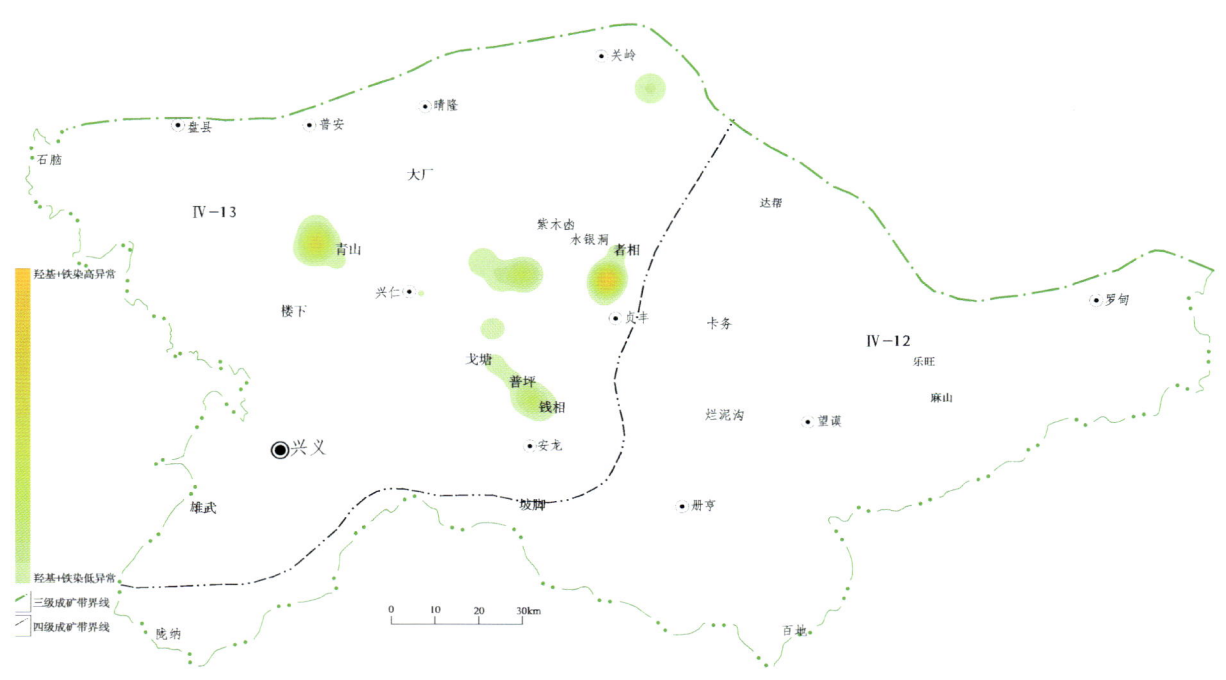

图 8-35　Ⅲ-88 成矿单元（贵州）羟基+铁染异常分布图

结合化探异常资料看，羟基+铁染蚀变异常在普安青山（图 8-36a）、安龙普坪（图 8-36b）、贞丰者相[图 8-36(c)]等地为高值区，且与汞、金、锑、砷化探异常组合有较好的套合关系，目前虽然未发现有关矿产，但值得关注。

结合高分辨率影像进行遥感解译验证，在普坪地区见有采矿场，且与遥感异常叠加较好，为矿致异常。

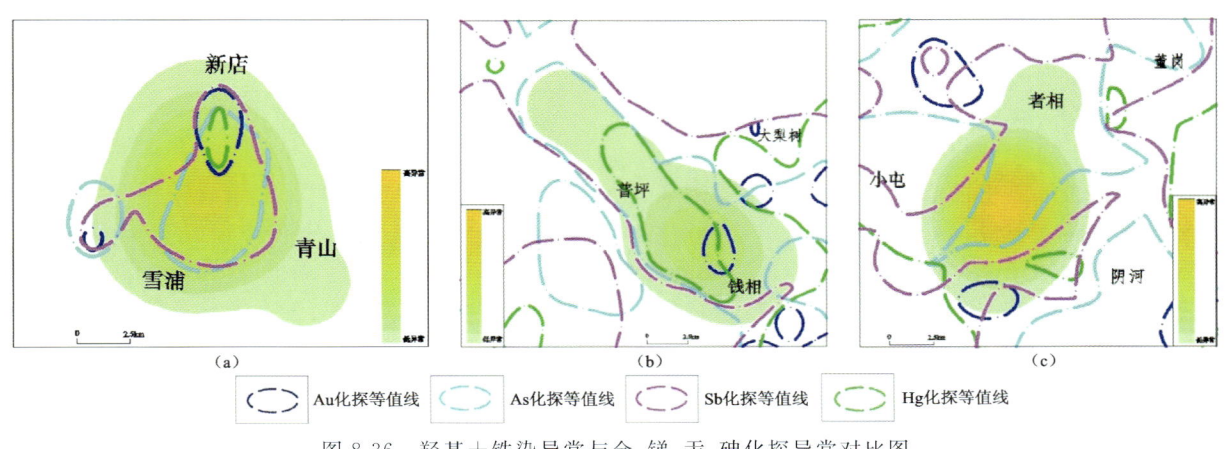

图 8-36　羟基+铁染异常与金、锑、汞、砷化探异常对比图

五、遥感地质解译及信息提取新认识

本成矿区位于三级构造分区南盘江-右江前陆盆地的北部,是挟持在师宗-弥勒断裂和紫云-水城断裂之间滇黔桂毗邻盛产金矿的"金三角"地带。构造线主要为 NW—EW 向,是印支期—燕山期滨太平洋和特提斯两大构造背景下形成的断皱带。区内浅成低温热液活动十分活跃,是 Au、Sb、Hg、As、Tl 等的矿集区及其上述元素的矿床成矿系列分布区。通过遥感地质解译、蚀变信息提取和研究,认识如下。

(1)后处理的弱矿化蚀变遥感异常主要分布于Ⅳ-13成矿区,并与该区域内部分已知矿床(化)点有较好套合关系,因此认为弱矿化遥感信息与之有关联。

(2)通过区域遥感构造研究,并结合其他地质资料分析,认为Ⅳ-12成矿区存在着较好找矿前景。

六、遥感对找矿的指导意义

(1)桂黔滇北部成矿区(Ⅲ-88贵州)主要预测金矿、锑矿、萤石矿及重晶石矿,它们均属复合内生型矿产(红土型金矿除外),并密切共生,成矿地质条件相同。金、锑、萤石矿最主要的控矿因素为包括二叠系、三叠系之间的蚀变岩(即"大厂层"),及分布于其间的断裂、环形构造和环形影像。其中环形构造包括二叠系、三叠系形成的短轴背斜和穹隆;环形影像主要指在遥感图像上由色调、水系、山脊等影纹结构标志显示出的近圆形环或未封闭的弧形等影像。资料表明,在Ⅳ-12成矿单元有部分环形影像是包括二叠系、三叠系之间的平行不整合面之下的隐伏短轴背斜、穹隆。因此,加强隐伏构造的研究是找寻该类矿产的有效途径之一。

(2)区内次生红土型金矿产于二叠系顶部碳酸盐岩的岩溶洼地内,此类岩溶洼地在遥感图像上直观可见,可以利用高分辨率遥感图像与弱矿化蚀变遥感信息提取相结合,进行找矿靶区圈定。

(3)区内有一定规模的重晶石矿含矿地层岩石为泥盆系榴江组硅质岩,为沉积型矿产,通过航、卫片可进行解译和识别,但重晶石矿体赋存的具体位置目前无法识别。

(4)工作中提取的弱矿化蚀变遥感信息异常与已知矿床(点)有一定的吻合度,因此在未见矿的异常区存在着一定的找矿前景。

七、找矿预测

在本成矿带内,通过遥感地质解译及遥感蚀变异常信息提取,并总结各有关矿种的成矿模式(控矿因素)的基础上,进一步圈定了41个金矿、1个锑矿、7个萤石矿和4个硫铁矿的找矿靶区(图8-37),现将各找矿靶区列述如下。

(一)金矿

1. 迤车找矿靶区(Au1)

该靶区位于盘县火铺西缘,由中二叠统茅口组、上二叠统峨眉山玄武岩、宣威组及三叠系飞仙关组等地层组成的南北向背斜,东翼有南北向及北东向断层。遥感铁染异常浓集。南端有一金矿点。

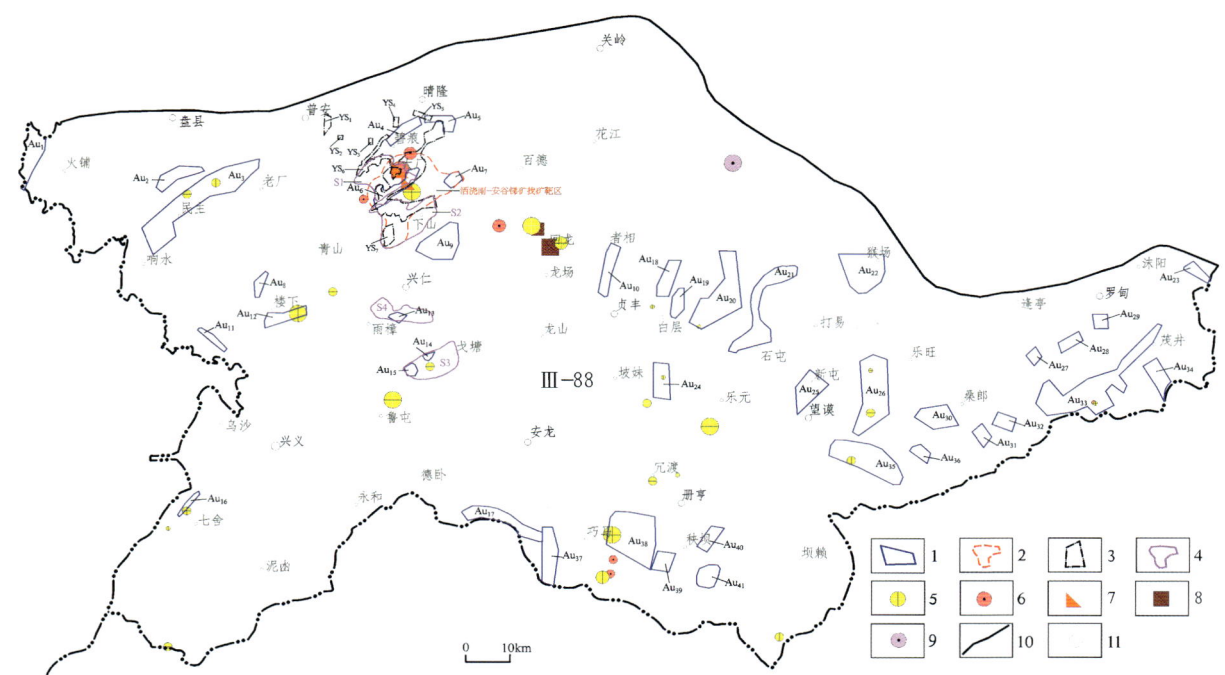

图 8-37 桂西-黔西南成矿区预测找矿靶区分布图

1.金矿找矿靶区；2.锑矿找矿靶区；3.萤石矿找矿靶区；4.硫铁矿找矿靶区；5.金矿点；6.锑矿点；7.萤石矿点；8.汞矿点；
9.重晶石矿点；10.三级成矿带分区界线；11.村寨

2. 窑上找矿靶区（Au2）

该靶区位于盘县民主北部的一个北东向背斜核部，背斜被北东向断层破坏，轴迹已不存在。出露地层为二叠系茅口组、峨眉山玄武岩及宣威组。遥感铁染异常浓集。

3. 砂锅厂找矿靶区（Au3）

该靶区位于盘县民主一带，构造上处于一个已被纵断层破坏的北东向短轴背斜核部。出露地层为二叠系梁山组、栖霞组、茅口组、峨眉山玄武岩及龙潭组。西南及北东均有环形影像，遥感铁染异常浓集。

4. 碧痕营找矿靶区（Au4）

该靶区位于晴隆县碧痕营—龙洞一带，处于中二叠统茅口组构成的穹隆构造核心部位，地层平缓，有一条北东向正断层通过区内。东侧有一环形影像。遥感羟基异常浓集。

5. 鸡场镇找矿靶区（Au5）

该靶区位于碧痕营穹隆构造北缘。出露地层为二叠系茅口组、峨眉山玄武岩及龙潭组。遥感羟基异常浓集。

6. 大厂找矿靶区（Au6）

该靶区位于碧痕营穹隆构造西南缘，有北东向断层通过。出露地层为二叠系茅口组、峨眉山玄武岩及龙潭组。遥感羟基异常浓集。

7. 安谷找矿靶区（Au7）

该靶区位于晴隆县安谷一带，处于碧痕营穹隆构造东缘。出露地层为二叠系茅口组、峨眉山玄武岩及龙潭组。遥感羟基异常浓集。

8. 雨勒找矿靶区（Au8）

该靶区位于普安县楼下北，处于北西向楼下背斜核部。出露地层为二叠系茅口组、峨眉山玄武岩、龙潭组。遥感图像上位于一环形影像中部。见北西向断裂。区域上是北西、北东向褶构造叠加部位。遥感羟基异常集中分布。

9. 曲母找矿靶区（Au9）

该靶区位于兴仁县下山镇，处于近南北向曲母鼻状背斜倾伏端，见有北东东向断层。出露地层为二叠系茅口组、龙潭组及三叠系飞仙关组。被一环形影像包围，北部见少许遥感羟基异常，南部遥感铁染异常浓集。

10. 者相找矿靶区（Au10）

该靶区位于北西向回龙背斜北东翼向北东凸的长田-者相鼻状背斜构造的东缘。该处有北西向与北东向褶皱叠加现象。出露地层为三叠系安顺组。见南北向及北东向断裂，预测区西侧紧邻一向北东凸的半环形遥感影像。区内遥感铁染和羟基异常浓集。

11. 独家村找矿靶区（Au11）

该靶区位于兴义市清水河镇，处于一个北西向较紧闭的背斜核部附近。背斜保存不完整，核部被几条纵断层破坏，轴迹不存在。出露地层为二叠系龙潭组、三叠系飞仙关组及嘉陵江组。区域上是北西与北东向褶皱构造叠加部位。遥感羟基异常集中分布区内。

12. 泥堡找矿靶区（Au12）

该靶区位于普安县楼下，处于凸向西南的楼下弧形背斜的弧形顶及东北段。南东翼被北东向纵断层破坏。出露地层为二叠系茅口组、峨眉山玄武岩、龙潭组。遥感羟基异常浓集。

13. 新寨找矿靶区（Au13）

该靶区位于兴仁县南，处于北西向新寨背斜核部，背斜西南翼陡，北东翼较缓。出露地层为二叠系龙潭组。见有少量遥感羟基异常集中在区内。

14. 海子找矿靶区（Au14，Au15）

该靶区位于安龙县海子乡，处于半穹状（不完整）平缓背斜核部，其西北部被北东向断层破坏。地层倾角10°左右。出露地层为二叠系茅口组及龙潭组。遥感羟基异常浓集，区外东部有一超大型金矿床。

15. 雄武金矿找矿靶区（Au16）

该靶区位于兴义市雄武乡，处于北东向背斜核部的北东倾伏端附近。几条北东给断层通过区内。出露地层主要为二叠系栖霞组、茅口组及龙潭组。遥感铁染异常集中分布区，西南侧有一金矿点。

16. 团结找矿靶区（Au17）

该靶区位于安龙县团结，处于者告-丫他背斜核部西段，发育有东西向纵断层。出露地层为三叠系许满组。遥感羟基异常浓集。

17. 平寨找矿靶区（Au18）

该靶区位于贞丰县鲁容，处于北北东向背斜核部，断裂发育。出露地层有二叠系龙潭组和三叠系罗楼组、许满组，见遥感铁染异常。

18. 白层镇找矿靶区（Au19）

该靶区位于贞丰县白层，处于北北东向背斜核部，南端断裂发育。出露地层二叠系茅口组、吴家坪组及三叠系罗楼组，见遥感铁染异常。

19. 打郎找矿靶区（Au20）

该靶区位于贞丰县鲁容，处于北北东向并向南东凸的弧形背斜核部，南部见纵断层，北部有斜断层。出露地层为二叠系四大寨组、领薅组及三叠系乐康组、许满组。异常集中在北部；铁染异常集中在南部。

20. 锅底冲找矿靶区（Au21）

该靶区位于望谟县打尖，处于北北东向"S"形背斜核部，局部见斜向、横向断裂。出露地层为二叠系猴子关组、吴家坪组。有一金矿点，局部见菱铁矿化及硅化现象。该区位于锅底冲"舌"状遥感异常区北端，并见有环形影像。

21. 猴场镇找矿靶区（Au22）

该靶区位于紫云县猴场，为一穹状构造。核部地层为石炭系—二叠系威宁组，二叠系猴子关组、吴家坪组，三叠系罗楼组、新苑组、许满组。地层倾角 20°～30°，遥感羟基异常集中在中部，南端有铁染异常。

22. 盘所找矿靶区（Au23）

该靶区位于罗甸沫阳镇，处于向北凸的近东西向背斜核部东倾没端，地层倾角较陡，纵断层发育。出露地层为泥盆系，石炭系，二叠系四大寨组、领薅组及三叠系罗楼组、许满组。遥感铁染异常集中。

23. 鲁贡找矿靶区（Au24）

该靶区位于贞丰鲁贡，处于近南北向背斜向西凸的核部枢纽起伏处。出露地层为二叠系猴子关组、吴家坪组及三叠系罗楼组、新苑组。见有一金矿点局部有辉锑矿矿化、黄铁矿化、硅化现象。

24. 新屯镇找矿靶区（Au25）

该靶区位于望谟县新屯，处于北西向背斜核部北西倾没端，地层倾角较陡，纵断层发育。出露地层为二叠系吴家坪组及三叠系罗楼组、新苑组、边阳组。西缘见南北向断层及黄铁矿化、硅化现象。

25. 大观找矿靶区（Au26）

该靶区位于望谟县大观北，处于近南北向背斜南段转换成近东西向背斜的西端，见北西向斜断裂。有金矿点 3 处，据资料显示有金矿化、黄铁矿化、硅化等现象，有遥感羟基异常。

26. 罗悃找矿靶区（Au27）

该靶区位于罗甸县罗悃，处于鼻状背斜南东倾伏端。出露地层为石炭系—二叠系南丹组，二叠系四大寨组、领薅组及三叠系罗楼组，见有辉绿岩床及环形影像。

27. 沟亭找矿靶区（Au28）

该靶区位于位于罗甸县沟亭，处于鼻状背斜南东倾伏端。出露地层为石炭系—二叠系南丹组，二叠系四大寨组、领薅组及三叠系罗楼组，见有辉绿岩床。

28. 董大找矿靶区（Au29）

该靶区位于位于罗甸县董王南，处于北东向背斜西南端向南转折的倾没端，出露地层为石炭系—二叠系南丹组，二叠系四大寨组、领薅组，三叠系罗楼组、许满组，并见有辉绿岩床，具有少量遥感异常，预测区位于一环形影像南端。

29. 纳夜找矿靶区（Au30）

该靶区位于望谟县纳夜一带，处于近南北向并东凸的背斜西倾没端。见有直向断裂。出露地层为泥盆系—石炭系威宁组，石炭系—二叠系南丹组，石炭系马平组、德坞组，二叠系四大寨组、领薅组，三叠系罗楼组、许满组，并见有辉绿岩床，遥感羟基异常浓集。

30. 昂武找矿靶区（Au31）

该靶区位于望谟县昂武北，处于北西向构造鼻南东倾没端，出露地层为二叠系四大寨组、领薅组及三叠系乐康组、许满组。见二叠系辉绿岩床。

31. 关固找矿靶区（Au32）

该靶区位于罗甸县罗暮，处于南东向构造鼻倾没端，见有斜断层。出露地层为二叠系四大寨组、领薅组及三叠系乐康组、许满组。见二叠系辉绿岩床。

32. 凤亭找矿靶区（Au33）

该靶区位于罗甸县风亭一带，处于北东向背斜核部，背斜西南端转成向南凸的弧形，枢纽有起伏，两翼共有五个构造鼻，纵断层发育，并有多条斜向断层。出露地层石炭系—二叠系南丹组，二叠系四大寨组、领薅组，三叠系罗楼组、许满组等，见二叠系辉绿岩床。

33. 班台找矿靶区（Au34）

该靶区位于罗甸县茂井南，处于北北西向背斜核部，北端倾没，南端延入广西境内。出露地层为二叠系四大寨组、领薅组及梁山组。南段铁染异常较为集中。

34. 乐康找矿靶区（Au35）

该靶区位于望谟县罗康一带，处于北西向背斜核部，纵横断层发育，南北两端倾没。出露地层为石炭系—二叠系南丹组，二叠系四大寨组、领薅组，三叠系罗康组、许满组等，见二叠系辉绿岩床。南段有一个金矿点。局部见金矿化、黄铁矿化及硅化，南段羟基异常集中分布。

35. 芭蕉找矿靶区（Au36）

该靶区位于望谟县纳夜镇，处于北西向构造鼻南倾没端。出露地层为石炭系—二叠系南丹组，二叠系四大寨组、领薅组，三叠系罗康组，见二叠系辉绿岩床。

36. 纳也村找矿靶区（Au37）

该靶区位于册亨县巧马镇，处于东西向复背斜，褶皱紧闭。出露地层为三叠系许满组及边阳组，见有纵、横向断层，遥感羟基异常浓集。

37. 丫它找矿靶区（Au38）

该靶区位于册亨县丫它一带，构造上为东西向复背斜，褶皱紧闭。北东向断裂发育，并见东西向纵断层。出露地层为三叠系许满组、边阳组。有一金矿点。北部有环形影像，南部见黄铁矿化、硅化，有遥感羟基异常分布。

38. 新花村找矿靶区（Au39）

该靶区位于八渡北新花村一带，处于北西向紧闭背斜西端。出露地层为三叠系许满组，见环形影像及遥感羟基异常。

39. 伟帮找矿靶区（Au40）

该靶区位于秧坝镇伟帮村一带，处于北西向紧闭背斜核部，有东西向横断裂。出露地层为三叠系许满组，见环形影像，北端有遥感羟基异常。

40. 秧兵村找矿靶区（Au41）

该靶区位于册亨县秧兵一带，处于北西西向紧闭背斜核部，出露地层有三叠系许满组，见环形影像及遥感羟基异常。

此外，一些已知红土型金矿均产于岩溶洼地中，据此通过遥感图像寻找具一定规模的二叠系茅口灰岩中具有溶蚀堆积物的岩溶洼地也是一种有效便利的找矿手段。

（二）锑矿

洒浇雨-安谷找矿靶区位于在碧痕营构造穹隆内，与金、汞范围有重叠，有大型锑矿床1处、矿点8处、金矿点1处，该区构造复杂，有重砂锑异常大面积分布，矿化资料丰富，控矿因素明显，硅化蚀变是区内的找矿标志。

（三）萤石矿

在晴隆地区，萤石矿产于中二叠统茅口组顶部的蚀变硅质岩（并非各处都存在）即所谓的"大厂层"，介于茅口组—龙潭组间，是最重要的直接找矿标志层，且位于正向构造穹隆（或背斜）内，因此背斜构造也是该区的主要控矿因素。据此，该区圈定了7个找矿靶区，即：普安上水箐找矿靶区（YS1）、普安白水找矿靶区（YS2）、晴隆普晴找矿靶区（YS3）、晴隆梭寨找矿靶区（YS4）、晴隆沙锅找矿靶区（YS5）、晴隆大厂找矿靶区（YS6）和兴仁安乐找矿靶区（YS7）。

除普安县上水箐找矿靶区位于一个北东向背斜上外，其余6个靶区均分布在碧痕穹隆构造内。

（四）硫铁矿

本成矿带圈定了硫铁矿4个找矿靶区，即蕨芭河（S1）、大厂（S2）、大坝找矿靶区（S3）和杏木寨找矿靶区（S4）。其中蕨芭河、大厂两个找矿靶区在碧痕营穹隆中南部，大坝找矿靶区在大坝背斜南东段（即海马谷断层南东盘），杏木寨找矿靶区位于新寨背斜东段。该地区地表仅见上二叠统龙潭组地层出露，但碧痕营穹隆北侧及大坝背斜南侧均有"大厂层"出露，且有中型硫铁矿床各一个，视为寻找隐伏硫铁矿床的最佳选区。

（五）重晶石

在本成矿带内,镇宁乐纪重晶石矿属沉积型矿床,产于上泥盆统榴江组硅质岩中,矿体赋存状态主要受地层和构造控制。因此,榴江组(在 ETM 遥感影像上,影纹表现为发育垂直岩层走向栉状密集侵蚀沟谷)为找矿必备条件。

第九章 结 论

1958年以来,随着区域地质调查工作的开展,前人利用不同比例尺的航空像片及MSS、TM卫星像片对贵州全省进行过多次地质解译,但多没形成专题文字报告,在弱矿化蚀变遥感信息提取、遥感隐伏断裂(或构造弱化带)方面也探讨得比较少。

2007年启动全国矿产资源潜力评价后,遥感专题以TM/ETM数据生成的RGB图像为主要研究对象,在综合研究收集到的资料基础上,再次对贵州全省的线-环构造进行了解译;利用TM/ETM遥感数据对贵州全省进行了弱矿化蚀变信息提取,获得了弱矿化遥感异常;并结合不同成矿区带、不同矿种类型和赋存条件、特征进行了预测工作和典型矿床的研究。丰富了矿产资源潜力评价的基础资料,为贵州省矿产资源潜力评价项目提供了新的评价依据。

一、取得主要成果

(1)完成了以TM/ETM为数据源的全省覆盖的弱矿化蚀变遥感信息提取;完成了1:50万贵州省遥感构造解译图及数据库;完成了1:50万贵州省遥感异常组合分布图及数据库;对10幅1:25万国际标准分幅遥感影像图进行了数据库维护,并对该10幅图进行了以"色、块、线、带、环"为主要内容的遥感地质特征解译及数据建设;完成了该10幅图羟基异常、铁染异常分布图及数据库建设。对11个典型矿床进行了遥感研究,参与了16个矿种组、22个矿种(不包括铀)、61个预测工作区的评价工作(不包括煤),编制了相关遥感图件,并建设了相关图件的数据库。

(2)在综合研究原区域地质资料的基础上,利用TM/ETM遥感影像图对全省进行了线-环构造解译,其中线包括断裂和线性褶皱。在解译过程中对原有的断裂构造作了重新认识,修改了过去认识不足的断裂,并对1:50万遥感解译图的地表断裂作了玫瑰花图分析和密度分析。按长度4km以上统计,全省共有断裂4 193条,其中以NE向断裂数量最多,其次是近SN向(NNE向)断裂,而EW向及NW向断裂最少。从密集程度来看,大体以松桃—余庆—纳雍—六枝—盘县一线为界,西北部断裂密度低,断裂数量相对较少;东南部断裂密度高,断裂数量显著增多。究其原因,是受如下两个因素综合影响所致。

A. 从构造运动具有远程效应方面看,贵州北部邻近长期稳定的地块——川中台坳(四川盆地),该地块自南华纪—古近纪一直没有褶皱运动,喜马拉雅山运动形成的盖层褶皱也仅是一些宽缓的侏罗山式褶皱,同时断裂构造极少。而贵州东南部邻近活动性较强的加里东造山带,而且黔东比省内其余地区还多了一次广西褶皱运动。若认可由隔档褶皱→城垛式(即类隔槽式)褶皱→隔槽式褶皱是一种递进演化过程,则松桃—盘县一线东南为隔槽式褶皱,西北为类隔槽式褶皱,则表明燕山运动在贵州境内是自SE向NW逐渐传播减弱的,这也是东南部断裂多而西北部断裂少的原因之一。从断裂密度图来看,省内以北纬27°附近的威宁—天柱一带断裂密度最大,可称为"黔中大型断裂带",该带中部正是黔中隆起位置,也是EW向隐伏断裂(详后)所在之处。在阻隔贵州南北构造相的不同方面,有着举足轻重的作用。

B. 从构造演化史方面来说,老地层屡经沧桑,较之新地层断裂会更多些。从面上看,大体以松桃—

盘县为界,贵州西北部泥盆系和石炭系多有缺失,志留系保存也比较少,自然不存在与之相伴的断裂;而东南部出露的地层比较全,自新元古界至中生界均有分布,断裂自然就多。此外,就西北部而言,又以遵义—贵阳一线为界,东部有大片早古生代地层,而西部则以中生代地层出露最广,单以地层越老断裂越多的角度来看,两侧断裂数量显著不同。

总体上贵州境内以燕山期断裂(包括燕山期再活动的古断裂)数量最多,即发生在侏罗纪末的燕山褶皱运动是几乎涉及全省最主要的构造运动之故;而加里东期的广西褶皱运动只波及黔东地区;四堡运动虽然也是一场重要造山运动,但相关地层出露甚少。所以显得都不及燕山期的断裂多。贵州虽然有多次升降运动可以形成断裂,但其数量要比造山运动形成的断裂少得多。

(3)技术要求所指的"环"包括两部分,即环形影像和环形构造,环形构造包括构造盆地和构造穹隆。在贵州多以性质不明环形影像为主,已查明的因岩浆侵入形成的环形构造主要分布于梵净山和摩天岭。已查明的构造穹隆(包含一部分短轴背斜)大多与矿有关,例如松林、水东、碧痕营和花贡等。因此有必要关注分布于关键构造部位的环形影像,这种环形影像极有可能是岩浆侵入所致,是潜在的找矿区域。

(4)按深部构造控制、影响浅部构造的理念,在遥感图像上依据具有"一线"之隔两侧构造线方向决然不同、或构造线方向虽然相同但"遥相呼应"不畅通、或两侧构造样式迥然不同等特征,在区内推测出了28条隐伏断裂(或构造弱化带),大多数隐伏断裂(或构造弱化带)在地表沿线局部偶有与之同方向断续分布的断裂(包括同沉积断层)、褶皱和其他变形等。

隐伏断裂(或构造弱化带)的解译,为大地构造和岩相古地理研究提供更为广阔的空间,对热液的活动通道分析等均有重要意义,也为找矿提供了新的思路。

例如贵州NW向断裂以水城隐伏断裂在遥感影像上最为清晰,往NE,该方向的断裂似乎就没有了,但并非如此,近年来,项目人员对一些不同比例尺的区域地质矿产调查遥感解译后发现,虽然没有水城-紫云断褶带这样规模大的断层,但可解译出一系列NW向的、长度不大的断裂,且有从SW向NE有减弱的趋势。这种信息在找矿工作中是不容忽视的。在查阅资料的过程中发现楼性满曾提到过遵义—榕江有NW向隐伏断裂存在,这想法正好是与我们研究一致。

通过遥感解译发现不管是NE向隐伏断裂、NW向隐伏断裂,还是SN向的隐伏断裂,多具有等间距的特点,而且在过纳雍—贵阳—镇远一线时,都有不同程度的错位或相交,在该带上已有磷、铝、镍钼钒、铅锌、铁矿等矿产分布,近来通过地、物、化及遥感等手段的综合研究,结合前人资料分析,认为该带不仅是一个古构造带,而且是一个具有较好成矿地质条件、潜在的近EW向的找矿区域。

(5)首次利用TM/ETM遥感数据对贵州全省进行了弱矿化蚀遥感信息提取,采用核函数密度加权法进行了后期处理。为地质找矿提供了新依据。

遥感羟基异常主要分布于黔西南地区,并有较好的异常搜索中心;遥感铁染异常全省均有分布,但处理后的搜索中心主要分布于贵州的黔中、黔西和黔东北;羟基+铁染异常主要沿遵义—贵阳—兴义一带,呈孤岛状分布。

结合部分元素的地球化学异常分布图、高分辨率遥感影像图和蚀变带等资料进行了比对和验证。如在楼下泥堡、紫木凼、戈塘和大厂等几个特大、大型金矿产出区,花贡铅锌矿产出区,以及铜仁汞矿产出区均有较密集的遥感异常分布,有相对的异常搜索中心。因此,通过类比,有必要对上述区域加强多种手段的综合研究,同时也应重视其他几个异常搜索中心(如陇纳、坡脚等地)的区域资料研究和野外调查工作。

又譬如在遵义苟江、修文小山坝等地羟基+铁染异常分布区多有开矿现象,为矿致异常,务川木油厂、铜仁漾头等地有较弱的遥感异常搜索中心,因此认为上述方法提取的弱矿化蚀变遥感信息可靠,基本反映了它们与地质构造、岩石及采矿场的依存关系。

(6)贵州以沉积岩发育为特色,因此,加强了遥感剖面研究。通过遥感剖面研究,建立岩石地层单元的遥感解译标志,进行地层解译,有利于沉积相和古环境研究,更有利于沉积矿产的找寻。

(7)在遥感可解译程度和分区的基础上,对各成矿带进行了构造研究,并针对各成矿区(带)的赋矿特征进行了找矿意义分析。

(8)按照沉积型、复合内生型和岩浆岩型三种类型对各矿种的典型矿床进行了遥感矿产地质特征与近矿找矿标志研究,建立了遥感找矿模式,并依据遥感找矿模式在各预测工作区圈定了找矿靶区,进行了找矿预测。

二、存在问题

(1)在阴影区和植被发育区(如梵净山和黔东南地区),因掩模运算掩盖了该区大部分地层,使得提取的遥感异常在该区尚未达到真正意义的全覆盖,仅有参考意义。另外,大部分露天矿采场也在掩模运算过程中被当作干扰物去除了,这便是许多该出现矿化蚀变遥感异常的地方而没有出现的原因。

(2)受已收集的原始数据限制,在赤水—习水一带(128/40)有少量薄云覆盖,导致本次提取的遥感异常尚不能完全反映该地区的真实情况。

(3)本书中遥感异常的提取仅为基础性研究,没有针对特定矿种,难于适合所有矿种。因此,今后的遥感异常提取应针对特定区域、特定矿种,选用空间分辨率和光谱分辨率都较高的遥感数据作专项研究,以进一步提高遥感资料的可利用性和遥感地质应用的研究程度。

(4)羟基遥感异常主要分布于贵州的西部,而这一区域多有二叠系含煤地层分布,据近年来的钻探和开采资料显示,该区域有大量煤层气存在,那么羟基遥感异常与煤层气渗漏有无内在联系,值得研究。

(5)利用遥感图像推测基岩区隐伏断裂尚属尝试性工作,还有待验证。隐伏断裂(或构造弱化带)在图面上的表达也不尽完美(用一条断线贯通性延伸全省),有待改进。

(6)遥感在地质工作中仅是一种方法和手段,在地表矿已基本找完的情况下,要想单纯的通过某一种方法来找矿几乎是不可能的。因此只有综合利用地、物、化、重砂、遥相结合,建立起找矿模式,才能有效的指导找矿。

(7)贵州属于沉积岩发育区,基岩裸露较好,地质工作程度较高,利用中等分辨率的遥感资料开展工作,难以取得更深的认识及更好的效果。鉴于此,在今后的区域地质矿产调查中,建议结合高分辨、高光谱遥感数据进行研究。

(8)书中的找矿靶区是基于遥感信息提取后综合分析的结果,因此它虽然代表的是遥感技术应用方法的预测,但仍参考了其他方法获得的资料。找矿靶区的圈定常常与参与研究的工作人员的知识积累有关,因此,有较大的主观性和局限性。此外,尽管书中的找矿靶区是按成矿带(区)是进行研究论述的,但整个矿产资源潜力评价项目是按单矿种预测的,因此书中的找矿靶区并没有按照成矿系列进行整合,以至于有许多共(伴)生矿种的找矿靶区是重叠的。

主要参考文献

安树仁,安贤国.贵州兴仁滥木厂汞矿中红铊矿的初步研究[J].贵州地质,1989,21(4):357-361.

毕坤.从卫星像片影像特征对贵州地质构造与多金属矿关系的认识[J].贵州地质,1992,30(1):97-98.

陈江,付建飞.先进星载热发射和反射辐射仪(ASTER)——地质学家的最佳选择[J].地质通报,2006,25(5):649-652.

陈佐德.赤水油气遥感直接探测意义与TM选择及分类分析[J].贵州地质,2001,67(2):123-127.

程顺有,郭安林,陆晓芳,等."赤水-涟源东西向构造带"厘定的地质-地球物理证据[J].地学前缘,2010,17(3):158-165.

崔敏中.黔西南紫木凼金矿区卫星图像影像特征及成矿机制初探[C]//贵州省遥感学会.贵州遥感论文集.贵阳:贵州省山地资源研究所.1989:68-74.

邓新,杨坤光,刘彦良,等.黔中隆起性质及其构造演化[J].地学前缘,2010,17(3):79-89.

董光贵.贵州贞丰背斜区卫星TM影像特征与金矿关系初探[J].贵州地质,1996,13(4):311-315.

范素英,郑旭,徐雯佳,等.矿化蚀变信息提取及数据处理方法研究[C]//单杰.第十八届中国遥感大会论文集,北京:科学出版社.2012:1078-1084.

冯琳,张竹如.泥堡金矿与水银洞金矿地质特征初步对比[J].贵州地质,2005,82(1):22-25.

冯济舟.贵州南部微细粒型金矿床地质-地球物理-地球化学找矿模型研究及预测[R].贵阳:贵州省地质矿产局,1993.

冯学仕.贵州省区域矿床成矿系列与成矿规律[M].地质出版社,2004.

高振敏,罗泰义,李胜荣.贵州兴仁滥木厂汞矿中红铊矿的初步研究:来自固定按的佐证[J].地质地球化学,1997(1):18-23

贵州省地质矿产局.1:20万兴仁、安龙、盘县幅地质报告[R].贵阳:贵州省地质矿产局,1980.

贵州省地质矿产局.贵州省区域地质志[M].北京:地质出版社,1987.

贵州省地质矿产局.贵州省区域矿产志[M].贵阳:贵州省地质矿产局,1986.

贵州省地质矿产局区域地质调查大队.贵州省煤炭资源远景调查汇总报告[R].贵阳:贵州省地质矿产局区域地质调查大队,1989.

贵州省地质矿产局区域地质调查大队.贵州岩相古地理圈集[M].贵阳:贵州科技出版社,1992.

贵州石油勘探指挥部地质大队105队.贵州册亨宽向斜及其周缘的构造分析[R].贵阳:贵州石油勘探指挥部,1979.

韩宝智.大型节理在航空象片上的反应及分布规律[C]//地质部书刊编辑室.遥感地质应用文集,北京:地质出版社,1981:1-8.

韩至钧,盛学庸.黔西南金矿及其成矿模式[J].贵州地质.1996.13(2):147-152.

何立贤,曾若兰,林立青,等.贵州金矿地质[M].北京:地质出版社,1993.

何熙琦,肖加飞,王尚彦,等.黔中隆起研究[J].贵州地质,2005,22(2):83-89

黄建国,郝家栩,张敏,等.二叠系龙潭煤系与黔西南金矿的关系研究[J].黄金地质,2008,29(8):10-14.

况顺达,林卫华,姚智,等.黔东南地区金矿遥感弱信息自动提取技术研究[J].贵州地质,2003,77(4):242-246.

况顺达,姚智,刘沛,等.黔东南铜金矿遥感预测及方法技术研究[M].贵阳:贵州省地质调查院,2002.

况忠,韩宝智、朱顺才,等.利用ETM遥感影像图对贵州断裂构造的再认识[C]//单杰.第十八届中国遥感大会论文集.北京:科学出版社,2012:872-882.

况忠,龙胜清,曾禹人,等.黔西南地区遥感构造与金矿的关系及找矿预测[J].国土资源遥感,2012,92(1):160-165.

况忠,黄欣欣,况顺达,等.贵州弱矿化蚀变遥感信息分布特征[J].国土资源遥感,2014,26(2):140-147.

刘建中.贵州水银洞金矿床矿石特征及金的赋存状态[J].贵州地质,2003,74(1):30-34.

刘沛,姚智,况顺达,等.黔东南地质异常特征及金矿遥感找矿模式[J].贵州地质,2003,77(4):247-252.

刘沛,姚智,况顺达.遥感在贵州沉积矿产资源调查中的应用[J].贵州地质,2003,74(1):20-24.

刘沛,张筑如,聂爱国.遥感技术在晴隆沙子岭金矿找矿中的应用[J].贵州地质,2011,107(2):145-149.

刘平,李沛刚,李克庆,等.黔西南金矿成矿地质作用浅析[J].贵州地质,2006,23(2):83-91.

刘巽锋,王庆生,陈有能,等.黔北铝土矿[M].贵阳:贵州人民出版社.1990.

刘巽锋,王庆生,高兴基,等.贵州锰矿地质[M],贵阳:贵州人民出版社.1989.

刘远辉.贵州金矿地质特征及找矿方向探讨[J].贵州地质,2009,26(3):162-169.

罗孝恒.黔西南右江区金矿床控矿构造样式及成矿作用分析[J].贵州地质.1997,14(4):312-320.

吕凤军,郝跃生,石静,等.ASTER遥感数据蚀变遥感异常提取研究[J].地球学报,2009,30(2):271-276.

马建文.利用ETM数据快速提取含矿蚀变带方法研究[J].遥感学报,1997,1(3):208-213.

马宗晋,邓起东.节理力学性质的判别及其分期、配套的初步研究[M]//中国科学院地质研究所.构造地质问题.北京:科学出版社,1965:15-30.

聂爱国,秦德先,管代云,等.峨眉山玄武岩浆喷发对贵州西部区域成矿贡献研究[J].地质与勘探,2007,43(2):50-54.

舒家荣.大山—者相金汞成矿带卫星像片影像特征[J].贵州地质,1993,35(2):171-176.

四川省地质矿产局.四川省区域地质志[M].北京:地质出版社,1991.

汤国安,杨昕.ArcGIS地理信息系统空间分析实验教程[M].北京:科学出版社,2006.

陶平,姚书振,王亮,等.黔东南天锦黎地区金矿成矿单元划分及其控矿因素探讨[J].贵州地质,2012,29(4):241-248.

万天丰,中国大地构造学纲要[M].北京:地质出版社,2004.

王来兴,程代全,钱秋松,等.贵州省西南部地区卡林型金矿成矿远景区划报告[R].贵阳:贵州省地质局区域地质调查研究院,1993.

王祁仑,陈永齐.黔北岩石地层的航片影像特征综述[J].贵州地质,1996,49(4):318-324.

王尚彦,等.贵州东部金矿[M].北京:地质出版社,2006.

王研耕.贵州西南部红土型金矿成矿背景及控矿因素[J].贵州地质,1998,15(4):299-304.

王砚耕,索书田,张明发,等.黔西南构造与卡林型金矿[M].北京:地质出版社.1994.

王砚耕,王立亭,张明发,等.南盘江地区浅层地壳结构与金矿分布模式[J].贵州地质,1995,12(2):91-183.

严钧平,等.贵州汞矿地质[M].北京:地质出版社.1989,

杨柏林,杨琨,陈赶良,等.黔桂地区微细浸染型金矿遥感找矿研究[J].贵州地质,1996,13(4):300-310.

杨瑞东.贵州新元古代—寒武纪早期生命演化的环境动力学[M].贵阳:贵州科技出版社,2008.

姚智,罗孝桓,况顺达.贵州西部峨眉山玄武岩的遥感影像特征[J].贵州省地质,2004,21(3):156-160.

于学政,曾朝铭,燕云鹏,等.遥感资料应用技术要求[M].北京:地质出版社,2010.

余大龙.黔东内生金矿找矿标志研究[J].贵州地质.1997,14(1):55-63.

张玉君,杨建民,陈薇.ETM(TM)蚀变遥感异常提取方法研究与应用——地质依据和波谱前提[J].国土资源遥感,2002,54(4):30-36.

张玉君,杨建民,姚佛军.多光谱遥感技术预测矿床资源的潜能——以蒙古国欧玉陶勒盖铜金矿床为例[J].地学前缘,2007,14(5):63-70.

张玉君,杨建民.基岩裸露区蚀变岩遥感信息的提取方法[J].国土资源遥感,1998,36(2):46-53.

张玉君.遥感异常提取方法技术推广教材[M].北京:中国国土资源航空物探遥感中心,2007.

《中国矿床发现史·贵州卷》编委会.中国矿床发现史·贵州卷[M],北京:地质出版社.1996.

朱亮璞.遥感地质学[M].北京:地质出版社,2011:148-149.

朱永田.黔东南地区内生金属矿产与环形构造的关系[J].贵州地质,1992,30(1):63-71.